El jefe de los espías

Juan Fernández-Miranda (Madrid, 1979) es adjunto al director de *ABC*, donde también es responsable de la sección de España desde 2015. Licenciado en Periodismo, ha trabajado en agencia de noticias, prensa, radio y televisión y es colaborador habitual en programas de actualidad política. Ha escrito dos libros: *El guionista de la Transición* (Plaza&Janés, 2015), una biografía de Torcuato Fernández-Miranda —su tío abuelo—, que fue prologado por el rey Juan Carlos; y *Don Juan contra Franco* (Plaza&Janés, 2018), un relato de la conspiración monárquica que trató de sustituir a Franco en la década de 1940.

Javier Chicote Lerena (Logroño, 1979) es doctor en Periodismo por la Universidad Complutense. Profesor universitario y periodista de investigación, avanzó la trama Púnica en *Interviú* en 2009, cinco años antes de la detención de Francisco Granados. Es autor de informaciones exclusivas sobre el caso Gürtel, Nueva Rumasa, los pagos de los gobiernos de Irán y Venezuela a los líderes de Podemos o los chantajes de Manos Limpias y Ausbanc. En 2019, la Asociación de la Prensa de Madrid le concedió el Premio al Mejor Periodista del Año por varias investigaciones, entre ellas la de la tesis doctoral de Pedro Sánchez. Lleva el área de investigación de *ABC* desde 2012 y colabora en TVE y Cuatro. Este es su quinto libro.

El jefe de los espías

Juan Fernández Miranda y Javier Chicote

rocabolsillo

Primera edición en Rocabolsillo: marzo de 2024

© 2021, Juan Fernández-Miranda y Javier Chicote
© 2021, 2024, Penguin Random House Grupo Editorial, S. A. U.
Travessera de Gràcia, 47-49. 08021 Barcelona
Diseño de la cubierta: Penguin Random House Grupo Editorial
Imagen de la cubierta: © EFE

Printed in Spain – Impreso en España

ISBN: 978-84-18850-85-1
Depósito legal: B-760-2024

Impreso en Novoprint
Sant Andreu de la Barca (Barcelona)

RB 5 0 8 5 A

A Mara y a Juan

Índice

Segunda parte
Influencia nacional e internacional (1982-1991)

Tercera parte
El chantaje al Estado (1992-1998)

PRÓLOGO

El archivo de Manglano

El jefe de los espías también podría haber llevado por título «Los papeles de Manglano», puesto que este libro es el resultado de una investigación periodística de base histórica que bebe fundamentalmente del archivo personal de Emilio Alonso Manglano (Valencia, 1936-Madrid, 2013). Fueron sus hijos, Cristina y Santiago Alonso Lord, quienes encomendaron a los autores de esta biografía escribir la historia de su padre, quien, pese a su extraordinaria relevancia, pasó a ser casi un desconocido, salvo para los entendidos, cuando apenas llevaba unos años fuera del foco mediático. Sirva como referencia su biografía en Wikipedia en enero de 2021: apenas un par de párrafos.

Esa falta de conocimiento contrasta no solo con su relevancia —nacional e internacional—, sino con el nivel de información que manejó. Nombrado director del Centro Superior de Información de la Defensa (CESID) tras el golpe de Estado del 23-F, se mantuvo en el cargo más de catorce años, hasta junio de 1995. Durante esos tres lustros fue el hombre mejor informado de España, con fuentes del más alto nivel tanto en el Gobierno como en el Estado. Hombre de la máxima confianza del rey Juan Carlos, fue elegido por Alberto Oliart, ministro de Defensa de la UCD, y gozó después del total respaldo del Gobierno de Felipe González. El entonces teniente coronel, y luego teniente general, Alonso Manglano mantenía encuentros periódicos —además de llamadas y correspondencia— con los personajes más importantes de España en esos convulsos años. Los de mayor relevancia fueron sus numerosas audiencias con el rey Juan Carlos I en el palacio de la Zarzuela, que están perfectamente documentadas. Lo fundamental para este libro es que, con disciplina militar, Manglano anotó, cada día de su vida, el contenido de esas citas y llamadas. Todo lo que sus ojos veían, todo lo que sus oídos escuchaban. También atesoró cartas, informes y otros documentos de gran relevancia periodística e histórica.

Los manuscritos más antiguos de su archivo datan de los años 60 del siglo pasado, cuando era un joven militar envuelto en un mar de dudas sobre su futuro, y se prolongan hasta finales de los 90. El mayor interés informativo se centra, lógicamente, en su etapa al frente de la inteligencia del Estado, pero no decae tras su dimisión, ya que entre 1995 y 1998 siguió manteniendo muy interesantes actividades (y dando cuenta de ellas).

El archivo completo ocupa nueve contenedores negros de plástico con 50 litros de capacidad cada uno. Son más de 200 kilos de papel. Una parte está mecanografiada (informes del Ejército y del CESID, principalmente), pero lo esencial, lo más valioso, lo que provee a no menos de las tres cuartas partes del contenido de este libro, son sus manuscritos. Digitalizarlos, leerlos, analizarlos, clasificarlos, contextualizarlos y redactar este libro ha supuesto cuatro años de trabajo. La caligrafía de Manglano era muy particular. Angulosa y con un trazo fuerte y seguro que unía las letras, entendiendo que cada palabra era una estructura única. También ilustra su abordaje del uso de las palabras y el idioma: atención, cuidado y precisión, siempre con la intención de ir al grano con una puntería de francotirador.

La columna vertebral del archivo son sus agendas de cuero: todas iguales, de la misma marca y modelo, solo con leves variaciones en el color de la piel. Ahí anotaba el contenido de sus citas y de las llamadas importantes que hacía o recibía. Para organizar su tiempo contaba con otros dietarios, en los que apuntaba qué tenía que hacer, con quién había quedado, pero lo dicho en ese encuentro iba a la agenda. En ocasiones tomaba apuntes en hojas sueltas y luego los pasaba a la agenda, porque hemos encontrado esas duplicidades.

Son 18 agendas, desde la del año 1981 hasta la de 1999. Notará el lector que no sale la cuenta, pues a una por año serían 19. Se debe a que falta la de 1994, un año fundamental. Afortunadamente, su contenido apareció. Manglano guardaba unas hojas sueltas de principios de 1994, pero quizás perdió la agenda y no compró otra. En su lugar procedió a anotar de la misma manera que en los años anteriores pero usando un cuaderno de anillas tamaño DIN-A4 que había estrenado a finales de 1993. Conociendo su disciplina castrense y tras estudiar concienzudamente su archivo personal, no cabe la posibilidad de que exista una agenda de cuero de 1994 escrita por Emilio Alonso Manglano, pues todo lo que pudiera haber anotado en ella está en esa libreta de grandes dimensiones.

El que fuera director del CESID combinaba sus agendas con varios cuadernos de distintos tipos, que serían las vértebras de esa espina dorsal. Tenía uno dedicado en exclusiva a las citas con su jefe, el ministro de Defensa, primordialmente Narcís Serra, con el que más años compartió jerarquía. Son los cuadernos «MD» (ministro de Defensa), aunque hay otros que usaba para diferentes asuntos, casi siempre organizados de forma temática. En buena parte de ellos anotaba a boli en la tapa la fecha de apertura y cierre de cada cuaderno.

Una vez descartados los manuscritos irrelevantes, el inventario final ha sido este: 19 agendas, 7 clasificadores, 21 cuadernos, y numerosas carpetas con dosieres, cartas profesionales, informes, distinciones, hojas de servicios, ascensos, etcétera. También varias decenas de epístolas y postales personales y fotografías, tanto familiares como profesionales. Además, Manglano guardó abundantes recortes de prensa, todo lo que se publicaba sobre él o sobre el CESID. Esta parte nos ha servido para conocer sus preocupaciones, y también como contexto.

En esas voluminosas cajas, cada una de las cuales parece un táper para guardar la comida de un oso, estaban los secretos del nacimiento y consolidación de un país nuevo, la España democrática, el régimen del 78. Informaciones inconfesables que nos permitirán desvelar el pasado reciente y entender buena parte del presente. Hay pasajes cuya lectura tumbaría al oso de antes, pero Manglano no conservó estos papeles como un ajuste de cuentas. El teniente general no encargó a sus hijos que tras su muerte entregaran su archivo a unos periodistas, sino que se limitó a registrar y guardar aquello de lo que era testigo. Escribía con disciplina militar, para que nada se le escapara, y después, por fortuna, con el paso de los años, no decidió quemar esos manuscritos, sino que los fue depositando en el despacho de su casa. Más de un potentado pagaría cifras notables a cambio de que el jefe de los espías hubiera arrojado sus papeles al fuego.

Hemos abierto cuadernos y agendas con sumo cuidado, puesto que sus hojas estaban pegadas entre sí. Se habían adherido tras 20, 30, 40 y hasta 50 años sin que nadie las tocara, hasta el punto de que la tinta de un folio se impregnaba en el siguiente como en un espejo indeleble. Y lo hemos conseguido gracias a que Cristina y Santiago Alonso Lord han querido dar a conocer la figura de su padre. Ellos han sido los primeros sorprendidos, puesto que no habían revisado ese archivo más allá de algún vistazo esporádico.

Durante los años en los que hemos buceado en él, mientras pulíamos un extraordinario diamante informativo, tanto desde el punto de vista del periodismo como del de la historia, debatimos largo y tendido sobre una cuestión: la conveniencia de entrevistar a quienes aparecen en los papeles de Manglano. Tras argumentar y defender con vehemencia todas las opciones, llegamos a la misma conclusión: no. ¿Por qué? Porque este es el libro sobre los papeles de Manglano, no sobre lo que dicen los aludidos décadas después. Aquellos que aceptaran darían versiones sin duda benévolas con ellos mismos, y Emilio Alonso Manglano ya no podría contrarrestarlas.

En el periodismo se trabaja con dos grandes grupos de fuentes: las personales y las documentales. Ambas son de enorme importancia, pero la experiencia nos dice que las documentales son más valiosas, pues jamás pueden cambiar su versión: lo que dice un papel es imperecedero. Este libro generará, sin duda, importantes polémicas y controversias, pues puede incluso tomarse como una caja de Pandora, aunque no lo sea. Habrá quienes digan que las cosas no ocurrieron como las cuenta Manglano. Están en su derecho, y lo recogeremos en el desarrollo periodístico posterior a la publicación del libro, pero esta es la historia que presenció Manglano, y los autores de este libro la hemos relatado desde la más estricta veracidad como mascarón de proa.

No existe la verdad absoluta, platónica, en asuntos de esta complejidad. Siempre habrá matices, pero tenemos en nuestras manos lo que anotó, en tiempo real, el hombre mejor informado de España. Si escribió para él, para sí mismo, para su conciencia, carece de sentido que lo hiciera de forma distinta a como lo vivió. Sería como hacerse trampas al solitario.

Testigo de excepción de una época, el teniente general Emilio Alonso Manglano perteneció a las más altas esferas de este país y entró donde solo los elegidos llegan: se codeó con el rey de España, con Felipe González, con Narcís Serra, con varios ministros del Interior, con la flor y nata del empresariado y con todos los jefes de los servicios secretos occidentales y de los países árabes. En la parte internacional de sus agendas, con los espías observando entre bambalinas, aparecen desde Yasir Arafat hasta Bill Clinton, pasando por George H. Bush, Muamar el Gadafi, Henry Kissinger o Mijaíl Gorbachov. Pero no solo eso: Manglano detuvo asonadas golpistas, modernizó los servicios secretos, consiguió un destacado sillón para la inteligencia española en el panorama internacional, manejó crisis con pocos precedentes y protegió al Estado cuando estuvo a punto de derrumbarse. No pudo hacer todo esto sin arrugarse el traje. A pesar del contexto, los recursos y la realidad, Manglano logró construir algo que aún no ha sido reconocido como uno de los pilares más fundamentales de la estructura de España como democracia estable.

El jefe de los espías decidió recogerlo todo como un notario, dando fe de escenas que, a partir de ahora, van a formar parte de la historia de España. Ha llegado el momento de destapar los papeles de Manglano.

Tengo sueño y frío. No he meditado bien.
Odio al pecado, al error, al mal.
El demonio existe, y no hay que tomarlo a broma. Está
    detrás de cada uno de nosotros.
Sacerdocio, ¿me gustaría? Sí.
Por qué: por predicar y para ser un sacerdote bueno.
Dios me ha llamado: no.

Emilio Alonso Manglano
Ejercicios espirituales, noviembre de 1963

Dios no lo llamó, pero sí el Gobierno de España.
Su misión no fue predicar los Evangelios, sino
    proteger al Estado.

PRIMERA PARTE

Modernizar la Inteligencia

1981-1982

1

Un *paraca* en el espionaje

Una de las glorias del Ejército español

*E*l militar escucha atentamente.

—Me han hablado de usted varias personas, entre ellas el rey y el presidente del Gobierno, y todos coinciden en que usted tiene las ideas claras y sabe adónde va.

El que habla es el ministro de Defensa Alberto Oliart. Es la tercera vez que se encuentran en el último mes, la segunda en el Ministerio y la primera sin testigos. El militar que escucha tiene cincuenta y cuatro años y ni la menor idea de por qué está ahí.

Es miércoles, 29 de abril de 1981 y hace tan solo dos meses España había anochecido con un nuevo golpe de Estado militar. Aunque el pronunciamiento del 23 de febrero fracasó, esa madrugada los españoles se encontraron de nuevo con el rasgo más trágico de su historia. El consenso que paladean los políticos —no sin dificultades— se atasca en el gaznate de los militares: una vez más, el ruido de sables amenaza abiertamente la débil democracia. Solo hace cinco años de la muerte del dictador Francisco Franco, tres y medio de las primeras elecciones libres y dos de la aprobación de la Constitución. Queda mucho por hacer.

La reunión con el militar se celebra en el despacho del ministro y a instancias de este. A sus cincuenta y dos años, Oliart ya se ha sentado en el Consejo de Ministros en dos etapas distintas, ambas con Adolfo Suárez como presidente, pero nada es comparable al reto que ha asumido como titular de la cartera de Defensa con el nuevo jefe del Gobierno, Leopoldo Calvo-Sotelo. Fue precisamente en su sesión de investidura cuando se produjo el intento de golpe de Estado. El ministro también estaba en el hemiciclo aquella tarde, como diputado de Unión de Centro Democrático (UCD), la coalición de partidos que canalizó la Transición. Fracasada la asonada, investido el nuevo presidente y nombrado el Ejecutivo, el ministro de Defensa ha recibido un mandato claro: controlar a las Fuerzas Armadas y averiguar si existen otros movimientos involucionistas. Y una cosa más: vigilar a quienes están tratando de incriminar al rey en el 23-F.

Una de las primeras certezas que se encontró el ministro fue que el espionaje español no funcionaba del todo bien. A esas alturas de 1981, con la investigación judicial del 23-F todavía en marcha, ya parece obvio que, en el mejor de los casos, el Centro Superior de Información de la Defensa (CESID) no se había enterado de nada, e incluso hay sospechas de que alguno de sus agentes había tenido algo que ver. Oliart constató muy pronto que los espías españoles eran poco operativos: desde que es ministro casi cada mañana le informan de una nueva intentona, y eso le parece demasiado.

Unas semanas antes de la primera reunión a solas con el militar, mientras el ministro Oliart pensaba en cómo modernizar el espionaje, realizó su primera visita a las tropas. El destino fueron los cuarteles de la Brigada Paracaidista (BRIPAC), en Alcalá de Henares. Acudió consciente de que los militares lo mirarían con recelo:[1] «A ver este qué va a hacer». Las Fuerzas Armadas, mandos y soldados, saben que tras el intento del golpe de Estado están en el centro de todas las sospechas. Mientras España transita la frágil democracia caminando hacia la modernidad, una parte de las Fuerzas Armadas se mantiene anclada en el pasado. Su prestigio está por los suelos. Un amplio segmento de la sociedad los ve como un obstáculo; otros, como los guardianes de la legitimidad anterior.

En su visita a los acuartelamientos de Alcalá de Henares, Oliart iba acompañado por el capitán general de Madrid, Guillermo Quintana Lacaci, personaje clave en el fracaso del 23-F porque al acatar de inmediato las órdenes del rey de no mover las unidades a su mando frustró los planes del teniente general Milans del Bosch de ocupar la capital de España. Tras pasar revista a las tropas, y mientras se disponían a tomar un vino español, Quintana Lacaci se dirigió al ministro señalando a uno de los mandos de la Brigada Paracaidista:

---

1. Testimonio de Alberto Oliart a los autores. Todo este capítulo está basado además en las notas manuscritas de Emilio Alonso Manglano.

—¿Ves a este teniente coronel?

—Sí —respondió Oliart, observando por primera vez al militar que un mes después estará sentado en su despacho.

—Es una de las glorias del Ejército español.

—¿Y cómo se llama?

—Emilio Alonso Manglano.

Oliart se acercó al teniente coronel y quedó gratamente sorprendido: le impactó su manera de hablar, pues no se expresaba como los demás militares de Tierra, sino con mucha precisión en el lenguaje, y demostraba una vasta cultura. En esa primera impresión, Oliart constató que se encontraba ante alguien que, en ese entorno, estaba muy por encima de la media. Tenía una voz poderosa y una fuerte determinación.

Mientras el teniente coronel le hablaba de la brigada, de las tropas, de los saltos en paracaídas y de las incertidumbres generadas por el 23-F, el ministro escuchaba atentamente con el pensamiento puesto en una de las decisiones más relevantes de las que debía tomar en esos primeros meses.

—Teniente coronel —le dijo—, ha sido muy interesante todo lo que me ha contado de la Brigada. Me gustaría hablar con usted en mi despacho.

Amén de las cualidades personales de Alonso Manglano, el ministro Oliart —persona intuitiva— se sorprendió al conocer qué había sucedido el 23 de febrero de 1981 en la BRIPAC. Aquel día, en los cuarteles de Alcalá de Henares, el protagonista fue precisamente el militar que un mes después estará sentado a solas en su despacho sin tener la menor idea de por qué está ahí.

El 23-F en la BRIPAC

Los 23 de febrero son una fecha simbólica en la BRIPAC: ese día de 1954 se realizó el primer salto del Ejército español, hecho fundacional y motivo de orgullo y celebración entre los *paracas*. Por eso, el 23 de febrero de 1981 sus cuarteles en Alcalá de Henares estaban de fiesta: se cumplían veintisiete años del evento.

Aquel día, la noticia del asalto al Congreso se extiende rápido entre las Fuerzas Armadas. Esa tarde, a las 18:23, cuando el teniente coronel de la Guardia Civil Antonio Tejero irrumpe en el hemiciclo durante el debate de investidura de Calvo-Sotelo, al mando de la BRIPAC no está su general, ni tampoco el coronel. Al ser día festivo, ambos están ausentes.

Con el Gobierno y el Congreso secuestrados por 200 guardiaciviles que decían actuar en nombre del rey, en los cuarteles de toda España cunde el desconcierto. ¿Quiénes son esos guardias? ¿Es verdad que el rey está detrás? ¿Hasta dónde están dispuestos a llegar? ¿Hay mandos militares implicados?

Pero esas dudas no anidan en la BRIPAC, o si lo intentaron, chocan con la determinación de un hombre. A las siete en punto de la tarde, cuando el Congreso lleva treinta y siete minutos secuestrado, Emilio Alonso Manglano asume el mando y da orden a todas las unidades para que se concentren en los acuartelamientos. Deben prepararse para lo que sea preciso. Media hora después telefonea al jefe del Estado Mayor del Ejército (JEME), general José Gabeiras, completamente ajeno al golpe.

—La Brigada está concentrándose y dentro de dos horas estará dispuesta y a sus órdenes —informa Manglano.

El JEME le responde que el guardiacivil que acababa de irrumpir pistola en mano en la sesión de investidura es el teniente coronel Tejero, que ha dicho que la situación no se resolverá si no habla con el rey. Palabras mayores.

—¿No hay ninguna fórmula para solucionarlo? —pregunta Manglano.

—La estoy buscando.

—Esperamos órdenes.

—Gracias y un abrazo.

Una hora más tarde, las unidades de la BRIPAC están al 80 por ciento. Manglano también ha llamado a Zarzuela para transmitir su disposición a realizar cualquier acción contra los golpistas. Su compromiso, y el de la brigada que en ese momento dirige, está con el rey, con la democracia y con el orden constitucional. Él siempre había sido monárquico y creía firmemente en la democracia constitucional y en el liderazgo del rey Juan Carlos.

Al fin solos

Al teniente coronel Alonso Manglano no le gusta saltarse el escalafón. Por eso, cuando en la mañana del 29 de abril de 1981 acude al despacho del ministro de Defensa, lo hace acompañado por su general de brigada. Oliart no puede creerlo, quería hablar con él a solas. Finalizada la conversación a tres bandas, se reafirma en las virtudes de Manglano y decide llamarlo por teléfono:

—Quiero verle a solas esta tarde en mi despacho. Venga usted. Es una orden. Y venga solo —remarca Oliart.

El despacho del ministro de Defensa es amplio y luminoso. Son las cuatro y media de la tarde. Al fin Oliart está a solas con la persona que mejor se adapta al perfil que busca para dirigir el espionaje español. Pero antes quiere entrevistarlo personalmente. El político es directo:

—Voy a plantearle tres cuestiones: las causas del malestar de las Fuerzas Armadas, la influencia de los panfletos y las medidas a adoptar.

Alonso Manglano tiene claro cuál es el origen remoto de ese malestar. Lo atribuye a la «herencia psicológica, ideológica y moral» del Ejército y al «intervencionismo» en política, tan propio de los siglos xix y xx. El *droit de regard,* le dice al ministro, un supuesto derecho del Ejército a controlar lo que sucede en el ámbito político.

Según su análisis, a partir de la Transición del franquismo a la democracia, ese deseo de control se percibe en dos preocupaciones de las Fuerzas Armadas: la legalización del Partido Comunista de España (PCE) y la unidad del país. Una parte del Ejército siente que cuando Adolfo Suárez decidió por su cuenta y riesgo legalizar el PCE el Sábado Santo de 1977, lo hizo traicionando a los generales, a los que unos meses antes había prometido que no daría un paso sin su conocimiento.[2]

—Aun así, lo del PCE es un alboroto más aparente que real —explica Manglano—. En cambio, lo de la unidad de España sí es importante.

En 1981 España está en pleno proceso de descentralización autonómica. Cataluña y el País Vasco ya cuentan con sus Estatutos de Autonomía, ambos aprobados en 1979, y el resto de comunidades lo harán próximamente. Es un proceso complejo que establece dos vías para el autonomismo y que el Gobierno de Suárez resuelve con el «café para todos»: si Cataluña y el País Vasco tienen Estatuto, ¿por qué no el resto de regiones de España? La pregunta que fluye en el Ejército es cómo afecta este proceso a la unidad de la patria, de la que la Constitución les considera garantes.

El ministro realiza una serie de consideraciones sobre los siglos xix y xx, y sobre el papel de los militares en esas dos centurias marcadas

---

2. En *Suárez. Acoso y derribo,* Emilio Contreras afirma, por el contrario, que los generales sí estaban informados.

por los golpes de Estado: al menos dos docenas en apenas doscientos años. Pero esa reunión no es para exponer sus reflexiones, sino para escudriñar a Manglano. Su segunda preocupación tiene que ver con los panfletos que se distribuyen periódicamente entre las Fuerzas Armadas para propiciar adhesiones involucionistas y dar cauce al malestar.

Para el teniente coronel Manglano, la influencia de esos panfletos está en que «conectan con las ideas más instaladas y más sensibles de las Fuerzas Armadas».

—Hay que prestar atención a la política de personal, a los cambios de destino por razones políticas, etcétera —explica Manglano, señalando uno de los focos más pragmáticos del malestar.

—Estoy dispuesto a respetar los cambios en la mayoría de los casos. Sin embargo, hay situaciones especiales —responde el ministro.

—Errores de Gutiérrez Mellado —afirma tajante Manglano, en referencia al primer ministro de Defensa de la democracia—. La domesticación del Ejército y la creación de asambleas.

—¿Qué medidas concretas sugiere usted?

—Ha faltado una pedagogía sobre el Ejército. No se ha explicado nada.

Manglano tiene claro que los militares son víctimas de la «desinformación», y por eso los panfletos, las arengas, el victimismo y los agravios tienen éxito entre ellos.

La conversación fluye. Oliart se reafirma en su buen ojo y va confirmando sus primeras impresiones, y las referencias de generales que, como Quintana Lacaci, ya conocían a este militar cuando menos diferente.

Oliart le explica que al parecer el 23-F se produjeron tres golpes paralelos. El primero, la operación De Gaulle, que era la del general Alfonso Armada, un hombre que había gozado de la máxima confianza de don Juan Carlos y que había llegado a ser secretario general de la Casa del Rey en 1976. Armada se inspiraba en la estrategia del general francés Charles de Gaulle en 1958: propiciar una situación militar extrema para que los diputados secuestrados se viesen obligados a frenar el golpe de Estado votando un Gobierno de salvación nacional presidido por un general de prestigio. En la versión española, el propio Armada.

El segundo es el «golpe duro», el protagonizado por el teniente coronel de la Guardia Civil Antonio Tejero y el capitán general de Valencia, Jaime Milans del Bosch. El tercero es el «modelo portugués», con el que pueden referirse al golpe de Estado militar que en 1926 dio un grupo de jefes militares contra el Gobierno de la Primera República e instauró una dictadura que se prolongó hasta 1974.

—Se encontraron. Nadie se explica el caso Armada —concluye Oliart.

—Armada quiso ser el Carrero Blanco de la nueva situación —responde Manglano—. Perdió capital político cuando se marchó de la Zarzuela. Pero aun así se ha presentado como hombre de la Zarzuela. El caso Milans es una mezcla de inferioridad y simplismo.

El ministro advierte de las maniobras para implicar al rey y le asegura que el Gobierno valora «los riesgos políticos» del proceso. Sus objetivos están claros: «Apaciguar al Ejército e incorporarlo a esta situación».

—Voy a perder poco tiempo porque no me gusta perderlo. Usted tiene que ser el jefe del CESID. Creo que sirve para ese puesto —le dice al militar, cogiéndolo desprevenido.

—Por Dios, ministro, que yo estoy preparando la tercera operación Galia con los franceses, que vamos a Francia, que lo tengo todo listo —responde Manglano, preocupándose por sus obligaciones en la Brigada Paracaidista.

—Usted ni salta ni deja de saltar. Lo que ha oído no es una oferta, es una orden. Se incorpora dentro de cuarenta y ocho horas.

—Déjeme por lo menos acabar el ejercicio Galia.

—Le he dado cuarenta y ocho horas, tiene de sobra para acabar.

Ya en la soledad de su despacho, el primer ministro de Defensa tras el 23-F llama al presidente del Gobierno, Leopoldo Calvo-Sotelo, y después al rey:

—Creo que tengo al hombre que puede ser director del CESID.

A dormir en Pikolín

El ministro Oliart despacha con el presidente del Gobierno y se da cuenta que el teniente coronel no es tan desconocido como él pensaba.

—Hombre, Alberto, eso no me lo puedes hacer porque a Manglano es a quien yo tenía pensado para tenerme informado de las cosas que pasan.[3]

Averigua que en sus tiempos jóvenes Manglano y Leopoldo Calvo-Sotelo habían compartido *excursiones* a Estoril para visitar a don Juan

---

3. La fuente de las conversaciones de este epígrafe es Alberto Oliart, entrevistado por los autores.

de Borbón. Dos monárquicos en tiempos de Franco. Fueron dos jóvenes dispuestos a jugársela por el regreso a España del heredero de los derechos dinásticos de Alfonso XIII, y eso crea vínculos importantes. Tanto es así que el presidente del Gobierno cuenta con su antiguo compañero para estar al tanto de la realidad militar: no hay duda de que confía en Manglano. Pero Oliart no está dispuesto a ceder:

—Leopoldo, estoy en la boca del volcán, que ha reventado, y tengo que ver si no se revienta más. Tú lo necesitarás, y lo vas a tener, aunque esté conmigo en el CESID.

—Bueno bueno, si lo has decidido… ¿Y vas a decírselo al rey? —pregunta comprensivo el presidente del Gobierno.

Primer asalto superado. La siguiente cita de Oliart es en el palacio de la Zarzuela, en el despacho de Juan Carlos I.

—Señor, vengo a decirle que creo que he encontrado a la persona para dirigir el CESID. Es un teniente coronel, lo cual me puede plantear algún problema legal…

Efectivamente, el cargo de director del CESID exige el rango de general. Lo establece un decreto aprobado en tiempos de Gutiérrez Mellado, el ministro de Defensa que en un acto de autoridad y valentía se bajó de su escaño para enfrentarse a Tejero cuando este entró en el hemiciclo.

—… Pero estoy tan decidido que con otro decreto puedo revertir el que obliga a que sea un general —continúa Oliart ante el rey.

—¿Un teniente coronel? —inquiere don Juan Carlos—. Pero ¿quién es?

—Señor, se llama Emilio Alonso Manglano.

—Pero ¿tú crees que eres capaz de nombrarlo siendo teniente coronel?

—Señor, el decreto lo tengo redactado, pero debo entregárselo al presidente y que lo apruebe el Consejo de Ministros.

El rey se queda callado mirando a Oliart. El nombramiento de Manglano requiere de su consentimiento tácito.

—Así que te ves absolutamente capaz de hacerlo.

—Señor, no capaz, es que sé cómo se hace.

El rey se levanta y se sienta en un balancín. Confiesa a Oliart que está dolorido por un golpe que se ha dado mientras esquiaba hace unos días.

—Si tú eres capaz de que ese teniente coronel sea director del CESID, tú y yo ¡a dormir en Pikolín! —exclama el rey, parafraseando un eslogan publicitario de la época.

Oliart está tan satisfecho como sorprendido. Da la sensación de que don Juan Carlos también conoce a Manglano, aunque no le ha dicho nada al respecto. Lo que está claro es que tanto al monarca como al presidente del Gobierno ese teniente coronel les transmite una gran tranquilidad.

—Ya he hablado con el rey y el presidente, y les parece muy bien tu próximo nombramiento —informa Oliart a Manglano en una nueva entrevista en su despacho.

—Lo acepto como un acto de servicio.

—Hay que modernizar el CESID —indica el ministro—. Atención al terrorismo y a la información sobre el mismo.

Veintiséis días después de su primera entrevista a solas con el recién nombrado ministro de Defensa en su despacho, el teniente coronel Emilio Alonso Manglano toma posesión de su cargo como director del CESID. Tras la lectura del decreto y el juramento del cargo, el ministro le dedica unas palabras:

—Se le ha elegido por sus cualidades humanas y morales y su historial profesional.

En las últimas semanas han compartido mucho tiempo juntos. Han analizado a fondo las necesidades y objetivos en el ámbito de la inteligencia, aunque en 1981 aún es demasiado pronto para considerar al espionaje español una central de información moderna, independiente y a la altura de agencias internacionales como la CIA o el MI5. Sobre la mesa, demasiados interrogantes, pero sobre todo dos: ¿Fue el 23-F una excepción o hay otros movimientos involucionistas en marcha? ¿Es el incipiente régimen democrático lo suficientemente fuerte como para soportar los embates del terrorismo? Los retos para el nuevo jefe del espionaje son mayúsculos, y la institución que se acaba de comprometer a dirigir arcaica.

2

Ruido de sables

Pensar como el enemigo

$\mathcal{V}$asili Sokolovski fue un destacado militar soviético que combatió en la Segunda Guerra Mundial. Cuando en diciembre de 1941 las tropas de Hitler acechaban Moscú, era el jefe del Estado Mayor del frente occidental del Ejército Rojo. Su labor fue clave en la resistencia y posterior victoria sobre los nazis, en colaboración con eso que la historiografía ha denominado «el general invierno».

Carl von Clausewitz fue un militar prusiano que combatió en las guerras napoleónicas. Cuando a finales de 1806 Bonaparte arrasó ese ejército y convirtió Prusia en un Estado satélite de Francia, Von Clausewitz fue uno de los 25.000 soldados enemigos capturados. Permaneció cautivo hasta 1808.

Además de haber sido protagonistas en dos de los episodios bélicos más importantes de la historia moderna de Europa, estos dos militares —uno prusiano, otro soviético— tienen algo más en común: ambos publicaron un libro fundamental para la estrategia militar. En mayo de 1981 el pensamiento de Von Clausewitz y el de Sokolovski están sobre la mesa del despacho de Emilio Alonso Manglano. Nada como recurrir a los clásicos.

En 1832, ciento cuarenta y nueve años antes de la llegada de Manglano al CESID, la viuda de Von Clausewitz decidió publicar los manuscritos de su marido. *De la guerra* es una obra clave sobre estrategia y táctica militar. En 1962, diecinueve años antes de la llegada de Manglano al CESID, el mariscal bielorruso publicó *Estrategia militar soviética*, un manual de referencia para el Ejército de la URSS. Manglano lo estudia convencido de que «refleja la actitud oficial de la Unión Soviética respecto a la guerra y la política». En cuestiones de manejo de información confidencial, los soviéticos son bastante avanzados, quizás demasiado.

Manglano no es un militar al uso. Es culto en sus lecturas y categórico en sus expresiones. Rezuma autoridad. De ello se percató pronto Alberto Oliart, nada más conocerlo. Por eso, por esa innata curiosidad por el conocimiento, por ese interés por la formación continua, en cuanto recibió el mandato de dirigir el espionaje, el hombre que había hecho su carrera militar en la Brigada Paracaidista empieza a documentarse: información, prensa, geopolítica y servicios de inteligencia. Por sus manos pasan una ingente cantidad de libros en busca de los fundamentos teóricos para cumplir el mandato del ministro: organizar un servicio de espionaje moderno.

De sus múltiples consultas extrae una serie de ideas relevantes que recoge en un informe y que está dispuesto a aplicar en su nueva responsabilidad al frente del CESID. La primera es que «el militar tiene el deber de evitar que sus jefes políticos le asignen temas imposibles». Sus jefes son, de menor a mayor, el ministro de Defensa, Alberto Oliart; el presidente del Gobierno, Leopoldo Calvo-Sotelo, y el rey Juan Carlos. Aunque en un sistema democrático como el español, las cosas no son tan sencillas: «El Servicio no puede ser partidario: debe tener el apoyo de todos los partidos, excepto de los comunistas», escribe Manglano, mostrando una desconfianza importante sobre la formación que dirige Santiago Carrillo. El mundo sigue dividido en dos bloques.

Así plasma su segunda idea: «Es mucho más difícil hacerse cargo de una organización ya existente, y esforzarse en transformarla y modernizarla, que crear una sacándola de la nada y aprovechando la experiencia adquirida en el pasado». Lamentablemente para Manglano, el CESID no solo ya existe, sino que aún tiene ataduras orgánicas con el régimen anterior. Deberá trabajar sobre mojado.

A estas dos cuestiones —cómo controlar a los superiores políticos y cómo organizar a los subordinados militares y civiles— hay que incorporar el elemento clave de todo servicio de espionaje: cómo conseguir y cómo gestionar la información. Las fuentes y los destinatarios. «Obtener y valorar información es la finalidad fundamental», escribe.

Manglano tarda poco en comprender la importancia de la prensa, aunque precisa que solo «en algunos casos», y señala otra idea relevante: «Colaboración con un grupo de periodistas selectos». El CESID buscará incorporar a su red de informantes a reputados informadores que estén dispuestos a ofrecer información a los servicios de inteligencia de su país. Desde la perspectiva del CESID, es un planteamiento audaz; desde la del periodista que acepta, es deontológicamente dudoso.

En este proceso teórico Manglano llega a otra conclusión que va a marcar su paso por el CESID en los próximos años: «La cooperación entre servicios, especialmente en tres ámbitos: espionaje, sabotaje y contraespionaje». Hasta ese momento, el espionaje español es poco fiable, y poco reconocido fuera de España. Mucho se ha escrito sobre la excesiva influencia de la CIA en España, aunque también hay mucho mito al respecto. Manglano no solo tiene claro que hay que reforzar la presencia fuera y los vínculos con otros servicios, sino que considera que «la información exterior (en otros países) debe estar dirigida a ejercer influencia en la formulación de la política exterior». Pasado el tiempo, su dedicación en este campo será fundamental para la consolidación internacional de la España democrática y para el incremento notable de su influencia en Hispanoamérica, Europa, el norte de África y el mundo árabe. Algo inimaginable en 1981.

Como reflexión de fondo, el hombre llamado a dirigir el espionaje de una España en democracia escribe: «Esforzarse en ver la realidad como la ve el enemigo, pensar como el enemigo y averiguar sus intenciones».

Las ideas que Manglano anota en sus primeras semanas en el CESID sobre cómo debe ser el espionaje se cierran con la referencia a una conversación de Konrad Adenauer, el primer canciller de la República Federal Alemana y uno de los padres de la Unión Europea, con uno de sus generales:

«Dígame, general, ¿puede usted todavía confiar en alguien?», pregunta Adenauer.

«Si no hay confianza, canciller, no puede haber servicio de información. Pero a esta confianza la llamamos "confianza vigilante".»

El primer día en el CESID

Manglano se da cuenta pronto de que su nuevo cargo le permite acceder a una enorme cantidad de información, mucha de ella confidencial, y que su éxito dependerá del uso que haga de la misma. Él es un hombre especialmente ordenado y metódico. Pronto toma la decisión de redactar notas de cada una de sus reuniones y de todo lo que escucha en ellas. Agendas, cuadernos, carpetas, clasificadores, todo exhaustivamente organizado por temas y ordenado por fechas. Y como hilo conductor, una agenda anual en la que anota el resultado de las reuniones importantes: no es solo una agenda para registrar citas y actividades, sino un resumen de sus principales visitas y llamadas telefónicas, la información que le cuentan y los planes que va poniendo en marcha. No es una tarea fácil, pues exige un compromiso de dedicación diaria, unos hábitos de documentalista. Sus agendas y sus cuadernos manuscritos construirán el relato de su paso por el CESID: anotaciones útiles contra los fallos de memoria, y fundamentales para la posteridad, que comienzan el 27 de mayo de 1981.

Ese día, nada más sentarse en el sillón de director del CESID, el teniente coronel recibe a su primer informador. Le cuenta que se están produciendo «críticas al Gobierno y al rey», que hay «indignación» en la Guardia Civil y que su nombramiento ha propiciado «sorpresa» en los tres Ejércitos. No hay duda de que el mandato del ministro Oliart —modernizar el CESID y las Fuerzas Armadas— no va a ser tarea fácil. El Ejecutivo de Calvo-Sotelo aún no ha superado los cien días de cortesía —lleva noventa—, pero las críticas arrecian, especialmente en el ámbito militar, aunque no solo en él. Tras el golpe de Estado del 23-F, la sociedad española ha quedado conmocionada, y la fragilidad de la joven democracia a la vista de todos.

El primer informador de Manglano es claro revelándole lo que escucha en ámbitos militares sobre su trayectoria: «Se trata de un hombre honesto, de ideas liberales y amigo del rey. No obstante, actuará totalmente siguiendo las directrices "democráticas" y de "depuración" que vienen marcadas desde el mando».

Lo que le cuenta el informador no es plato de buen gusto, pero era previsible: su sola presencia despierta un lógico miedo a los cambios. Lo que no es tan lógico es que ese recelo haya desembocado tan pronto en una campaña de desprestigio. Nada como vincularlo con los sectores más prodemocráticos del Ejército, e incluso con los masones:

—Un antiguo miembro del SECED [el organismo de espionaje anterior al CESID] puso en circulación un informe sobre Manglano «en el que se denuncia que el teniente coronel ha tenido recientes contactos con Reinlein, Busquets y otros de la Unión Militar Democrática (UMD) y que se sospecha del mismo su afiliación, hace dos años, a la logia masónica Viriato».

La advertencia lo dice todo. Estos «críticos» no solo ven con malos ojos que Manglano vaya a seguir directrices «democráticas», algo lógico cuando lo ha nombrado un Gobierno de esa naturaleza, sino que tratan de vincularlo con esa organización militar clandestina surgida en las postrimerías del franquismo para tratar de impulsar la democratización de España también desde el Ejército. Los úmedos —así se llamaba a los miembros de la UMD desde sectores reaccionarios— llevan disueltos varios años, pues la democratización de España ya se había alcanzado, pero parece ser que aún despiertan recelos.

Entre los mandos militares hay miedo a ser «depurados» de sus cargos, y no es un temor infundado. Manglano quiere detectar a esos inmovilistas, y en esas primeras reuniones ya empieza a recibir nombres: el teniente coronel Cortés es el «enlace o gestor de un grupo de conspiración de matiz ultra» en la Guardia Civil y el contralmirante (en la reserva) Severo Martín está relacionado con «grupos clandestinos contrarios al actual régimen», según las notas que toma.

Algo se está cociendo entre bambalinas en las Fuerzas Armadas. El malestar por el que le preguntaba Oliart en su primer encuentro a solas no solo existe, sino que parece que hay personas dispuestas a pasar a la acción. Sus objetivos son variados, pero todos tienen en común su vinculación con el espíritu democrático, y ahí está jugando un papel importante la prensa. Por eso, un informante advierte a Manglano:

—En una reunión de oficiales se habló de formar un comando que ejecute a Juan Luis Cebrián y a Pedro J. Ramírez.

Se trata de los directores de *El País* y de *Diario 16*, los dos principales periódicos surgidos en la Transición, con una línea editorial que defiende la democracia y la ruptura con el pasado dictatorial. La información que recibe Manglano supone que en la cúpula militar hay algún oficial dispuesto incluso a ejecutar a periodistas. Esta amenaza no volverá a aparecer en los manuscritos del director de la inteligencia, así como tampoco la identidad de los asistentes a la reunión de la que salió semejante propuesta de atentado.

Manglano concluye su primera jornada como director del CESID consciente de que la labor que tiene por delante es titánica. Y en solo seis días se va a producir la primera prueba de fuego para el nuevo Gobierno en el ámbito militar: el 2 de junio se celebra el desfile de las Fuerzas Armadas, y tiene lugar ni más ni menos que en Barcelona. Afortunadamente todo se desarrolla según lo previsto, tal y como relata *ABC* al día siguiente:

Como culminación de los actos conmemorativos que se han venido celebrando en Barcelona, con motivo del Día de las Fuerzas Armadas, Sus Majestades los reyes, acompañados por el príncipe de Asturias y las infantas, presidieron el domingo el brillante desfile militar que se desarrolló a lo largo de la avenida Diagonal de la Ciudad Condal. Un total de 13.163 hombres y 1138 vehículos tomaron parte en la parada, que fue contemplada por millares de personas.

El golpismo apunta a Zarzuela

—Ricardo Sáenz de Ynestrillas está muy lanzado.

En estas primeras semanas al mando de los espías, Emilio Alonso Manglano presta una especial atención a las secuelas del 23-F. Necesita hacerse un mapa de situación y pregunta a sus subordinados: ¿Se están gestando nuevos movimientos involucionistas?, ¿es posible otra intentona golpista? El 15 de junio recibe las primeras conclusiones: el militar ultraderechista Sáenz de Ynestrillas «puede intervenir el 19», solo cuatro días después.

Además, existe un Frente de la Juventud que mantiene vínculos con la compañía de Explosivos Río Tinto y se ha hecho con goma-2. Un tal José Antonio Asiego, líder sindicalista de extrema derecha, también está muy activo: parece ser que quiere colapsar el tráfico apoyándose en el gremio del taxi. No se sabe muy bien para qué. Y él es consciente de que lo siguen.

Otros movimientos, aún nada concluyentes, afectan a la Confederación Nacional de Excombatientes, organización que dirige el exministro franquista José Antonio Girón con el anhelo de perpetuar el franquismo. Girón realiza una especie de coordinación de activistas y ha celebrado recientemente una reunión en la Real Liga Naval Española, en la calle Mayor de Madrid. Entre ellos no están la Hermandad de Antiguos Caballeros Legionarios ni Fuerza Nueva, tampoco la Fundación Francisco Franco, pero estos también empiezan a ser observados por el CESID. Son nostálgicos del franquismo a los que conviene vigilar.

En todo este conglomerado juega un papel especial *El Alcázar*, periódico de extrema derecha en el que un colectivo de militares y civiles agrupados bajo el seudónimo Almendros ha venido publicando artículos contra el sistema democrático. Dos de ellos, titulados «La hora de las otras instituciones» y «La decisión del mando supremo», llamaban a la acción en las semanas previas al 23-F.

A Manglano le insisten en que hay una «tensión especial en las Fuerzas Armadas» y, en particular, un sentimiento de «exasperación» en la guarnición de Cataluña. La información llega de una brigada de la Policía que vigila a las Fuerzas Armadas y que duda con ironía de que esa exasperante sensación pueda pasar de las palabras a los hechos: «¿Dos chavales, dos menopáusicas y dos militares sin mando van a dar un golpe de Estado?». El tiempo se ocupará de demostrar que sí. La dificultad estriba no solo en conseguir la información, sino en ser capaz de valorar cuál esconde intenciones peligrosas para la seguridad nacional.

El director del CESID recibe otra comunicación preocupante: «En la imposición del fajín por su ascenso a general, Huertas Grijalba (cuerda de Milans del Bosch)[4] pronunció un discurso muy radical, diciendo que "hay que arreglar lo que está mal" y "habrá que hacer algo"». Así comenzó el 23-F, con los artículos en *El Alcázar*.

Alguien ha informado a Manglano de que en los entornos involucionistas existe una «campaña de mitificación» del teniente coronel Antonio Tejero, líder golpista del asalto al Congreso de los Diputados. La investigación del 23-F aún está en fase de instrucción, pero hay un riesgo evidente de que en el juicio se produzca un chantaje al Estado amparado en el derecho de defensa y auspiciado por un clima social revuelto, al menos en los ambientes militares.

Para evitarlo, el juicio debe celebrarse con todas las garantías, y los movimientos involucionistas deben ser aplacados para que no se produzca un ambiente de presión sobre el tribunal. Pero cuidado: a Alonso Manglano le consta que el Consejo Supremo de Justicia Militar constituido para juzgar a los golpistas está «sensibilizado por las posibles injerencias del Ejecutivo». Y apunta en sus notas: «Hay que cuidar este tema y también el tema de las campañas de prensa».

Nada más apetecible para los acusados que apuntar al rey para escurrir su responsabilidad erosionando al jefe del Estado, que frenó el golpe. El papel del CESID consiste en estar al tanto de movimientos y estrategias para proteger al Estado que le paga. ¿Hasta dónde estarán dispuestos a llegar para reducir sus condenas? Aún quedan unos meses para el comienzo del juicio, el 19 de febrero de 1982, pero conviene estar preparados. El rey está amenazado.

4. Los paréntesis son de Manglano.

Los militares que criticaron el nombramiento de Manglano por ser «amigo del rey» tenían parte de razón. Tal vez por eso, la decisión de Oliart fue un acierto y, tal vez por eso, fue tan fácil conseguir el beneplácito de don Juan Carlos. En las actuales circunstancias, a pocos meses de un juicio a unos golpistas que han estado a punto de salpicar al rey en su asonada, una buena relación entre el director del CESID y el jefe del Estado es un punto a favor. Don Juan Carlos confía en Manglano desde el primer momento.

El 27 de mayo de 1981, el mismo día que Manglano recibe a su primer informante, acude a una audiencia privada con el rey. Hay muchas cuestiones de las que hablar. La primera, la versión que don Juan Carlos tiene del 23-F. La segunda, su interpretación de los hechos. El monarca está dispuesto a contárselo al jefe de los espías, monárquico cuando serlo era un riesgo, demócrata frente al colectivo que más se resiste a los cambios. Y, como él, militar. Esta conversación será la primera de muchas a lo largo de los años. Manglano aún no lo sabe, pero las audiencias privadas con el rey se contarán por decenas, lo que le permitirá acceder al nivel más cerrado de la información de Estado.

En esa primera conversación, el rey le desvela que cuando se enteró del asalto al Congreso, «estaba en chándal dispuesto a jugar al *squash*». Eran las 18:23 de la tarde del 23 de febrero de 1981, y en el hemiciclo se estaba procediendo a la segunda votación para la investidura de Leopoldo Calvo-Sotelo como presidente del Gobierno, después de la dimisión de Adolfo Suárez. La votación era nominal. En el momento en el que Tejero irrumpió en el hemiciclo iba a votar verbalmente el diputado socialista Manuel Núñez Encabo.

Don Juan Carlos confirma a Manglano que, al trascender la noticia del asalto, el secretario general de la Casa del Rey, Sabino Fernández Campo, realizó varias llamadas a instancias militares con el objetivo de averiguar qué estaba pasando. Una de ellas, al general José Juste, de la División Acorazada Brunete.

Manglano toma nota de la sucesión de los hechos: «Sabino llama a Juste —dice don Juan Carlos. Y aclara—: Llamó el 1°, no el 2°. Juste preguntó: "¿Está Armada con el rey?". La respuesta de Sabino fue una frase para la posteridad: "Ni está ni se le espera"».

En sus anotaciones, Manglano señala que Armada sí que llamó al rey, y que lo hizo entre las 18:30 y las 19:00 horas. El general le preguntó si podía ir a verlo; «el rey le dijo que no».

Según el relato de don Juan Carlos a Manglano, Armada llamó por segunda vez a la Zarzuela, con cuatro objetivos que pueden resultar claves para saber lo que sucedió aquella tarde: lo primero que le dijo es que había que «evitar un derramamiento de sangre». Lo segundo fue preguntarle si podía ir al Congreso, donde los diputados permanecían secuestrados por Tejero. Lo tercero fue informarle de que «tendría los votos socialistas» para ser elegido presidente del Gobierno. Y en cuarto lugar para asegurarle que tenía el control de «varias capitanías ya». Dicho de otra manera: Armada llamó al rey para pedir su beneplácito a su operación golpista, que consistía en ser nombrado presidente por un Parlamento secuestrado. Para ello necesitaría sumar a un presumible apoyo de la derecha los votos del PSOE, que daba por garantizados. Si el rey no accedía, se podría producir un derramamiento de sangre, dado que él tenía el control de varias capitanías generales.

No hay duda de que el general Armada sabía lo que hacía ni de que estaba tratando de poner al rey entre la espada y la pared, y que a la vez le estaba dando el problema y la solución: unirse a él para evitar un derramamiento de sangre y permitirle ser elegido presidente del Gobierno. Es la segunda fase del golpe, la que lidera Armada imitando a Charles de Gaulle en Francia.

«El rey le contesta que no. Que ha hablado con los capitanes generales», concluye Manglano. Y eso fue todo. Ahí fracasó el golpe, aunque don Juan Carlos aún tardaría unas horas en comparecer ante los españoles a través de la televisión:

«He cursado —dijo don Juan Carlos con el uniforme militar— a los capitanes generales de las regiones militares, zonas marítimas y regiones aéreas la orden siguiente: ante la situación creada por los sucesos desarrollados en el palacio del Congreso y para evitar cualquier confusión confirmo que he ordenado a las autoridades civiles y a la Junta de Jefes del Estado Mayor que tomen todas las medidas necesarias para mantener el orden constitucional dentro de la legalidad vigente».

El mensaje se emitió de madrugada, y la España constitucional respiró aliviada. Alfonso Armada fue la figura clave del 23-F, un general que solo frenó su ambición golpista cuando el propio monarca le plantó cara. Hasta esa noche gozaba de la confianza del rey, como este le explica a Manglano al informarle de que «estuvo conmigo en Baqueira» en la Nochebuena de 1980, tan solo unos meses antes del golpe. En ese encuentro ambos hablaron del futuro del general.

—Puedo optar a tres destinos —le dijo Armada al rey, haciendo referencia expresa a ser «segundo Jeme» (Jefe del Estado Mayor del Ejército) o a «seguir aquí».

—¿Cuál prefieres? —contestó el rey.

—Hombre, mejor segundo JEME —concluyó Armada.

Y así fue. Un mes y medio después de esa conversación en Baqueira y once días antes del golpe, el 12 de febrero, Armada fue nombrado segundo JEME. En aquella Nochebuena de 1980, Armada utilizó la misma estrategia que utilizaría dos meses después: plantearle al rey un problema del que él mismo fuera la solución.

—El Ejército no le tiene lealtad a Su Majestad —le espetó. Y añadió—: Yo puedo arreglarlo. Tengo prestigio y conozco a mucha gente.

Esas frases que Armada pronunció dos meses antes del golpe, analizadas con posterioridad, son toda una advertencia, y adquieren sentido cuando dos meses después, en la tarde del 23 de febrero, le vuelve a alertar de que se puede producir un derramamiento de sangre… pero que él lo puede evitar porque «ya» controla varias capitanías generales.

Según confiesa don Juan Carlos a Manglano aquella tarde de mayo de 1981, el sentimiento que mejor refleja lo que el rey de España sintió en la noche del 23-F se resume en una palabra: «Soledad». Un sentimiento que explicó esa misma noche a su hijo de trece años y heredero, Felipe de Borbón, con una frase que luego repitió a su amigo Emilio Alonso Manglano:

—Felipe, vas a ver cómo juegan con la corona de tu padre como un balón de fútbol.

El problema Suárez

Otra de las cuestiones relevantes que preocupan en la Zarzuela a comienzos de 1981 tiene que ver con Adolfo Suárez, el presidente del Gobierno de la Transición, el hombre elegido por el rey y por Torcuato Fernández-Miranda para pilotar ese proceso histórico desde el Ejecutivo. Durante años, el triángulo formado por ellos funcionó como un reloj. Juntos aprobaron la Ley para la Reforma Política en 1976, y juntos convocaron elecciones: juntos devolvieron el poder al pueblo. Después Adolfo Suárez ganó las elecciones generales en dos ocasiones

(1977 y 1979), y consiguió que se aprobara con un abrumador apoyo político y social la Constitución de 1978. Pero en 1981 algo se ha roto en la relación de confianza entre el monarca y el ya expresidente del Gobierno.

En ese primer encuentro con el rey, Manglano escucha confesiones sorprendentes, y preocupantes. La primera se refiere a la actitud de Adolfo Suárez en los últimos años:

—A medida que ganaba elecciones, me hacía menos caso —lamenta el monarca.

Después de seis años como rey, don Juan Carlos está cómodo en su papel de jefe del Estado, de símbolo de la unidad del país y de primer representante de todos los españoles. El que parecía no estar satisfecho con su posición de presidente del Gobierno era Adolfo Suárez, al que le da la sensación de que el cargo se le iba poco a poco quedando pequeño.

—Hacía de jefe de Estado —se desahoga don Juan Carlos con Manglano.

Los desplantes se producían cada vez más a menudo. No está bien hacer esperar a un rey.

—Nada de puntualidad. Llegaba siempre tarde —describe el rey antes de relatar una anécdota reveladora de la actitud de Suárez y su creciente desprecio—. Un día me llamó por teléfono: «Estoy con los diputados vascos. Me piden que aplace la audiencia».

El distanciamiento entre ambos viene de lejos. Tal vez la primera vez que Suárez impuso su criterio al rey —y a Torcuato Fernández-Miranda— fue en la Semana Santa de 1977, el Sábado Santo Rojo, en el que decidió legalizar al Partido Comunista de España sin avisar a nadie. Lo cierto es que la decisión fue un éxito audaz, pero el riesgo asumido y el modo de hacerlo tal vez pecaran de imprudentes. Precisamente es 1981, después de la asonada militar del 23-F, el momento más oportuno para recordarlo, pues desde la legalización del PCE el ruido de sables había sido una marejada de fondo. Don Juan Carlos relata a Manglano cómo vivió aquel proceso a comienzos de 1977: «Llama al Consejo Superior del Ejército y prepáralos para la legalización», aconsejó el rey al presidente del Gobierno.

—Suárez no quiso —comenta ahora el monarca.

«Esto hay que hacerlo de sopetón», le respondió el presidente del Gobierno.

En aquel momento, Suárez probablemente sabía que el rey se tuvo que esforzar para controlar a los mandos más exaltados de unas Fuerzas Armadas, todavía en esos años setenta, muy escorados al continuismo del franquismo. Pero lo que no podía hacer Suárez, y sí el rey, era utilizar sus crecientes influencias internacionales para que el PCE se sumara al proyecto reformista.

—Ceaucescu me sujetó durante un año al PCE —revela el rey a Manglano antes de reconocer que si llegan a trascender a la opinión pública sus contactos con el secretario general del Partido Comunista de Rumanía, la situación política podría haberse visto afectada y haber dado al traste con el proceso de transición democrática—. ¡No puedo decirlo! —exclama.

Si de algo sabe don Juan Carlos en su corta experiencia como rey es de las dificultades que supone destituir a un presidente del Gobierno. Ya le sucedió en su etapa preconstitucional, cuando no había manera de hacer entender a Carlos Arias Navarro, el presidente del Gobierno que dejó Franco, que su tiempo había pasado y que debía apartarse. Tras muchas noches de insomnio en la Zarzuela, Arias acabó entendiendo las indirectas del rey y permitiendo así que don Juan Carlos designara a su candidato a presidente: Adolfo Suárez. Si en junio de 1976 le dicen al rey que cinco años después va a sufrir algo similar con su pupilo, no lo habría creído, o tal vez sí. Por fortuna, un Suárez acosado por la oposición, que había superado una atroz moción de censura impulsada por Felipe González pero que perdía apoyo social a borbotones, entendió el malestar del rey y se lo hizo saber.

«Me iré al primer gesto de Vuestra Majestad», le dijo Suárez al rey, según este le revela a Manglano.

Y así fue. El 29 de enero de 1981 Televisión Española había interrumpido su emisión para ofrecer una declaración de Adolfo Suárez en la que anunció su dimisión como presidente del Gobierno y como presidente de UCD:

«Mi marcha es más beneficiosa para España que mi permanencia en la presidencia. Me voy, pues, sin que nadie me lo haya pedido, desoyendo la petición y las presiones con las que se me ha instado a permanecer en mi puesto».

La víspera, Suárez había convocado a la Moncloa a nueve de sus colaboradores más directos: Landelino Lavilla, Rafael Arias-Salgado, Rafael Calvo Ortega, Rodolfo Martín Villa, Pío Cabanillas, José Pedro Pérez-Llorca, Francisco Fernández Ordóñez, Fernando Abril Martorell y Leopoldo Calvo-Sotelo. Les dijo dos cosas: que la decisión de dimitir había sido aceptada pero no compartida por el rey y que no sería candidato a las próximas elecciones generales.

Con el tiempo, ambas cosas se demostrarían falsas.

Saber para vencer

—No quiero que nadie me llame coronel, soy el director.

A Emilio Alonso Manglano no le gusta cómo está organizado el Servicio que se dispone a dirigir. Es ineficaz, carece de una estructura moderna, no tiene un adecuado sustento legal y cuenta con una excesiva presencia de militares. Y una cosa más: casi no hay mujeres. Es un hecho más que común en la España de 1981, pero el nuevo jefe del espionaje no está dispuesto a tolerarlo: quiere mujeres, quiere jóvenes y quiere civiles. Por eso pide que le llamen director y no coronel. Un cambio en el trato que supone una auténtica revolución en el Servicio.

Tampoco le gusta que las distintas oficinas dependientes del CESID estén repartidas por el centro de Madrid, y ya desde su llegada al paseo de la Castellana 5 empieza a trabajar en la centralización en un único edificio, aunque haya que alejarlo de la principal arteria de la capital. Lo que sí le gusta es el lema del Servicio: *Ex notitia victoria* (Saber para vencer).

Emilio Alonso Manglano es un hombre serio, incluso bronco en la expresión, pero a la vez muy cercano con sus subordinados. Los conoce a todos por su nombre y apellidos. Confía en ellos y delega. En esos primeros meses toma una decisión simbólica: nombra jefa de área a una mujer de veintiséis años con solo dos de antigüedad en el servicio. Es María Dolores Vilanova: joven, mujer y civil. «Se montó la de dios», recuerda ella años después. Manglano sabe que su sola presencia levanta recelos en el estamento militar y no solo está dispuesto a no ceder a las presiones, sino que quiere ganar terreno a los partidarios de que todo siga igual.

También estudia a fondo la arquitectura legal que sostiene al CESID y advierte que no es todo lo sólida que a él le gustaría. Eso, tal vez, lo obliga a ser más exigente si cabe con sus subordinados. Y establece cuatro prioridades:

- Creación de un servicio de Defensa similar al existente en los países occidentales, especialmente los europeos.

43

- Asignación de una estructura orgánica y de misiones parecidas a dicho servicio.
- Creación de una estructura material y personal adecuada para aquellas misiones lo más próximas posible a países.
- Profesionalización.

En esos primeros meses al frente del CESID, Emilio Alonso Manglano también ofrece asesoramiento al ministro de Defensa para profesionalizar y modernizar las Fuerzas Armadas y para establecer una adecuada relación entre el servicio de inteligencia y el Ministerio de Defensa, del que depende.

En uno de sus cuadernos, destinado a las cuestiones que afectan al Ministerio, Manglano anota una de las principales urgencias: elaborar el perfil del nuevo JEME en aras de garantizar un ambiente de «tranquilidad»: conviene «apaciguar» los ánimos. Se trata de «despolitizar al máximo, profesionalizando». Manglano conoce bien el Ejército de Tierra, y apunta a tres reformas claves extrapolables a los tres Ejércitos:

1. Ley de inversiones: modernización.
2. Estatus económico (reconsideración). Política de personal (plantilla reducida). Equiparaciones del personal militar.

   Se trata de mejorar las condiciones económicas de los militares. A modo de ejemplo, que un general del Ejército gane lo mismo que un subsecretario o un director general de la Administración.
3. Organización NATO del Ejército de Tierra: Divisiones NATO y unidades internas.

Es 1981 y el mundo está dividido en dos bloques: el occidental, que en la comunidad internacional se agrupa en la Organización del Tratado del Atlántico Norte (OTAN, o NATO por su sigla en inglés), y el soviético, agrupado en el Pacto de Varsovia. Manglano tiene ya claro que el modo de organizarse debe equipararse al modelo comandado por Estados Unidos.

El siguiente paso tiene que ver con la propia organización interna del Ministerio de Defensa. Manglano prepara un informe en el que considera que hay que «organizar un grupo para preparar las acciones a tomar ante acontecimientos relativos a:

- Terrorismo.
- Proceso 23-F.
- OTAN.

Estos son tres de los aspectos claves que debe abordar el Ministerio, y Manglano se lo entrega a Oliart en una nota fechada el 8 de julio de 1981. El director del CESID sostiene dos convicciones: hay que trabajar pensando en el largo plazo, y el ejemplo está en los países occidentales. Mirada larga.

El juez instructor del 23-F

El juicio del 23-F es el primer reto a corto plazo al que se enfrenta Manglano en el CESID. Se trata de un problema que los engloba todos: según cómo se desarrolle, los acusados pueden tratar de apuntar al rey, aunque sea mintiendo; existe un peligro real de que el Ejército se desestabilice, hay demasiado ruido e, incluso, hay riesgo de que se produzcan nuevas asonadas militares, o quizás acciones terroristas.

Manglano entiende que es crucial conseguir información de primera mano, y esa solo está en poder de una persona: el general De Diego, juez instructor del proceso abierto tras el golpe de Estado. Por eso, el 6 de agosto de 1981 concierta una cita con él. Es un almuerzo, los dos solos. El jefe del CESID le pide información y lo hace apelando al servicio de inteligencia que dirige, por las Fuerzas Armadas y por el rey.

—Sirvo al rey. Es lo único que me importa. Le daré el resumen en uno o dos días. También las notas individuales —concede De Diego, como recoge Manglano.

El general De Diego afirma que el caso «más complicado» es el del general Armada. «He tardado en asimilar su ambición», confiesa.

Manglano también le ofrece información. Le da cuatro claves para entender la ambición de Armada: primero, se considera a sí mismo una suerte de «Carrero de la nueva situación», como si fuera una especie de valido por debajo del rey. Además, continúa el jefe de los espías, hay que tener en cuenta su «capital político», pues ha estado diecisiete años destinado en la Zarzuela, así como su imagen fuera de España. Y en cuarto lugar, Manglano le revela a De Diego la conversación que el rey mantuvo con Armada en Baqueira. «Yo puedo arreglarlo», le dijo el general en vísperas de la Nochebuena de 1980.

Aunque el juicio aún no ha comenzado, el general De Diego hace un planteamiento de las penas: treinta años de cárcel a Armada, Milans y Tejero. Considera que «los capitanes son culpables» porque «mandaban unidad». Hay otra cuestión relevante para Manglano: el papel del CESID en el golpe de Estado, y en particular del responsable de los servicios operativos, el comandante José Luis Cortina Prieto.

—Está metido hasta el cuello —afirma De Diego.

También hablan sobre el presidente del Consejo Superior de Justicia Militar, lo que en el futuro será la Sala Quinta del Tribunal Supremo, la «sala militar». De Diego valora que es un tipo «listo», que «se impone», pero que «al final no se sabe lo que piensa». Y le ofrece un detalle que puede ser relevante: «El Consejo está dividido. Hay tensiones».

La conversación entre Manglano y De Diego fluye. El general le cuenta que le causó una «buena impresión» el ministro Oliart y, hablando de Armada y el rey, le explica que hay una «carta amenazante», sin darle más detalles. También abordan la situación de los guardiaciviles que acompañaron a Tejero en el asalto al Congreso.

—¿Qué efectos tendrían las penas sobre las Fuerzas Armadas? —pregunta De Diego.

—Hay que juzgar —responde Manglano—, y luego, si parece oportuno, se aplica la clemencia.

Manglano sale del almuerzo con una idea clara de las pretensiones del general De Diego. Lo anota en su cuaderno: «Está dispuesto a todo. Se ha tomado en serio el tema».

La prensa, al acecho

Desde la caída de Franco, la prensa vive en un escenario de libertad inédito en España. Sin solución de continuidad, los viejos informadores han sido sustituidos por jóvenes entusiastas del periodismo y de la libertad, con poca experiencia en cargos de responsabilidad pero dispuestos a todo por crear un periodismo nuevo. Nacen nuevas cabeceras mientras muchos viejos rotativos van cayendo en el olvido. Los quioscos son auténticos centros de reunión social. Es la época dorada de los semanarios de información política. Los periodistas tienen una enorme influencia y la competencia es cada vez mayor. Son buenos años para la información política, aunque las décadas de censura aún pesan, y los responsables de los medios, así como los redactores de a pie, están en su mayoría comprometidos con el proceso de Transición y con la democracia.

Al día siguiente del asalto al Congreso, la prensa democrática arropó al rey en su defensa de la legalidad vigente. *El País* abrió a toda página «Golpe de Estado. *El País*, con la Constitución» y *ABC* tituló su editorial «Respeto a la Constitución y calma nacional». Pero transcurridas unas semanas, los periodistas quieren averiguar cómo se desarrolló el golpe del 23-F. La investigación periodística acompaña, e incluso se adelanta, a la instrucción judicial.

Un buen ejemplo es el de la cronista de *ABC* Pilar Urbano. Alguien informa a Manglano de que la redactora está husmeando en el 23-F y ha enviado una carta a Sabino Fernández Campo. Le inquietan dos cuestiones. «Si era cierto» que el propio Sabino se había reunido con Milans del Bosch «y otros», y algunas claves relacionadas con el mensaje del rey emitido en TVE en la madrugada del 24 de febrero. «¿Cuántas versiones se grabaron de TVE (noche del 23-F)?», pregunta Urbano, interesada también por saber si «la entrevista se hizo antes, durante o después de la entrada de Armada en el Congreso».

El director del CESID toma nota. Le preocupan las pesquisas de la redactora de *ABC*. Junto a su nombre, añade dos nuevas anotaciones: «Amenazar con el castillo de Palma» y «vigilancia». Unos meses atrás, el 8 de mayo, esa periodista había acudido junto a otros colegas a entrevistar a Antonio Tejero a la prisión militar del castillo de Palma, en Ferrol. La conversación jamás se publicó, pero le generó algún problema a Urbano, según ella misma confesó años después. Tal vez por eso Manglano tomó la decisión de vigilar a la periodista.

La prensa acecha, y los servicios de inteligencia quieren estar al tanto. En esta cuestión Manglano no se va a andar con menudencias. En sus primeras notas teóricas ya había tenido en consideración la importancia de tener personas de confianza entre los informadores.

La ETA *más asesina*

El año que Emilio Alonso Manglano toma las riendas de la inteligencia española, la banda terrorista ETA (Euskadi ta Askatasuna) mata a más de treinta personas. Durante el año anterior, 1980, el más sangriento de su trágica, ignominiosa y criminal historia, fueron más de noventa los españoles asesinados bajo el plomo del terrorismo separatista vasco.

ETA es, junto al golpismo —y estrechamente vinculado a él, pues la involución mama en parte de la debilidad de la respuesta a los etarras—, la principal amenaza de la embrionaria democracia española. No en vano ambos, involucionismo y terrorismo, fueron dos de los asuntos a los que el ministro de Defensa hizo referencia expresa en su primera conversación con su director del espionaje.

Así, ETA está presente desde las primeras notas que Manglano toma como director del CESID: es un cuaderno de anillas con tapa azul, como los que utilizan los niños en el colegio o el tendero al que se le deja algo a deber. En la portada se lee: «27-5-81 - 17-7-81». Es decir, lo estrena a los cinco días de su nombramiento, cuando apenas se ha instalado en su despacho, y le dura menos de dos meses. Los etarras son una amenaza para el Estado de extraordinaria virulencia, pero el CESID, que había nacido el 4 de julio de 1977 para sustituir al SECED de Carrero Blanco y a la inteligencia militar, está aún por hacerse. Sus efectivos contraterroristas son escasos, inferiores a las unidades de Información de la Guardia Civil y la Policía.

La primera información reservada sobre ETA que recibe Manglano llega el viernes 19 de junio. Así lo anota en el citado cuaderno: «Eduardo Magallón, periodista = fue responsable de ETA-pm en Navarra = relación con los soviéticos».

También escribe el nombre de Daniel Pont Martín, un preso común muy popular, pues fue uno de los fundadores de la Coordinadora de Presos en Lucha (COPEL), en la cárcel de Carabanchel en 1976. Bajo su nombre anota: «Preparar infraestructura ETA». Parece ser que este reo ha tenido algunos contactos con los polimilis, miembros de ETA-político militar. En 1981 esta facción de ETA estaba preparando el abandono definitivo de las armas, en plena tensión con ETA-militar. Mediado el año, Manglano reflexiona sobre las «condiciones para una negociación». Alternativa KAS (Koordinadora Abertzale Sozialista), germen de Herri Batasuna, tomaría el relevo de la violencia en la política.

Las pesquisas de Manglano van dando sus frutos. Parece que en la banda terrorista va a haber una escisión relevante, como revela el siguiente cuaderno azul, perfectamente etiquetado como «julio - nov. 81». Manglano escribe la clave del asunto: «Txomin conoce que los capitanes generales van a reunirse y elaborar un memorándum para acabar con ETA. Desacuerdo entre Txomin ETA-pm y ETA-m».

Efectivamente. Los polimilis anunciarán su disolución solo un año después, el 30 de septiembre de 1982. Diez dirigentes de la VII Asamblea, a cara descubierta, se juntan en el frontón Euskal Jai, de Biarritz, en el sur de Francia, ante los medios de comunicación y hacen público el adiós a las armas. Por desgracia, un gran número de miembros de la militancia de ETA-pm se opone. Serán llamados «los octavos», pues continúan en el terror bajo el nombre ETA-pm VIII Asamblea. De todos modos, ETA-militar seguirá regando las calles con sangre de inocentes.

Es importante la mención que Manglano hace de Txomin. Domingo Iturbe Abasolo había recibido el encargo de ETA de negociar con el Estado ya a finales de los 70. Lo seguiría haciendo años después. Entretanto, el 8 de julio de 1981 el ministro de Defensa, Alberto Oliart, comunica a Manglano que no van a adelantar la respuesta a ETA: «Que propongan ellos».

Cinco meses antes de la disolución de los polimilis, el 20 de abril de 1982, Oliart encarga al director del CESID que prepare una nueva estructura para la lucha contra ETA. Un par de semanas después, ambos tratan el problema de fondo con José Ángel Sánchez Asiaín. ¿Por qué hablar de la lucha contra ETA con un banquero? Porque es el presidente del Banco de Bilbao, primera entidad financiera del País Vasco, y porque el terrorismo es la punta de un iceberg que podemos llamar «nacionalismo o problema vasco». Manglano resume la conversación: «Necesidad de constituir un órgano que estudie la problemática actual del País Vasco». La Policía solo puede resolver el problema del terrorismo, no así el problema político. Manglano reflexiona: «Dónde están los vascos. Qué piensan, qué quieren. ¿Cuál es la actitud de las partes? Hace falta un equipo que estudie esto y sugiera medidas».

Tras el encuentro con el banquero, Oliart le pide a Manglano que estudie la constitución de un grupo «tipo Arapiles» que pueda ocuparse de este asunto. El director del CESID se pone a trabajar de inmediato. La lucha contra ETA necesita de la combinación de las fuerzas policiales con las medidas políticas.

El 2 de septiembre, solo unas semanas antes de la disolución de los polimilis, el teniente coronel Alonso Manglano se reúne con un subordinado de apellido vasco que le plantea cuatro asuntos:

1. La conveniencia de una «entrevista con ETA-pm VII». Manglano decide que Manolo Guerrero vea a Ballesteros el martes (ese día

es jueves) y «le pregunte cómo van las cosas». Guerrero comanda el área de Terrorismo del CESID, mientras que Manuel Ballesteros es el jefe del Mando Único para la Lucha Contraterrorista. Está considerado «duro y frío»[5] en el combate a ETA. No en vano había sido comisario jefe en San Sebastián entre 1974 y 1976 y, a continuación, ocupó el mismo cargo en Bilbao. Su vida estaba en almoneda un día sí y otro también. Fue a Madrid como director de la Comisaría General de Información y desde su posición de máximo jefe policial de la lucha contraterrorista participó en las negociaciones para la disolución de los polimilis.

2. «Según Goyerri, Apala está en Bruselas.» Miguel Ángel Apalategui, alias Apala, es el sanguinario terrorista del comando Donosti que, según varios indicios, se había encargado de ejecutar a su compañero Pertur en 1976 por discrepancias sobre el cese de la violencia.[6] El informador propone hacer un viaje a la capital belga con el primo de Apala «para intentar abrir una negociación». Manglano lo estudiará.

3. «Goyerri dice que se podía hacer un secuestro de 3-4 miembros de ETA a cargo de policías franceses (?) Estudiar.» El signo de interrogación denota cierta incredulidad de Manglano ante el hecho de que sean gendarmes quienes participen. En cualquier caso, es una propuesta al margen de la ley, solo sustentada por las decenas de muertos que ETA pone sobre la mesa cada año.

4. «Actitud del P. Socialista ante ETA, en el supuesto que gane las elecciones.» Quedan menos de dos meses para las elecciones generales del 28 de octubre de 1982.

Manglano sabe que el terrorismo de ETA será una de las grandes prioridades de su mandato, tal como le encomienda Oliart en la primera reunión que mantienen. Es necesario crear una estructura moderna para hacer frente a tamaña amenaza, sin perder de vista cómo puede influir la más que probable llegada de la izquierda al poder.

5. Javier Pagola, «Un duro contra ETA. Manuel Ballesteros», *Abc*, 20 de enero de 2008, disponible en https://www.abc.es/espana/abci-duro-contra-manuel-ballesteros-200801200300-1641572827762_noticia.html

6. El cuerpo de Eduardo Moreno Bergaretxe, *Pertur*, no ha aparecido y nunca se ha aclarado cómo fue su final.

La implosión de la UCD

Las confesiones del rey al nuevo jefe de los espías en su primer encuentro habían puesto sobre la mesa un problema que tarde o temprano habría que afrontar. Dimitido Adolfo Suárez, la joven democracia española debía aprender a convivir con la figura del primer expresidente democrático. El distanciamiento entre el rey y Suárez en los últimos años es un síntoma de que hay un problema, y Emilio Alonso Manglano debe contribuir a resolverlo.

Pero hay una segunda derivada: ¿quién debe ser el sucesor de Adolfo Suárez en la UCD y quién el candidato de esta coalición a la presidencia del Gobierno en las siguientes elecciones? Son dos cuestiones importantes, pues el Partido Socialista de Felipe González y Alfonso Guerra está lanzado y es una incógnita cómo se va a comportar la izquierda si llega a la Moncloa cuarenta años después de la Segunda República. Y hay una clave política más: además de abandonar la UCD, ¿abandona también Adolfo Suárez la política?

En esa conversación inicial, don Juan Carlos le da su opinión a Manglano sobre las dos personas que han sucedido interinamente a Suárez: el que ha heredado el mando en el partido, Agustín Rodríguez Sahagún, y el que ha tomado el testigo en la presidencia del Gobierno, Leopoldo Calvo-Sotelo. De Rodríguez Sahagún, el rey le dice a Manglano que «no ve más allá de sus narices». De Calvo-Sotelo opina que es «más serio y más puntual», y una cualidad muy importante: «Tiene idea del Estado». No hay duda de que prefiere al segundo, pero de sus palabras no puede deducirse un entusiasmo especial.

Las pesquisas que Manglano va anotando en su agenda le permiten reconstruir cómo va evolucionando la situación en torno a la UCD. El 5 de octubre de 1981, Rodríguez Sahagún confiesa en un encuentro con periodistas que «no piensa dimitir» de sus responsabilidades al frente del partido, y considera que Calvo-Sotelo «es un cabrón». Así están las cosas.

Un mes más tarde, el 4 de noviembre, el director del CESID recibe la llamada del rey, que le cuenta una conversación mantenida la víspera con el presidente del Gobierno:

—Me he equivocado al no asumir la presidencia del partido —le ha dicho Calvo-Sotelo al monarca.

Ha tardado unos meses, pero Calvo-Sotelo se ha dado cuenta de que las bicefalias en política son siempre problemáticas y ha constatado que para gobernar necesita el apoyo parlamentario de la UCD. «¿Por qué no pude contar con el apoyo resuelto de mi partido durante mi etapa en Moncloa?», reflexionaría años después en uno de sus libros de memorias.[7] Lo cierto es que el presidente Calvo-Sotelo tiene sobre la mesa cuestiones relevantes —«Las secuelas del golpe, el brote terrorista, la crisis económica, las leyes del divorcio y de autonomía universitaria»— y deja de lado el partido; y el partido, que no es una formación al uso, está ocupado en batallas de liderazgo que lo llevan a un creciente distanciamiento de la sociedad. Cuando Calvo-Sotelo se da cuenta y se hace con el mando en la UCD (todavía de manera interina), quizás sea demasiado tarde, así que decide comunicar otra decisión al rey:

—Aquí está mi dimisión.

No han pasado nueve meses desde su nombramiento como presidente y Calvo-Sotelo decide dar un paso atrás. Es el mismo 4 de noviembre de 1981.

—No te la acepto —responde don Juan Carlos—. En la situación actual el poder tendría que ir al PSOE.

El rey, que es la fuente de esta conversación, explica a Manglano que Suárez le planteó a Felipe González la posibilidad de un relevo en el Gobierno, y el líder socialista le reconoció a don Juan Carlos que «en su partido no tenían capacidad entonces».

La crisis por la sucesión de Suárez genera una enorme inestabilidad política. El expresidente de la UCD ha dejado el partido descabezado y no se ha preocupado por propiciar una sucesión ordenada. El rey es consciente de las dificultades que la estrategia de Suárez está generando al nuevo Gobierno, y de las complicaciones que acompañan su ambición política, nunca suficientemente colmada. Pero tiene un plan que tal vez pueda frenarlo:

—Estoy dispuesto a neutralizar a Suárez —confiesa el rey.

El jefe del Estado revela al líder del espionaje el punto débil del expresidente. Así de claro se lo había expresado al rey: «Si me hacen duque, no me meteré en política». Y así fue: el 25 de febrero de 1981 don Juan Carlos le concedió el ducado a Suárez, un gesto de reconocimiento con el que el rey, según le revela a Manglano, también buscaba evitar

<hr />

7. Leopoldo Calvo-Sotelo, *Memoria viva de la Transición*, Plaza y Janés, 1990.

que Suárez siguiera metido en política. El título no sería lo único que el rey le diera a Suárez con ese objetivo, intentar que no entorpeciera el escenario político, como se verá.

En estos meses, Manglano va recibiendo información, directa o indirecta, sobre las opiniones y movimientos de los hombres fuertes de la UCD. Miguel Herrero y Rodríguez de Miñón, uno de los padres de la Constitución, revela que Calvo-Sotelo le ha pedido que abandone el puesto de portavoz parlamentario.

—Si me voy, el partido puede disgregarse —advierte.

Otro dirigente *pesimista* es Íñigo Cavero, dos veces ministro con Suárez y exsecretario general de la UCD, llamado a ocupar cargos de responsabilidad al menos en este periodo de transición. El propio ministro Oliart se lo advierte a Manglano:

—Puede romperse el partido.

Empieza a cundir el pánico. Llega a oídos de Manglano que el también exministro Rodolfo Martín Villa ha visitado a Suárez para decirle que «con Calvo-Sotelo no se ganan las elecciones». La respuesta es categórica:

—Haced con él lo que hicisteis conmigo —responde Suárez, ajeno al devenir del que fuera su partido.

A estas alturas de 1982, ya en el mes de abril, parece claro que Adolfo Suárez tiene decidido permanecer en política. Alguien le cuenta a Manglano que Suárez «está planteando la posibilidad de constituir un grupo aparte que iría a las elecciones de forma independiente para luego aliarse con el centro o con el PSOE». Las sospechas son cada vez más evidentes. Alguien cifra en 25 los diputados que quiere conseguir el expresidente. Entretanto, la UCD convoca al fin un Consejo Político para elegir a su nuevo presidente. Será el 14 de julio, casi siete meses después de la dimisión de su primer presidente. Demasiado tiempo.

Unos días antes desayunan juntos el secretario general de la Casa del Rey, Sabino Fernández Campo; el ministro de Defensa, Alberto Oliart, y el director del CESID. Es el 6 de julio. Sabino revela las auténticas intenciones de Adolfo Suárez, aunque aún no las hará públicas.

—Suárez me llamó —cuenta Sabino— para decirme que le dijera al rey que se marchaba del partido.

El mero anuncio de esa decisión será un auténtico misil contra la UCD. Y, además, Suárez no tenía pensado anunciarlo antes del Consejo Político que debe celebrarse pronto para ocupar el vacío dejado por él, por lo que el nuevo presidente del partido se estrenará con una crisis política importante. Pero su salida del partido no era todo:

—También me dijo que iba a por todas.

Las consecuencias de la decisión de Suárez son demoledoras para el centro político. No solo quiere abandonar la UCD, con todo lo que eso complica las cosas a su sucesor, sino que quiere construir un partido que la sustituya. Sabino lo interpreta con claridad:

—Es inevitable el tiempo socialista.

El ministro Oliart también es concluyente:

—Hay que marcharse de la UCD. La aparente concordia entre Suárez y Leopoldo Calvo-Sotelo no resuelve el problema.

Desde la perspectiva de Emilio Alonso Manglano y del secretario general de la Casa del Rey, el nuevo escenario político cambia mucho la situación. «Las relaciones de un Gobierno socialista con el rey serán difíciles y malas», recoge Manglano en su agenda.

El 29 de julio Suárez confirma su decisión de abandonar un partido que en 1976 se construyó en torno a su figura, su liderazgo y su prestigio. La decisión es anunciada solo quince días después de que Landelino Lavilla, el que fuera su ministro de Justicia, sea elegido nuevo presidente de la Unión de Centro Democrático. La estocada es definitiva para el partido, que a las pocas horas emite un comunicado en el que acusa al expresidente de vulnerar «los ideales de integración que fueron aliento al proyecto inicial de UCD»: «No se ven auténticas razones objetivas que justifiquen la decisión adoptada por Adolfo Suárez de abandonar UCD».

La guerra ha comenzado. El partido que sirvió de instrumento para el proceso de la Transición, y que Suárez lideró durante cinco años aprovechando su tirón como primer presidente del Gobierno del proyecto reformista de don Juan Carlos, está tocado de muerte. Una alfombra roja para el PSOE de Felipe González.

Así se financió la Transición

La muerte de Franco, el 20 de noviembre de 1975, supone una excelente oportunidad para que una nación histórica como España, con un pasado glorioso y una situación geográfica estratégica, diera un salto hacia la modernidad y se alzara como un país plenamente renovado y miembro de pleno derecho del club de democracias europeas. Sin embargo, ese nuevo Estado nacido tras cuarenta años de dictadura afrontaba el reto de tenerlo casi todo por hacer.

Cuando un país alcanza un punto de inflexión, ya sea por una guerra, por una revolución o, como en este caso, gracias a una transición pacífica, el mundo lo observa atento. No es solo una cuestión de ver si el nuevo régimen se alinea con Estados Unidos o con la Unión Soviética —dicotomía que en la práctica no tenía ningún misterio, pues España ya había dado pasos hacia el bando capitaneado por los estadounidenses—, sino por observar los movimientos de terceros países que pueden tener intereses en que la evolución sea en una u otra dirección: el cambio en España como una oportunidad para incrementar su influencia.

En la segunda mitad de los años 70 España se encontraba en ese punto: una nación cambiante, que mudaba y que necesitaba apoyos, padrinos, patrocinadores. Hacían falta recursos para construir unas instituciones democráticas y una sociedad civil pujante que sustentase el nuevo modelo. Esos recursos hubo que ir a buscarlos fuera. Pero ¿qué país estuvo dispuesto a contribuir económicamente a la consolidación de las instituciones democráticas en España? El anhelo social de libertad —ese deseo de volver a ser Europa— y la ambición política de concordia han ocultado siempre una pregunta: ¿cómo se financió la Transición? Tal fue el éxito nacional e internacional de aquel audaz proceso político que su financiación pasó inadvertida: el proceso se consideró mayoritariamente ejemplar. España, de nuevo, en la élite del mundo occidental.

El jefe de la inteligencia española obtiene información al respecto en 1989, más de trece años después de la muerte de Franco y la proclamación de don Juan Carlos. Y será el rey quien le regalará las claves. Es el 30 de mayo, con el sistema democrático surgido de la Transición política acercándose a la mayoría de edad.

Ese martes, tras el almuerzo, Manglano se acerca al palacio de la Zarzuela, donde tiene una nueva audiencia con el jefe del Estado. Ese nublado día de 1989, casi ocho años después de la dimisión de Adolfo Suárez, don Juan Carlos le hace a Manglano la que quizás constituya su mayor confesión, una confidencia que el teniente general anota en sus documentos privados: quién patrocinó la Transición española, quién fue ese gran financiador de la operación que permitiría consolidar la democracia tras cuarenta años de dictadura: Arabia Saudí, la casa de

Saúd, la única dinastía sobre la faz de la tierra que da nombre a todo un país.

Manglano escucha atentamente y recoge en su agenda las revelaciones de don Juan Carlos: «El rey saudí le dio 36 millones de dólares para la Transición». Esa es la cifra que permitió al rey de España poner en marcha el proceso. Los fondos tenían origen en el oro negro. Desde 1975 y hasta su muerte en 1982, en Arabia Saudí reinó Jálid bin Abdulaziz, que heredó el trono tras el asesinato de su hermano, el rey Faisal. Modernizador y sanador de la economía saudí desde los años 60, Faisal murió a manos de su propio sobrino, fruto de una venganza familiar.

Esos 36 millones para la Transición no fueron la única contribución de los Saúd, familia con la que don Juan Carlos mantenía y mantiene unas excelentes relaciones, y país al que España compraba grandes cantidades de petróleo. Las agendas de Manglano son testigo de importantes detalles que el jefe del Estado le revela sobre el dinero que recibió del monarca saudí: «Le concedió un crédito de 50 millones de dólares. Se retienen unos 30 en el banco, el resto se invierte. Ganancia de 18 millones de dólares. Ahora le han renovado 30 millones en las mismas condiciones». Además, el rey informa a Manglano de que este tema se lo lleva Manolo Prado y que ahora ha metido también al rey Simeón.[8] Con «las mismas condiciones» el monarca se refiere a interés cero. Esta confesión de don Juan Carlos a Manglano, realizada en 1989, se refiere a la financiación de la Transición política y revela que, además, gracias a los créditos del monarca saudí don Juan Carlos obtuvo una ganancia de 18 millones de dólares.

Pero eso no es todo. Don Juan Carlos también revela una información que afecta al expresidente del Gobierno, como anota el jefe de la inteligencia: «Cuando se marchó Adolfo Suárez, le dio un millón para él». No es la primera vez que don Juan Carlos le habla de este espinoso asunto, pues en una audiencia en la Zarzuela celebrada casi tres años antes, el 10 de octubre de 1986, se lo anticipó en pleno disgusto por la actitud de Suárez, que seguía resistiéndose a dejar la política. Manglano

8. Simeón de Bulgaria era y es íntimo amigo de don Juan Carlos. Desconocemos si en la conversación con Manglano se refirió a él como «Simeón» o «el rey Simeón». Hemos optado por la segunda dado que Manglano transcribió «R. Simeón», aunque pudo hacerlo en función de cómo él identificaba al personaje.

lo anotó así en su agenda: «Le ofreció un millón de dólares a Suárez para cuando dejara de ser PG [presidente del Gobierno]. No lo sabe nadie». En esta ocasión el rey usó el verbo «ofrecer», pero tres años después, en esa audiencia del 30 de mayo de 1989, confirma que le entregó el dinero. No solo fue un ofrecimiento.[9]

En las agendas de Manglano, la anotación de mayo de 1989 no es la primera referida a la financiación del cambio de régimen. Ya cinco años y medio antes, el 24 de octubre de 1983, el jefe de la inteligencia del Estado acudió a otra audiencia con Su Majestad. Aunque con muchos menos detalles, entre las notas de su agenda aparece esta: «El rey, a través de Manolo Prado, gestionó 50 millones de dólares para UCD. ¿Qué se ha hecho de esto?».

Por un momento, Manglano duda de si son millones de dólares «o de pesetas», pero las explicaciones que le da don Juan Carlos confirman que la divisa era la estadounidense, pues se trata del mismo crédito de 50 millones de dólares, aunque en esta nota inicial también se menciona a la UCD. Esta extraordinaria cantidad formaría parte de los fondos utilizados para financiar la Transición.[10] El destino último de cada dólar es, lógicamente, imposible de desentrañar. A grandes rasgos, estos fondos sirvieron para financiar a los partidos, a los sindicatos y a la Casa del Rey.

Las anotaciones de Manglano muestran que el rey saudí realizó al menos dos entregas al rey Juan Carlos en el contexto del cambio de régimen: por un lado 36 millones de dólares a fondo perdido «para la

9. Entre la muerte de Franco —20 de noviembre de 1975— y la aprobación de la Constitución —6 de diciembre de 1978—, el dólar americano osciló desde las 59 hasta las 84 pesetas por unidad. Si tenemos en cuenta el precio de las cosas en esos años (un buen piso en una ciudad costaba dos o tres millones de pesetas), hablamos de cantidades extraordinarias.

10. Según un testimonio recabado por el periodista Emilio Contreras, autor del libro ya citado, al menos una parte de ese dinero habría llegado en metálico y por avión: «Adolfo Suárez, sus colaboradores más cercanos y los miembros de su Gobierno no tenían contactos ni relaciones con instituciones o Estados que pudieran prestar ese tipo de ayudas. "Pero algunos monarcas de países productores de petróleo sí estuvieron dispuestos a ayudar —recuerda Aurelio Delgado (cuñado y estrecho colaborador de Suárez ya fallecido)—. En los once meses y medio que van desde el nombramiento de Suárez (3 de julio de 1976) a las primeras elecciones generales de la democracia (15 de junio de 1977) enviaron a Madrid diez millones de dólares que llegaron en aviones de vuelos regulares, traídos en maletines por personas de su confianza."».

Transición»; por otro, un crédito a don Juan Carlos de 50 millones de dólares a interés cero, que se renovó luego en 30 millones. Posteriormente llegarían otros créditos, pues en 1995 el montante total que había que devolver ascendía a cien millones de dólares, según los testimonios que recabará el director del CESID y reflejará en agendas, cuadernos y grabaciones.

Juan Carlos I no dijo a su amigo Manglano a qué se debía tanta generosidad de los saudíes —o el jefe del CESID no lo anotó, pero esta opción es poco probable—. Sí le mencionó a Manuel Prado y Colón de Carvajal como la persona que le gestiona las aportaciones de los saudíes. Conviene entonces traer aquí un episodio relacionado con las exportaciones de petróleo del golfo Pérsico a una España que recibía a la democracia y se preparaba para un salto adelante industrial y de servicios que requería grandes cantidades de crudo para refinar. Año 1979. La revolución de los ayatolás contra el régimen del sha de Persia y la posterior guerra entre Irán e Irak provocan la segunda crisis mundial del petróleo. El barril pasa de poco más de 10 dólares a casi 40 por el desabastecimiento de los mercados internacionales. Fernando Abril Martorell, vicepresidente económico del Gobierno de Adolfo Suárez, forma un grupo en el que estaban Luis Magaña, director general de la Energía; Roberto Centeno, consejero delegado de CAMPSA (Compañía Arrendataria del Monopolio del Petróleo), y Arturo Romaní, director general de Patrimonio, dependiente de Hacienda. La misión que se les encarga es solucionar el suministro para España. Acuden cada semana a la Moncloa a informar de la situación. Cada vez que llegaban, Abril Martorell, entre risas, le decía a Adolfo Suárez: «Mira, aquí está el trío de la benzina».

Roberto Centeno, catedrático de Economía en la Escuela de Ingenieros de Minas de la Universidad Politécnica de Madrid, recuerda con meridiana claridad cómo funcionaba la diplomacia en esos días: «Había que pagar unas comisiones del carajo de la vela a gentes que te ofrecían petróleo, y me llamó un amigo, Fernando Schwartz, que entonces era embajador en Kuwait, en la época en la que los embajadores eran embajadores».

—Oye, Roberto —apela el diplomático—, tengo una relación cojonuda con la familia Al Sabah y te puedo proporcionar petróleo.

—Mira, Fernando, no te puedes ni imaginar la cantidad de gente que me está llamando ofreciéndome petróleo con unas comisiones del carajo, pero yo eso no lo puedo aceptar porque defiendo los intereses del Estado español —responde el entonces consejero del monopolio petrolero español.

—No no, esto sería sin ningún tipo de comisión…

—Fernando, tengo un lío de la hostia aquí, no me jodas y me hagas ir a Kuwait porque es una pérdida de tiempo tremenda…

—Tú hazme caso —insiste Schwartz.

Como el embajador «era un tío muy serio», Centeno vuela a Frankfurt y de ahí a Kuwait. Fernando Schwartz le presenta al director de la Kuwait Petrol Company (KPC), la compañía estatal, y le ofrece un buque de 150.000 toneladas de petróleo que Centeno compra en el acto. Regresa a Madrid con el sentimiento del deber cumplido, cuando su secretaria le informa de novedades ocurridas en su breve ausencia.

—Don Roberto, le ha llamado cuatro o cinco veces el ministro de Hacienda, don Francisco Fernández Ordóñez, que vaya usted inmediatamente a verle cuando llegue a Madrid.

«Más contento que unas pascuas», Centeno se dirige al caserón de la calle de Alcalá. «El ministro me va a dar un bonus de la hostia por comprar un barco de petróleo sin ninguna comisión», piensa. Cuando llega al despacho, ahí estaba esperándolo Paco Fernández Ordóñez, sin chaqueta y con tirantes. Centeno se acerca a él esperando un abrazo y una felicitación, pero el titular de la cartera de Hacienda levanta los brazos haciendo aspavientos.

—¡Pero, Roberto, qué has hecho, me has buscado la ruina! —le espeta Fernández Ordóñez—. ¡Cómo se te ocurre ir a Kuwait a comprar un barco!

—Pero ¿no me habéis comisionado para que solucione esto? —pregunta contrariado el consejero delegado de Campsa.

—Sí, ¡pero cómo vas a Kuwait! —le reprocha el ministro.

—¿Y dónde coño quieres que vaya? ¿A Irán, a ver si me lo venden los ayatolás? ¡No me jodas, Paco!

—Ha estado aquí Manolo Prado y no veas la que me ha montado.

—Mira, Paco, no tengo ni puta idea de quién es Manolo Prado, pero si a mí, ministro de Hacienda, me viene un Manolo Prado cualquiera y me monta un pollo, lo cojo, lo saco al balcón y lo tiro a la calle de Alcalá.

—¡Pero qué pardillo eres, Roberto! ¿Cómo que no sabes quién es Prado y Colón de Carvajal?

—Ni Prado, ni Colón, ni Carvajal ni su puta madre, ¡que no sé quién es! —reconoce Roberto Centeno soliviantado.

—Me dejas alucinado… No se te ocurra ir a comprar petróleo sin decírmelo a mí antes, y desde luego, a Arabia Saudí y a los Emiratos ni se te ocurra pisar por allí.

—Pues ya me contarás cómo voy a solucionar el problema de España, porque los únicos que tienen petróleo son ellos…, y si no puedo ir a ellos, no puedo ir a ninguna parte, así que prepárate para pagar las comisiones que tengas que pagar de todos los golfos que hay por ahí —argumenta el máximo ejecutivo de la petrolera estatal.

—Pero ¿las comisiones las pagas tú? —pregunta el ministro.

—No, coño, las paga el Estado, la renta de petróleos…

—¿La renta de petróleos depende de ti? No, eso es cosa mía —pregunta y responde Fernández Ordóñez.

—Y si llego un viernes al Consejo de Ministros y digo que hay que racionar el consumo, ¿qué pasa? —interviene Centeno.

—No te preocupes, que ya se arreglará.

El consejero delegado de Campsa se va del despacho de su jefe con una idea clara: sin saberlo, se había inmiscuido en un territorio que era de un tal Manolo Prado, aunque antes de irse le dijo a Fernández Ordóñez que él desconocía que en la compra de crudo hubieran territorios. «Porque eres un puto pardillo», insistió el ministro de Hacienda.

Centeno pone rumbo al despacho de Abril Martorell, en la plaza de Colón, y le cuenta la conversación que acababa de mantener con Paco Fernández Ordóñez. El vicepresidente del Gobierno se parte de la risa, sin disimulo alguno.

—A ver, Fernando, Paco es el ministro de Hacienda, pero tú eres el vicepresidente del Gobierno, y tú me has encargado esto… Entonces, ¿qué coño hago?

—No me puedo creer que no sepas quién es Manolo Prado y Colón de Carvajal —dice el vicepresidente de Adolfo Suárez entre risas—. Desde luego, Roberto, tú de petróleo sabes mucho, pero en política eres un pardillo.

—De acuerdo, soy un pardillo en política, pero ahora ¿qué cojones hago?

—¿Quién es tu jefe? —pregunta de forma retórica Fernando Abril.

—Pues la verdad es que ya no lo sé…

—Tu jefe es Paco, porque de él depende Campsa, ¿no?

—Sí.

—Pues haz lo que te diga Paco —zanja el vicepresidente del Gobierno.

Cuatro décadas después de este episodio, Roberto Centeno lo valora para este libro: «Se compraba el petróleo a Arabia Saudí y a los Emiratos con la intervención de Manolo Prado. ¿Se llevaba comisiones? Sí, pero mucho menos que las comisiones que te pedían los piratas que había por allí, y ante todo y sobre todo, solucionamos el problema de suministro de España, que hubiera costado ni se sabe, si paraliza la industria de España y los transportes, que era inimaginable. El rey se pudo llevar un dinero en comisiones, lo cual está mal, pero lo cierto y verdad es que sacó a España de una crisis de abastecimiento que pudo ser terrorífica».

Camino de las elecciones

La preocupación existente en el corazón del Estado por la actitud del expresidente del Gobierno es doble y creciente. A medida que avanza 1982, Adolfo Suárez va dando más muestras de que no encuentra su sitio. Ya en mayo, el secretario general de la Casa del Rey se lo comenta al ministro de Defensa, que informa a Emilio Alonso Manglano:

—Suárez está irritado contra todo —dice Sabino.

Por un lado, el expresidente está torpedeando la labor de reconstrucción de la UCD, lo que sin duda va a beneficiar el triunfo del Partido Socialista, con todas las dudas que eso genera. Y además, está dispuesto a liderar una opción política que compita directamente con sus antiguos colaboradores.

Pero hay más: la necesidad de estar en el centro del tablero, tras cinco años de vida política en torno a su figura, lleva a Suárez a buscar protagonismo también fuera de España. En esos meses la política internacional está marcada por la guerra de las Malvinas entre Argentina y el Reino Unido. El conflicto se desató en el mes de marzo, y a primeros de abril se ha pronunciado la ONU. Sabino revela a Manglano hasta dónde llega la consideración que el expresidente tiene de sí mismo:

—Suárez quiso que el rey le enviara como mediador al conflicto de las Malvinas.

La ambición de Suárez empieza a no conocer límites, y tampoco sus dudas en recurrir al rey cuando lo necesita. Es un doble juego muy peligroso. Pero hay más. El jefe del espionaje recibe nuevos detalles de boca de uno de sus espías:

—Cuando Suárez estuvo en Valencia para un partido de los Mundiales de fútbol se reunió con algunos matrimonios. Contó cosas de la vida privada del rey.

La informadora ofrece a Manglano detalles jugosos sobre los chismes de índole sexual referidos al rey que Suárez va contando a terceras personas. No solo eso, sino que además se presenta como víctima: «Últimamente el rey me utiliza como coartada», aseguró en esa cena. Se trata de una deslealtad grave, y Manglano se siente en la obligación de informar a don Juan Carlos.

En el mes de agosto el rey lo recibe en Palma, en el palacio de Marivent. Manglano le cuenta lo que sabe de la situación en la UCD y le confiesa la indiscreción de Suárez. La reacción del monarca, que después el militar anota en su agenda, es natural: «Se cabrea». El rey ya está al tanto del juego de Suárez.

Obviamente, también abordan la situación política y, en concreto, la posición de Leopoldo Calvo-Sotelo. «¿Cabría que Leopoldo se fuera de presidente y nombraran a Landelino?», se preguntan. Y una última cuestión que el rey pone sobre la mesa y que descoloca a Manglano: «Me pregunta por mi trabajo con Alberto Oliart y si la política no me hace desatender el servicio (?) Le digo que no». También conversan sobre la situación en el Ejército, sobre la Junta de Jefes del Estado Mayor (JUJEM) y sobre el servicio de inteligencia.

A medida que avanza el verano, se va constatando la inestabilidad de la situación política. Manglano aprovecha para viajar a Estados Unidos con su familia. Su mujer, Susan Lord, es americana, y ambos gustan de pasar los veranos con sus dos hijos pequeños, Cristina y Santiago, en un pueblo de Pensilvania. Nada más volver a España, el presidente del Gobierno toma una decisión importante que comunica a los españoles por televisión:

—Acabo de someter a la firma de Su Majestad el rey el decreto de disolución de las Cortes Generales.

Calvo-Sotelo anuncia la convocatoria de elecciones para el 28 de octubre. Lo hace acuciado por la debilidad parlamentaria de su Gobierno y «por la aparición de nuevos partidos», y no le falta razón: el Centro Democrático Social, de Adolfo Suárez; el Partido Demócrata Liberal, de Antonio Garrigues, y el Partido Demócrata Popular, de Óscar Alzaga. Todos ellos compiten con la UCD, y todos ellos están pendientes de celebrar sus congresos constituyentes. La fecha elegida es el 28 de octubre, seis días después de la visita del papa Juan Pablo II a España.

Tres días más tarde del anuncio de Calvo-Sotelo, el rey vuelve a citar a Manglano, esta vez en Zarzuela, a las cuatro de la tarde. Tras preguntarle amablemente por Susan, don Juan Carlos le cuenta que animó a Calvo-Sotelo a cerrar la legislatura: «Se puede evitar la pérdida de UCD y el crecimiento de Suárez». El rey insiste en la idea que ya esbozó Sabino Fernández Campo unos meses atrás sobre la actitud de Suárez: «Tiene rencor a todo el mundo», y revela al jefe del espionaje un hecho del que no da más detalles y que incluye interrogantes:

—Suárez ha recibido dinero de Venezuela (?) y Ecuador (?).[11]

Otras dos cuestiones más preocupan al rey. Deben trasladar a los líderes políticos un mensaje de «moderación y tranquilidad en la campaña» y una petición concreta: «No tocar temas militares». Y deben iniciar contactos con el Partido Socialista, llamado a ser el ganador de las elecciones. ¿Cómo se acogerá en las Fuerzas Armadas la llegada de la izquierda al poder? ¿Está España preparada? Manglano ha estado haciendo su trabajo e informa al monarca. En el PSOE consideran que no tendrán problemas con el Ejército. Sin embargo, sí «temen a la Guardia Civil».

El jefe del CESID trabaja incansablemente para que las elecciones se celebren con tranquilidad y los resultados se asuman con normalidad institucional. Desde el verano de 1981, el ruido de sables se va poco a poco intensificando. La posibilidad de que haya otro golpe de Estado es más que verosímil.

11. Los signos de interrogación son de Manglano.

3

El involucionismo

Las fichas del golpismo

«*M*illón y medio de personas en Madrid.» «La manifestación más grande de la historia de España.» Los titulares en portada de *ABC* y *El País* el 28 de febrero de 1981, cinco días después del asalto al Congreso, recogían las inmensas marchas registradas en todas las ciudades de España contra el intento de golpe de Estado y a favor del rey. El rechazo político y social fue mayoritario. Y a ojos de la opinión pública, don Juan Carlos había consolidado definitivamente su liderazgo como jefe del Estado: no solo trajo la democracia, sino que la defendió contra la enésima intentona golpista en la historia de España.

Sin embargo, en los meses sucesivos los servicios de inteligencia no deben dar nada por consolidado y han de estar atentos: conviene averiguar qué efecto puede tener el fracaso de Tejero, Milans del Bosch y Armada sobre los sectores sociales descontentos con la evolución política en España, los movimientos involucionistas, tanto civiles como militares. El rechazo mediático, político y social, ¿es un freno o un acicate?

Durante su primer año en el CESID, Emilio Alonso Manglano ha dedicado importantes esfuerzos a indagar en los movimientos involucionistas, especialmente en las Fuerzas Armadas, y el trabajo de los agentes bajo su mando empieza a dar sus frutos. Al finalizar la primavera de 1982, la inteligencia española tiene mucha información que el director ordena y resume en documentos clasificados bajo el epígrafe «Involución». Son las fichas del golpismo.

El tiempo que transcurre entre el 23 de febrero de 1981 y el 23 de junio de 1982 es un periodo importante por la coincidencia de dos «cuestiones generales» que el director del CESID tiene muy estudiadas: la creciente inestabilidad política y el desarrollo del juicio del 23-F, con la próxima publicación de la sentencia como colofón. Esos son los dos motores del involucionismo.

Todo está redactado —folios blancos, tinta azul— en unos documentos escritos de su puño y letra y encabezados por una serie de fichas de oficina. La primera está fechada el 23 de junio de 1982 y sirve de presentación de un documento de nueve páginas. En ellos, el director del CESID establece que durante los primeros dieciséis meses desde el 23-F se conforman tres tipos de movimientos, que son bautizados con una nomenclatura *ad hoc:* H1, H2, y H3. Son distintos en organización y motivaciones, aunque existen vínculos entre ellos. Manglano considera que existe un «riesgo institucional», pues el Ejército está «irritado» y «hosco», y en el horizonte se vislumbra una posibilidad cada vez más real: «Elecciones con PSOE». Y así es: el desgaste del Gobierno nacido tras el 23-F y presidido por Calvo-Sotelo es importante, en gran medida a causa de la erosión provocada en la UCD por el expresidente Suárez. Y la llegada de Felipe González a la Moncloa no gusta en estos ambientes.

«Se está cociendo algo», escribe el director del CESID en sus notas.

En este periodo, Manglano detecta un «aumento de la tensión social». Lo apunta en otra de sus fichas, que, fechada en abril, agrupa once folios repletos de anotaciones manuscritas. Aunque considera que hay «más preocupación que datos», sabe que hay «movimientos y contactos» en las Fuerzas Armadas y «agitación» en la extrema derecha. La conclusión es clara: «El golpe de Estado gravita en las FAS [Fuerzas Armadas Españolas]». Si los movimientos involucionistas acaban fraguando y concretándose en algún tipo de acción, será en el entorno militar.

Las anotaciones están desordenadas. Combinan conclusiones precisas con frases inconexas, pero reveladoras del estado de los movimientos involucionistas: «En octubre —entrecomilla el jefe de los espías—, cuando lleguen las elecciones… asesinato». Es una afirmación que algún informador ha trasladado al jefe del CESID.

El ambiente en las Fuerzas Armadas es convulso. Tras analizar la información que le proporcionan sus agentes, Manglano extrae seis conclusiones que resumen el sentir en los militares españoles en el año posterior al 23-F. La situación dista mucho de estar controlada:

1. Hay diferencia entre Madrid y el resto de España. En Madrid el ambiente es más tenso.
2. Entre los militares hay una sensación de desprestigio: el Ejército está quedando mal. De esta sensación hay una imputación a la prensa, así como un reconocimiento propio.
3. Hay un silencio extraño. Hermetismo. Cautela.
4. La masa de profesionales neutros.
    – Terrorismo.
    – Pudiera estar moviéndose hacia la derecha. Puede que va a haber *(sic)* un baño de sangre.
5. 23-F: aumento de personas que no están dispuestas al golpe.
6. Separación sociedad-Fuerzas Armadas.

El diagnóstico que hace el director del CESID confirma sus peores temores. Tras el 23-F, el descontento está creciendo entre los militares. La propaganda va haciendo mella entre los sectores más conservadores del Ejército, distanciado de la sociedad en su conjunto, agraviado como colectivo.

H1, H2 y H3

La información que maneja Manglano le permite dibujar un esbozo de lo que son, y lo que pueden llegar a ser, los movimientos involucionistas. La cuantiosa información que el director del CESID va recibiendo en su primer año le permite elaborar un mapa del que emergen tres ejes de actuación más o menos coordinada, más o menos evolucionada.

H1. Civiles. Actuar en octubre

H1 tiene «voluntad de golpe» y su proyecto es «actuar en octubre». De la información que le revela el espía S. A. extracta una relación de los grupos de extrema derecha existentes a mediados de 1982 y que han sido detectados en los últimos tres meses. En estas notas aparecen hasta 25 nombres propios. Son grupos que «se cuelgan de partidos legales».

1. La Falange. En primera línea cuentan con gente joven, un total de 283. De ellos, están armados ¿plenamente? los cabecillas. «Está manipulado por Falange Española», escribe Manglano.

2. El partido político Fuerza Nueva, que preside Blas Piñar, y su sindicato universitario, Fuerza Nacional del Trabajo (FNT), que está dirigida por Jaime Alonso. Como número dos está Juan Rubio, al que se considera «muy duro». Está en alza. El director del CESID apunta que existe un cisma en Fuerza Nueva a cuenta de si concurrir a las elecciones generales. Estiman que podrían obtener 1 o 2 escaños.

   En sus notas, Manglano considera «muy reservado» una información relativa al funcionamiento del sindicato. Tienen «en embrión» la formación de «milicias de trabajadores (armados y ¿asalariados?)». Se trata de una «instrucción paramilitar».

3. El tercer grupúsculo es Fuerza Joven, del que Manglano anota «potenciado». Se trata de las juventudes de Fuerza Nueva y son neonazis al estilo de los camisas negras, el cuerpo de milicias de la Italia fascista que combatió en la Guerra Civil española.

4. El SEU, el sindicato de la Falange, «está presente en la universidad». Aparecen nuevos nombres.

Junto a esta relación de grupos involucionistas, Manglano anota otra serie de cuestiones relevantes: ejercicios de tiro, concentraciones previstas para el 18 de julio en Santiago y Valladolid, referencias a la posibilidad de actuar en los Mundiales de fútbol, a celebrar entre el 13 de junio y el 11 de julio, etcétera. También aparecen el exministro franquista José Antonio Girón y el militar Ricardo Sáenz de Ynestrillas, y un tal J. Iranzo, que actúa como enlace entre H1 y H2.

Otro informador, bajo la inicial P., ofrece datos sobre el «proyecto de H1». Son detalles desordenados, pero útiles. A finales de mayo de 1982 hay un proyecto. «Fiabilidad muy alta», anota Manglano. Es la llamada Operación Golpe Duro: coordinada, financiada, organizada, y con fecha para actuar:

- Coordinación: seguimiento. Teniente general Cabeza Calahorra, que forma parte del equipo de defensa del teniente general Jaime Milans del Bosch en el juicio del 23-F. Manglano anota que «no está en los detalles del proceso».
- Financiación: José María Oriol Urquijo, A. G. Santiago y Milans del Bosch.

- Organización: avanzada. En Madrid y otras regiones: Valencia y Valladolid.
- Plazo: para octubre (si antes no hay algo especial).

H2. Militares. Fomentar la división en el Ejército

En sus notas sobre esta facción del involucionismo, Emilio Alonso Manglano señala que el objetivo de H2 es la «radicalización» de los militares y que «a la cabeza» está un tal S. Martín. ¿Se refiere a uno de los acusados en el juicio del 23-F? El coronel San Martín era jefe de Estado Mayor de la División Acorazada Brunete y fue quien dio la orden de ocupar las instalaciones de Radio Televisión Española.

Así, si H1 es un movimiento formado esencialmente por civiles que actúan bajo el amparo de partidos legales y que tiene vocación de actuar, H2 se nutre de la división en el Ejército y su herramienta es la propaganda: quieren influir. El objetivo es propiciar adhesiones de los militares a posiciones extremas y críticas con el sistema. Será el primero en pasar de las palabras a los hechos.

H3. Presión institucional

Los movimientos que Emilio Alonso Manglano agrupa como H3 conforman una especie de laboratorio de ideas que actúa entre noviembre de 1981 y junio de 1982. Su objetivo es la presión institucional; es una operación política que trata de ahormarse desde la derecha democrática.

Dos nombres aparecen reiteradamente en las notas sobre estos movimientos: el periodista Emilio Romero, que había sido histórico director del periódico *Pueblo* durante el franquismo y que en 1981 aún mantiene gran ascendencia sobre los sectores más nostálgicos del franquismo, y el militar González del Yerro. El día que se conoció la dimisión de Adolfo Suárez, tres semanas antes del 23-F, Romero publicó una tribuna en *ABC* titulada «Las tertulias de Madrid» en la que criticaba al expresidente, censuraba el continuismo, llamaba a dar un «golpe de timón» y se atrevía a proponer un nombre: Alfonso Armada. Un artículo, sin duda, premonitorio.

El seguimiento que realiza el CESID, y que Manglano ordena metódicamente en sus notas, ofrece muchos detalles sobre reuniones en distintos lugares de España y se sugieren todo tipo de soluciones concretas a la actual situación política. En esa intensa actividad social aparecen encuentros con militares y con gente del Opus, propuestas de Fuerza Nueva y referencias constantes a la JUJEM, el órgano superior de mando militar conjunto de las Fuerzas Armadas. Hasta ahí llegan las influencias de los involucionistas, muy cerca de la Presidencia del Gobierno.

En esos encuentros, que se suceden a lo largo de diez meses, se estudian todas las posibilidades: «otra vez la solución Armada», un Gobierno de gestión, un Gobierno presidencialista, incluso un Gobierno de salvación… y, por supuesto, la dimisión del presidente del Gobierno, Calvo-Sotelo.

Todo movimiento de descontento social es el caldo de cultivo perfecto para la propaganda. El involucionismo, la vuelta a un pasado supuestamente mejor, esa exaltación nostálgica y patriótica, es la respuesta fácil y directa para todos aquellos que consideran que la Transición ha sido un fraude y que España está en riesgo. Como todo en la vida, hay distintos grados, pero en todos subyace un profundo malestar por el cambio político que ha vivido el país en los últimos siete años. La crisis económica y la presión del terrorismo de ETA y los GRAPO contribuyen a exaltar los ánimos. La propaganda campa a sus anchas y es acogida en cuarteles y colectivos de extrema derecha.

Manglano lo sabe y lo ha estudiado. Cuenta con información de primera mano y extrae sus propias conclusiones. Como toda corriente social, los movimientos involucionistas no son uniformes, sino que se van adaptando a los acontecimientos. Si antes del 23-F la propaganda era antimarxista, después del golpe muta y se va ajustando a una realidad cambiante. El director del CESID detecta una primera etapa antes del verano de 1981, en los primeros meses del Gobierno de Calvo-Sotelo. Los mensajes se dirigen tanto a militares como a civiles y se centran en tratar de explicar el golpe. Las personas con pulsiones involucionistas quieren saber, necesitan saber, qué pasó el 23 de febrero. Según anota Manglano en esos primeros meses, sus espías detectan hasta veinte explicaciones de origen distinto.

Todo cambia tras el verano. Los propagandistas del involucionismo ya no solo ofrecen explicaciones a los descontentos, sino que alientan la búsqueda de respuestas. Es la hora de promover un manifiesto. Es el movimiento H2. El CESID les pisa los talones: sabe que están realizando reuniones, tiene algunos nombres y conoce sus objetivos. Pero aún no hay suficiente información para neutralizarlos, ni suficientes motivos para actuar contra ellos. Aunque a finales de año esto va a cambiar.

El Manifiesto de los Cien

Son las 10:25 del sábado 5 de diciembre de 1981, víspera del tercer aniversario de la Constitución. Han pasado poco más de diez meses desde el 23-F. A oídos del director del CESID llega una información sensible: las agencias de noticias EFE y Europa Press han recibido un comunicado que pondrá en guardia al Gobierno y que obligará a modificar las portadas de los periódicos del día siguiente, a esa hora en proceso de cierre.[12] Una hora después, a las 23:27, las redacciones reciben el teletipo de la agencia privada: cien militares, incluidos oficiales y suboficiales, publican un documento contra la prensa y en defensa del honor de los procesados del 23-F. Conviene reaccionar de inmediato.

En los últimos meses se han producido hechos aislados de indisciplina en las Fuerzas Armadas —una manifestación disuelta por la Policía Militar en La Coruña o la toma de una discoteca por parte de unos soldados en Vicálvaro (Madrid)—, pero nada comparable a la magnitud del que pronto será conocido como el Manifiesto de los Cien. El movimiento H2 acaba de cuajar.

La fecha elegida no es casual: la víspera del Día de la Constitución, con el rey iniciando una visita de tres días a Emiratos Árabes Unidos y el ministro de Defensa fuera de Madrid. Tampoco es casual que todos los firmantes sean de la I Región Militar: el CESID ya había constatado que el malestar en los Ejércitos era mayor en Madrid que en el resto de España.

El Manifiesto es una enérgica protesta contra los medios de comunicación, a quienes atribuyen los «ataques, insultos, injurias y calumnias generalizados o directos contra miembros» del Ejército, y una advertencia: «Las Fuerzas Armadas, para cumplir mejor su misión, no tienen que ser profesionalizadas, democratizadas o depuradas». La demanda de respeto, y el ataque a los medios, es la prueba más evidente de que entre los militares existe ese mudo malestar y una resistencia a la nueva realidad política. Pero más allá de eso, la gravedad del Manifiesto está en la cercanía, incluso la defensa, de quienes fueron los protagonistas del 23-F, todavía pendientes de ser juzgados en consejo de guerra:

12. *El País*, portada del 6 de diciembre de 1981.

«Los insultos y ataques a nuestros compañeros los consideramos dirigidos a la colectividad con las consecuencias que ello dé lugar, pues tenemos el Código de Justicia Militar para corregir debidamente al que cometa alguna falta, y nuestra fama y prestigio no puede estar en boca de cualquiera».

Para los firmantes del Manifiesto, los protagonistas del 23-F son sus «compañeros», y los hechos que se produjeron en España aquella tarde son dignos de ser considerados simplemente una falta.

Esa misma noche de sábado, Manglano habla por teléfono con el presidente del Gobierno —que en el momento de la noticia se encuentra cenando en Casa Lucio— y con el ministro de Defensa, de viaje en Ibiza, entre otras personas de rango inferior en el ámbito de la Defensa. Conviene actuar con rapidez. El presidente de la JUJEM, Ignacio Alfaro Arregi, y el capitán general de la I Región Militar, Guillermo Quintana Lacaci, se reincorporan a sus despachos en cuanto se conoce el Manifiesto y ordenan la apertura de expedientes a los firmantes. Se les insta a presentarse a las nueve de la mañana en sus respectivas unidades.

Doce horas después, a las 11:30 de la mañana del domingo 6, Manglano acude al despacho del ministro de Defensa, donde Oliart, ya de vuelta en Madrid, ha convocado una reunión al máximo nivel: Alfaro Arregui, Quintana Lacaci y el jefe del Estado Mayor del Ejército de Tierra, general Gabeiras. Solo hay un punto en el orden del día: el Manifiesto de los Cien. Todos coinciden en la gravedad del momento y en la consideración de que la publicación del Manifiesto ha sido una «operación bien preparada»: han conseguido burlar a los mandos y publicar en primera página de los periódicos del domingo un manifiesto subversivo. Y algo más preocupante: han logrado burlar al CESID, que no ha sabido adelantarse al Manifiesto. Efectivamente, los presentes constatan que en las Fuerzas Armadas existe un «profundo malestar con la prensa», pero consideran «rechazable el procedimiento» utilizado por los firmantes del Manifiesto, porque «establece una desconfianza con los mandos». La conclusión es clara: es una falta de disciplina ante la que hay que actuar.

Unas horas después, a las 18:00, se produce una segunda reunión en la JUJEM. Manglano ha aprovechado el tiempo y comparece con un borrador de la nota que se ha de distribuir. Tras la introducción de leves correcciones, el comunicado se publica oficialmente y se envía a los periódicos:

«Representa un acto de indisciplina y afecta, asimismo, a la confianza y a la lealtad debida a los mandos superiores. [...] Introduce afirmaciones que revelan una absoluta falta de identidad con los principios constitucionales y con las misiones asignadas a las Fuerzas Armadas en el artículo octavo de la Constitución».

Si la respuesta de la JUJEM es contundente en el rechazo a la actitud de los cien firmantes del Manifiesto, lo es más al formular una sibilina advertencia al resto de militares españoles:

«La Junta de Jefes de Estado Mayor formula un llamamiento a todos los generales, jefes, oficiales, suboficiales y tropa para que rechacen cualquier insinuación que pudiera afectar al compromiso de respeto al Gobierno, acatamiento a la Constitución y lealtad a Su Majestad el rey, que las Fuerzas Armadas vienen cumpliendo de modo tan ejemplar».

Manglano considera que el primer embate del Manifiesto de los Cien parece estar controlado gracias a la pronta respuesta, pero hay que persistir. En los cuarteles no se habla de otra cosa. A las 12:30 de la mañana siguiente, 7 de diciembre, vuelve al despacho del ministro, donde ha sido convocado de nuevo junto al presidente de la JUJEM. Sobre la mesa está la posibilidad de que se produzcan «adhesiones individuales» al Manifiesto.

Oliart, Alfaro Arregui y Manglano constatan la «gravedad del movimiento». Por ello, el ministro da una orden urgente para que se reúna a todos los jefes y oficiales y se les lea una nota que evite las temidas adhesiones personales. Una vez más, Oliart encarga a Manglano la redacción de un comunicado que emitirá el Ministerio de Defensa. En él se informa de que a los firmantes del Manifiesto se les ha impuesto un arresto domiciliario de catorce días. El coronel Balbino Teijeiro Piñón, que ha sido nombrado juez instructor, les toma declaración desde las cuatro y media de la tarde del domingo día 6.

El ministro de Defensa tiene un encargo más para el director del CESID: hay que preparar un documento para aclarar a los capitanes generales el concepto de libertad de expresión. En su afán por modernizar a los militares, Oliart siempre se apoya en su director de inteligencia.

Entretanto, el día 10 el rey ya ha regresado de su viaje a Emiratos Árabes Unidos. Tras recibir en Zarzuela al presidente del Gobierno, el ministro de Defensa le informa de que han sido cesados en sus actuales destinos cinco de los capitanes firmantes del Manifiesto. La crisis parece estar controlada, pero no está en absoluto resuelta. En los días sucesivos, llegan a oídos de Manglano numerosas filtraciones de apoyos a los arrestados. El día 11 le advierten de que un grupo de capitanes de la Academia General Militar (AGM) están decididos a firmar la adhesión al Manifiesto: «Parece que han enviado un escrito al director AGM», anota Manglano en su cuaderno. El día 15 llegan noticias de la Guardia Civil: «Podrían estar encabezándose unas firmas de apoyo (1000)». El día 16, en Segovia, hay una recogida de firmas entre mujeres, esposas de militares: «Se solidarizan con los firmantes y presentan un pliego de agravios a la prensa. Parece que quieren enviarlo al ministro de Defensa y al PREJUJEM», apunta el director del CESID. También el día 16 se detectan «500 firmas en un documento que quieren enviar a (la agencia internacional) Reuters», añade.

Separar lo verdadero de lo falso es labor del CESID, pero no resulta tarea fácil. El día 17 es un «día de rumores»: veinte generales han dimitido en solidaridad con el Manifiesto de los Cien; en Valladolid, 7.000 firmas de paisanos y militares; el Regimiento de Artillería de Campaña (RACA) de Melilla ha firmado un manifiesto: algo se prepara el 20 de diciembre en Valladolid; documento de firmas de militares retirados; Fuerza Nueva prepara 100.000 firmas a razón de 100 firmas en cada pueblo; nuevos datos sobre el documento de los 500 que se iba a enviar a Reuters; 1000 firmas en el IMEC, la escala militar destinada a los universitarios…

El CESID va comprobando la validez de estas informaciones: Blas Piñar desmiente la recogida de 100.000 firmas y en Reuters no tienen constancia de ese supuesto documento firmado por 500 oficiales y suboficiales. Conviene no dar nada por bueno, pero hay una certeza: sean ciertos o no los rumores, la realidad es que el Manifiesto ha calado hondo en los cuarteles. Un paso más y el Gobierno habrá perdido el control de los militares.

Gritar contra el rey

Ante la magnitud de la crisis, el rey convoca esa semana una ronda de consultas con los líderes políticos nacionales. Además del presidente Calvo-Sotelo, acuden a Zarzuela el líder del PCE, Santiago Carrillo; el presidente de Alianza Popular, Manuel Fraga, y, por último, el secretario general del PSOE, convocado el sábado 19 tras llegar a España procedente de Centroamérica. En su comparecencia ante los medios, Felipe

González envía un mensaje que sitúa el origen de la crisis en el ámbito civil, y no en el militar:

—Lo que se debe hacer es enjuiciar en serio a los sectores civiles de la sociedad que no son capaces por ellos mismos de expresar cuáles son sus aspiraciones y confrontarse electoralmente con los demás, y acuden, en cambio, a la intoxicación de un sector de las Fuerzas Armadas.

En paralelo, el mismo día 19, el jefe de la Casa del Rey, el ministro de Defensa y el director del CESID se reúnen en casa del primero. El motivo del encuentro es abordar los cambios en la Junta de Jefes del Estado Mayor. Los tres coinciden en que hay que renovar los mandos, pero hay muchas dudas: ¿Todos? ¿Algunos? ¿Cuándo? ¿Cómo? Manglano toma la palabra:

—Opino que hay que cambiarlos a todos.

—¿Cuándo? —le preguntan.

—Tras la Pascua Militar.

—¿Cómo?

—El presidente habla con la JUJEM, el presidente habla con los Consejos Superiores y estos proponen las ternas de sustitutos.

Manglano lo tiene muy claro. En los últimos días ha conversado con varios generales. Uno de ellos le dio la pista al revelarle el día 10 que aunque en el Ejército hay «absoluta disciplina y lealtad al mando», «existe una falta de confianza en los mandos superiores»:

—Nadie está de acuerdo con la forma de publicar el Manifiesto, pero se está bastante de acuerdo con el fondo. Se tiene la impresión de que solo se corrigen los efectos y no se corrigen las causas —le explicó ese general.

Las decisiones sobre la JUJEM se tomarán después de la Pascua militar, prevista como cada año para el día 6 de enero, cuando se cumple exactamente un mes del Manifiesto de los Cien. Esa mañana, en el palacio Real de Madrid hay mucha expectación entre los asistentes —la cúpula militar aún en el cargo—, pero también en las Fuerzas Armadas y en el conjunto de la opinión pública. Al CESID han llegado noticias de que «alguien puede gritar contra el rey» en el acto. Conviene que don Juan Carlos se meta en el bolsillo a los militares y para ello es necesario que aborde con claridad las cuestiones sobre las que se espera conocer su posición. La primera de ellas, el 23-F.

—Os doy las gracias —dice el rey— por la lealtad con que os habéis comportado en momentos decisivos del año que acaba de terminar y por la disciplina con que estáis asistiendo al profundo y necesario proceso de transformación de nuestra sociedad, de nuestra organización política, del sistema general del Estado en el que estas Fuerzas están incluidas y al que deben acomodarse ineludiblemente.

Don Juan Carlos pronuncia una defensa inequívoca del modelo democrático y envía un mensaje a quienes tratan de ahormar conspiraciones involucionistas envueltas en un falso patriotismo «en exclusiva»:

—Nadie puede erigirse en salvador de sus compatriotas contra su voluntad libremente expresada —exclama el rey, mientras aboga por el respeto a la decisión de la mayoría.

Sin nombrar el Manifiesto de los Cien, pero refiriéndose a él implícitamente, don Juan Carlos aborda la crisis que ha marcado la agenda política del último mes del año. Una reflexión que se puede extrapolar a todos aquellos que con la intoxicación como método tratan de sembrar dudas sobre su actuación el 23 de febrero:

—No puedo ignorar, aunque quisiera hacerlo, las campañas que se han desatado, los panfletos y las hojas repartidas profusamente entre los militares, la planificación de unas versiones de los hechos ocurridos con las que se han pretendido intoxicar y desorientar a las Fuerzas Armadas, con la mentira como lema, la confusión como método y la afrenta como objetivo. Nadie habrá podido escuchar de mí la menor protesta ni descubrir el más insignificante esfuerzo por defenderme de unas calumnias que merecen tan solo el más rotundo de los desprecios. Nadie habrá podido dudar de mi serenidad y de mi prudencia, porque pensaba y pienso que no debo descender a rebatir falsedades ni justificar conductas.

El discurso del rey es cercano y comprensible. Don Juan Carlos busca dotar de argumentos a los receptores potenciales de mensajes involucionistas, victimistas, subversivos e incluso conspiranoicos. El tiempo dirá si ha tenido éxito. Como síntoma, al finalizar el acto, en el palacio Real de Madrid, ese 6 de enero nadie ha gritado contra el rey.

Nueve días después, el 15 de enero, el Gobierno anuncia el relevo de los cuatro mandos militares que componen la JUJEM, tres generales y un almirante. La excusa formal es la necesidad de situar en la cúpula militar a «personas que tengan mayor continuidad de permanencia en puestos de tanta importancia para el periodo que se inicia». Se refieren, sin citarlo, a la adhesión de España a la OTAN y al inminente comienzo del juicio del 23-F, todo ello en el contexto de la convocatoria en el plazo máximo de un año de las terceras elecciones generales de la democracia.

Pero sin dejar de ser ciertos estos argumentos, hay uno más acuciante: la modernización de las Fuerzas Armadas debe empezar por sus máximos responsables. Con la propuesta de Manglano, el ministro de Defensa ha conseguido convertir la crisis provocada por el Manifiesto de los Cien en una oportunidad de relevar a la cúpula militar. Y con el discurso del rey, los militares más proclives a las tentaciones involucionistas han encontrado una motivación y un argumento para embridarse. La estrategia para neutralizar esa idea implica ya abiertamente al rey, comprometido de nuevo y personalmente en la defensa de la democracia.

El CESID no ha sido capaz de neutralizar el Manifiesto de los Cien, a pesar de que muchos de los movimientos de sus miembros, así como su motivación propagandística, sí habían sido detectados y bautizados como H2. Dos días después del discurso del rey, el 8 de enero, Emilio Alonso Manglano reconstruye en un documento confidencial en qué ha consistido ese movimiento subversivo, y en qué estado se encuentran sus promotores. El último mes ha sido crucial para resolver las incógnitas sobre la implantación de este grupo involucionista:

Iniciativa: H2

Redacción: Parece ser que en principio fue SM [Su Majestad]. Intervino también RP y los hermanos F. dieron la forma de puesta en marcha.

Contenido: Hubo discusiones sobre el mismo.

P2 se mostraba disconforme con las alusiones al 23-F.

SM insistió mucho para que no se eliminara del texto.

Otros eran partidarios de haber explicado más el daño que hace la prensa a los jefes y oficiales a los que alude como «golpistas» con nombres y apellidos sin dar pruebas de lo que afirma.

En estos momentos se piensa en el grupo que el fallo fundamental que tuvo el Manifiesto fue la alusión al 23-F.

Proyecto: Publicar un domingo que a lo largo de lunes y martes siguiente se hubieran podido recoger cientos de firmas sobre todo a nivel de jefes y generales. Así hubiera sido si la rápida reacción de la JUJEM no les hubiera inducido en un primer tiempo a cambiar las adhesiones firmadas en escrito individual por otros verbales y por conducto reglamentario cada uno a su mando.

Cuando se decretaron las disponibilidades y se constató que difícilmente se [fragmento ininteligible] voluntarios al frente se canceló la segunda fase del proyecto.

Firmantes: Se acordó que fuera firmado por oficiales y suboficiales por dos razones:

a) Los medios de comunicación social daban la imagen de que existían dos actitudes en el Ejército: conservadora en generales y jefes; democrática en oficiales y suboficiales. Así se presentaba un Ejército cerrado y conservador.

b) Utilizar la estructura existente. Esta estructura parte del núcleo que de forma periódica se reunía en el hotel Mindanao con Fuentes como cabeza organizadora (con Blas Piñar, César Goas, Cañadas, S. Martín y otros tres cuyo nombre se desconoce).

Reacciones: Hubo gran euforia al principio. Fueron sorprendidos por la rapidez de la reacción de la JUJEM. Se ha hecho un panfleto criticando la nota de la JUJEM. En estos momentos todavía no se han recuperado de la sensación de haber sido [fragmento ininteligible] por esta reacción de mando. Se encuentran un tanto desorientados y en sus ¿relaciones?, y reacciones parecen a falta de un objetivo claro a cumplir. La estructura de capitanes y suboficiales ha quedado prácticamente al descubierto.

Situación del grupo y de las personas:

Parece que tienen una cierta crisis de organización al ver su estructura disgregada. Por un lado, el nuevo destino de Beneyto, la marcha de E. Guillem a Levante, la imposibilidad de que Marchante venga a Madrid, les pone en situación difícil para organizar acciones.

Por otra parte, G. del Y. les ha frenado mucho últimamente. Para ellos es un punto de «referencia moral». Últimamente parece incluso que les ha negado este apoyo moral.

R. B. sigue yendo con mucha frecuencia por las mañanas a C. Gral. Está obsesionado con la figura del rey. Con este tema es maniático. Al entrar en los despachos da la vuelta al retrato. Está contento con el destino. Piensa quedarse en él hasta su retiro.

A. M., a causa de su proximidad al ascenso, se va echando cada vez más atrás en todo. Viene muy poco a Madrid. Solo habla telefónicamente con I. V. Últimamente ha estado con I. Medin. Parece que no le han dado facilidades en la EDE para ir allí destinado.

Los más activos, con gran diferencia son los hermanos F. E.:

F. lleva el enlace directo con SM y P2 llevando y trayendo toda clase de escritos, proyectos, etcétera. Acude con frecuencia al S. G. para ver a P2 sin quedar constancia de la visita. Está muy radicalizado y se mueve mucho. Sus contactos los tiene por la noche al salir de Rec.

MF está muy panfletario. Sigue teniendo reuniones con capitanes. Hace unos días se reunió con dos en el Meliá Castilla. Se reúne normalmente de 10 a 11 en zonas amplias con grandes hoteles con dos salidas. Está muy lanzado. En estos días se ha reunido con muchos de los capitanes arrestados.

Se ha producido la ruptura con S. Inestrillas [sic].

J. V. sigue activo. Ahora está en el curso.

Fernando Sanz mantiene relaciones con Carlos Meer. Se le utiliza como pregonero para la transmisión de bulos y rumores.

El hombre del grupo en V. sigue siendo Pacheco y en BAR L. del P.

ACTIVIDAD PREVISTA:
Confección y corrección de los capítulos del informe I/82.

ELABORACIÓN: cada persona ha sido encargada de un capítulo.

OBJETIVOS DEL INFORME: Tratar de explicar por qué el Ejército vive aislado del pueblo. Se culpa al Gobierno de horarios intensivos […], leyes restrictivas […] y a la libertad de expresión. Idea fuerza: «Para el pueblo la libertad, para el militar la opresión».

COORDINA: E. F. recibe los capítulos. Se pretende escribir cada capítulo en máquinas y sitios diferentes, aunque al final se unificará todo. Estaba previsto acabarlo el 31 de diciembre. Han surgido dificultades. Ahora se piensa acabarlo en enero.

Los recados de los procesados del 23-F

El 22 de febrero de 1982 no es un día cualquiera. Al día siguiente se cumple un año del 23-F, y el juicio a los 33 procesados acaba de comenzar en Madrid en un ambiente de expectación mundial, pero de normalidad política y social en España. El día anterior, en el centenario de la Academia General Militar, el rey ha reafirmado su compromiso con la democracia.

A las 11:30 de la mañana, Emilio Alonso Manglano recibe una llamada telefónica del secretario general de la Casa del Rey. Sabino Fernández Campo le informa de que el rey quiere verlo, que buscará una hora y lo avisará. Y un detalle más:

—La reina está disgustada.

No es para menos. La víspera, en el juicio, se conoció que la estrategia de defensa del teniente coronel Antonio Tejero, responsable del asalto armado al Congreso, pasa por implicar a los reyes —en plural— en el golpe de Estado. No es novedoso, y las contradicciones en las versiones de los acusados están a la orden del día, pero en la Casa del Rey hay preocupación. También en el Gobierno.

En previsión de lo que pueda suceder, el ministro de Defensa ha encargado al director del CESID que promueva la aparición de escritos militares de adhesión al rey y que planee cuál debe ser la actitud de los generales en caso de que en la vista del 23-F se implique al rey. Tres semanas después, el 10 de marzo, es el propio monarca quien llama por teléfono a Manglano. Le asegura que está «preocupado por las referencias» a su persona en la vista. «¿Qué se puede hacer?», le pregunta.

El desarrollo del juicio está provocando serias tensiones entre la Casa del Rey y el Gobierno. Sabino Fernández Campo le cuenta a Manglano que le ha llamado el presidente del Gobierno y que han mantenido una conversación «tensa y desagradable»:

—La culpa de que la prensa acuse al Gobierno de no defender al rey la tienen en la Zarzuela —le espetó Calvo-Sotelo antes de afirmar que él «es monárquico desde hace muchos años» y que «sabe lo que tiene que hacer con el rey».

La respuesta de Sabino fue «muy violenta», según le relató él mismo a Manglano.

Del informe que en esos días el ministro de Defensa presenta al Consejo de Ministros para analizar la situación se extrae una conclusión sobre el fundamento de las acusaciones a los reyes: «Dramatismo: no se dice nada nuevo en el juicio, los ataques al rey están en el sumario y no se pueden omitir».

Las cosas no se ven del mismo modo en la Zarzuela, donde hay una seria preocupación, y en la Moncloa, donde creen que en la jefatura del

Estado se está dramatizando en demasía. Aun así, el director del CESID está haciendo su trabajo. Mantiene contactos con unos y con otros en aras de conseguir la mejor información.

El 29 de marzo de 1982 Manglano cena con Emilio Romero. El veterano periodista, que flirtea seriamente con el involucionismo y no ocultó en sus artículos previos al 23-F la necesidad de dar un «golpe de timón» para formar un nuevo Gobierno, revela algunas cuestiones relevantes al jefe de los espías:

—En el verano de 1980 vinieron a verme de parte de Armada para preparar un dictamen de reforma de la Constitución. Se trata de reconducir una situación política y ante la preparación de un golpe más radical. Hice el dictamen constitucional. Se lo dije al rey en noviembre.

Lo que el exdirector de *Pueblo* confiesa a Manglano encaja con esa tribuna que publicó en *ABC* a finales de enero de 1981, en la que se atrevía a proponer al general Armada como líder de ese eventual Gobierno surgido del golpe de timón. Cuando escribió ese artículo, ya sabía que el general estaba tramando algo, no lanzó su nombre al azar. Pero Emilio Romero sabía algo más que no le contó al rey y sí le revela a Manglano:

—Había un golpe en preparación y otro, la acción de Armada.

«¿Quién engaña a Armada?», se pregunta Manglano.

El periodista le cuenta a Manglano que, para el general golpista, el cerebro del 23-F era José Luis Cortina, uno de los agentes del CESID que está siendo juzgado. El comandante Cortina, que finalmente quedará absuelto por falta de pruebas, era el superior del capitán Gómez Iglesias, condenado por organizar la llegada de los guardiaciviles asaltantes al Congreso utilizando vehículos, placas de matrícula falsas y equipos de transmisiones pertenecientes a la escuela de agentes operativos del CESID.

El 1 de abril alguien acude a ver al ministro de Defensa en nombre de Jaime Milans del Bosch, el único capitán general que el 23-F se sumó al golpe, declarando el estado de excepción al sacar los tanques a la calle en Valencia, en la III Región Militar. La entrevista del ministro con Gonzalo Milans del Bosch se produce con el consentimiento del abogado de Milans, Salvador Escandell. El mensaje es una auténtica amenaza al rey:

—Esto es un callejón sin salida. Si hay sentencia dura, el Ejército se subleva. Sublevación dura y cruenta. El Ejército está muy mal. La única salida es que Armada se confiese. El rey está metido hasta las cachas. Que Armada diga que ha mentido.

El director del CESID tiene claro que este mensaje, «junto con otros», son recados que envían los procesados para tratar de influir en el juicio. La pregunta es hasta dónde están dispuestos a llegar para tratar de defenderse implicando al rey de cualquier manera.

Tres meses después del comienzo del juicio, el 3 de junio, el Consejo Supremo de Justicia Militar dicta sentencia: el 23 de febrero de 1981 en España hubo una rebelión militar; Jaime Milans del Bosch y Antonio Tejero son condenados a 30 años de cárcel y expulsados del Ejército. La pena impuesta al general Armada es de solo 6 años por conspiración para la rebelión. Del total de 30 procesados restantes, 11 son absueltos. Para el Gobierno es un fallo insuficiente, por lo que pronto anuncia su recurso ante el Tribunal Supremo. Para la Zarzuela es satisfactorio, porque despeja todos los intentos de los acusados por incriminar al rey.

Pero a pesar de que la Justicia ha cerrado el juicio —a la espera de que la sentencia sea firme—, durante todos esos meses a oídos de Manglano ha llegado un rumor recurrente: «El próximo golpe, dos militares de prestigio». El espionaje a los movimientos involucionistas absorbe mucho tiempo al director del CESID, y esa afirmación llega por varias vías. Entre febrero y junio, España entera ha estado pendiente del juicio del 23-F. También Manglano y, cómo no, los militares y civiles implicados en movimientos involucionistas.

Manglano se entera de que el Sábado Santo de 1982, 10 de abril, ha tenido lugar una reunión a la que asistieron siete personas. Tras analizar el juicio del 23-F, en ese momento en pleno desarrollo, se comprometieron a «no hacer nada hasta que acabe la vista». Mientras tanto, deciden que dedicarán ese tiempo a «preparar campañas de agitación pública para desarrollar en el tiempo comprendido desde que acabe la vista hasta la publicación de la sentencia»:

- Panfletos sobre el 23-F.
- Hostigamiento y acciones de comandos.
- Pintadas en Madrid: «Armada liberado: rey implicado» o «23-F: Farsa».
- Salida en prensa extranjera (Armada cubre al rey).

Según anota Manglano, los asistentes a este encuentro analizaron la figura del rey y llegaron a una conclusión: «Aglutina a la derecha razonable y a la izquierda[13]». Es de suponer que a ojos de los involucionistas eso significa que don Juan Carlos está desatendiendo los sectores más extremos de la derecha, donde empiezan a ver al rey como a un rival.

Superado el juicio, dictada la sentencia, Manglano decide hacer balance de todo lo sucedido desde el 23-F. En aquel momento —escribe en su cuaderno— la mayoría de las FAS es partidaria del «sí al golpe, no al método usado». Existe un rechazo al Gobierno: por las autonomías, por el terrorismo y por el ataque a los símbolos. «Se consideraba implicado al rey en el 23-F, se le acusaba de traidor».

Desde el punto de vista político, el 23-F se zanjó esa misma noche. Desde la perspectiva judicial, ha costado más de un año, pero ya está zanjado. ¿Y desde la óptica militar? A la vuelta del verano de 1982, España se encamina hacia unas nuevas elecciones tras el adelanto anunciado por Calvo-Sotelo. Mientras los políticos lanzan sus estrategias electorales, ajenos al ruido de sables, el director del espionaje no tiene ni un minuto para la tranquilidad. Nadie sabe tan bien como él que en la España de 1982 sigue habiendo golpistas dispuestos a actuar, y la convocatoria electoral es un magnífico reclamo. Todo parece indicar que la izquierda va a llegar al poder.

Un nuevo golpe

—Hay un golpe en marcha.

A las ocho de la tarde del viernes 1 de octubre de 1982, Manglano informa al ministro de Defensa de una nueva intentona militar.

—La fecha está por decidir, antes o después de las elecciones. Están los Crespo, Muñoz y los tres generales.

El director del CESID se refiere a los coroneles de Artillería Luis Muñoz y Jesús Crespo y al hermano de este, el teniente coronel José Crespo. Hace semanas que el CESID viene observando movimientos sospechosos, y ese mismo viernes se ha producido un hecho significativo: el teniente general Milans del Bosch, condenado por un delito consumado de rebelión militar, ha recibido una visita de cuatro horas en la cárcel. El visitante llevaba consigo un maletín que los servicios de inteligencia han conseguido interceptar. En él están las claves del plan golpista.

13. Manglano subraya estas tres últimas palabras de su nota.

La situación se precipita al final del día. Así lo anota Manglano, que a esas horas está cenando en el restaurante Aroca de Madrid: «Al finalizar la cena me avisan del Servicio urgentemente. Han fotocopiado el maletín de Muñoz y en los papeles hay datos concretos sobre el golpe previsto para el 27-O». No es una fecha al azar: es la víspera de las elecciones generales del 28 de octubre, en las que todo parece indicar que el vencedor será el Partido Socialista de Felipe González.

Manglano avisa de nuevo al ministro de Defensa. Acuerdan verse en su casa junto al ministro del Interior, Juan José Rosón. Desde allí parten hacia la Moncloa para reunirse con el presidente del Gobierno. Hay un punto en el orden del día (o de la noche): la detención de Muñoz.

«Se analizan los pros y los contras», escribe Manglano, que también consigna que Leopoldo Calvo-Sotelo «está bien».

—No me preocupan las elecciones (la incidencia de esto en las elecciones) —asegura el presidente.

Sin embargo, Rosón está «remiso». «No quiere aplicar la Ley Antiterrorista», señala Manglano. «Después, reunión en el despacho de Rosón. Le doy más detalles. Juzgo conveniente que se debe arrestar a Muñoz y a los hermanos Crespo. Preparamos la detención (un militar y un policía) con registro. Se hace la detención y estos pasan a disposición judicial.»

Manglano toma notas de la operación. Respecto a la detención del coronel Muñoz, lo primero que le llama la atención es que «está en su casa». Después apunta una serie de «medidas» inconexas, pero interesantes:

- Detención de L. Muñoz.
- Antonio María Oriol (financiador).
- Felipe González.
- Sacar Milans del Bosch de Madrid.
- Registro de Milans.

A la mañana siguiente, el sábado 2 de octubre, la noticia aún no ha trascendido. Los servicios de inteligencia se disponen a analizar el material incautado en los registros. «Durante todo el día —escribe Manglano—, análisis de la documentación de Muñoz y Crespo: se van sacando consecuencias sobre la importancia del golpe.»

Del registro de Muñoz, los agentes se han incautado de un maletín negro que incluye una carpeta marrón, un sobre naranja y un sobre blanco. Hay ficheros con listas y organización. En el registro de uno de los hermanos Crespo se ha encontrado un plano a escala 1/25.000 de Madrid y un listado de objetivos con «claves para la ocupación de los mismos». También han encontrado «anónimos» y un documento con los «principios para el posgolpe».

Ya por la tarde, Manglano se reúne con el ministro de Defensa y con altos mandos militares. «Se analizan las primeras medidas que pueden adoptarse. Se estudia el tema de las listas que se encuentran en la documentación de Muñoz. Se decide sacar de Madrid a varios procesados (Milans, San Martín, Tejero, Acerca, Muñecas, etcétera). Todavía no tienen conciencia de la importancia del golpe.»

Por la noche, «después de cenar», el ministro, el JEME y Manglano acuden al palacio de la Zarzuela. El rey se encontraba en Oviedo, pero ha adelantado su vuelta. Le explican con detalle todo lo sucedido. Manglano entiende que hay dos cuestiones claves:

- Qué cantidad de implicados hay en este golpe.
- Cómo se proporciona seguridad a la sociedad y al Ejército.

Con independencia de los inductores del golpe ya detenidos, los listados incautados ofrecen muchos nombres de militares. Manglano quiere analizar a fondo su implicación, por lo que decide dividirlos en cinco grupos, en función de su posición:

- Personas con las que tomar medidas administrativas.
- Personas a las que llamar y decir que están en las listas (elegir un muestreo, no todas).
- Personas cuyos datos podrían dársele al juez para que les tome declaración.
- Personas a mantener en observación (investigación). No tocar.
- Personas a mantener en observación en las unidades.

Controlada la crisis, llega el momento de hacer pública la operación. El Ministerio de Defensa distribuye un comunicado de prensa informando del dispositivo que ha permitido frustrar un intento de golpe contra la seguridad del Estado. A la mañana siguiente, la prensa informa puntualmente. «Tres jefes militares detenidos por presunta conspiración contra el Estado», dice *El País* en su edición del domingo 3 de octubre.

«Varios de los militares procesados por los sucesos del 23-F, incomunicados», añade *ABC*.

La operación ha sido un éxito, pero revela que en el Ejército sigue habiendo personas descontentas dispuestas a actuar. El CESID sabe que no puede cejar en su empeño de conseguir la mejor información sobre las tentaciones golpistas, y que conviene vigilar a los militares que integran el listado de Muñoz y de los Crespo. Unos días después, en el mismo cuaderno en el que Manglano ha ido anotando casi minuto a minuto la operación de detención de los tres jefes militares, aparece el relato de otra intentona golpista:

> Los grupos que constituyen la parte clandestina del S. E. parece que tienen previsto llevar a cabo una acción «dura» el próximo miércoles, día 13 de octubre. Para ello van a ser dotados del armamento necesario. El motivo por el que van a realizar estas acciones son los traslados de procesados del 23-F, así como las detenciones de jefes militares llevadas a cabo estos últimos días. La frase que emplean es que «ha llegado el momento de mojarse el culo». Al parecer, en la acción van a participar tanto los denominados «grupos de acción» como los grupos de información. Uno de los organizadores sería el inspector de Policía retirado Damián, consuegro del C. Manchado, que si bien desapareció en los días inmediatamente siguientes a las últimas detenciones, parece que está de nuevo en Madrid. Según la fuente, que se muestra bastante preocupada, «estas acciones van a ser en apoyo de otras que llevarán a cabo fuerzas del Ejército».

El 28 de octubre de 1982, España celebra sus terceras elecciones generales desde la muerte de Franco. La victoria del PSOE es abrumadora: Felipe González consigue más de 10 millones de votos (48 por ciento) y 202 escaños. La izquierda vuelve a gobernar en España casi medio siglo después, y lo va a hacer con una amplísima mayoría absoluta. Enfrente, Alianza Popular se sitúa como segunda fuerza con 107 escaños, por lo que el líder de la oposición pasa a ser Manuel Fraga. El fracaso electoral se distribuye a partes iguales entre la UCD, que pasa de ser el partido del Gobierno a obtener 11 escaños, y el CDS de Adolfo Suárez, que solo logra dos actas de diputado.

Emilio Alonso Manglano ha dirigido el CESID durante los últimos diecisiete meses. En ese tiempo ha tratado de cumplir el mandato del ministro de Defensa, Alberto Oliart, ha profundizado en su relación de confianza con el rey, ha gestionado los efectos del 23-F, ha lidiado cara a cara con el involucionismo y el golpismo, ha colaborado activamente en modernizar las Fuerzas Armadas y ha puesto las bases para un servicio de inteligencia moderno. A pesar de todo ello, en la noche del 28 de octubre de 1982, Emilio Alonso Manglano no sabe si seguirá al mando de los servicios secretos. El cambio ha llegado a España, y con él, tanta ilusión como temores sobre el comportamiento de un Gobierno de izquierdas por primera vez desde la Segunda República.

Segunda parte

Influencia nacional e internacional

1982-1991

4

La izquierda llega al poder

Objetivo, la CIA

«*E*l Gobierno americano no tiene interés en apoyar la imagen de Felipe González.» Esta anotación del puño y letra de Emilio Alonso Manglano corresponde al 11 de marzo de 1982. Aún quedan muchos meses para que el líder del Partido Socialista Obrero Español gane las elecciones, pero su victoria es ya un clamor y no escapa a la mirada de la primera potencia del mundo. De ahí, la nota del jefe del CESID en su agenda de 1982.

Ese 11 de marzo, Manglano mantiene un encuentro con un representante de la CIA. Aunque no anota su nombre, recoge las claves de la conversación: hablan de la reciente visita que el secretario de Estado norteamericano, Alexander Haig, ha realizado a España un mes atrás. Es su tercera visita en solo diez meses: la primera, en abril de 1981, para reunirse en Madrid con el rey Juan Carlos, el presidente del Gobierno, Leopoldo Calvo-Sotelo, y funcionarios españoles de alto nivel. La segunda, en septiembre de ese mismo año, para reunirse en Marbella con el príncipe heredero de Arabia Saudí, Fahd, y para asistir a una reunión de seguimiento de la Conferencia de la Seguridad y Cooperación en Europa.

A Estados Unidos le interesa la consolidación de la democracia en España, y a la inteligencia española le interesa entablar unas relaciones de igual a igual con la norteamericana. Desde el 20 de enero de 1981, el presidente de Estados Unidos es un republicano llamado Ronald Reagan, muy popular por su faceta de actor. Una de sus primeras decisiones, dos días después, fue nombrar secretario de Estado a Alexander Haig, un héroe de guerra que luchó en Vietnam y Corea, protegido de Henry Kissinger —el todopoderoso secretario de Estado entre 1973 y 1977—, y comandante supremo aliado en Europa de la OTAN entre 1974 y 1979. Un militar de alto rango que conocía bien el Viejo Continente, que había apostado por la OTAN como garantía frente a la amenaza revolucionaria en Europa y por la democratización de España. Con una prioridad más: frenar la influencia soviética en Centroamérica, donde la autoridad histórica y cultural española debía ser tenida en cuenta.

No en vano, Felipe González había viajado a Centroamérica unos meses antes, a mediados de diciembre. Su regreso coincidió con la ronda de consultas del rey con motivo del Manifiesto de los Cien. «La visita de Haig estaba prevista después del viaje a Hispanoamérica de Felipe —anota Manglano—. Se cambió por interés de Felipe en regresar a Madrid.» Tras esa conversación con el miembro de la CIA, Manglano concluye que «hay preocupación en el Gobierno USA por la información en Centroamérica». Arrancada ya la década de los 80, Estados Unidos y España parecen tener un interés común, aunque desde posiciones bien distintas.

El director del CESID aprovecha para conseguir información de la CIA, que le cuenta que en el año 1977 el presidente Suárez pidió ayuda para la lucha contra ETA, con dos claves: los etarras en América y la técnica antiterrorista. Manglano anota:

«Se han dado cursos. Se ha formado gente. Se da alguna información sobre ETA en Francia y América. Pide la Policía algún dato sobre desplazamientos etarras. Lo sabe Rosón y el presidente».

Su interlocutor no solo le desvela el sistema de intercambio de información durante los gobiernos de Suárez, también le traslada que el jefe de la CIA quiere que viaje a Estados Unidos en el mes de junio. La CIA tiene interés en la evolución política de España, en su servicio de inteligencia y en su director. El interés es mutuo, pero en la medida de lo posible Manglano prefiere manejar los tiempos:

«Contestaré la semana que viene», anota en su agenda.

Lo cierto es que Manglano tiene en mente a Estados Unidos desde que fue nombrado director del CESID, y en concreto desde su primera audiencia con el rey, cuando este le reveló una conversación que mantuvo con Henry Kissinger en pleno inicio de la Transición en España.

—Me ha dicho que no me fíe de la izquierda. Que me dará la espalda.

Tal vez ahí esté el origen del interés de Haig, protegido de Kissinger, por vigilar de cerca a España y por observar a ese joven socialista llamado a presidir el Gobierno de un país que propiciaría un grave problema si cayera bajo la influencia soviética. Una España bajo la órbita comunista en plena Guerra Fría es un escenario que Estados Unidos no está dispuesto a tolerar.

—Le he dicho a Kissinger —confesó el rey a Manglano— que le diga a Reagan que busque un procedimiento para informar.

Desde entonces Manglano procura mantener unas relaciones fluidas con la CIA. El rey ha establecido el cauce y Manglano lo recorre satisfactoriamente. Aunque tiempo atrás no había sido siempre así: don Juan Carlos reveló al jefe del CESID en ese encuentro en Zarzuela que la CIA le dio una información relevante unos meses antes del 23-F:

—En noviembre la CIA me habló de Cortina. Se lo dije a Suárez y a Sahagún. No me hicieron caso.

Quién sabe qué hubiera pasado si el entonces presidente del Gobierno y el entonces ministro de Defensa hubiesen atendido la advertencia del rey sobre ese mando del CESID, José Luis Cortina, imputado y finalmente absuelto en el proceso del 23-F, pero de cuyo equipo salieron los dos únicos condenados del CESID en el golpe de Estado.

Lo que está claro es que si se trata de conseguir información conviene tener unas buenas relaciones con la CIA. Y mucho antes de que Felipe González sea presidente del Gobierno, Emilio Alonso Manglano ya está trabajando en ello.

OTAN no. Bases fuera

Bruselas, 10 de diciembre de 1981. El ministro ucedista de Asuntos Exteriores del Gobierno de España, José Pedro Pérez-Llorca, asiste a un acto en el que también participa Alexander Haig, secretario de Estado norteamericano: la firma de adhesión de España a la Organización del Tratado del Atlántico Norte. Ese mismo día dirigentes del PSOE, aún en la oposición, entregan en el palacio de la Moncloa 600.000 firmas en contra de la integración de España en la OTAN y a favor de que se convoque un referéndum previo. No hay obligación legal al respecto, pero el Partido Socialista está absolutamente implicado en rechazar esa integración.

En lo relativo a los servicios de inteligencia, el Gobierno de Felipe González, constituido casi un año después de esa firma en Bruselas, tiene ante sí algunos retos trascendentales para el futuro de España. Si se atiende al pasado, es prioritario frenar los movimientos involucionistas, y en ese aspecto conviene mantener la estrategia emprendida por el Ejecutivo de Calvo-Sotelo: aunque hay flecos que resolver, todo va en la buena dirección. Si se atiende al futuro, es prioritario definir el papel que España quiere jugar en el mundo, y este pasa por la OTAN y la Comunidad Económica Europea. Todo ello en un contexto de Guerra Fría, de un mundo dividido en bloques, de una España igualmente fragmentada y de una izquierda que empieza a gobernar presa de sus palabras: «No a la OTAN».

Al firmar la adhesión, el Gobierno de la UCD había adquirido un compromiso político de primera magnitud con quince países de ambas orillas del Atlántico: intervenir militarmente en el territorio de cualquiera de los Estados afectados en caso de una agresión soviética. Esa firma significaba que España se posicionaba ya no solo política, sino militarmente, a este lado del Telón de Acero. El proceso iniciado en Bruselas en diciembre de 1981 había de concluir con un referéndum en el que votaría todo el pueblo español. Y ese referéndum iba a ser convocado por un Gobierno sustentado por un partido abiertamente contrario a la OTAN y a las bases militares estadounidenses en España y extremadamente crítico con los pasos dados por Franco para acercarse al «amigo americano». El aperturismo del Régimen empezó con la visita del presidente Eisenhower a España en 1959.

Todas estas negociaciones de alta política tienen repercusiones directas en los servicios de inteligencia. A su director no es un tema que le sea ajeno, pues a finales de los años 70 participó en distintos cursos sobre política internacional y escribió un cuaderno que tituló «OTAN-España (Notas)»:

> ¿Cuál es la importancia estratégica de España para la Alianza Atlántica? Sus accesos, una posición estratégica dominante en los mares que la rodean y en sus estrechos marítimos y las barreras naturales.
>
> - Zona mediterránea: dentro de un círculo de 1000 millas con centro en Barcelona se encuentran los estrechos de Sicilia y Mesina y los mares Tirreno, Jónico y Adriático.
> - Zona atlántica: arco de círculo de 1000 millas a partir del puerto de Ferrol se encuentra la bahía de Vizcaya, el canal británico y el acceso a los puertos del mismo, el extremo sur del mar del Norte

y el acceso a Róterdam, el mar irlandés y el océano Atlántico. Distancia desde Ferrol hasta Land's End, en el sur del Reino Unido, 500 millas.

Como buen estratega, Manglano estudió los pros y los contras de una integración en la OTAN. En primer lugar, presta atención a las ventajas que ofrece la posición estratégica de España. Y, en sentido contrario, analiza los «argumentos contra la adhesión de España en la OTAN que han utilizado los medios de comunicación españoles». Así los redacta con bolígrafo rojo en su cuaderno de anillas el 12 de diciembre de 1977:

1. Al entrar en la OTAN, (España) pierde toda posibilidad de permanecer neutral en una futura guerra.
2. Disminución de la libertad de acción española en el campo de la política internacional.
3. España cedería una parte de su soberanía.
4. Nuestra vinculación a la defensa occidental está simplemente asegurada con el tratado de USA.
5. El ingreso en la OTAN implicaría para España enormes gastos militares, además de la pérdida de la actual ayuda militar norteamericana.
6. Nuestra presencia en la OTAN no pondrá fin a la existencia de bases norteamericanas, que seguirán existiendo.
7. No tiene sentido que contribuyamos a apuntalar el esfuerzo defensivo de los países de la Europa Occidental que se resisten a abrirnos las puertas del Mercado Común.
8. Al entrar en la OTAN, España descuidaría sus fronteras meridionales al centrar su esfuerzo militar en el peligro de un ataque soviético a Europa.
9. No tiene sentido enviar soldados españoles a la Europa Central cuando son Ceuta y Melilla las auténticamente amenazadas.
10. Al entrar en la OTAN, quedaría consagrado el actual Estatuto de Gibraltar.
11. Al entrar en la OTAN, malograríamos nuestra *ost-politik* al alterarse el *statu quo*, el bloque de Varsovia podría buscar, como compensación, la incorporación de Yugoslavia con el consiguiente y gravísimo efecto «desestabilizador».

12. Al entrar en la OTAN, España renunciaría a su política árabe y se enfrentaría a los países árabes que juegan al extremismo, como Irak, Libia y Argelia.

13. La garantía defensiva de la OTAN apenas reforzará la que actualmente implica el Tratado con USA. Ceuta y Melilla quedarían fuera, a estos efectos, del campo de acción de la Alianza, así como las Canarias.

14. Toda aportación española al sistema militar de la Alianza en los espacios aéreo, marítimo y terrestre de la nación equivalen a crear otros tantos objetivos militares. Por lo tanto, aumento de riesgos militares.

15. Se contrae una obligación de solidaridad hacia los demás miembros. Aunque sea elástica, impondrá sacrificios. Se adquiere la obligación específica de ayudar al miembro que sea objeto de ataque armado. Aunque el alcance del artículo V sea muy impreciso, el cumplimiento de tal obligación por nuestra parte siempre requerirá riesgos y sacrificios.

Estas reflexiones son muy útiles cuando, cinco años después, Manglano tiene que afrontar desde el CESID el proceso de ingreso, que no finaliza hasta que el pueblo español lo ratifique en referéndum. La batalla política acaba de empezar y conviene disponer de buena información.

Ya con Felipe González en la Moncloa, uno de los informantes de Emilio Alonso Manglano en asuntos internacionales es el diplomático José Joaquín Puig de la Bellacasa, cercano a don Juan Carlos desde que era príncipe. Hace muchos años que Manglano lo conoce, porque ambos formaron parte de un grupo muy selecto y no demasiado concurrido: los juanistas en España, críticos con Franco y no por ello necesariamente de izquierdas. Algunos de ellos formaron durante la dictadura la Asociación Española de Cooperación Europea (AECE), integrada por conservadores, liberales y democristianos magníficamente situados en los albores de la democracia: Leopoldo Calvo-Sotelo, Íñigo Cavero, Fernando Álvarez de Miranda, José María Ruiz Gallardón, Juan Carlos Guerra Zunzunegui o Guillermo Luca de Tena.

En un encuentro mantenido el 7 de junio de 1983, cuando Felipe aún no lleva seis meses en el Gobierno, Puig de la Bellacasa desvela a Manglano los pensamientos del sucesor socialista de Pérez-Llorca en Asuntos Exteriores, el ministro Fernando Morán:

—No podemos entrar en la OTAN porque hay un compromiso electoral del PSOE y porque representará una ruptura con las bases del partido.

Efectivamente, el PSOE ha hecho campaña para las elecciones gritando «¡OTAN no! ¡Bases fuera!», pero en el Gobierno existe una profunda división.

—Esto afectaría a la estabilización de la democracia —advirtió Morán a Puig de la Bellacasa, insistiendo en la incoherencia del PSOE.

Como ya se ha dicho, Estados Unidos está muy interesado en que España pase a formar parte de la OTAN. De ahí la presencia de Haig en la firma de Bruselas, de ahí sus visitas a España, de ahí su interés por conocer a Felipe González antes de que fuera presidente.

—Estados Unidos tiene que reconocer que hemos reducido al PCE —le dice Morán al informante de Manglano, que lo anota en su agenda.

Morán es consciente de las repercusiones de estar o no en la OTAN. Una de ellas tiene que ver con el estatus de la colonia británica en Gibraltar. «Con la OTAN (bien), sin la OTAN (mal), según JJ», anota Manglano.

La repercusión de la decisión que finalmente adopte España es crucial para la inteligencia: si España entra en la OTAN, se estrecharán las relaciones con los países miembros y se facilitará el intercambio de información. Manglano es plenamente consciente y por eso cuando aceptó el cargo de director del CESID escribió aquello de «la información exterior debe estar dirigida a ejercer influencia en la formulación de la política exterior». La pregunta adecuada en 1983 es si el presidente del Gobierno socialista está dispuesto a dar la batalla contra su ministro y contra su partido para cerrar el proceso iniciado por el Ejecutivo de la UCD. Para Manglano no hay duda: España debe entrar en la OTAN.

El primer atentado del felipismo

A pesar de haber sido nombrado por la UCD, el Gobierno de Felipe González decide mantener a Manglano al frente del CESID. Es de suponer que la opinión del rey ha tenido influencia, pero en las agendas del jefe del espionaje no hay ninguna anotación que sugiera nada al respecto. El hecho es que Narcís Serra, primer ministro de Defensa del PSOE, confirma su confianza en el trabajo que el teniente coronel ha desempeñado durante el último año y medio.

La primera intervención relevante de Manglano en la etapa socialista se produce el jueves 4 de noviembre de 1982, cuando se cumple justo una semana de la victoria de Felipe en las elecciones. El motivo es la «bienvenida» de ETA al cambio de rumbo en la política nacional, como anota Manglano en su agenda de color marrón: «A las 9 (alrededor) un comando (dos h. en moto) asesinan en Moncloa (Cruz) al gral. Lago (DAC)».

Víctor Lago Román, orensano, sesenta y tres años, general de División, jefe de la Acorazada Brunete. Pasadas las 08:30 de la mañana sale de su domicilio, en la madrileña calle de Santa Engracia, con uniforme y sin escolta, como acostumbraba. Lo había recogido su conductor en el coche oficial. Bajan desde Chamberí hasta la plaza de Cristo Rey y entran en la Ciudad Universitaria, camino del cuartel general Brunete 1, en El Pardo, sede del mando de la División Acorazada (DAC) Brunete, la unidad más importante que tenía el Ejército español.[14] Cuando circulan por la avenida del Arco de la Victoria, dos hombres en una ágil motocicleta italiana, una Guzzi, se acercan a la berlina. El que va de paquete saca una ametralladora y dispara un par de ráfagas. Junto al coche en el que yace sin vida el general Lago aparecerán veinte casquillos.

Manglano tiene una mañana intensa. Primero recibe la llamada de Francisco Laína, director de la Seguridad del Estado, que le da detalles del atentado, y luego la del general Pedrosa Sobral, jefe de la División Mecanizada Guzmán el Bueno, con sede en Sevilla, que se le ofrece inmediatamente «para mandar la DAC». El director del CESID se lo comunica al ministro de Defensa en funciones, Alberto Oliart, que firma un decreto de urgencia ese mismo día con el nombramiento. El titular de Interior, Juan José Rosón, llama a Manglano y este le analiza la situación, al igual que ocurre con Sabino Fernández Campo, secretario general de la Casa del Rey.

Almuerza con Oliart y plantean la alternativa que afronta el nuevo Gobierno en lo que al terrorismo se refiere: «ETA: o involución o negociación». En los estertores de la UCD se piensa que o se negocia con ETA o habrá muchos más muertos.

A las cuatro de la tarde van al palacio de la Zarzuela, donde, además del rey, está el presidente del Gobierno en funciones, Leopoldo Calvo-Sotelo, y quien lo va a suceder, Felipe González. Redactan un comunicado de condena y en repulsa del atentado. Más tarde Rosón le dice a Mangla-

14. https://elpais.com/diario/1982/11/05/espana/405298823_850215.html

no que el comando es el mismo que en mayo de 1981 lanzó una bomba desde una moto al coche en el que iba Joaquín Valenzuela, jefe del Cuarto Militar del rey. Este salvó la vida, pero el resto de ocupantes del vehículo perecieron: el teniente coronel Guillermo Tebar, el escolta militar Antonio Nogueira y el cabo conductor Carlos Rodríguez.[15] Acto seguido, Ballesteros, en ese momento el policía mejor informado de España sobre la lucha antiterrorista, desmiente la información del ministro.

Los comandos de ETA tienen en Madrid las unidades de inteligencia criminal necesarias para saber dónde vive el general de la División más importante del Ejército, a qué hora sale de casa, que no lleva escolta y qué recorrido hace. Tras cada nuevo muerto hay manifestaciones y presiones que piden desde mano dura contra ETA, hasta la suspensión de la democracia. El Estado tiene que ganar la partida a los terroristas y a la involución, pero aún es demasiado pronto, sobre todo para lo primero.

En esos años la España democrática es un país en pañales. En materia de lucha antiterrorista casi todo está por hacer, tanto en el ámbito nacional como internacional. Ni siquiera hay mecanismos de cooperación con servicios extranjeros, un campo que Manglano está dispuesto a explorar a fondo. En esos días el militar prepara esquema para su cita en Düsseldorf (Alemania) con representantes de otros servicios.

La cooperación también tiene que producirse de puertas adentro, básicamente con el Ministerio del Interior, el único con capacidad de actuar contra los terroristas. El CESID es fundamental para conseguir información que sirva a la Policía y a la Guardia Civil para desarticular comandos. Así, el 25 de enero de 1983[16] se produce una reunión importante: Manglano se reúne con Rafael Vera, director de la Seguridad del Estado nombrado por el ministro José Barrionuevo. Juntos analizan las capacidades del Servicio en la lucha antiterrorista, que son:

- Información en el sector.
- Información en el extranjero (tráfico de armas).
- Apoyo a otras acciones en lucha terrorista (acción psicológica).
- Operaciones técnicas en el sur de Francia (AOME).[17]

15. https://elpais.com/diario/1981/05/08/espana/358120813_850215.html
16. Ese mismo día Manglano recibe la visita de Emilio Ybarra, que le hace entrega de una «carta al presidente», para que se la haga llegar a Felipe González, y le pregunta «si cabe realizar un chequeo en el equipo de seguridad del Banco de Bilbao».
17. Agrupación de Operaciones y Misiones Especiales del CESID.

Acuerdan que es necesaria la celebración de reuniones periódicas entre el CESID, la Guardia Civil y el Cuerpo Superior de Policía.[18] Con el paso de los años se demostrará que aunque las relaciones sean aparentemente buenas, los celos entre los distintos servicios darán algún que otro dolor de cabeza al jefe del CESID.

El norte de África y el mundo árabe

A pesar de la absoluta pérdida de influencia internacional como consecuencia de los cuarenta años de dictadura, España ocupa una posición geoestratégica y geopolítica relevante: es una de las naciones más antiguas de Europa, tiene una enorme ascendencia en Hispanoamérica y su frontera sur está a escasos 14 kilómetros del norte de África. Es más: las ciudades autónomas españolas de Ceuta y Melilla están situadas en el continente africano. Los vínculos con el Reino de Marruecos se presentan como fundamentales, y ahí adquiere gran relevancia la relación entre los monarcas de ambos países. A Hassan II le gusta utilizar la expresión «hermano» cuando se refiere al rey de España. Como todo en la vida, en la alta política también son importantes las relaciones personales.

El 26 de julio de 1983 Manglano recibe una llamada de don Juan Carlos, que le señala el camino a seguir con el reino alauí. «Me dice —anota el director del CESID— que le diga a Hassan:

a) Cooperación en todos los campos. Incluso en Defensa.
b) Coordenadas de su viaje a España.
c) El tema de la pesca. Globalizar.»

Don Juan Carlos trabaja a fondo para que las relaciones bilaterales sean estrechas y fructíferas, y lo sean «en todos los campos». Además, quiere información sobre una próxima visita a España de Hassan II y desea abordar una cuestión de interés común con grandes repercusiones económicas: la pesca. Y quiere que sea Manglano quien le traslade esas tres cuestiones en su nombre. Esta petición nos permite concluir que el director del CESID no solo se va a limitar a gestionar desde la sede del

---

18. En esa época coexistían el Cuerpo Superior de Policía (CSP) y el Cuerpo de Policía Nacional (CPN), que se fusionarán en 1986 para integrar el Cuerpo Nacional de Policía (CNP)

Centro la información que le traen sus espías: en el ámbito exterior va a desempeñar un papel de enorme trascendencia para el Estado, y siempre en estrecho contacto con el rey.

Así, en las audiencias con don Juan Carlos siempre está presente alguna cuestión internacional, y en este año 1983 cobra interés el conflicto de Oriente Próximo. El 24 de octubre Manglano celebra una reunión con el rey y anota: «Relaciones con el rey Saúd y árabes. Sigue Sabino este tema, es peligroso». Además, Manglano escribe que «España vende armas a Libia (me da papeles)».

Unos meses después, ya estrenado 1984, el 12 de enero tiene lugar una nueva audiencia en la Zarzuela que revela que el rey está dispuesto a actuar en el conflicto árabe-israelí. La presencia internacional de España, a través de don Juan Carlos, crece a pasos agigantados. Manglano resume en su cuaderno: «Puede arreglar cosas con Israel en el momento oportuno y sacando el máximo partido». Y en relación con los árabes, el rey cree que «hay que hablar» con ellos «y plantear claro el problema».

Otro conflicto en el que España está llamada a involucrarse tiene que ver con la antigua colonia del Sáhara Occidental. El 31 de julio de 1984 Emilio Alonso Manglano despacha con su inmediato superior, el ministro de Defensa, al que le entrega una nota relativa al Frente Polisario. El jefe del CESID urge al ministro a pedir concreción al presidente del Gobierno en dos cuestiones:

- Actitud del Gobierno español en relación con el final del conflicto del Sáhara.
- Intención de intervenir en la negociación.

A tenor de las anotaciones de Manglano, la labor del CESID en el Magreb es relevante, y él necesita saber a qué atenerse. La política exterior la marca el presidente, y por eso le pide al ministro que intervenga. Las relaciones entre Marruecos y Argelia no son buenas, y la posición española en el conflicto territorial de su antigua colonia no ayuda. Manglano necesita certezas. El ministro le revela que ha mantenido «un despacho amplio con el PG relativo al Magreb», y que el presidente viajará en otoño a Rabat, además de a Portugal, Estocolmo y Holanda.

Además, conviene no provocar a Argelia: es uno de los países que da refugio a los etarras huidos y se acabará convirtiendo en sede de unas conversaciones con las que el Gobierno de España tratará de negociar el fin del terrorismo. En la mesa del jefe del espionaje todo está interrelacionado —Marruecos, Argelia, el Sáhara— y las cuestiones internacionales se mezclan con los intereses nacionales: la pesca o el terrorismo. Por ello es muy importante disponer de información de primera mano.

A finales de año Manglano se entrevista con el jefe del Estado, que le hace una confesión sorprendente. Al rey «le ha gustado» el informe que ha elaborado sobre una entrevista con Hassan. Manglano anota: «Me dice: hay que empezar a trabajar sobre el asunto de C. y Melilla. Esta última no es muy defendible. Hay que preparar para negociar Melilla. Ceuta puede potenciarse al máximo».

La política exterior española crece en todas las direcciones. El norte de África es fundamental en todos los órdenes: la reclamación marroquí de Ceuta y Melilla, el terrorismo etarra, la pesca, la descolonización del Sáhara. Emilio Alonso Manglano empieza a adquirir presencia en las relaciones exteriores españolas, siempre desde su posición de jefe de los espías.

El escándalo Rumasa

El 23 de febrero de 1983 —otro 23-F— salta el primer gran escándalo económico con el Partido Socialista en el Gobierno. Liderado por el ministro de Economía, Miguel Boyer, el Ejecutivo interviene el grupo empresarial más importante de España, Rumasa, un emporio en los sectores agrario, alimentario, comercial, turístico, asegurador y bancario compuesto por dieciocho bancos, cientos de empresas y 60.000 empleados. José María Ruiz-Mateos, que se resiste a entregar las auditorías al Banco de España, ha creado una inmensa caja B y una serie de artificios contables hasta el punto de que su vasto imperio económico reposa sobre un frágil cristal en el que las empresas entrelazan sus tesorerías para ocultar un enorme agujero contable que ya se ha manifestado en forma de multimillonarias deudas a la Seguridad Social y al fisco.

Es solo cuestión de tiempo que el grupo quiebre y envíe a la ruina a decenas o cientos de miles de españoles, desde trabajadores del *holding* de la abeja hasta titulares de depósitos bancarios. Desde ese día y hasta el último de su vida, el patriarca del clan jerezano —que nunca reconocerá el estado real de la contabilidad de sus empresas y siempre se agarrará a la existencia de una mano negra— intentará recuperar su *holding* y vengarse, a cualquier precio y por cualquier medio.

Las maniobras del empresario llegan hasta la Casa del Rey. Ruiz-Mateos cree que si alguien puede ayudarlo con este pulso al Gobierno, ese es el jefe del Estado. En el pasado le hizo un favor a Juan Carlos I y ahora se lo pretende cobrar.

El 11 de julio, apenas cinco meses después de la intervención, Emilio Alonso Manglano almuerza con Sabino Fernández Campo. El jefe de la Casa del Rey lo pone en situación:

—Ruiz-Mateos ofreció en una ocasión ayudar económicamente al rey y colocó en Rumasa a un portugués amigo de la infancia, de sus tiempos en Estoril. Manolo Prado dice que hay que volcarse sobre Rumasa.

Dos días después, Sabino y Manglano vuelven a verse, pero en esta ocasión con la presencia del rey. Tras despachar varios temas, Manglano se queda a solas con Fernández Campo. Este le cuenta que ha estado con Antonio Navalón, periodista y asesor del banquero Mario Conde.

—Emilio, Navalón ha venido a verme para contarme que Ruiz-Mateos está contando cosas del rey, que colocó a Bernardo Arnoso, el portugués, para hacerle un favor, y que también le pidió que colocara a su hermana Margarita.[19] También va diciendo que le pidieron una cantidad de dinero para eliminar del Banco de España a Mariano Rubio. Por otro lado, en Londres se reúnen varias personas alrededor de Ruiz-Mateos.

Manglano toma nota de estos hechos, que apuntan a un intento de chantaje al jefe del Estado. En cuanto a las visitas que recibe el empresario en Londres, algunas de ellas son militares. Medios como la revista *Tiempo* publican las presuntas intenciones de Ruiz-Mateos de alentar o apoyar un golpe de Estado.

En lo que se refiere al rey, el asunto de su amigo portugués y otras habladurías lo incomodan especialmente. El 24 de enero de 1984, Alberto Oliart visita a Manglano, su otrora subordinado. Sabino Fernández Campo le ha dicho que «puede haber algo», información que el jefe de la Casa del Rey tiene tras una conversación con Manolo Prado y Colón de Carvajal, el administrador de las finanzas del monarca. Ese «algo» es delicado, pues hay «preocupación en Zarzuela sobre el asunto de R. M.

19. La literalidad de la agenda dice: «El rey le pidió colocar a su Hª Margarita en la Presidencia de G.». PManglano podría referirse a la inicial de Galerías Preciados, los grandes almacenes que fueron propiedad de Rumasa.

¿Qué puede hacerse?», anota Manglano tras la visita del último ministro de Defensa de la UCD.

Cuatro días después, el sábado 28 de enero, hablan Manglano y Sabino:

—Emilio, el rey ha escrito una carta al presidente del Gobierno en la que pide que se actúe en relación con Ruiz-Mateos. En cuanto a la querella de Londres, a Zarzuela no consultaron para interponerla. El periodista Paco Mora, de *Interviú*, me ha contado que Ruiz-Mateos ha dicho que yo estaba en el asunto y que también me beneficié del dinero.

Ambos acuerdan que Manglano hablaría con el rey «sin mencionar la implicación de los involucionistas». Antes de despedirse, Sabino se sincera:

—Yo debería marcharme. Además, la reina está insoportable.

Cuando el jefe del CESID transcribe esta escena, termina haciéndose una pregunta: «¿Quiere Sabino a los Reyes?». Él aún no lo sabe, pero la relación de Sabino con los monarcas, sus tira y aflojas, será una cuestión que le llevará tiempo en la próxima década. Como jefe de inteligencia, Manglano ha de preocuparse por las instituciones, especialmente por la jefatura del Estado y el Gobierno. Su obligación es disponer de la mejor información sobre cualquier factor de inestabilidad, más si cabe cuando se trata de estrategias como la que Ruiz-Mateos impulsa para tratar de salpicar al rey.

Las dudas de Sabino

El 4 de julio de 1983 Manglano mantiene una conversación con Sabino Fernández Campo. El jefe de la Casa del Rey le ofrece información relevante que el jefe del CESID transcribe y ordena en ocho puntos. En primer lugar, Sabino asegura que ha llegado a sus oídos «que hay una campaña contra él (?)». El símbolo de interrogación lo incorpora Manglano a sus notas, y seguidamente añade que la «posición del Gobierno parece correcta». El segundo punto tiene que ver con «la actitud del rey». Dice Sabino, y transcribe Manglano, que «alguien le influye». En cuanto a la «situación de la reina», Sabino asegura que «está nerviosa. Se enfada».

Acto seguido, Manglano anota el punto 3, que tiene que ver con el 23-F. Aunque a mediados de 1983 la amenaza involucionista va lentamente aplacándose, aún no ha desaparecido. Antes de revelar ese tercer punto, una acotación: el 23 de junio Manglano se había reunido con Andrés

Cassinello, quien fuera jefe del espionaje en los albores de la Transición: «Nos dice que un amigo y pariente suyo le ha dicho que se preparaba algo para el 27 en el Congreso». El confidente ofrece todo lujo de detalles: el nombre del cabecilla, la dirección de su casa y la de su oficina, e incluso el número de teléfono. De nuevo la amenaza golpista llega a los oídos de Manglano: «Ordeno que la AOME intente hacer algo (penetrar, poner micrófonos y copias de documentos)». Ahí acaban las anotaciones, y nada más se supo de ese intento de hacer «algo» en el Congreso, por lo que el CESID cumple su función.

En ese punto 3, Sabino desvela que está preocupado por «las cosas que contiene» el libro de memorias que prepara el general Alfonso Armada, después de que un par de meses antes haya visto cómo la Sala Segunda del Tribunal Supremo ha elevado su condena hasta los treinta años de prisión por un delito de rebelión militar en el 23-F. Como él, otros veintiún condenados ven incrementadas sus penas. Ese libro, que en su versión definitiva se publicará ese mismo año en la editorial Espejo de España bajo el título de *Al servicio de la Corona,* apunta a un ajuste de cuentas. Estas son algunas de las «cosas» que se pueden leer en el manuscrito del general golpista, según le cuenta Sabino al jefe del CESID:

- Carta del príncipe a su padre (cuando Franco lo designa rey). La llevó Nicolás.[20]
- Instrucciones que daba al príncipe.
- 23-F: sí habló con Zarzuela. Niega que hablara con Sabino (El rey le llamó villano a AA. Fue Sabino quien evitó. (La reunión de Lérida la preparó Cortina).
- Los papeles de la Zarzuela. Dice que Sabino guardó un escrito que llevó un coronel unos días antes del 23-F. Dice que guardó en C. fuerte una conversación mantenida con Gabeiras el 25 (para ayudar a Armada).
- Resumen: AA quiere librarse a costa de Sabino.

Estas confesiones ponen sobre la mesa la estrategia de Armada, que a tenor de lo que cuenta Sabino lo sitúan a él mismo como objetivo. Grabaciones y documentos que, supuestamente, prueban que la verdad

20. Nicolás Cotoner y Cotoner, XXII marqués de Mondéjar, jefe de la Casa del Rey entre 1975 y 1990.

del 23-F no es la verdad judicial. De aquí se concluye el punto 4 de la conversación: «Sabino está preocupado».

A partir de ahí, la conversación es más liviana, aunque pone sobre la mesa cuestiones relevantes relacionadas con don Juan, asuntos de Interior o una petición: «Quiere nombres de consejeros (no políticos en ejercicio para aconsejar al rey en un momento determinado)». Y un asunto que les llevará tiempo en el futuro: «La educación del príncipe».

Solo una semana después los mismos protagonistas se vuelven a encontrar, esta vez para comer. Hablan de las relaciones entre la Zarzuela y la Moncloa, el protocolo entre ambas instituciones. «Sabino habla con Julio Feo», anota Manglano. Es el jefe de gabinete de Felipe González, el *fontanero* de la Moncloa. «Confianza con el rey por parte de Felipe.» Salta a la vista que a comienzos del verano de 1983 algo no funciona del todo bien entre la jefatura del Estado y la Presidencia del Gobierno, al menos a tenor de las confesiones de Sabino a Manglano. Pero hay otra confesión más, que tiene que ver con la ya comentada «preocupación de Sabino». Y anota Manglano: «¿Se debe quedar? Situación de la Moncloa. Matrimonio, etcétera».

Nada en estas notas aclara a qué se refiere el jefe del CESID con esas alusiones a la Moncloa y a un matrimonio, pero parece obvio que el jefe de la Casa del Rey, que estuvo al lado del monarca para frenar el golpe del 23-F, atraviesa un momento de desasosiego que le hace plantearse su continuidad en la Casa. Las tensiones por el juicio a los golpistas, las malas relaciones entre las dos instituciones más importantes del Estado, los nervios de la reina, ese «alguien» que influye al rey, la suma de todos estos factores o quién sabe qué, hacen que en el verano de 1983 el hombre de confianza de don Juan Carlos tenga serias dudas.

Dos días después, sin embargo, el jefe de los espías se entrevista con el rey y con Sabino. En sus notas, ni una palabra sobre la continuidad de este último en el cargo. Hablan de la JUJEM y de las acusaciones contra Juan Carlos I que va soltando por ahí Ruiz-Mateos. Pero lo que llama la atención a Manglano es el recibimiento del jefe del Estado. Así lo anota de su puño y letra en la agenda de 1983, página correspondiente al 13 de julio: «El rey: el hijo pródigo (!!!). Me da un gran abrazo y me dice que me quiere mucho. Que tengo su confianza y que no me cambia hasta que no se consolide esto».

No hay duda de que Emilio Alonso Manglano ha sabido ganarse la confianza del rey y de Sabino. Y algo lleva el agua cuando la bendicen.

Pero también queda claro que el jefe del Estado, a finales de 1983, considera que aún hay que recorrer un camino para consolidar «esto»: la democracia en España.

La Zarzuela y la Moncloa

«Me llama el rey —anota Manglano el 21 de junio de 1983—. Quiere que el servicio sea profesional (más civiles) y al margen de la política para informar siempre a la Corona.» A estas alturas aún no se han cumplido cinco años de la aprobación de la Constitución y el Estado todavía está desarrollándose. ¿El jefe del espionaje debe informar al jefe del Estado o al presidente del Gobierno? Es una cuestión que conviene dilucidar, pues afecta al encaje y a la relación entre las dos principales instituciones del Estado.

—Le he preguntado a Felipe González —le informa don Juan Carlos— si te había prohibido que me visitaras. Me ha dicho que no. También he hablado de este asunto con Narcís y me ha contestado que no hay ningún inconveniente. Solo me pide que se lo diga, que le informe.

En esa conversación telefónica, el propio Manglano ofrece al rey su opinión al respecto: «Quizás hay suspicacias, ya desaparecerán». Monárquico de los de verdad, cuando era difícil serlo, a Manglano le gusta mantener informado al rey. Su deber como jefe de la inteligencia española es proteger al Estado, y don Juan Carlos es su máximo exponente. La conversación finaliza con un halago que Manglano no duda en recoger en sus notas: «Me dice que conoce de mi afecto y de mi lealtad hacia él. Bromea».

La relación entre la Zarzuela y el partido que manda en la Moncloa se aborda también en el despacho mantenido por Manglano y el ministro de Defensa el 31 de julio de 1984 (el mismo en el que el jefe del CESID le pide a Narcís Serra que reclame al presidente del Gobierno una posición clara sobre el Sáhara Occidental). La legislatura se encuentra en su punto intermedio y el ministro pone sobre la mesa los logros de su partido. El primero es significativo:

—Estabilidad monarquía-PSOE.

Conviene recordar los temores existentes en la Zarzuela ante la llegada al poder de un partido abiertamente republicano, la primera vez que la izquierda asume la presidencia del Gobierno desde la Segunda República. Sin embargo, el ministro de Defensa no solo considera que la buena relación es un «logro», sino que lo sitúa como el más importante: lejos de mantener tensiones con la monarquía, el Gobierno está satisfecho de que la relación sea estable. Por detrás, otros cuatro puntos: terrorismo, defensa, estabilidad democrática y política exterior.

A esta última el Gobierno le presta especial atención, como bien sabe Emilio Alonso Manglano, pendiente de mantener informados al rey, al presidente y a los ministros afectados de las relaciones con terceros países. «En política exterior —continúa Serra— habrá problemas con USA a causa de Centroamérica. Afecta más este asunto que el de la OTAN.»

Unos meses después, el 2 de noviembre de ese 1984, el director del CESID se entrevista con el rey (el mismo encuentro en el que el monarca aborda el contencioso de Ceuta y Melilla), que hace un balance de los dos primeros años de Gobierno socialista y empieza pegándole un tirón de orejas a la oposición: «La derecha mal», asegura el rey. Es una cuestión relevante, pues la calidad de una democracia también se mide por la fortaleza de la oposición, y en estos años de comienzo del felipismo la alternativa brilla por su ausencia.

También tiene reproches el jefe del Estado para el presidente. Según las notas de Manglano, el rey considera que «Felipe está encerrado con sus *fontaneros*» y añade que «tiene que salir». El jefe del Ejecutivo solo lleva dos años en el cargo y, a tenor de las afirmaciones del rey, ya empieza a sufrir el conocido como «síndrome de la Moncloa».

En cuanto a la política exterior, y en particular al ministro designado por González, el jefe del Estado asegura que «(Fernando) Morán le parece bien», que «es inteligente» y que «no ha salido tan mal ministro». A quien pone una excelente calificación es al ministro de Defensa, Narcís Serra: «Muy bien».

El jefe de la inteligencia española debe velar por la seguridad del Estado. Sus notas revelan cuáles son las preocupaciones en cada momento. A veces, advertencias de hombres poderosos como Kissinger, confesiones del rey o estrategias del presidente; a veces, informaciones arrancadas a terroristas o golpistas; y a veces, detalles de la vida privada de personas con importantes responsabilidades. Todo puede afectar a la seguridad del Estado, como demuestra la última confesión del rey sobre el ministro de Industria del primer Gobierno González:[21] «Solchaga bebe. El PG le ha llamado la atención dos veces».

Nada, o casi nada, escapa a los ojos y oídos del jefe de los espías.

21. El titular de Industria y Energía es en ese momento Carlos Solchaga, que en julio de 1985 cambiaría esa cartera por la de Economía.

El rescate del amigo del rey

El 25 de marzo de 1983 un comando de ETA-militar secuestra en el garaje de su casa a Diego Prado y Colón de Carvajal. El objetivo no ha sido seleccionado por ser el presidente del Banco de Descuento, sino por las relaciones de su familia con la Casa del Rey, por su apellido, por ser hermano de un personaje fundamental en estos años: el embajador Manuel Prado y Colón de Carvajal. ETA apunta a un empresario «del Estado». Y para más inri, descendiente directo del almirante Cristóbal Colón, santo y seña de la historia de España. Los terroristas ansían, básicamente, dinero para financiar sus actividades y a sí mismos. No dejan de ser una mafia con ínfulas y pretensiones políticas, aunque con gran predicamento y respaldo en las calles y en algunas instituciones del País Vasco, incluida la Iglesia.

ETA-m reivindica el secuestro mediante una llamada a la emisora de Radio Popular de Bilbao. La organización terrorista exige un rescate de más de mil millones de pesetas, 1300 según adelanta el diario *El País*. Una inmensa fortuna. Mientras, *Diario 16* asegura que la familia ha mantenido dos conversaciones telefónicas con los captores, aunque los Prado y Colón de Carvajal lo niegan.

Dos semanas después del secuestro aparece una primera referencia al suceso en la agenda de Manglano: «Detención de un comando (ETA-m) que está en el secuestro de D. Prado». Las Fuerzas y Cuerpos de Seguridad del Estado están volcadas en localizar al empresario, con el ministro José Barrionuevo al frente. Varios indicios apuntan a un comando oculto en el madrileño barrio del Pilar. Tras peinar toda la zona, la Policía detiene a cuatro etarras e interviene cinco pisos francos, pero no logra liberar a Diego Prado. Aún permanece en manos de otros integrantes del comando Madrid. Transcurridos ya dos meses del secuestro, tras angustiosos silencios, la familia exige una prueba de vida. Los etarras interrogan al cautivo y envían la transcripción y una fotografía al diario *Egin*.

El feliz desenlace se produce recién estrenada la madrugada del 6 de junio. Una llamada anónima a la redacción de *El País* desvela dónde se encuentra Diego Prado y Colón de Carvajal. Un empleado de Iberia, compañía que había presidido su hermano, va a buscarlo y lo recoge.

Mucho se especula respecto al pago de un rescate. Manolo Prado reconoce en rueda de prensa haber negociado con los captores. Varios años después, en junio de 1999, José Ignacio Aracama Mendia, alias Makario, uno de los terroristas más relevantes de ETA, será condenado a 25 años de prisión por el secuestro. El pago del rescate se cifrará entre 600 y 700 millones de pesetas, una cantidad estratosférica en 1983, alrededor de cuatro millones de euros de 2020. ¿Quién paga esa extraordinaria suma por conservar la vida del empresario? Manolo Prado dice que no ha vendido activo alguno, con lo que desmiente el pago del rescate.

La agenda de Manglano ofrece respuestas en la página del 11 de junio de 1983: «Dinero secuestro D. Prado lo puso Zarzuela». Quien le da esta información al director de la inteligencia española es uno de sus subordinados más importantes, Manuel Guerrero, jefe del área de terrorismo del CESID, es decir, uno de los mandos más importantes de la lucha contraterrorista del Estado, con quien ese día despacha varios asuntos. En esa época el Centro estaba volcado en un único tipo de terrorismo, el de ETA, por lo que Manuel Guerrero, que se retirará como coronel y al que Manglano llamaba Manolo, es una fuente cualificada.

La guerra de banderas

> Me ha dicho Benegas que has nombrado como mandamás en el cuartel de Loyola (S. Sebastián) al tío que ha estado creando un estado de opinión en el P. Vasco en relación con la «guerra de las banderas» más agresivo.
> Un facha, ¡vamos!
>
> CS

El firmante de esta nota es Carlos Solchaga, navarro de Tafalla y ministro de Industria y Energía. Alude como fuente a José María *Txiki* Benegas, histórico socialista vasco. Con el membrete del Consejo de Ministros, ha sido escrita a mano y deslizada hasta el titular de Defensa, Narcís Serra, durante una reunión del Gobierno. Como dos escolares en los pupitres del colegio. Después Serra se la ha entregado a Emilio Alonso Manglano, que la guarda en el cuaderno que dedica en exclusiva a recoger las conversaciones que mantiene con su jefe directo, el ministro de Defensa. El jefe del espionaje siempre anota las referencias a él con las siglas MD.

La nota de Solchaga —cargada de sorna— hace referencia a un problema político que está tensando a la sociedad vasca, y por extensión a la española. Los nacionalistas e independentistas están mostrando su rechazo a España, retirando de las instituciones autonómicas la enseña nacional y, por ende, vulnerando la ley y desdeñando el hecho de que su autogobierno emana de la Constitución. En 1983 Herri Batasuna está en esa estrategia, y el PNV, en su habitual danza, juega al mus con varias barajas.

El 3 de enero Manglano almuerza con Serra. Entre bocado y bocado realizan un interesante análisis sobre los nacionalismos vasco y catalán: «El nacionalismo solo tiene sentido cuando existe un obstáculo para realizarlo. Por otra parte, no puede encarnarse en una sociedad permanentemente. Aquí radica la crisis del nacionalismo». Entrando en faena, ambos admiten las dificultades del *lehendakari* para resolver la crisis de las banderas: «Si Garaicoechea [sic] no se enfrentara con el Gobierno de Madrid, perdería sus apoyos en el partido».

Serra, catalán y principal figura del PSC —en ese momento vertebrador del constitucionalismo en Cataluña—, valora la figura del anterior *president* Tarradellas y muestra su temor a Jordi Pujol, que se encamina hacia su tercer año al frente de la Generalitat. Así da cuenta de ello el *notario* Manglano:

«Tarradellas tiene un gran instinto, olfato político. Tarradellas es el hombre importante de la Transición, para evitar a Pujol. Su archivo está en el monasterio de Poblet. Considera que no volverá a caer en el error de enfrentarse con el Ejecutivo».

Por encima de Narcís Serra, Felipe González se toma muy en serio el desafío nacionalista durante los primeros compases de su Gobierno. La independencia de una parte del territorio nacional no cabe en la Constitución de la nueva democracia. No es habitual que Manglano despache directamente con el presidente del Gobierno. Como buen militar, respeta la cadena de mando y rinde cuentas al ministro de Defensa, su apreciado MD, pero en ocasiones es requerido directamente por González. Así acontece al anochecer del 24 de julio de 1983. Los asuntos importantes no entienden de horarios, por lo que el jefe de la inteligencia del Estado acude al palacio de la Moncloa. Llega a las 21:50 horas para escuchar las «dos cosas» que el jefe del Ejecutivo quiere transmitirle:

—Emilio, hay una filtración por la que parece que se está preparando un atentado contra el rey.

—Sí, presidente, la fuente es francesa, pero no han entregado nota de quiénes hablan ni el contenido. No quieren darnos las cintas —explica el director del CESID, mostrando que el origen está en un pinchazo telefónico de la Policía francesa a dos de los innumerables etarras que pergeñan atentados plácidamente desde el sur del país vecino.

—No sé si decírselo al rey —duda González.

—En mi opinión, desde luego que debe decírselo —le aconseja Manglano.

El presidente del Gobierno cambia de asunto:

—El segundo tema que te quería comentar es sobre el PNV. He visto que tienes relaciones con Carlos Garaikoetxea y quiero que le transmitas un mensaje, aunque antes te voy a trasladar unas consideraciones sobre su actitud. Hace dos años tuve una conversación con el PNV y les dije claramente que, en el supuesto de que formaran alguna iniciativa que pudiera representar un gesto de independencia, yo, como responsable del Gobierno, tomaría la resolución de emplear el Ejército. Les hablé con esta claridad. Ahora, la última reunión ha sido mala. Tienen problemas internos. En la reconversión industrial, desde el Gobierno vamos a dar al País Vasco 300.000 millones de pesetas, pero quiero emprender dos acciones. Una va a ser a través de empresarios y otros medios económicos, y en la segunda entras tú, porque si lo hago yo, no se fiarán. Quiero que montes una estrategia para que el PNV se separe claramente de HB en el tema de las banderas. Que sepan que el Gobierno no tolerará agresión alguna contra este símbolo de todos.

—Presidente, con su permiso, me gustaría hacer un breve análisis. Se han invertido las alianzas y las tensiones. HB ha perdido 40.000 votos. Hay un debate interno, quieren recuperar electorado y lo van a hacer provocando estos actos para hablar de represión de las Fuerzas Armadas. Mientras, en el PNV hay tensión con el PSOE y debemos tener cuidado con las trampas. De todos modos, yo tengo buenas relaciones allí y haré la gestión.

—Gracias, Emilio. Otro día te llamaré para hablar de la modernización del Ejército con Narcís. Este tema hay que sacarlo adelante, porque otro Gobierno no lo podría hacer.

Antes de despedirse, el presidente del Gobierno traslada de nuevo un firme mensaje sobre la bandera:

—Emilio, hay que hacer respetar la bandera allí donde esté.

Manglano tarda poco más de veinticuatro horas en trasladar el mensaje al *lehendakari*, Carlos Garaikoetxea. Lo hace a través de un intermediario, al que le dicta tres ideas en una llamada de teléfono:

1. Justificado el aprovechamiento del tema de las banderas por parte de HB, que necesitan votos y represión.
2. Si el PNV no hace gesto inequívoco (concejales y *ertzainas*) de defensa de la legalidad, no podrá gozar de suficiente credibilidad en el resto de España.
3. No se trata de apoyar al Gobierno, sino de apoyar la ley. En contra de HB.

El lendakari recibe el mensaje y contesta con las medias tintas habituales de los peneuvistas: «De acuerdo, pero hay una gran frustración en el País Vasco».

Matar a Manglano

En algún momento de marzo de 1984 y en algún lugar de Francia, un confidente de Interior mantiene una conversación con un miembro de ETA. La charla es larga, pero hay algo de lo que le desvela el etarra que obliga al informante a ponerse en contacto inmediato con el CESID. Es cuestión de vida o muerte. La información llega a manos del director del Centro en un documento fechado el 8 de marzo. Es un folio escrito a máquina por una sola cara. En el encabezamiento, dos sellos en color rosa: «secreto» y «urgente». Es una nota confidencial que a nadie le gusta leer, tampoco a Emilio Alonso Manglano. El asunto es genérico: «Información sobre ETA». El contenido, preciso:

> Nos dicen que el general contra el que ETA-m trató de atentar, y que es muy amigo del ministro señor Serra, es el general Manglano. La vigilancia está realizándose por dos chicas jóvenes, que frecuentan bares vascos de la carretera de La Coruña a la salida de Madrid. Esta noticia le llega de su hombre de Francia y considera que tiene un alto grado de exactitud. Esta información la da en una conversación mucho más extensa y en la que se trataron otros temas, y se adelanta en estos momentos por considerarlo de urgencia.

La nota goza de gran verosimilitud. No en vano, Manglano vive en la calle Domenico Scarlatti de Madrid, muy cerca del inicio de la carretera de La Coruña. Los militares son uno de los principales objetivos de ETA, y la figura de jefe del espionaje ofrece además la posibilidad de golpear al Estado en sus entrañas. Manglano es pieza de caza mayor. La banda terrorista no se anda con chiquitas.

Desde su nombramiento, ha tratado de labrarse unos buenos informantes sobre la realidad vasca. Además de la actividad antiterrorista propia de los servicios de inteligencia, el director del CESID también se preocupa por encontrar argumentos políticos para contrarrestar la base ideológica en que se apoyan los etarras. Incluso tiene la intención de elaborar un plan ambicioso para resolver el conflictivo encaje del País Vasco en España, y para ello Manglano considera que debe contar con la participación del rey.

Así, en 1985 el jefe de la inteligencia trata de conformar una comisión al margen de los políticos para estudiar el llamado «problema vasco» y apuntar posibles soluciones. Con ese fin, el 19 de febrero el director del CESID viaja a la localidad vitivinícola de Haro para reunirse con tres personas: J. M. Arana, Emilio Aranzábal y M. Isasi.[22]

Mikel Isasi había sido consejero del Gobierno Vasco en el exilio y luego, miembro del Consejo General Vasco, el organismo preautonómico vasco constituido el 18 de febrero de 1978, en representación del PNV. La relación con Arana viene de antes: en noviembre de 1984 informó al director del CESID de que, según Isasi, había un pacto entre Xabier Arzalluz, el PSOE y Adolfo Suárez «para cargarse a Roca», unos de los padres de la Constitución y figura de Convergencia, y «para no negociar nada con Garaicoechea [sic]», que enfilaba la recta del final de su mandato como lehendakari.

El lugar que eligen para citarse en Haro hace honor al municipio: las bodegas La Rioja Alta S. A., la casa del famoso Viña Ardanza, entre otros vinos de esta prestigiosa Denominación de Origen Calificada. En un salón de las instalaciones, en el barrio de la Estación, estudian «la conveniencia de constituir una comisión regia para estudiar los problemas del País Vasco». Estaría formada por banqueros, empresarios, sociólogos, intelectuales y otros personajes con la condición de que no tuvieran cargos políticos. A los interlocutores de Manglano no les parece mal la idea, pero tienen un temor.

—Recelamos de que ese trabajo sea al final para el PSOE o para el Gobierno —le dice uno de ellos, sin identificar quién.

22. Manglano anota «Michel» Isasi, y en otras ocasiones «M. Isasi»; todo apunta a que se refiere a Mikel Isasi.

—No —responde Manglano—. En principio, sería para el jefe del Estado.

Para facilitar el trabajo, Manglano redacta de su puño y letra un documento de tres páginas:

Los siguientes puntos se sugieren como bases y trámites:

3. El problema actual del País Vasco: Una definición clara del problema (esto es muy importante puesto que existe una evidente confusión, sobre todo fuera del País Vasco).

4. Las raíces del problema: esto sería una referencia histórica completa, aunque no fuera exhaustiva. Es decir, lo que podría denominarse la «memoria» verdadera del pueblo vasco, sin saltarse ninguno de los hitos que la han configurado (es la forma de encontrar la identidad del pueblo vasco consigo mismo y con el resto de pueblos de España). Vasconia: «la abuela de España».

5. Las soluciones: las mínimas y las máximas. La «foralista», la autonomía, la que sea, pero inmersas en las realidades sociales, políticas y económicas actuales.

6. El «pacto vasco»: elaborados los puntos 1, 2 y 3 (en realidad lo están, basta formularlos de forma clara y sistemática), hay que buscar el acuerdo sobre los mismos de las fuerzas sociales y políticas del País Vasco. Es lo que denomino pacto vasco.

7. Llamamiento al rey: a través de los representantes del «pacto vasco» y en base a los puntos 1, 2 y 3. Llamamiento que abarca también la presencia física del monarca en el País Vasco. Esta presencia debe ser motivo —simbólico y real— del diálogo, renovado con la Corona y ocasión para iniciar las soluciones que se adopten.

8. País Vasco-España: necesidad de explicar a la mayoría de los españoles las razones del problema vasco. Esta mayoría vive en la confusión y perdida entre las anécdotas que durante años se producen en Euskadi.

9. Nota final: La elaboración del anterior esquema tiene, a mi juicio, un carácter urgente. No se trata, por tanto, de escribir un libro o un tratado voluminoso. Se trata de un documento esencial que recoja todos los aspectos para hacerlo operativo con oportunidad.

En la mentalidad del jefe de la inteligencia, la solución al problema vasco pivota sobre dos ejes: más pedagogía social y un pacto político.

vasco bajo la ascendencia de la Corona. Una vez más salen a flote las convicciones monárquicas del director del CESID.

Las relaciones con el amigo americano

Las relaciones entre los Gobiernos de España y de Estados Unidos siguen siendo tensas, y eso afecta negativamente al deseo de Manglano de establecer un canal de comunicación con la inteligencia norteamericana.

25 de febrero de 1985, lunes. Cena de trabajo entre Narcís Serra y su subordinado. Sobre la mesa, la «próxima reunión con Walters». Así lo anota el jefe del CESID en referencia a Vernon Walters, próximo embajador de Estados Unidos ante las Naciones Unidas, que visita Madrid dos días después. Como punto de partida, Manglano recoge el sentir del presidente del Gobierno: «El PG está enfadado con los incidentes». Se refiere a distintos asuntos que tensan las relaciones entre ambos países: las «últimas declaraciones» de Reagan sobre Nicaragua y los «cambios» en torno a la fecha del viaje del presidente americano.

A la reunión del miércoles asisten el general Walters y el embajador de Estados Unidos en España, Thomas O. Enders. Manglano recoge los «asuntos tratados» y ya de primeras queda claro que entre los dos países existe «cierta crispación y rozamiento». Los motivos son los ya señalados, con especial atención a dos cuestiones, que el jefe del espionaje anota en su agenda:

- Situación en el Magreb: atención al jefe del servicio marroquí (DST).
- Situación en Nicaragua: nos critican, pero no nos dicen lo que hay que hacer (los europeos).

Nicaragua es un asunto que ocupa tiempo al CESID. Se encuentra inmerso en plena revolución sandinista, y su presidente es Daniel Ortega tras vencer en las elecciones de 1984. Este país centroamericano es tal vez el problema más acuciante para Estados Unidos, pero no el único: los regímenes de inspiración marxista en el continente, con la Cuba de Fidel Castro como referente, y a través de ellos la influencia de la Unión Soviética.

El 24 de mayo Manglano anota en su agenda que «el conflicto cubano es para Estados Unidos una confrontación E-W» (este-oeste). No solo eso, sino que «los regímenes marxistas no se reforman desde dentro», sino que Estados Unidos tiene una «doble vía»: negociación y amenaza militar. Manglano desvela los tres «objetivos de EE. UU.»:

- Derrocar al régimen sandinista.
- Anulación de la resistencia salvadoreña.
- Apoyo a los regímenes democráticos.

Ese apoyo, según anota Manglano, se puede concretar en dos vías. El jefe de los espías dispone de información sobre el presupuesto que maneja Estados Unidos para sustituir los líderes marxistas por modelos democráticos con liderazgos afines:

- Ayuda económica. 1985-1989: 7,9 millones de dólares.
- Ayuda militar. 1985: 256 millones.

A continuación, en esa misma página de su agenda, Manglano escribe los «objetivos de Reagan», como si los planes del presidente fueran distintos de los del país que preside. Se trata de ahogar al régimen sandinista en todos los frentes:

- Presiones USA sobre países suministradores de Nicaragua.
- Apoyo a los grupos armados antisandinistas.
- Maniobras militares en xx.
- Apoyo grupo ¿contador?
- Aislamiento de Nicaragua.

El 6 de agosto Manglano habla con el jefe de estación de la CIA en Madrid, que le entrega una carta de William Casey, el director de la agencia desde 1981. Recoge en su agenda una palabra clave que atraviesa la conversación: «cooperación». En concreto, hablan de soviéticos, cubanos y terrorismo. El director del CESID aprovecha para lanzar un reproche, pero siempre constructivo.

—Cuando quieran algo de la situación de España, pregúntenlo.

El americano capta el mensaje y pregunta por un asunto del que empieza a hablarse en los mentideros políticos: «la crisis de Gobierno». Parece ser que Felipe González está barajando la posibilidad de introducir cambios en su gabinete. También hablan de un viaje de Manglano a Nicaragua que podría producirse en septiembre.

Le ha costado un tiempo, pero el jefe del Centro ha conseguido establecer un cauce de comunicación con la agencia de inteligencia más importante del mundo, y además hacerlo de igual a igual. Él mismo lo anota en su agenda: «Canal privilegiado». El CESID emprende vuelo.

El Club de Berna

El trabajo de Emilio Alonso Manglano para internacionalizar el espionaje empieza a dar sus frutos a partir de marzo de 1985. Además de las relaciones con la CIA, que le permiten tener información de primera mano de las intenciones e intereses de la primera potencia del mundo —con el permiso de la Unión Soviética—, el espionaje español extiende sus redes por el resto de Europa, América, el norte de África y Oriente Próximo. Es una labor silenciosa, pero de enorme trascendencia para la seguridad del Estado y para el crecimiento internacional de la imagen y la influencia de España. Información es poder. Sin embargo, hay un reto que Manglano aún no es capaz de conseguir: ser admitido en el Club de Berna, la élite del espionaje europeo, la institución que reúne de modo informal a los directores de inteligencia; intercambio de información sin toma de decisiones. La *crème de la crème* del espionaje continental. Cada cosa a su tiempo, antes hay que ir tejiendo una tupida red de relaciones que exige tiempo y trabajo.

Hijo de campesinos, Konstantin Chernenko llegó a ser el secretario general del PCUS a los ochenta y dos años. Llevaba medio siglo afiliado al Partido Comunista de la Unión Soviética y había ido escalando lentamente en las estructuras de poder hasta llegar a la cúspide: el 13 de febrero de 1983 sucedió a quien había sido su rival político, Yuri Andropov. En sus manos estaban los designios de la otra potencia del mundo, la que extendía su influencia al otro lado del Telón de Acero. Sin embargo, tan solo trece meses después de su nombramiento sucede algo inesperado. Manglano lo anota en su agenda el 12 de marzo en letras mayúsculas: «Fallece Chernenko».

Es la Guerra Fría y el mundo vive pendiente del pulso entre las dos grandes potencias militares. Aunque estaba enfermo, el fallecimiento de Chernenko es un factor imprevisto que puede cambiarlo todo en la política internacional. «Los sucesores —apunta Manglano— pueden ser: Mikhail Gorbachov (54), miembro del Politburó; Victor Grishin (71).»

La información que un tal IE le ha brindado a Manglano no va desencaminada: el sucesor acabará siendo Mijaíl Gorbachov.

Desde su llegada al CESID, Manglano tiene claro la importancia de extender las redes de espionaje a terceros países, así como la del intercambio de información entre servicios de inteligencia. También es consciente de que una buena relación con estos empieza en el primero de los espías: él mismo.

El jefe de la inteligencia española tiene concertada una comida con dos personas para abordar un asunto menor en el plano internacional, pero relevante en lo relativo a España: Guinea. Al almuerzo asiste el embajador español en la antigua colonia. La situación, según concluye Manglano tras el almuerzo, es «muy mala». Dos detalles: «Cada ministro actúa por su cuenta» y «Arabia Saudí le financia a Francia la construcción de un hospital». El dinero saudí, sumado a los intereses franceses, es un elemento más para la pérdida de influencia española. El embajador traslada al jefe de los espías que la política del Gobierno en Guinea es «mala» o «nula» y le formula una petición: «Que lo ayudemos a obtener información». Es más, quiere que Manglano viaje allí «y sobre el terreno vea lo que hay». El jefe de los espías está dispuesto: «Puedo ir de incógnito».

El norte de África y Oriente Próximo empiezan a ocupar espacio en la agenda de Manglano. El 28 de febrero de 1985 se entrevista con el embajador español en Túnez. Este pequeño país árabe situado en la cornisa mediterránea —entre Argelia y Libia, y frente a las costas de Italia— acapara la atención porque es el refugio de Yasir Arafat, uno de los líderes más significados de la causa palestina. Se halla refugiado en Túnez, adonde se trasladó junto a la Organización para la Liberación de Palestina (OLP) tras los ataques de Israel a Líbano entre 1982 y 1985.

Manglano anota que el embajador español «tiene una preocupación con el desarrollo del integrismo islámico (Andalus, terrorismo y explosión en los países del Magreb)» y una idea interesante que le transmite su interlocutor buscando el origen del integrismo:

—La última generación bicultural.

—Vamos a estudiar el fenómeno —responde Manglano.

En ese encuentro descubre que el embajador español «tiene relación permanente con Arafat», es «un interlocutor especial». Y se pregunta: «¿Puede España hacer algo en este sentido?». Parece obvio que el jefe del espionaje vislumbra que hay un espacio para la participación de España en el conflicto de Oriente Próximo, la madre de todos los conflictos.

Unos días después, el 27 de marzo de 1985, Manglano se entrevista con el jefe del servicio de inteligencia jordano, el GDI por su sigla en inglés. Jordania es un país clave en Oriente Próximo, tanto por su influencia política —país árabe moderado— como por su ubicación geográfica: limita con Israel, Egipto, Arabia Saudí, Irak, Siria y Palestina. Manglano toma la palabra:

—Propongo una reunión entre el Mossad y Jordania —dispara, sabiendo que ya lo han hecho previamente.

—Cuando Israel dé alguna señal de que quiere la paz —responde su interlocutor.

Al espía jordano le interesan las relaciones entre España e Israel. Manglano concluye que «hay que avisar a todos los países moderados árabes que las relaciones con Israel se justifican con el proceso de paz», aunque añade que «Israel debe dar alguna señal en este aspecto». La moderación es otra de las claves en esta conversación, también cuando se aborda el conflicto Irán-Irak: «La última batalla la han perdido los iraníes. La guerra ha evitado la expansión del jomeinismo en otros países árabes no moderados», anota en su agenda. Finalmente, el espía jordano solicita al español que un hombre del CESID «marche a Amán».

Al día siguiente Manglano recibe una llamada del rey: «Me dice que le ha entregado al rey Hussein una nota que nos hizo llegar el servicio israelí (en nombre de su Gobierno) para que Jordania concretara una serie de puntos en relación con el acuerdo Jordania-OLP. El rey Hussein ha quedado en contestar».

Por primera vez las notas del espionaje español recogen una gestión realizada por el rey de España en un papel de mediador en el conflicto de Oriente Próximo. Esa gestión es un salto cualitativo desde dos puntos de vista: la irrupción del monarca como figura creciente en el panorama internacional, con las repercusiones positivas que eso tiene para la imagen exterior de España, y la información que ese papel ofrece al jefe de los espías, un hombre de la confianza del monarca: «También me ha dicho el rey que Hussein le dijo que hace tres meses se entrevistó con el jefe del Mossad para hablar de terrorismo. También el jefe de la inteligencia jordana se entrevista con el Mossad». El rey no solo recibe información de Manglano, sino que también se la suministra, y eso es oro para un servicio de inteligencia.

La actividad internacional del jefe del CESID en estos meses es frenética. El 11 de junio Juan Carlos I celebra una audiencia que tiene una especial importancia para sus planes: recibe al director del servicio de espionaje belga, Albert Raes, decano del Club de Berna. Manglano está invitado. «Agradable», anota en su agenda. Después el ministro de Defensa le impone al belga la condecoración de Isabel la Católica y a continuación almuerzan juntos en un club privado. «Muy agradable», insiste. Es ahí donde tiene lugar la parte más jugosa del día: «Conversación con Raes. Bonnet[23] (DST) quiso plantear en la última reunión del Club de Berna la admisión de España. Se opuso Raes, alegando que había un compromiso de no aumentar el número de socios. Bonnet se enfadó».

La noticia es mala para los intereses españoles, pero entablar un hilo directo con el decano del espionaje europeo es el comienzo para derribar esa barrera. Además, Raes le ofrece información interesante sobre sus colegas. Por ejemplo, le cuenta que «el tercer nivel de los hombres de la CIA está formado por aventureros», o que «los servicios ingleses son muy reservados». Pero hay una revelación más que es interesante: «Quiere que todos los servicios acudan a la OTAN (comité especial) con sus directores». Esa puede ser una excelente vía de acceder al nivel de sus colegas europeos. España es miembro de la Alianza Atlántica desde que el ministro Pérez-Llorca acudiera a Bruselas en aquel acto con Alexander Haig, el secretario estadounidense. Aún quedan algunos pasos para oficializar el ingreso, pero España va por el camino correcto. No en vano, el 12 de junio se produce un hecho significativo, que Manglano recoge en su agenda: la firma del Acuerdo de Adhesión de España a las Comunidades Europeas. «Fecha importante para la historia de España», anota Manglano. España empieza a jugar en la liga internacional. A pesar de todo, ese miércoles no es en absoluto un buen día.

Gibraltar, Ceuta y Melilla

El 12 de junio de 1985 el principal enemigo de la democracia, ETA, actúa de la única forma que sabe hacerlo. Tres integrantes del comando Madrid asesinan al coronel del Cuerpo Jurídico Militar del Ejército de

---

23. Yves Bonnet (Chartres, 1935) fue director de la Dirección de Vigilancia del Territorio (DST, por su sigla en francés), la agencia de contraespionaje gala, entre 1982 y 1985.

Tierra Vicente Romero cuando sube al coche oficial en la puerta de su casa. También matan al conductor. No contentos con eso, abandonan el vehículo utilizado en un aparcamiento de la calle Felipe II con una bomba dentro que estalla y termina con la vida de un agente de la Policía Nacional que lo inspeccionaba, además de causar varios heridos. En paralelo pero a 400 kilómetros de distancia, en Portugalete (Vizcaya), otro terrorista ejecuta por la espalda al brigada de la Armada José Millarengo. Los *gudaris* dando tiros en la nuca, su especialidad.

Emilio Alonso Manglano anota en las primeras líneas de su agenda estos trágicos acontecimientos, que no suponen la interrupción de las tareas de inteligencia. Almuerza con José Joaquín Puig de la Bellacasa y anota: «El Ministerio de Asuntos Exteriores ha planteado al Foreign Office estudiar la situación de la soberanía de Gibraltar. Hay dos opciones: arriendo o condominio».

Mediada la década de los 80 está claro que las colonias son una anomalía, pero la joven democracia española aún carece de peso internacional como para plantar cara a Margaret Thatcher. De hecho, seis meses antes, con la Declaración Conjunta Sino-Británica del 19 de diciembre de 1984, Londres había pactado con Pekín entregar la soberanía de Hong Kong, que se haría efectiva en 1997. Por ello, el Gobierno español maneja cobrar el alquiler o compartir la propiedad del Peñón, como si de un bien inmobiliario se tratara. Manglano apunta varias reflexiones: «Hay que salvar la cara para las dos partes. Importante que Howe haya visitado Gibraltar, donde ha dicho que no será independiente. Puede ser el sucesor de Thatcher». Geoffrey Howe, entonces ministro de Relaciones Exteriores del Reino Unido, era uno de los hombres más cercanos a la primera ministra, aunque no llegó a sucederla.

Este almuerzo con el diplomático Puig de la Bellacasa no acontece un día cualquiera, sino justo cuando el presidente del Gobierno suscribe el Tratado de Adhesión de España a la Comunidad Económica Europea. Felipe González firma el acta sobre la Mesa de las Esfinges en una solemne ceremonia que se celebra en el salón de Columnas del palacio Real. En el preciso instante de la rúbrica, Juan Carlos I, sentado a la izquierda de la joya de la colección del mobiliario de palacio, de estilo imperio y adquirida por Carlos IV en 1803, observa atento y con una discreta sonrisa de satisfacción y orgullo cómo la España del posfranquismo se abre a Europa.

Un mes después, el 15 de julio, Manglano informa a su interlocutor británico, presumiblemente de la embajada, que están esperando la reacción del Foreign Office sobre la propuesta española para Gibraltar. También le avisa de que «no habrá cambio sobre el asunto de Gibraltar con el nuevo ministro de Asuntos Exteriores», Francisco Fernández Ordóñez, que acababa de relevar a Fernando Morán. Retoman conversaciones en septiembre, cuando se pone sobre la mesa el uso conjunto del aeropuerto, y en noviembre Fernández Ordóñez trata el asunto en un viaje a Londres, pero las negociaciones están encalladas. «No se ha avanzado nada de lo previsto en el acuerdo —apunta Manglano, que está muy pendiente del asunto—. No se ha profundizado en la soberanía. El Reino Unido dice que no se puede discutir ninguna fórmula sin prejuzgar el destino final de la colonia. Según el Tratado de Utrecht, la única solución factible es el retorno a España, y sobre esta posibilidad el Gobierno británico no se ha definido. Hay falta de coordinación. No es una cuestión diplomática: es ya un asunto de Presidencia. Apoyo de Washington.»

El «asunto» es lo bastante complejo como para que se vaya dilatando en el tiempo. No en vano, más de tres décadas después Gibraltar seguirá siendo una colonia, pese a que Naciones Unidas tiene al Peñón desde los años 60 en su listado de «territorios no autónomos pendientes de descolonización».

Ya en mayo de 1986, las elecciones generales del 22 de junio obligan a retrasar todo lo relativo a Gibraltar a la vuelta del verano. «Soberanía, base militar, situación de la población y comunicaciones —escribe Manglano, que añade una de las grandes claves del anómalo *statu quo*—: Reino Unido tiene empeño en mejorar la situación económica del entorno de Gibraltar.» Efectivamente, el Campo de Gibraltar es la comarca con mayor tasa de paro de toda España, y buena parte de su población vive de la economía del Peñón, ya sea trabajando allí o en la economía sumergida del contrabando. Se busca un equilibrio entre lo que ofrecen ambos Estados.

Guste o no, existe una relación entre el estatus político de Gibraltar y el de Ceuta y Melilla: es Marruecos quien establece ese vínculo. Como recoge Manglano, las posiciones en relación con las ciudades autónomas son estas:

MARRUECOS: Ceuta y Melilla están en territorio marroquí. Cuando Gibraltar vuelva a ser español, Marruecos debe recuperar esos territorios. Negociación bilateral, que empiece ya.

España: no se pueden iniciar conversaciones. C. y M. son españolas. Desde el s. XV y XVI la soberanía española ha sido adquirida de acuerdo con las normas del derecho internacional.

Hay que avanzar hasta 1992 para hallar otra de las claves del enquistamiento de este conflicto. El 26 de enero, pese a ser domingo, Emilio Alonso Manglano acude a una audiencia con el rey. Don Juan Carlos le cuenta que ha conversado con Hassan II:

—El rey de Marruecos me dijo que al día siguiente de la entrega de Gibraltar, él pedirá Ceuta y Melilla.

Nada tiene que ver el estatus jurídico de las dos ciudades autónomas con el del Peñón, pues ambas son territorio español de pleno derecho y no colonias, pero una recuperación de Gibraltar por parte de España alentaría las reivindicaciones de Rabat.

Últimos coletazos golpistas

«El rey ha dicho que en Coruña volamos por los aires.» Esta nota, escrita por Manglano en la página del 30 de mayo de 1985, es preocupante. Más aún si se lee la que viene a continuación: «Los servicios franceses preguntan qué pasa en España con la Policía».

Es la víspera del día de las Fuerzas Armadas, que este año se va a celebrar en La Coruña. El jefe del CESID no puede faltar a la cita, en su doble condición: militar y responsable del espionaje. Como es habitual en él, no pierde ocasión para trabajar. Almuerza con Manuel García Pelayo, presidente del Tribunal Constitucional y padre de los constitucionalistas españoles. Una auténtica autoridad intelectual en el ámbito de esa rama del Derecho. «Hombre inteligente», observa Manglano.

Después de visitar por la tarde la corbeta Infanta Cristina, el director del CESID se aloja en el hotel Finisterre. Allí toma nota en su agenda: «A las 20:00 me llama el PG para entregarme una nota en la que hay una amenaza contra la vida del rey hecha por uno que se hace llamar capitán general Prieto Noguero». Una vez más, la amenaza del terrorismo, en este caso con un indudable tufo involucionista.

La nota, escrita a mano, dice lo siguiente bajo el escudo del hotel y sus acreditadas cuatro estrellas:

A las 14:26 horas se ha recibido una llamada en la central telefónica del Ministerio de un individuo cuya voz parecía de persona mayor y dijo ser el capitán general José Luis Prieto Noguero, con DNI expedido en el equipo n.º 13, registro 71852, y ha dejado el siguiente mensaje:

> «La vida de S. M. está en serio peligro, lo sé porque hay una carta certificada en el Vaticano con n.º de registro 231 y teléfono 07-396-69xxx que se puede compulsar».

La amenaza existe. Se la ha entregado en mano el presidente del Gobierno. Además, la víspera el rey había hecho un pronóstico preocupante. Sin embargo, y a pesar de las tensiones que ha generado el aviso, la conclusión es clara: «Se comprueba que es un loco». El jefe de los espías nunca sabe cuándo una amenaza puede tornarse en tragedia.

A la mañana siguiente el ya general de División Emilio Alonso Manglano contempla el desfile de las Fuerzas Armadas desde la tribuna de autoridades. Desde allí divisa al rey con el uniforme de capitán general del Ejército de Tierra y observa, tranquilo, cómo todo transcurre con normalidad. El diario *ABC* titula un día después: «Adhesión popular al rey y a los Ejércitos en La Coruña». *El País* centra su fotografía en los boinas verdes desfilando ante el monarca. Como si nada hubiera pasado. Tras el desfile, Manglano acude a la comida que ofrece el rey en el hotel Finisterre, donde recibe una felicitación del monarca por su reciente ascenso. Y añade, complacido, en su cuaderno: «Me puso un telegrama desde Yugoslavia».

Sáhara, una responsabilidad española

Emilio Alonso Manglano nunca olvidará la última guerra colonial española: la de Ifni, en 1957. El año anterior Marruecos había proclamado su independencia. España no quedó al margen del proceso de descolonización y fuerzas marroquíes lanzaron distintos ataques sobre territorio español: sobre Ifni y sobre el Sáhara Occidental. A sus treinta y un años, el capitán Manglano aprendió lo que significaba ir a la guerra: se presentó voluntario para Ifni estando en la Escuela de Estado Mayor, junto con un compañero, una iniciativa muy fuera de lo común. Fue una conflagración intensa y sangrienta y, para la Brigada Paracaidista, especialmente simbólica: el 23 de noviembre cayó en combate el primer miembro de la BRIPAC, José Torres Martínez. No fue el único. Manglano jamás olvidará esa contienda, ni a sus compañeros muertos, y siempre llevará la Brigada Paracaidista en su memoria; uno de los fallecidos era, además, amigo suyo. Las tropas españolas lograron frenar el asedio, pero diez años después, en 1969, España arrió su bandera. Para el capitán Manglano, el Sáhara Occidental nunca será un contencioso más.

Veintiocho años después de la Guerra de Ifni, el 2 de julio de 1985, el ya director del CESID celebra una entrevista con el general Lakehal, «del servicio argelino». Es el director central de Seguridad Militar (DCSM) del país magrebí y tiene algo que decirle a Manglano:

—España tiene una responsabilidad en el Sáhara.

Lakehal se refiere a los acuerdos de Madrid, firmados el 14 de noviembre de 1975 entre los Gobiernos de España, Marruecos y Mauritania. Franco aún vivía, aunque su estado de salud era extremadamente delicado, y el presidente del Gobierno Carlos Arias Navarro fue el firmante por parte española. El documento inconcluye seis puntos:

—España ratifica su resolución —reiteradamente manifestada ante la ONU— de descolonizar el territorio del Sahara Occidental poniendo término a las responsabilidades y poderes que tiene sobre dicho territorio como potencia administradora.

—España procederá de inmediato a instituir una Administración temporal en el territorio en la que participarán Marruecos y Mauritania en colaboración con la Yemaá [Asamblea General del Sáhara] y a la cual serán transmitidas las responsabilidades y poderes a que se refiere el párrafo anterior. En consecuencia, se acuerda designar a dos gobernadores adjuntos, a propuesta de Marruecos y Mauritania, a fin de que auxilien en sus funciones al gobernador general del territorio. La terminación de la presencia española en el territorio se llevará a efecto definitivamente antes del 28 de febrero de 1976.

—Será respetada la opinión de la población saharaui, expresada a través de la Yemaá.

Ese fue el compromiso del Gobierno de España en 1975. En 1985, hay un hecho que implica al Ejecutivo democrático en la resolución del conflicto de la excolonia: en la oposición, el PSOE apoyó al Frente Polisario.

—¿Qué puede hacer España? —pregunta Manglano.

—Denunciar el acuerdo de Madrid y ayudar a la organización del referéndum.

La petición es directa. El servicio argelino está pidiendo entre líneas a Manglano que traslade un mensaje al Gobierno de España para resolver un conflicto enquistado desde hace demasiados años. Toma nota, y recoge en su agenda otro aspecto interesante de la conversación: «Compra de material de defensa en España».

La conversación ha sido fructífera, tanto que en septiembre una delegación del servicio argelino visitará España. «Entonces se puede concretar todo», escribe Manglano. Sus anotaciones de ese 2 de julio de 1985 concluyen con una llamada recibida al final del día: «Por la noche me dice Lakehal que ha hablado con Chadli sobre nuestra conversación y que considera de gran interés la acción de España en relación con el Sáhara». La conversación entre Lakehal y Manglano ha llegado a oídos del presidente de Argelia. Chadli Bendyedid está a la expectativa.

Boyer y la China

Si la intervención de Rumasa ha sido el primer gran escándalo económico del felipismo, el mismo protagonista tiene el primer gran *affaire* social, que precipita, además, la primera gran crisis de Gobierno de la era González: Miguel Boyer.

Uno de los más grandes retos del Ejecutivo es modernizar la economía y conseguir el ingreso de España en la Comunidad Europea. Para ello, el presidente del Gobierno había entregado las cuentas del Estado a un físico y economista de corte socialdemócrata-liberal que aborrecía el marxismo. Al frente del superministerio de Economía y Hacienda, y secundado por Carlos Solchaga en la cartera de Industria, Miguel Boyer es una pieza fundamental del Consejo de Ministros, aunque Felipe nunca se atreverá a darle una vicepresidencia económica, la posición acorde a sus competencias.

Nacido en San Juan de Luz en el seno de una familia de clase alta exiliada durante el franquismo, educado en el Liceo Francés de Madrid, sofisticado y con fondo y forma de intelectual, Boyer es la antítesis de Alfonso Guerra. El vicepresidente del Gobierno, mucho más escorado a la izquierda y con imagen de austeridad —aunque algunos la tildan de impostada e incluso falsa—, no duda en decir a los suyos que en vacaciones hay que viajar con la señora, la tortilla de patata, el botijo y el pañuelo con cuatro nudos en la cabeza: es el popular eslogan «Menos Marbella y más socialismo». Dos modelos de vida opuestos y contradictorios en un mismo Gobierno.

Y mientras Guerra predica «socialismo», va Boyer y se encama con la derecha... La revista *Interviú* es la primera publicación en hablar de la furtiva relación sentimental que el ministro mantiene con la *socialite* Isabel Preysler. Ambos están casados; ella, con el marqués de Griñón; él, con la ginecóloga Elena Arnedo. Y la hispano-filipina lo había estado antes con Julio Iglesias. Los socialistas no solo han alcanzado el poder sino que «se acuestan con nuestras mujeres», piensan en la derecha otrora dominante. Esta es la crónica rosa de la *beautiful people*, la nueva élite surgida tras la Transición y vinculada con un Gobierno de izquierdas.

A mediados de 1985, Boyer es una olla a presión y su inestabilidad personal tiene influencia en el Ejecutivo, ya que sustituir a un ministro de Economía y Hacienda —quizás la cartera más importante, solo equiparable a la del Interior— supone abrir una crisis de Gobierno.

El 4 de julio Emilio Alonso Manglano analiza la parte estrictamente profesional con una anotación titulada «La crisis». Esa misma tarde, jueves, se hace pública la enorme dimensión del problema, que se traduce en el relevo de seis ministerios y la portavocía. Al día siguiente el director del CESID anota sobre el nuevo Ejecutivo:

> En Semana Santa FG había comentado que quería crear dos vicepresidencias más en el Gobierno. No había pasado de ser una reflexión. El 20 de junio le dijo a Boyer que posiblemente le daría una. El 1 de julio FG habló con el MD y le preguntó sobre su opinión en torno a las VP. Este le dijo que no lo consideraba conveniente. FG le dijo que las crearía en el 86. También Maravall le dio la misma opinión. Boyer le planteó la dimisión irrevocable. No hubo posibilidad de resolverlo pese a las súplicas que le hizo el PG. Boyer había propuesto a Velasco (SE) como ministro de Obras Públicas. Hubo que buscar a un nuevo ministro de Economía y se lo ofreció a MD. Este no quiso. Surgió Solchaga y hubo que buscar rápidamente sustituto a J. Campo. El PG está preocupado con la salida de la crisis y la conducta de F. Morán y Boyer. Comentó todo esto con el MD.[24]

---

24. FG: Felipe González. MD: ministro de Defensa, Narcís Serra. VP: vicepresidencias. Maravall: José María Maravall, ministro de Educación. Velasco (SE): Luis Velasco, secretario de Estado de Comercio. J. Campo: Julián Campo, ministro de Obras Públicas. F. Morán: Fernando Morán, ministros de Asuntos Exteriores. Estos dos últimos, cesados en esa crisis de Gobierno.

Manglano traza así una gran crónica de lo sucedido. Su fuente es su jefe, el ministro de Defensa: guerra política, desavenencias, súplicas, ofertas y recelos. Una semana después continúa el análisis de la crisis que desencadenó la dimisión de Boyer, esta vez recogiendo el enfrentamiento con Alfonso Guerra y, principalmente, los motivos personales. Cuando el nuevo Consejo de Ministros cumple una semana, Manglano se ve con un informante. La escena revela que el nombre en clave, por decirlo de alguna forma, con el que se referían a Isabel Preysler era la China, obviamente por los rasgos asiáticos de la hispano-filipina. Si el director del CESID fue muy bueno en la crónica política narrando la crisis de Gobierno, será extraordinario en la social:

> Miguel Boyer llegó un lunes a casa de su mujer para decirle que lo había pensado bien y que volvía con ella. Llevó con él paquetes y maletas. Elena estaba encantada y arrepentida. Al día siguiente dijo que le había llamado la China para decirle que no podía vivir sin él. A él le ocurría lo mismo, y se fue de su casa a casa de un hermano. Allí es donde parece que la China le dijo que iba a pedir la separación o el divorcio del marqués de Griñón. Este verano veranearon juntos en Marbella. Elena pedirá el divorcio (ya han hablado).

La guinda la pone la guerra con Guerra, valga la redundancia:

«Boyer dijo que él no podía hacer su política económica sin manejar poderes. Felipe le había prometido la vicepresidencia segunda. Al enterarse Alfonso Guerra, este dijo que si le dan a Boyer la VP "yo me marcho"».

Es Boyer quien, finalmente, tiene que marcharse. No está dispuesto a seguir en el Gobierno sin adquirir plenos poderes en el área económica. Además, a Felipe González le reconoció que está «cansado». Como consecuencia, se convierte en la diana de innumerables críticas internas por su desapego con el socialismo. Su vida personal, el cotilleo, es y será la reina de las salsas.[25]

---

25. El ya exministro de Economía y la exmujer de Julio Iglesias y Carlos Falcó, marqués de Griñón, contraerán matrimonio el 2 de enero de 1988. Un año después nacerá su única hija en común, Ana. Miguel Boyer, el político al que el amor le influyó para dejar de ser uno de los hombres más poderosos de España, vivirá feliz junto a la Reina de Corazones hasta el último de sus días, el 29 de septiembre de 2014, cuando lo vence una embolia pulmonar. Su viuda, Isabel Preysler, comparte ahora sus días con el

El futuro del director

A mediados de 1985 Felipe González lleva dos años y medio en el poder y se prepara para encarar la recta final de su primer mandato con un Gobierno remodelado. Entretanto, en un discreto pero influyente segundo plano, el jefe de los espías ha logrado constituir un Centro de Inteligencia capaz de mirar a los ojos a sus homólogos europeos. El CESID se sigue modernizando —incluida una nueva sede en la cuesta de las Perdices—, imponiéndose a la amenaza involucionista y extendiendo sus tentáculos por el mundo, pero atento a la amenaza del terrorismo de ETA. Sin embargo, el futuro de su director no está del todo claro.

Emilio Alonso Manglano es un hombre ambicioso, y también metódico. Su archivo personal no solo recoge sus condecoraciones o sus ascensos, sino cada una de las felicitaciones que recibe en sus avances profesionales —la primera, la del rey— y cada referencia en prensa a su persona. Su archivo es una auténtica hemeroteca de su trayectoria profesional. Así es en febrero de 1985, cuando le es comunicado su próximo ascenso a general de División. Lejos quedan los esfuerzos del ministro Oliart por conseguir hacerle director del CESID siendo teniente coronel. Lejos quedan también sus tiempos en la BRIPAC, lejísimos su primer salto con los *paracas*. Pero eso nunca lo olvida un militar, y menos Manglano. Lejos queda también la Guerra de Ifni. Pero su ambición se mantiene intacta. El día 25, en esa cena de trabajo en la que el ministro de Defensa y el director del CESID hablan, entre otras cosas, del enfado del «PG» con Estados Unidos, ambos tratan el futuro del jefe de los espías:

—¿Qué quieres hacer al ascender? —pregunta el ministro.

—Consolidar el CESID —responde el militar.

4 de junio. El recién ascendido general Manglano celebra una nueva audiencia con el rey. «El Gobierno lo está haciendo bien —dice don Juan Carlos, que añade—: Tiene coraje.» Se refiere a la reforma de las pensiones, una cuestión que supone un desgaste político de primer orden. El jefe del Estado aborda la sucesión al trono: «Me dice que lo ayude en el asunto de la educación del príncipe». Es un tema que enfrenta a la

---

premio Nobel de Literatura Mario Vargas Llosa. No es posible hallar en el mundo entero a una mujer cuyas parejas hayan sido una estrella mundial de la canción, un destacado empresario y miembro de la nobleza, un ministro de Economía que contribuyó a modernizar un país y un Nobel de Literatura.

Zarzuela con la Moncloa. Según confiesa el rey a Manglano, «PG le ha dicho a Sabino que tienen que hablar». Es decir, el presidente del Gobierno no está conforme con cómo se está llevando el futuro del heredero. No es una cuestión menor. Y el rey se la está confiando a Manglano. Hay confianza.

La segunda cuestión que tratan tiene que ver con el ingreso efectivo en la OTAN. El presidente le había dicho al rey: «No puedo hipotecar a mi sucesor». A mediados de 1985, cuando aún quedaba más de un año para cumplir la legislatura, esta confesión revela que algo está pasando por la mente de González. ¿Se refiere a su sucesor como presidente del Gobierno o a su sucesor como candidato del PSOE en las elecciones generales? En cualquier caso, la respuesta del rey, según anota Manglano, fue clara: «Esto te honra».

A efectos del futuro de Manglano, lo verdaderamente relevante viene ahora. «Cuando Mondéjar se marche, pondría a Sabino de jefe de la Casa, y que él elija a quien quiera.» Una frase que acompaña de una orden:

—Ven a verme cada quince días.

La confianza del rey es máxima en el jefe de la inteligencia. Transcurridos tres meses, el 14 de octubre de 1985, Manglano habla «con el MD sobre mi posible marcha a Zarzuela»:

—Si el rey me lo pide —dice Manglano— no puedo negarme, pero pienso que habría que esperar a las elecciones.

—De acuerdo —responde Narcís Serra—. También creo que no se puede pasar de un servicio de inteligencia a la Zarzuela directamente.

5

El CESID se consolida

Un militar moderno e influyente

¿*Q*uiénes son los españoles más influyentes a mediados de los años 80? La Transición supuso un punto y final para gran parte de la élite del franquismo, como una especie de ruptura generacional, y la democracia supone una oportunidad para que nuevos nombres aparezcan en lo más alto de los listados de influencia social. Ese selecto grupo de ciudadanos compite entre sí por alcanzar el podio en la más codiciada de las facultades: el poder.

Con el objetivo de elaborar ese listado, en la primavera de 1987 la revista *Época* decide realizar 2000 entrevistas entre el empresariado para saber quiénes son los españoles a los que consideran más poderosos. El líder es Felipe González —1983 puntos sobre un máximo de 2000—, que lleva casi cinco años en el poder sin alternativa solvente a la vista, sin atisbar cuándo puede acabar una presidencia que en ese tiempo apenas sufre desgaste. En 1987 Felipe parece eterno. La clasificación está copada por políticos y empresarios, y en ella se cuelan dos directores de periódico: Luis María Anson, de *ABC*, y Juan Luis Cebrián, de *El País*. Pero lo más significativo es que en el número 14 irrumpe «el único militar de la lista, el general Alonso Manglano».

El director del CESID concede una gran importancia a todo lo que se publica en la prensa sobre él. Su archivo personal está repleto de álbumes con recortes, desde grandes reportajes hasta noticias, sueltos y comentarios. Ninguna referencia en periódicos y revistas escapa a su hemeroteca personal. Este comportamiento denota quizás un punto de vanidad, pecado venial en el rigorista militar, que también archiva y ordena en carpetas todos y cada uno de los avances en su vida: desde los ascensos en el Ejército, la participación en cursos o actividades académicas y las cartas y telegramas recibidos para felicitarle por tal o cual éxito profesional. Y así, entre legajos y encuadernaciones, el general archiva esa doble página de la revista *Época* titulada «Los 25 españoles más influyentes según los empresarios».

Precedido por Julio Feo, secretario general de la Presidencia del Gobierno, y seguido por el expresidente Adolfo Suárez, la revista matiza que el general «ocupa un puesto civil, puesto que desde la última reforma militar el CESID es un órgano del Ministerio de Defensa, sin relación directa con las Fuerzas Armadas». Y elige para ilustrar el reportaje siete fotografías: la del «vencedor» —Felipe— y seis desordenadas en el listado, una de ellas la de Manglano. He ahí la relevancia que concede a la presencia de un militar que ejerce su labor en la más absoluta de las discreciones, en un segundo plano que es inherente a su cargo. Sin embargo, su influencia no escapa a los 2000 encuestados.

El *ranking* de *Época* es un éxito. La agencia Europa Press se hace eco del estudio demoscópico, y Manglano, con un rotulador rojo, señala con una flecha su lugar en la clasificación y subraya las palabras más importantes de las dos páginas del despacho de agencia («25 españoles más influyentes», «muestra realizada entre la población empresarial», «2000 entrevistas», «entre 25 y 70 años») y un párrafo: «Con relación a estudios semejantes realizados en tiempos pasados, se destaca que entre los más influyentes el único militar que figura es el jefe de los servicios de espionaje o de información, sin que se cite a un solo general del servicio de armas. Este factor se considera muy positivo, dentro del clima político general que vive el país». La opinión pública —o al menos la publicada— no quiere ver uniformes ni en pintura. El Ejército sigue percibiéndose como una rémora del pasado y de resonancias golpistas. Ahí está, orgulloso, un único militar, vestido con traje oscuro y sin medallas, en un puesto civil. Un militar moderno.

El hermano mayor

Hijo de Luis Alonso de Orduña y de Luisa Manglano Cucaló de Montull, X baronesa de Almiserat, Emilio Alonso Manglano tiene siete hermanos. Él es el tercero, y las cinco siguientes son mujeres. A lo largo de su vida, mantiene una relación especial con dos de ellos: Amparo será un apoyo constante y su principal compañía, junto a sus hijos, en los últimos años de soledad en Madrid; y Luis es el mayor, el referente a quien recurrir en las situaciones difíciles, la persona a la que preguntar en esos momentos de la vida en los que hay que tomar una u otra dirección. Por eso, en 1987 es especialmente dura para Emilio la enfermedad de Luis, dos años mayor que él. Aunque la lleva con estoicidad, desde su destacada posición va a hacer todo lo posible por ayudar a su hermano.

La infancia de la familia Alonso Manglano en Valencia fue feliz. Formaban una familia numerosa conservadora y bien situada, en gran medida gracias a la buena situación económica y social de los abuelos maternos. Su padre, Luis Alonso de Orduña, había hecho la guerra: se sublevó en Valencia, donde lo hicieron preso y lo condenaron a muerte. Gracias a las gestiones de su mujer con el cónsul de Francia, consiguió huir en barco hacia Marsella. Desde allí, en cuestión de días se presentó en San Sebastián. Después estuvo bajo el mando de los generales Varela y Aranda, y acabó participando en la ofensiva del Levante y en la toma de Valencia. Finalizada la contienda, se fue a Melilla y después a Madrid, Manresa, Alicante y Murcia.[26]

Tal vez por la influencia de la figura paterna, Emilio siempre quiso ser militar. A los diecisiete años, en 1944, ingresó en la Academia General y se graduó como número uno de la 57 promoción. Desde allí dio el salto a la Legión en Melilla. Ya entonces destacaba, tanto por sus aptitudes como por su querencia a meterse en líos. En esa época, en su padre convivía el orgullo por el hijo que sigue sus pasos con el rechazo de toda indisciplina. Las broncas en los años 40 y en los primeros 50 debían ser de aúpa. Emilio iba prosperando a buen ritmo en el Ejército, hasta que tuvo que tomar una serie de decisiones que forjarían su futuro. La primera tenía que ver con la profesión.

Corría 1962. A sus treinta y seis años, Emilio era un capitán de infantería soltero con destino en el cuartel de San Nicolás (Madrid) y se encontraba en una encrucijada vital: apostar por la carrera militar, lo que implicaba instalarse definitivamente en la capital de España, o volver a la casa familiar de Valencia, donde vivían varios de sus hermanos y, sobre todo, su padre, viudo con setenta y cuatro años. Su madre había fallecido en 1959.

26. Según el testimonio de Amparo Alonso Manglano, hermana de Emilio, a los autores.

Fue entonces cuando Emilio, asolado por las dudas, decidió escribir a Luis para plantearle el problema sobre tres ejes: la vida militar, la vida religiosa, la vida familiar. ¿Qué hacer? La respuesta del hermano mayor llegó en forma de carta el 11 de julio:

Querido Emilio:

Recibí la tuya y he estado pensando sobre tu consulta. He llegado a la conclusión de que creo que en este caso hay que anteponer la cabeza al corazón y que si tu propia conveniencia te aconseja quedarte ahí, debes pedir destino en Madrid. Yo también creo que tienes ahí muchísimas más posibilidades y sinceramente te digo que yo he lamentado muchas veces el que por diversas circunstancias, que no son del caso, no me hubiera quedado en Madrid al terminar la carrera.

Las razones fundamentales que me hacen darte esta opinión a tu consulta son:

1. Padre, que no es hombre egoísta, lo comprendería y creo que te aconsejaría lo mismo si se lo consultaras, aun sintiéndolo enormemente, como es natural por razón afectiva.

2. Por las condiciones que Dios te ha dado y por tu trabajo, te has creado una situación, posición, hoja de servicios, prestigio —o como quieras llamarlo—, que tienes obligación de hacer fructificar al máximo. Has de aprovechar y hacer rendir «tus talentos» todo lo posible y aprovechar todas las oportunidades honestas que se te presenten para llegar en tu profesión lo más alto posible. Creo además que si no lo hicieras, algún día te podría pesar la conciencia por esta omisión, y esto era humanamente hablando, pues sobrenaturalizando las cosas creo que no hay duda, como te digo más arriba.

Yo recuerdo haberle oído a padre lamentarse de no haberse ido a la Legión, en el año 36, antes del Movimiento, a mandar una Bandera que le había ofrecido Losas, y que por razones familiares no lo hizo, claro que no se puede jugar a los posibles a toro pasado, pero desde el punto de vista profesional parecía lo aconsejable, aunque no fuera cómodo.

3. Si estuvieras casado, no te hubiera planteado el problema en los mismos términos, porque con tu familia constituirías una unidad —llamémosla más independiente— con menor vinculación. Creo que esa independencia la tienes, por razón de tu edad, aunque in-

completa por tu celibato —del que dicho sea de paso debes pensar seriamente en salir.

4. Por otra parte, si vinieras aquí destinado —cosa que como puedes comprender a padre y a todos nos encantaría y desearíamos que coincidiera con tu conveniencia—, por el género de vida que tú normalmente llevaras, que sería distinto del de padre, tampoco resolverías el problema de su soledad. Y por otra parte, dado el carácter de padre y el tuyo, podrías chocar en puntos de vista distintos o contrarios en alguna cuestión, como creo recordar sucedió durante tu última estancia en esta, y además los años que llevas viviendo fuera podrían molestarte normas, prejuicios, costumbres contrarias a las tuyas habituales que normalmente no se impondrían a las de la casa. Ello quizás te creara internamente un clima incómodo, por lo que lamentaras haber pospuesto una razón afectiva a otra de conveniencia profesional que creo que es de jerarquía superior, al menos en este caso.

Lo que sí debes hacer es alguna escapada de cuando en cuando, pues eso le alegra, le anima, le das noticias nuevas y comentarios, y sobre todo que su satisfacción paterna completamente legítima y noble por tus éxitos profesionales le ha de compensar tu ausencia.

5. Gracias a Dios, el estado de salud de padre es bueno, pues si tuviera alguna enfermedad en que humanamente se pudiera prever un desenlace próximo, yo sería el primero que te pediría que vinieras, porque sería un tiempo limitado, y sería obligado al complacer a padre y acompañarlo lo más posible en su caso. Naturalmente que Dios puede disponer de su vida, como de la nuestra, en cualquier momento, pero en ese caso tampoco se puede asegurar tu presencia, como me pasó a mí cuando murió madre (q. e. p. d.).

En fin, estos son mis pensamientos sobre lo que me dices, pero naturalmente como tú indicas la decisión ha de ser tuya. En todo caso me gustaría y creo que te sería útil que le pidas una opinión a Fernando Arcos, pues puede pensar objetivamente y te dará una opinión leal, sin prejuicios.

Recuerdos y un fuerte abrazo,

Luis

Los consejos de su hermano mayor fueron tenidos en cuenta por Emilio: en 1962 apostó por explorar sus «talentos» en la carrera profesional y se instaló definitivamente en Madrid. Esa decisión fue un punto de inflexión en su vida profesional y tuvo una influencia relevante sobre las otras dos vertientes de su vida más íntima: la religiosa y la familiar. En su carta, su hermano Luis aborda directamente la cuestión del celibato y la otra cara de esa misma moneda: el matrimonio y la familia. Sobre esta cuestión aún tendrá que pasar algún tiempo, pero esos consejos acabarán madurando en la cabeza y el corazón de Emilio.

Es por eso, por la ascendencia que sobre él tenía su hermano mayor, por lo que es especialmente doloroso su fallecimiento en 1988, el mismo año en que su padre habría cumplido cien años.

Carmen, el primer amor

Dentro de poco seré tuya y tú mío. Mi vida, ¿por qué no buscas algún sitio para meternos? Pues me figuro que lo de Somosaguas llevará tiempo. ¿Tengo que escribir a tu padre y hermanos? ¿Cuándo voy a conocerlos? ¿Tienes muchos testigos? ¿Vas a hablar con mi padre? ¿Tú crees que tu familia querrá que te cases conmigo? Cuántas preguntas, ¿verdad?

Bueno, te dejo, mi dueño y señor. La princesa te abandona por escrito. Mi señor, te doy mi boca, mi cuerpo y mi todo. Cuídate, tu mujer.

Carmen escribe a su amado Emilio desde Suiza. Es una de las 79 cartas que él guardará toda su vida, desde que se conocieron en 1962 hasta el último de sus días: cincuenta y un años, más de medio siglo. Es una historia de amor epistolar:

Encanto, es el atardecer. Tu carta ya ha salido. ¡No me dejes! Te quiero, voy hacia ti.

Entre 1962 y 1966, Carmen y Emilio llegaron a escribirse a diario. Carmen lo hizo desde Madrid, Oxford (Reino Unido), Suiza y Costa de Marfil; Manglano, principalmente, desde sus distintos acuartelamientos en Madrid, desde sus cursos de verano en Santander o desde su Valencia natal. Las cartas que provenían del extranjero llegaban en sobre del correo aéreo, ribeteado con franjas azules y rojas. El papel, liviano, casi transparente, estaba escrito a una sola cara, pues la tinta lo impregna por completo.

Carmen, una mujer rubia y muy bella, no es cualquier Carmen; es Carmen Díez de Rivera. Hija de aristócratas, descubrió por casualidad, a los diecisiete años, que su padre no era el marqués de Llanzol, sino Ramón Serrano Suñer, el Cuñadísimo del general Franco. Un sacerdote se apiadó y se lo confesó cuando pidió su partida de bautismo para casarse con, precisamente, un hijo de Serrano Suñer, que resultaba ser su medio hermano. Cómo no, este episodio le produjo el choque emocional que la llevó a vagar en busca de su destino, viaje en el que conoció a Emilio Alonso Manglano.

Mientras Emilio se debatía entre el sacerdocio o el amor, Carmen entraba y salía del convento. Dos personas adultas con una profunda pero insuficiente vocación religiosa luchando contra la tentación del amor. Carmen Díez de Rivera y Emilio Alonso Manglano, presos de su primer amor.

> Siempre estás a mi lado y dentro de mí. Ya jamás estoy sola. Vienen años duros, una separación, una espera triste, pero pasado esto estaremos siempre juntos.

Manglano recibió esta carta el 21 de agosto de 1963 en el Pabellón de la Playa de la Universidad Internacional Menéndez Pelayo, en Santander. Carmen no soportaba dejar de contactar con su amado, y un día después volvió a escribirle:

> Estoy deseando volver a España, aunque la revista no me apetece un pimiento.

Y dos días después, una postal «desde casa del amigo Shakespeare» con tres sellos de una jovencísima Isabel II, naranja, azul y rojo.

Carmen llamaba a su novio «Tufi, mi pequeño Tufi», y siempre que podían, sobre todo cuando ambos estaban en España, hablaban por teléfono. Ella se queja ante la ausencia de la voz de su amado:

> Me pregunto dónde estás. ¡48 horas de silencio! De 5 a 6 es buena hora de teléfono. ¿Por qué este silencio? Y venga mirar el reloj y tú callado, Tufi!!!

Planeaban su vida en común, pensaban en el futuro:

> Yo tengo 25 años, y si no he restado mal, pues los números no son mi fuerte, tenemos 16 años de diferencia. ¿Es eso? [...] Ya sabes que yo soy un poco antimilitar, no antiespíritu militar, sino por *modus vivendi*. Tu sueldo base será siempre el militar, y 21.000 (pesetas al mes) parecen bastante para una persona y poquísimo para un hogar. Yo no es que quiera vestirme de oro o cenar en Jockey, pero tampoco quiero estar contando las pesetas.

Carmen, que fue una mujer adelantada a su tiempo, regresó a Madrid y se incorporó a la *Revista de Occidente*. El 22 de mayo de 1963 le escribe:

> Mi querido, mi muy querido Emilio [...]. Te ofreces por completo, eres capaz de morirte por darme vida. Pero, Emilio, ¿cómo puedo yo dejar que tú te ahogues para salvarme a mí? Yo no te odio, cómo podría odiarte. Si lloré fue porque tú eres para mí todo.

Mensajes profundos, casi trágicos, se intercalaban con apuntes de lo más frívolo:

> Querido Emilio, estreno contigo este lujoso papel que me han hecho en la *Revista de Occidente*. ¿Verdad que es lujosísimo?

Para ella son «días lentos y aburridos». Le escribía hasta dos cartas en una sola jornada, y a través de ellas iban surgiendo las dudas, las desavenencias, el desamor:

> Emilio, no sé si esta carta te hará daño. Tengo vértigo, miedo, no puedo entender. ¿Por qué he de dejaros? Si voy al Señor, porque creo que debo ir, Él me llama y voy a ver qué quiere de mí. ¿Qué querrá de mí? ¿Me querrá para siempre?

Carmen siente la llamada de Dios. El amor entre ambos se torna existencial, como se aprecia en esta carta del 3 de diciembre:

> Bueno, Emilio, no te desanimes. Si te consuela y te ayuda, piensa que me tendrás siempre pidiendo por ti con enorme cariño hasta que en el día

de la Resurrección nos encontremos y el dolor pasado nada nos parecerá al lado de esa eternidad que tendremos para gozar de Él juntos.

Manglano también es un mar de dudas, y por motivos muy similares a los de su amada. En noviembre de 1963 se ha ido a un retiro espiritual. Toma notas en un pequeño cuaderno color azul: «El demonio existe, y no hay que tomarlo a broma. Está detrás de cada uno de nosotros y proponiendo todo aquello que va contra la ley de Dios». El militar se enfrenta al mal: «No quiero proponer cosas grandes (por ahora). Voy a luchar por vencer cosas pequeñas dentro de mí». Y piensa en su futuro: «Mi carrera, Carmen, mi vanidad, mis ganas de vivir bien, mi ambición. He ofrecido a Dios mi vida. Que me diga qué es lo que debo hacer».

En 1963 Emilio Alonso Manglano debe tomar una nueva decisión trascendental: dejarlo todo y ser cura, o casarse con Carmen. En su cuaderno, Emilio anota los pros y los contras.

SACERDOCIO

Me gustaría: sí.

Por qué: por predicar y tener ganas de ser un sacerdote bueno.

Dios me ha llamado: no.

Por qué me he planteado el ser sacerdote: por salvarme. Por llenar mi vida.

MI VIDA ACTUAL

Mi carrera me llena: no.

Por qué: por ambición, por falta de obediencia?, por falta de dinero. Porque la carrera no me proporciona satisfacción.

Puedo estudiar otra carrera: cuál? La que guste? La que me convenga? La que me dé.

MATRIMONIO

Me he podido casar.

¿Por qué no lo he hecho?

Por falta de dinero: egoísmo.

Me planteo estar casado: unas veces sí, otras no.

No sé lo que quiero.

La quiero: sí.

¿Me gustaría estar casado con ella? Sí.

Si no tengo vocación de sacerdote tengo que casarme: por tener hijos, por razones morales, por querer a una persona.

1. Sacerdocio.
2. Si no 1, matrimonio. ¿Con quién? Con Carmen.
3. Si sí 2, mi vida profesional.

Esa llamada de la Providencia que ambos notan llevaría a Carmen hasta una misión en Daloa, Costa de Marfil. Manglano ha tomado el camino contrario. En 1965, con él lejos de los hábitos, el amor sigue su curso:

> Querido Emilio:
>
> Recibo tu carta en la que me «das de alta». Me dices que hace tres años que nos conocemos. ¡Me parece mentira! ¿Irás a Santander en verano? ¿Sigues con tus estudios de Económicas?

También durante el primer semestre de 1966:

> Mi querido Emilio, cada noche te escribo páginas y más páginas que luego no te mando porque todo se reduce a esto: te quiero, te necesito y te echo cada minuto más de menos.

Pero los renglones se tuercen:

> Emilio, por favor, déjame y guardemos silencio. Aquí soy feliz, más feliz de lo que he sido hasta ahora, y tú, querido Emilio, eres una incógnita.

En agosto de ese año ha pedido a la hermana superiora volver a España y que le busque una sustituta. El romance es como el Guadiana:

> Quisiera estar a tu lado, cerca de ti, en ti.

Carmen se ha debatido entre la llamada de Dios y la del amor a Emilio. Pero, al final, ninguna de las dos funciona. El 13 de diciembre de 1966, aún en Daloa, le escribe para agradecerle su última carta. El tono se va volviendo cada vez más frío:

> Te había escrito una larga carta, pero ahora parece innecesario enviártela. Lo importante es que nuestro recuerdo nos ayude y que si alguna vez podemos sernos útiles lo seamos.

Más tarde Carmen escribe desde Lucerna, en Suiza. Responde con crudeza a una carta de Emilio Alonso Manglano. La tinta rezuma dolor:

> Qué poco te conozco como hombre, qué poco te he mirado como hombre y cuánto me gusta que lo seas. Tu carta es de hombre, de los que a mí me gustan, de los que me enamoran, de los que me hacen castañetear. Está claro que me refiero al hombre que escribió y no a lo escrito. Si el final de tu carta no dijera lo que dice: que tu decisión «está tomada», yo intentaría dejar hablar a la mujer que despiertas como hombre, pero tu última parte de la carta es rotunda y cortas mi palabra.

En 1966, con cuarenta años, Emilio Alonso Manglano tenía claras cuatro cuestiones que marcarían su vida para siempre: era militar, y quería llegar a lo más alto, por lo que había profundizado en su formación con estudios universitarios en Empresariales. No acababa de recibir la llamada de Dios, por lo que abandonó toda intención de ser sacerdote. El amor con Carmen Díez de Rivera se tornó imposible, a pesar de que hasta tres veces consiguió sacarla del convento. El romance fracasó al negarse Emilio a aceptar el alto precio que le imponía el padre de su amada: que abandonase el Ejército para casarse con ella a cambio de un trabajo donde ganase más dinero. Él se negó, pero la situación no eliminó su anhelo de formar una familia. Y, por último, tenía una inquietud política que lo había llevado en los últimos años a integrarse en los movimientos políticos que desde dentro trataban de preparar una alternativa monárquica, y en concreto juanista, al régimen de Francisco Franco.

La educación del príncipe

—Yo no quiero resistir. Por mí no se verterá una gota de sangre.

La frase es de Alfonso XIII. La pronunció en una fecha simbólica:

14 de abril de 1931. Fue su forma de anunciar al Consejo de Ministros una decisión largamente meditada: el rey ha decidido exiliarse ante el temor de que España acabe sumiéndose en la violencia civil. Tras él llegó la II República, después la guerra y, a continuación, la dictadura del general Franco. Tuvieron que pasar cuarenta y cuatro años para que el 22 de noviembre de 1975 la monarquía fuera restaurada en España en la figura de Juan Carlos I. La casa de Borbón recuperaba así el trono perdido por el abuelo del nuevo monarca:

—Si todos permanecemos unidos —dijo don Juan Carlos ante el Pleno de las Cortes el día de su proclamación, 22 de noviembre de 1975—, habremos ganado el futuro.

El futuro. El primer objetivo de toda organización es su propia supervivencia, y la Corona no es una excepción. El mismo día que comienza su reinado, Juan Carlos I debe velar por la continuidad de la monarquía, de modo que la institución que casi siempre ha guiado los designios de España no sea flor de un día. Una de las tareas primordiales para alcanzar este fin es tener siempre preparada la sucesión, aquello de «El rey ha muerto, ¡viva el rey!».

Cuando Emilio Alonso Manglano toma las riendas de la inteligencia del Estado, en mayo de 1981, el heredero es un joven y rubio príncipe llamado Felipe. Tenía trece años y era el benjamín de la familia, pero en lo relativo a la sucesión al trono, la Constitución recién aprobada daba prevalencia al varón sobre la mujer, a él sobre sus hermanas mayores, Elena y Cristina. La pregunta no es menor: ¿cómo educar al heredero?

En esta nueva etapa de monarquía parlamentaria, el rey reina pero no gobierna, por lo que don Juan Carlos no dispone de la libertad total para decidir cuál será la educación del príncipe de Asturias y Gerona. A la luz de los documentos privados del director del CESID, las tensiones entre la Zarzuela y la Moncloa en este punto son hondas desde la llegada de Felipe González al poder, principalmente porque un Gobierno socialista no quiere un rey con uniforme militar. España es presa de su propia historia.

El 7 de junio de 1983 el diplomático José Joaquín Puig de la Bellacasa, siempre al servicio de la Corona, describe a Manglano una escena en la que el joven Felipe es una pieza que todos quieren controlar:

—Emilio, está mal que el príncipe se vea acompañado del presidente del Gobierno. A Felipe lo tienen que acompañar Sabino y Mondéjar —dice en referencia a Sabino Fernández Campo, secretario general de la Casa del Rey, y a Nicolás Cotoner y Cotoner, marqués de Mondéjar y jefe de la Casa.

El embajador también comenta su malestar por el hecho de que la joven monarquía restaurada esté asumiendo «el perfil agrio de la República». No ha transcurrido ni un mes cuando Manglano se ve con Sabino. Charlan sobre la educación del príncipe y surge una preocupación:

—La actitud del rey, alguien le influye. Además, la reina está nerviosa, se enfada.

El director del CESID es una persona cuya opinión debe ser escuchada, más que por su cargo por las características que confluyen en su persona: es militar, pero lo nombra el Gobierno a propuesta del ministro de Defensa, al tiempo que trabaja para, y por encima de todo, proteger al jefe del Estado. Es decir, Manglano se encuentra en una posición de equilibrio entre los dos márgenes de la carretera de La Coruña: los palacios de la Moncloa y la Zarzuela. Tanto es así que don Juan Carlos lo llama en audiencia y se lo pregunta. Es el 12 de enero de 1984 y faltan diez minutos para las siete de la tarde. En pocos días Felipe de Borbón cumplirá dieciséis años:

—Emilio, ¿qué opinas sobre que el príncipe vaya a estudiar dos años fuera de España? A Sabino no le parece bien, piensa que hay que valorar ventajas e inconvenientes.

En el original de Manglano consta el nombre de un colegio que no es al que fue a estudiar el príncipe. Cabe la posibilidad de que lo anotara en su forma fonética y sí fuera el centro acertado.

Nueve meses después, en septiembre de 1984, Felipe parte hacia la región de Ontario para cursar el equivalente al COU (Curso de Orientación Universitaria) en el Lakefield College School, camino de convertirse en el primer heredero al trono de España con licenciatura universitaria. Narcís Serra, ministro de Defensa, hace saber a Manglano que no quiere que el príncipe tenga educación militar.

Unos meses después, a principios de 1985, Manglano vuelve a tratar el tema con el rey, en plena polémica por el camino que debe seguir su hijo cuando vuelva de Canadá y alcance la mayoría de edad:

—Emilio, yo quiero que Felipe vaya primero a las academias militares y después a la universidad, pero él no ha querido recibir a Sabino para hablar de este asunto.

—Majestad, lo que el Gobierno no quiere, el Partido Socialista —especifica Manglano—, es convertir al príncipe en un rey-soldado.

—Prepara una nota y habla con Sabino.

—De acuerdo. Por cierto, señor, Narcís quiere hablar con usted por encargo del presidente —dice el jefe del CESID al término de la audiencia.

El rey es y se siente militar. De hecho, aborda con Manglano asiduamente temas del Ejército como la organización de las Fuerzas Armadas y los ascensos. Quiere que su hijo vaya a la universidad, pero que antes se empape del espíritu castrense. El jefe de los espías da cuenta de la audiencia en un cuaderno de anillas y tapas azules, marca comercial Alazán, con la silueta negra de un caballo estampada. En la portada ha escrito a bolígrafo: «Fénix 1984-85». En el interior anota: «Insinuaciones sobre división entre rey y Gobierno por causa de este asunto. Derecho de los padres a la educación».

Siguiendo la ruta marcada por el jefe del Estado, Manglano habla con Sabino Fernández Campo, que le da tres claves. La primera tiene que ver con la actitud del adolescente que es Felipe: «El príncipe es vaguete». La segunda es la constatación de que hay un choque con el Gobierno: «Problema con Presidencia». La tercera es la posición de la Zarzuela ante la educación del príncipe:

—Es mejor que vaya primero a las academias, después a la universidad.

A ojos de Manglano, el choque entre los planes de la Zarzuela y los de la Moncloa es ya evidente. El secretario general de la Casa del Rey aprovecha para compartir algunos escollos de índole personal entre don Juan Carlos y su esposa que le preocupan:

—Emilio, la situación del matrimonio es mala. La reina pregunta continuamente dónde está el rey, y las infantas están más cerca del padre, que es más liberal y generoso que doña Sofía.

Manglano toma nota en su cuaderno: «Viajes y vida del rey». Y llega a una conclusión: «Hay que reconducir esta situación. El rey se mueve demasiado».

El 25 de febrero el director del CESID y el ministro de Defensa quedan para trabajar mientras comparten una cena. El mensaje de Narcís Serra es claro:

—Al presidente del Gobierno no le gusta mucho que el príncipe vaya a las academias militares cuando llegue de Canadá. Felipe me ha pedido que hable de este asunto con el rey.

—Yo también lo haré —responde Manglano.

El curso escolar avanza y el itinerario a seguir por Felipe de Borbón no se acaba de resolver. Ya en primavera, al príncipe le restan apenas unos días para regresar a España con el diploma de haber aprobado el equivalente al COU tras completar la *high school*. Urge tomar una decisión. El 4 de junio el director del CESID acude a la Zarzuela, donde ha sido convocado en audiencia.

—En cuanto a la educación del príncipe, Emilio, me tienes que ayudar. El presidente le ha dicho a Sabino que tienen que hablar.

Manglano se queda despachando con Fernández Campo, de quien el rey le acaba de anunciar que será jefe de la Casa «cuando Mondéjar se marche», y anota: «Educación príncipe. Protocolo. Problemas con Moncloa».

Finalmente, el príncipe Felipe antepone la instrucción militar a la civil. La disputa sobre su educación se la ha ganado el padre al Gobierno. Ese mismo mes de septiembre comienza una formación que lo llevará a los tres ejércitos, Tierra, Armada y Aire, por ese orden: la Academia General Militar de Zaragoza —donde jura bandera el 11 de octubre—, la Escuela Naval Militar de Marín (Pontevedra) y la Academia General del Aire de San Javier (Murcia). El ciclo completo lo mantendrá ocupado tres años.

Con Felipe en la Escuela de Oficiales, el 29 de mayo de 1986 Manglano almuerza con Sabino Fernández Campo, que le informa de que el rey ha ofrecido a José Joaquín Puig de la Bellacasa la jefatura de la Casa que va a dejar Nicolás de Cotoner: «No sé bien para qué, pero si viene, yo me marcho», dice el secretario general de la Zarzuela al jefe del CESID. Acaba de nacer el germen de un futuro problema en la Casa del Rey.

En julio de 1988 el príncipe recibirá los despachos de teniente de Infantería, alférez de navío y teniente de Aviación. Se graduará como piloto de helicópteros del Escuadrón de las Fuerzas Aéreas del Ejército del Aire y recibirá las Alas de Piloto de Helicópteros del Ejército de Tierra y de la Armada. En octubre arrancará su formación universitaria matriculado en la Facultad de Derecho de la Universidad Autónoma de Madrid. Pero para llegar a ese punto España aún tiene que superar algunos escenarios, con Manglano como el hombre mejor informado.

La permanencia en la OTAN

Tras la crisis de Gobierno que precipitó el caso Boyer antes del verano de 1985, mucho más profunda que la mera sustitución de un ministro, Felipe González afronta la recta final de su primera legislatura. Aún cuenta con un año largo hasta las elecciones generales, que deberán celebrarse a más tardar en noviembre de 1986. Un asunto va a marcar ese otoño la estrategia gubernamental: el referéndum de permanencia en la OTAN. La Alianza Atlántica y la Comunidad Económica Europea son cuestiones distintas, pero el ingreso en junio en el club continental conlleva la necesidad de resolver la posición de España en la organización militar. El Gobierno debe convocar un referéndum para convalidar una presencia que, de facto, existe desde 1982. El asunto es muy incómodo para Felipe González, a estas alturas declaradamente partidario del sí.

En la oposición, el PSOE hizo campaña en contra con el confuso lema «OTAN, de entrada, no», y su primer ministro de Asuntos Exteriores, Fernando Morán, era abiertamente partidario de mantener a España en la neutralidad. Ese fue uno de los motivos por los que en la reciente crisis de Gobierno había sido sustituido por Francisco Fernández Ordóñez. El giro oficial en el Partido Socialista se había producido casi un año antes, en diciembre de 1984, cuando celebró en Madrid su XXX Congreso. En la tarde noche del 15 se produjo un encendido debate en el que el líder socialista tuvo que arremangarse para convencer a su partido: «España, tras dos años de permanencia en la Alianza, no ha perdido ni un átomo de su autonomía para realizar su política exterior», dijo tras declararse «pacifista de verdad».[27] González ganó esa batalla, pero aún no había ganado la guerra.

El 15 de octubre de 1985 Emilio Alonso Manglano acude a una audiencia con el rey, y el referéndum es el tema principal. Debaten sobre las ventajas e inconvenientes, tanto dentro como fuera de España. No en vano las alianzas de España repercuten directamente en el trabajo del CESID. Las notas de Manglano sobre esta conversación revelan algunas claves de la estrategia gubernamental: «PG ha dicho a los ministros que no hablen del asunto». Felipe González ha decretado el silencio para evitar incendios mediáticos, dada la complejidad del asunto para su partido y para su Gobierno. En estas circunstancias maneja «dos alternativas: hacerlo (con garantías de ganarlo) o no hacerlo: explicar y convocar elecciones generales». En este segundo caso, hay una obligación previa: «PG quiere garantizar la aprobación de los presupuestos». De ser así, las elecciones serán «en febrero».

---

27. *El País*, 16 de diciembre de 1984. Portada: «El PSOE aprueba por mayoría la permanencia en la OTAN tras un firme discurso de Felipe González».

La margarita se deshoja unos meses después. El 31 de enero el Gobierno convoca un referéndum vinculante sobre la permanencia de España en la OTAN para el 12 de marzo de 1986. El planteamiento ha sido largamente meditado:

> El Gobierno considera conveniente, para los intereses nacionales, que España permanezca en la Alianza Atlántica, y acuerda que dicha permanencia se establezca en los siguientes términos:
>
> 1. La participación de España en la Alianza Atlántica no incluirá su incorporación a la estructura militar integrada.
> 2. Se mantendrá la prohibición de instalar, almacenar o introducir armas nucleares en territorio español.
> 3. Se procederá a la reducción progresiva de la presencia militar de Estados Unidos en España.
>
> ¿Considera conveniente para España permanecer en la Alianza Atlántica en los términos acordados por el Gobierno de la nación?

La oposición comunista y la conservadora rechazan la fórmula por ser poco clara, plebiscitaria y fraudulenta.[28] Empieza la campaña. Hay diez semanas por delante. Nadie tiene certezas sobre lo que votará el pueblo español. Solo el PSOE —y el Gobierno— está defendiendo el sí. Felipe se la está jugando.

Tres días después de anunciar el referéndum, el ministro de Defensa llama a Manglano para hacerle un encargo: «El PG quiere que investiguemos a fondo las fuentes de financiación de la campaña anti-OTAN». Para ello, el ministro ofrece al jefe del espionaje un hilo del que tirar, que Manglano anota en su agenda. La fuente es la Policía, que ha informado a Felipe González sobre un coronel del Ejército «que ha estado en París y en Libia»: «Aquí ha visitado al coronel Gadafi, de quien ha obtenido 400 millones (de pesetas) para la campaña de financiación anti-OTAN». Los intereses por una España no alineada son fuertes fuera de las fronteras españolas.

El 6 de marzo, a seis días de la votación, Manglano decide actuar.

---

28. *El País*, 1 de febrero de 1986. Portada: «El Gobierno somete a votación el 12 de marzo su decisión de permanecer en la OTAN».

Anota en su agenda: «Pido audiencia con el rey para decirle: ante la situación planteada por las encuestas del referéndum OTAN parece conveniente que el rey realice alguna acción acerca de Alianza Popular (Fraga) y Jordi Pujol (CiU). Se trata de que moderen su presión para pedir la abstención, con lo que se conseguiría un flujo de votos hacia el sí». Al día siguiente Sabino transmite a Manglano que el rey llamará a Carlos Robles Piquer, dirigente de AP, diplomático y ministro en los años 60, y que hablará con Jordi Pujol en Barcelona el día 11.

El día 10, a 48 horas de la votación, Manglano escribe una carta a Sabino, con quien ya en febrero había debatido sobre el papel de los reyes: «Le pido que el rey debe votar cuanto antes (por la mañana) para que se sepa que lo hace y ejercer un estímulo sobre los indecisos. La reina puede hacerlo cuando llegue (regresa de la India)». La respuesta del jefe de la Casa del Rey llega ese mismo día: «Me dice Sabino por carta que no puede hacerse así, (que votarán juntos) cuando llegue la reina, pero que ya ha dicho a agencias y a medios de comunicación que van a votar».

Víspera del referéndum. Manglano se reúne con el ministro de Defensa. El resultado es una incógnita, y el presidente del Gobierno se ha implicado hasta el punto de anunciar su dimisión si no gana el sí a la permanencia. Narcís Serra desvela al jefe de la inteligencia cuáles son los escenarios:

—Si sale el no: denuncia del Tratado de Washington en el Congreso y, dentro de quince días, anuncio de elecciones para junio.

—Si sale sí: elecciones en octubre.

Al día siguiente, el 59,55 por ciento de los españoles acuden a las urnas. El sí se impone con un 52,53 por ciento de los votos, frente al 39,84 de los partidarios del no. El Gobierno ha ganado el referéndum, aunque en Cataluña, País Vasco, Navarra y Canarias el rechazo ha sido mayoritario. La prensa centra los titulares en el presidente del Gobierno. «Victoria pírrica de Felipe González, que perdió un millón de votos y sufrió una gran erosión personal», titula *ABC*. *El País* apuesta por recoger las intenciones del presidente del Gobierno: «Tras la victoria del sí en el referéndum, Felipe González promete trabajar por la paz».

En marzo de 1986 España está integrada en la CEE y en la OTAN, y el Gobierno afronta la siguiente parada: elecciones generales. El jefe de los espías es el primer interesado en que prosperen las relaciones internacionales de la nación. Él contribuye a que así sea, y al mismo tiempo se beneficia a la hora de extender las redes del espionaje a través de los nuevos socios. Es un *win-win*.

La oposición al felipismo

En junio de 1986 México acoge la fase final del Mundial de Fútbol. Tres días antes de las elecciones generales, la noche del día 19, España disputa los octavos de final contra Dinamarca, que llega al encuentro con tres victorias, cero derrotas, nueve goles a favor y solo uno en contra. Es la favorita. Sin embargo, los daneses se topan con Emilio Butragueño, joven delantero madrileño que marca cuatro goles y provoca un penalti. Resultado final: 5-1. Los españoles salen a la calle al grito de «Oa, oa, oa, el Buitre a la Moncloa». A pesar del júbilo nacional, el partido propicia una polémica política cuando España marca su primer gol. En el momento de la celebración, cuando la pantalla muestra al goleador, TVE no rotula «Butragueño», sino «PSOE». A pesar de la petición expresa de disculpas de la presentadora de informativos Rosa María Mateo —que tres décadas después será nombrada presidenta provisional de RTVE con otro Gobierno socialista—, irrumpen las acusaciones de manipulación informativa y las quejas, más que razonables, de la oposición.

Polémicas aparte, la victoria del sí en el referéndum de la OTAN tres meses antes y el ingreso en la Comunidad Económica Europea habían supuesto un aldabonazo importante para Felipe González, que decidió aprovechar el viento a favor y adelantar cinco meses las elecciones. El resultado no es el de 1982, pero el PSOE mantiene la mayoría absoluta (184 escaños, 18 menos), muy por encima de la Coalición Popular de Manuel Fraga, que se estanca en los 105 (menos 2) a pesar de estar integrada por Alianza Popular, el Partido Demócrata Popular (PDP) y el Partido Liberal. Este resultado consolida la teoría de que el político gallego ha tocado techo electoral y amenaza seriamente su continuidad al frente de la coalición y de su propio partido.

Unos meses después, el 10 de octubre, Emilio Alonso Manglano, que ha sido ratificado en el cargo, acude a la Zarzuela. El rey le dice que la relación con el presidente del Gobierno va «bien», y también con los ministros de Asuntos Exteriores, Francisco Fernández Ordóñez, de Interior, José Barrionuevo, y de Defensa, Narcís Serra. «El PG le cuenta todo».

Don Juan Carlos y Manglano también hablan de la oposición. El monarca desvela que el presidente del Gobierno «está preocupado por Fraga» y se pregunta «qué se puede hacer». «Que haga un congreso, pero que antes no se vaya», anota Manglano en su agenda: «Ni Suárez, ni Miguel Herrero ni Osorio sirven», añade pensando en los posibles sustitutos. La cuestión no es baladí, pues la calidad de una democracia también se mide por la calidad de su oposición. ¿Quién está capacitado para liderar la alternativa?

El expresidente Suárez se resiste a abandonar la política, pero su presencia y la de su partido fragmentan el arco parlamentario. El Centro Democrático y Social ha conseguido 19 escaños. Esta es la conversación en la que el rey desvela a Manglano que le ofreció —y luego le dio— un millón de dólares a Suárez para que no volviera a la política. El rey critica la actitud del expresidente del Gobierno: «A. S. dice mentiras y desborda al PSOE por la izquierda». Saber abandonar la política a tiempo es una virtud poco habitual.

Transcurridos unos meses, Manuel Fraga dimite y Alianza Popular organiza un congreso para elegir sucesor. Antonio Hernández Mancha se impone con solvencia a Miguel Herrero e inicia un camino tortuoso: hacer oposición a un presidente que cuenta con mayoría absoluta sin tener acta de diputado. Tal vez por ello, y con la intención de confrontarse directamente con el presidente, el nuevo dirigente popular plantea una moción de censura a González. A ojos de la opinión pública, no solo no le sale bien (solo le votaron los 67 diputados de AP), sino que ni siquiera gana el debate al vicepresidente, Alfonso Guerra. Es marzo de 1987.

Unos meses después, el 26 de octubre, el rey desvela a Manglano una confesión que el nuevo líder de la oposición le hace al presidente del Gobierno:

—¡Para que la derecha se consolide hace falta una confrontación izquierda-derecha!

Lo cierto es que a mediados de los 80 parece imposible que alguien arrebate el poder a Felipe González. Casi tanto como el deseo que subyace a ese comentario: un bipartidismo fuerte. Para eso, para que la derecha consiga ahormar una alternativa sólida aún falta mucho tiempo y aún deben suceder muchas cosas. De la inmensa mayoría de ellas será testigo, directo o indirecto, en persona o por confidente, Emilio Alonso Manglano.

La guerra Irak-Irán y el terrorismo internacional

En Mesopotamia, cuna de la civilización, antes de desembocar en el golfo Pérsico, los ríos Tigris y Éufrates confluyen durante doscientos kilómetros formando un tercer río denominado Shatt al Arab. En septiembre de 1980 el nuevo presidente de Irak, Sadam Hussein, decidió atacar militarmente a su vecino del este para invadir ese territorio estratégico. Irán no dudó en responder con contundencia. Aquella operación no solo desencadenó un conflicto de casi una década entre los dos países, sino entre dos formas de entender el mundo y la política dentro de los Estados árabes: de un lado, el régimen laico baazista de Irak; de otro, la República Islámica de Irán, liderada por el ayatolá Jomeini desde que derrocó al sha Mohamed Reza Pahlavi en febrero de 1979. En esos años la conflagración se bautizó como la guerra del Golfo, aunque el tiempo acabará otorgando esa denominación a otros conflictos posteriores. Este se prolongará hasta 1988 y será uno de los puntos más calientes del conflicto de Oriente Próximo en esa década. La guerra contó con la complacencia internacional y nunca fue condenada por la ONU, a pesar de los intentos del ayatolá.

Los cambios en el poder en Irán e Irak en 1979 tuvieron repercusiones en el tablero internacional: con Sadam Hussein, Irak abandonó sus posiciones prosoviéticas y abrió el camino a convertirse en un peón estratégico para Occidente; con el ayatolá Jomeini, Irán dejó de ser el gendarme de Estados Unidos, necesitado de un nuevo socio árabe en la región.[29] Igualmente, a la URSS le interesaba un Irak fuerte, y a Israel un Irán débil. ¿Y los países árabes? La Siria de Hafez al Asad y la Libia de Muamar el Gadafi son los únicos que se han pronunciado a favor de Irán.

En un futuro no muy lejano, el jefe de la inteligencia española está llamado a desempeñar un papel relevante en los conflictos vinculados al golfo Pérsico. El trabajo realizado en sus primeros cinco años al frente del CESID propicia que en 1986 disponga de una incipiente red de informadores. Suficiente como para elaborar una «panorámica general» de Oriente Próximo.

El 19 de agosto estrena un nuevo cuaderno, este de color azul y marca Centauro Oficina, en el que vuelca sus reflexiones. Manglano

---

29. Gema Martín Muñoz, *El fracaso de Occidente. 1920-2003.*

elabora un esquema de situación en el que va introduciendo elementos de profundidad propios de una crisis compleja, con multitud de actores y diversidad de intereses. El punto de partida es que Israel «ha iniciado un proceso político» que repercute en todo el tablero. Manglano escribe cuatro reflexiones claves:

En primer lugar, los países árabes moderados. Respecto a Egipto, resalta las medidas en dirección a la paz. En cuanto a Jordania, apunta la «necesidad de formalizar el respaldo palestino que no sea la OLP», y a continuación señala que el rey Hussein busca «no enfadar a los países árabes» (Siria y Arabia Saudí); y en relación a Siria y a la OLP, introduce otro factor a tener en cuenta: el apoyo de la URSS.

En segundo lugar, los países árabes beligerantes, y en concreto «el problema de Siria». «Qué busca Siria», se pregunta Manglano: equiparación de fuerzas no para destruir sino para imponer su punto de vista en el conflicto. Manglano anota que ha hecho acopio de material militar e insiste en la «ayuda» soviética: «Suministro de material». También recoge que esos dos países tienen una «divergencia»: «cómo tratar a Arafat». Y más claves: «Otro cliente de la URSS: Gadafi».

El tercer aspecto es la guerra del Golfo. Manglano recoge la evaluación que hacen los estadounidenses: «Peligro real para Irak si se produce la gran ofensiva de Irán que se anuncia: considera más superior a Irán y más importante a Irak». Escribe que los objetivos de la guerra son «económicos e infraestructurales» y apunta otra clave: la ofensiva del ayatolá Jomeini busca «exportar la revolución», lo cual puede tener un efecto en el Líbano, donde los chiítas pueden apoyar los objetivos de Irán.

Por último, Manglano aborda las situaciones internas de los países árabes. Se trata de países autocráticos en los que la oposición es clandestina y necesita de apoyos extranjeros. Todo ello, concluye, impulsa los actos de terrorismo.

Es decir, llega a la conclusión de que al contexto general de conflicto en Oriente Próximo entre Israel y los países árabes, y a la guerra entre Irán e Irak hay que sumar las propias tensiones entre las distintas corrientes religiosas en estos países (chiíes y suníes), la inestabilidad social y económica en algunos de ellos, los abusos de los regímenes autocráticos y los intereses de las potencias internacionales: Estados Unidos y la Unión Soviética, y también Francia. Entre esa amalgama surge el terrorismo internacional, que tiene distintas motivaciones y objetivos, según anota el jefe del espionaje español:

- El terrorismo palestino: su principal objetivo es Israel, pero no es el único. Hay otros objetivos del terror, más allá del conflicto israelí: Francia.
- Libia: terrorismo de Estado. El terrorismo libio, primero entre la oposición en el exterior. El más espectacular, no el más peligroso. Más peligroso el de Irán (chiítas en el Golfo).
- Terror contra Francia: puede ser un proyecto de Irán para forzar la política de Francia en el conflicto del Golfo.
- Siria: Terrorismo de Estado / Asad. Lo hace en forma más hermética. Objetivos: contra Israel, más eficaz. Los intereses de Siria (y los de Libia e Irán) y a veces los de la URSS.

Como ha escrito al comienzo de sus notas, el punto de partida en Oriente Próximo es que Israel «ha iniciado» un proceso político que afronta una serie de «obstáculos»: el radicalismo de los países árabes y, en el caso de Siria, el terrorismo de Estado acompañado de un «fortalecimiento militar importante». En este contexto, se atreve a hacer un vaticinio que tal vez tenga que ver con las posiciones internacionales en el futuro: si el conflicto del Golfo entre Irán e Irak «se mantiene en empate, el proceso (israelí) continuará». En cambio, una victoria de Irán «influirá negativamente en el proceso».

¿Y qué piensa de todo esto Israel? Hace pocos meses, el 16 de enero de 1986, España había reconocido oficialmente al Estado de Israel, con quien ha abierto relaciones diplomáticas plenas. Una decisión histórica que obligaba a España a incrementar sus lazos con los países árabes.

De vuelta a agosto y a las notas de Manglano, para el país israelita lo mejor es que se mantenga la guerra entre Irán e Irak. Si, por el contrario, el enfrentamiento llega a su fin, su deseo es «que no haya vencedores ni vencidos». Aun así, Manglano vuelve a hacer una proyección:

a) Un triunfo iraní: lo peor para todos. El triunfo del fanatismo. La exportación del jomeinismo en el sur del Líbano. Los demás países son conscientes de los riesgos de este éxito (Saudí).
b) Un triunfo iraquí: poco probable.

No cabe duda de que disponer de buena información sobre el conflicto de Oriente Próximo es trascendental para influir en el panorama internacional. Pero también hay un debate ético que abordar. En este sentido, el 24 de noviembre se produce una reunión importante en el despacho del ministro de Defensa, Narcís Serra, al que asiste la plana mayor del Ministerio: «Asunto: comercio de armas con Irán, Irak, etcétera. Preparar una solución al problema que se plantea».

Unos meses después, Manglano se reúne con un confidente importante para abordar el asunto del terrorismo árabe. Es una tarde de domingo. Se trata de intercambiar información que permita desmantelar ataques terroristas.

—Al Fatah —informa el interlocutor— ha comprado en Europa barcos muy rápidos para atacar Israel desde el mar. Uno de estos barcos ha llegado a Argelia el 12 de septiembre (navío libanés). Un marinero español, incluido en el pasaje de este barco rápido, fue arrestado por autoridades argelinas y liberado por el cónsul español en Argelia.

La amenaza y los tentáculos de estos grupos, afectan a España, por distintos motivos. El interlocutor ofrece información, pero también busca respuestas. «Quiere saber el nombre del marinero, así como dónde y cómo han comprado este navío y sus intenciones».

El siguiente aspecto que abordan tiene que ver con el reclutamiento de otros miembros de Al Fatah en España y en Europa. Y un aspecto relevante: la existencia de un vínculo con la banda terrorista ETA. «Fatah-ETA», anota Manglano. El confidente ofrece información sobre terceros países: Siria, Egipto, Libia y Líbano.

Entre las notas de Manglano sobre terrorismo internacional en su cuaderno azul Centauro, aparece reiteradamente un nombre: Abu Nidal. «Trabaja por encargo de Siria y de Libia (está al servicio de los intereses de estos países).» Es, probablemente, el terrorista más temido del mundo.

Terremotos, aviones, trenes y carreteras

Los reyes tenían previsto viajar a los estados de habla hispana de Estados Unidos en 1981, pero la dimisión de Adolfo Suárez y el posterior golpe de Estado del 23-F enterró la idea… hasta 1987. A finales de septiembre, don Juan Carlos y doña Sofía retoman esa vieja intención con dos objetivos muy claros: el reencuentro con las raíces españolas de Norteamérica en Texas, Nuevo México y California, y la exhibición al mundo de la España democrática y moderna que se acaba de incorporar a la OTAN y a la Comunidad Económica Europea.[30] Además de la entrevista con Ronald Reagan en Washington y la visita a Nueva York, los monarcas recorren San Antonio, Houston, Alburquerque, Santa Fe, Los Ángeles, San Francisco, Carmel y Monterrey. El viaje, que dura diez días y está previsto que concluya a mediodía del 4 de octubre, no está exento de polémica y de incidentes.

La agenda política de este viaje no es competencia del CESID, pero hay dos cuestiones sobre las que Emilio Alonso Manglano debe preocuparse y una curiosidad que el rey le desvelará transcurridas unas semanas. El primer asunto tiene que ver con el avión utilizado para el viaje, un viejo DC-8 de las Fuerzas Armadas. Tras despegar de San Francisco ese 4 de octubre, el vuelo tiene previsto hacer escala en Washington y continuar hasta Madrid. Sin embargo, en la inspección rutinaria en el aeropuerto de la capital de Estados Unidos se detecta una fuga de aceite en uno de los motores, lo que impide el despegue y obliga a los reyes —y a toda su comitiva de 24 personas— a pernoctar en suelo americano.[31]

En su agenda de 1987, el 5 de octubre Manglano desvela un incidente: «La avería del DC-8 hace que se reconsidere este asunto. Mejor sería volar en IB [Iberia]». La imagen de la España moderna que quiere transmitir el rey contrasta con el avión utilizado: con veintiún años de antigüedad y de segunda mano, supera los niveles máximos de ruido autorizados por la Agencia Federal de Aviación de Estados Unidos y está a punto de ser rechazado por el aeropuerto de San Francisco. Hay que considerarlo en serio porque ese modelo de avión lo usan el rey y el presidente del Gobierno.

La segunda cuestión que incumbe a Manglano tiene que ver con unos supuestos roces entre la Zarzuela y la Moncloa a cuenta de las motivaciones de este viaje. «¿Cuál es la finalidad?», recogen sus notas, y no es una pregunta baladí. Al aterrizar en España, el rey es recibido por el presidente del Gobierno, con quien despacha durante un cuarto de hora. El ministro de Asuntos Exteriores, Francisco Fernández Ordóñez, que ha acompañado a don Juan Carlos durante todo el periplo, es tajante ante las preguntas de la prensa:

—Este es el duodécimo viaje que hago con el rey, y es de los que

30. https://elpais.com/diario/1987/10/05/espana/560386806_850215.html
31. https://elpais.com/diario/1987/10/06/espana/560473201_850215.html

estoy más cansado. El Gobierno ha hecho todo lo que ha podido, como es natural, porque nos interesa por el prestigio de España y por la figura del rey, como es natural.

Transcurridas tres semanas, el 26 de octubre, Emilio Alonso Manglano acude a una audiencia con el rey en la Zarzuela. El encuentro se desarrolla entre las 13:20 y las 14:45 horas. Ambos abordan el tema de los aviones, y Manglano le da su opinión:

—No fuerce la compra de otros aviones.

Además de la avería de la aeronave, hubo otro incidente reseñable durante su visita a Los Ángeles. El rey le reconoce a Manglano que «pasó miedo». El motivo es que estando los reyes en su habitación del hotel Century Plaza, en el piso 30, se produjo un terremoto de 6,1 en la escala Richter. «22 segundos», le dice el rey a Manglano. No es para menos: una docena de fuertes temblores ha removido la ciudad costera, con al menos seis muertos y centenares de heridos.

Don Juan Carlos también le revela a Manglano algunas conversaciones que ha mantenido en Estados Unidos. «Empresarios americanos le dicen que debe proporcionar inversiones en España para desarrollar tecnología punta», anota Manglano. Y el rey añade:

—España está en su mejor momento.

El dinero estadounidense considera España como un buen destino para sus inversiones. Un país con cuarenta millones de habitantes y con casi todo por hacer; la estabilidad política es la antesala del crecimiento económico. Don Juan Carlos explica a Manglano que «hay que hacer grandes proyectos» de infraestructuras, y pone ejemplos: carreteras, trenes, etcétera.

—Proyectos de quince años en adelante —añade.

Eso sí, don Juan Carlos aclara a Manglano: no quiere que esta cuestión dependa solo de él. El Gobierno debe implicarse.

Tal vez casualidad, tal vez no, lo cierto es que el viaje de los reyes a Estados Unidos parece premonitorio. Como si el destino quisiera indicar el camino, el periplo está lleno de mensajes: terremotos en un piso 30, averías en pleno vuelo y empresarios que sugieren la idea de invertir en infraestructuras, inversiones y tecnología punta. El futuro para un país que, como el rey fue a explicar a los estadounidenses, es moderno y está abierto al mundo. ¿Qué puede fallar?

Franceses y británicos vuelven a mirar a España

El otoño de 1987 es temporada alta para la inteligencia española, y el crecimiento del CESID no pasa inadvertido a los vecinos europeos. Desde Francia se observa con atención la labor del director del espionaje español, hasta el punto de que el jefe de la Dirección de la Vigilancia del Territorio (DST, por su sigla en francés), Bernard Gérard, decide viajar a Madrid para celebrar sesiones de trabajo con Manglano. Estos encuentros comienzan el jueves 24 de septiembre de 1987. En la primera jornada de trabajo, el líder de la inteligencia española le explica a su homólogo francés qué es el CESID. Después abordan el terrorismo de grupos árabes, el islamismo y la coyuntura política que atraviesa la URSS, que preocupa mucho en el panorama internacional.

El intercambio de información se desarrolla a lo largo de la tarde y de la mañana del viernes, y concluye con una comida en el restaurante Jockey. El director de la DST le hace una petición a Manglano, que este recoge en sus notas: «Me pide que acojamos a un tunecino en España». Se trata de una persona con vínculos en Hezbolá, aunque las notas no desvelan el nombre. A continuación, un cumplido:

—He descubierto al CESID como servicio de inteligencia —afirma Gérard, que informa a su homólogo que transmitirá esta conclusión a su ministro de Defensa.

Más de seis años le ha costado a Manglano conseguir el beneplácito del vecino del norte. Establecidas las relaciones con la inteligencia francesa, unas semanas después, el 3 de noviembre, Manglano recibe a otro servicio europeo. En este caso, la reunión es con sir Derek Boorman, director del Defense Intelligence Staff (DIS). «Es un hombre inteligente y agradable», valora Manglano. El DIS es una organización que se dedica a la inteligencia militar y que, a diferencia de otros servicios británicos, como el MI5 o el MI6, depende jerárquica y presupuestariamente del Ministerio de Defensa. «Este servicio —anota Manglano— pertenece al comité de inteligencia, del que el jefe del DIS es el segundo.»

La jornada de trabajo se desarrolla en la sala de juntas del Centro, donde Manglano y Boorman asisten a una serie de exposiciones sobre distintos temas candentes de interés común: la política interior de la URSS, el conflicto de Oriente Próximo, la guerra Irán-Irak, el conflicto en Centroamérica, la situación en Argentina y el control de armas.

Al igual que en el encuentro con el homólogo francés, Boorman también le hace una petición expresa a Manglano: «Quiere que apoyemos a los americanos en Oriente Próximo». Incluso le habla del despliegue de una flota española en el Golfo.

La situación en la Unión Soviética preocupa mucho a los países occidentales. En este sentido, Boorman traslada a Manglano su pesimismo sobre la figura de Gorbachov, que finalmente se impuso a Viktor Grishin en la disputa por suceder a Chernenko. El plan de reformas anunciado por el nuevo líder soviético es tan ambicioso como complejo. Un mundo dividido en dos observa atento el desenlace. El encuentro con Boorman concluye con una cena en La Dorada, uno de los restaurantes favoritos de Manglano. «La mujer —apunta— es muy agradable.»

La posición geoestratégica de España propicia que las diferencias entre los vecinos del norte y los vecinos del sur sea sustancial. El desarrollo y la estabilidad de Francia y el Reino Unido, del club europeo en su conjunto, dista mucho de la realidad de Marruecos, Argelia o Túnez. Allí las preocupaciones son otras, y el papel de España, también creciente.

El 5 de octubre Manglano celebra una entrevista con el director de un servicio secreto. Este le suministra información relevante sobre Túnez, que vive una temporada revuelta. Solo tres días antes, Habib Burguiba, primer presidente de la República tunecina, que lleva treinta años en el cargo y arrastra problemas serios de salud desde hace tiempo, ha nombrado a un nuevo primer ministro: Ben Alí. Pero esa decisión no calma las turbulencias políticas. En este sentido, el interlocutor de Manglano le asegura que «ha apoyado a Ben Alí» porque «es el hombre de la Transición». Solo un mes después, Alí será el protagonista de un golpe de Estado incruento gracias a la inhabilitación médica de Burguiba. Túnez comenzará una nueva etapa política no exenta de riesgos.

El interlocutor de Manglano también le ofrece interesantes revelaciones sobre Argelia: «El director del servicio argelino le ha dicho que le interesa la estabilidad de Argelia por el gaseoducto que pasa por Túnez y que es la primera fuente de riqueza de Argelia —Y añade una información sensible—: Estaban dispuestos a invadir Túnez».

Asimismo, le asegura que «han apoyado técnicamente a los marroquíes», que «han formado a diez hombres del servicio argelino»; además, ha visitado Estados Unidos y la CIA está preocupada por la situación en el Golfo. También le advierte sobre «el problema de las minas en el Mediterráneo» (Mossad) y valora que el futuro es «el terrorismo iraní». «Hemos perdido la mejor fuente occidental en Irán. A causa de un programa de TV contra Jomeini expulsaron a los miembros de la antena de Sixto en Irán.»

Finalmente le da otra pista en clave interna: «Información peligrosa sobre Albert Raes», el director del servicio belga, la llave del Club de Berna. «Chantaje», anota Manglano, en referencia a que su colega belga puede estar siendo víctima de una extorsión.

Después de semejante caudal de información, y a modo de conclusión: «Hay que visitar Argelia, Libia y poner una estación en Irán».

Ese otoño el director del CESID celebra otro encuentro con una delegación del servicio de Arabia Saudí, representada por el príncipe Turki y otro directivo. Abordan el terrorismo de Estado en Irán, Siria y Libia, así como el de los grupos árabes, y las relaciones entre Oriente y Occidente. Sin embargo, hay una cuestión que aparece por primera vez en las agendas de Manglano: «Análisis de las perspectivas de la Conferencia Internacional de Oriente Próximo». España se está posicionando para organizar una cumbre sobre la paz, acto de alcance internacional que sería un hito para nuestra imagen exterior.

Y por encima de esta intensa actividad profesional hay un hecho que marca la vida privada de Manglano. Hombre sobrio, militar de formación, poco dado a la expresión pública de los afectos, sí dedica un espacio en sus agendas —el 3 de octubre— para una preocupación personal: «A Luis Alonso M. le han diagnosticado metástasis en la columna». Aunque lo llame por su nombre, es su hermano mayor. Y el día 5: «Pido información a Washington para saber lo relativo a Houston». Emilio va a hacer todo lo posible por ayudar a su hermano.

Guerra entre servicios

Para el jefe de un servicio de inteligencia los domingos nunca lo son del todo. Nada está al margen de una llamada urgente, pues un Estado es demasiado grande como para que su protector goce del hábito del asueto. Tal vez por eso, o tal vez por su personalidad, o quizás por su formación militar, en el ámbito familiar Manglano es una persona organizada, hasta el extremo de ser rígido con una rutina necesaria para quien goza de poco tiempo para sí mismo.

Manglano se casó tarde. Lo haría con una joven estadounidense, Susan Lord, con la que contrajo matrimonio en 1974. Se habían conocido nueve años antes, cuando ella, la menor de tres hijas de un pastor episcopaliano, criada en el seno de una familia conservadora, cursaba el último año de Periodismo en España. Susan había sido invitada a la fiesta de despedida del agregado militar de la embajada de Estados Unidos. Durante el cóctel se le rompió el tacón del zapato, y un hombre mayor que ella y muy atento la ayudó. Era Manglano, que entonces tenía treinta y nueve años frente a los veintiuno de la joven estudiante americana, lo que no fue óbice para que salieran juntos al día siguiente.

Esa misma semana Susan regresaba a Estados Unidos, pues ya había terminado el curso universitario, pero Manglano le pidió que regresara un mes después para pasar «los diez mejores días de mi vida». Dijo a sus padres que debía regresar a Madrid para mejorar su español, y así comenzó la historia de amor entre ambos. Susan encontró trabajo, primero en el consulado británico y después en la base militar estadounidense de Torrejón como secretaria. Transcurridos esos nueve años de noviazgo, la pareja se casó en una ceremonia doble, católica y episcopal, esta oficiada por el padre de Susan.

Ya como director del CESID, la nacionalidad de Susan ayudó a Emilio Alonso Manglano a estrechar lazos internacionales. Él hablaba francés, el idioma que entonces se estudiaba en España, por lo que ella, que además era muy culta, fue un gran complemento en viajes internacionales, tanto por Europa como lógicamente por Estados Unidos. Poder comunicarse con colegas extranjeros en actos sociales —tan importantes en el terreno de los servicios de inteligencia— fue una gran ayuda por parte de su esposa. Susan procuró que los dos hijos de la pareja, Santiago y Cristina, no solo fueran bilingües sino que su educación se cimentara tanto en la cultura española como en la estadounidense.

Aquella decisión marcó su vida, y también la infancia de sus hijos: demasiado pequeños para comprender, suficientemente mayores para sentir. Muchos hijos tienen un padre mayor; y también muchos, aunque no tantos, tienen un padre militar. Pero muy pocos niños en el mundo tienen a un padre que dirige el servicio de inteligencia de un país occidental: siempre disponible, cualquier día, a cualquier hora, en cualquier lugar.

El domingo 17 de enero de 1988 suena el teléfono en casa de los Manglano, en la calle Domenico Scarlatti de Madrid, muy cerca de la plaza de Cristo Rey y la Ciudad Universitaria. Le llama el jefe de prensa del Ministerio de Defensa, al que se refiere como el Drisde, acrónimo de Dirección de Relaciones Informativas y Sociales de la Defensa:

—*El País* publica mañana un artículo sobre la escucha que ha hecho el CESID en el domicilio de Rafael Pastor.

Rafael Pastor Ridruejo es el director general de Asuntos Consulares en el Ministerio de Asuntos Exteriores. Todo apunta a que un redactor del diario del Grupo Prisa ha realizado la preceptiva llamada que los buenos periodistas hacen en la víspera de publicar una historia ya amarrada. Busca la reacción de los aludidos, lo que, inexorablemente, los pone en guardia.

—Eso es una difamación intolerable —responde Manglano.

Y llama a Luis Reverter, un histórico del PSC, para estudiar el golpe y qué pueden hacer: «Me dice que dependerá del realce que le dé el periódico. Renuncia a hablar con Juan Luis Cebrián».

Efectivamente, la noticia se publica ese lunes. Manglano lo documenta como si no hubiera anotado nada la víspera, al tiempo que añade el trasfondo:

«Aparece en el diario *El País* un artículo en el que se acusa al Centro de espiar a Pastor Ridruejo. Filtración de la Policía. También acusan que el Centro está descontrolado. Campaña evidente contra mí y contra el Centro».

Trata el asunto con Narcís Serra, con quien acuerda que pedirá al propio Ridruejo que lo desmienta. Rafael Vera, jefe de la Seguridad del Estado, lo hace y «dice que la filtración procede de Exteriores». No es verdad. La filtración es policial y evidencia el enfrentamiento, la tensión con los servicios de inteligencia, que se ha traducido en un «escándalo fuerte» al saltar a la opinión pública. El ministro de Defensa llama varias veces ese mismo lunes a Manglano, mientras Interior prepara y emite un comunicado. Serra está muy enfadado: «Cree que hemos de preparar un papel sobre el problema de la Policía-CESID». Hay que encontrar una solución a lo que Manglano califica sin paliativos como una «guerra de servicios».

Al día siguiente ve cómo «los periódicos empiezan a tomar partido»: «*El País* sigue insistiendo. Publica un editorial en el que da por hecho que el espionaje ha sido nuestro». El director del Centro[32] recibe llamadas de apoyo como la del exministro Alberto Oliart, y se hace algunas preguntas: «¿De dónde nace esta campaña? ¿Pretenden desacre-

---

32. Manglano siempre se refirió al CESID como el Centro, nunca como la Casa, en aquellos años no se utilizaba ese término internamente.

ditarme?». Mientras almuerza en el CESID con algunos colaboradores, preparan un «esquema de trabajo: CESID-Policía» y estudian cómo moverse mejor de cara a la opinión pública: «Imagen del Centro: hay que cambiar de táctica. ¿Relaciones con la prensa y campaña de imagen?».

El diario de Cebrián no suelta la presa. El miércoles «sigue la campaña», en palabras de Manglano: «*El País* publica un artículo en el que nos acusa al CESID de controlar las empresas que trabajan con Defensa».

El diario progubernamental está atacando al CESID —motivado por otro órgano del Gobierno, Interior— y el conservador *ABC* «publica un editorial laudatorio». Manglano está preocupado, pues el medio de comunicación de cabecera del felipismo, con su enorme influencia, lo está acusando de espiar a un alto cargo del Ministerio de Asuntos Exteriores. Narcís Serra lo intenta tranquilizar al teléfono:

—Emilio, tienes todo mi apoyo. Hablaré con Polanco y con Cebrián dentro de unos días.

También Reverter:

—El ministro, Gustavo y yo tenemos absoluta confianza en ti. Tienes nuestra amistad y nuestro apoyo. Y también el del presidente del Gobierno.

Gustavo Suárez Pertierra era en ese momento subsecretario de Estado de Defensa.

Ya por la noche, Serra vuelve a llamarlo y le hace una broma, para rebajar la tensión:

—Emilio, ¿quieres ser secretario de Estado de Defensa?

Ambos se ríen. A última hora, un periodista apellidado Míguez ofrece publicar un artículo en *La Vanguardia*, mientras le chivan que Miguel Ángel Liso «escribirá uno el sábado» titulado «Guerra entre servicios». Antes, el jueves, *ABC* publica un artículo de «F. Rodrigo» que no gusta a Manglano, porque «parece que se lo ha dictado Vera», lo que evidencia la guerra con Interior.

El jefe del CESID está muy pendiente de la prensa: «Me anuncian que *Cambio 16* va a publicar un artículo muy agresivo contra el CESID y contra mí. El CESID es un reducto franquista. Yo soy un general golpista y mi mujer dirige una multinacional». Le insisten en que «M. A. Liso envía un cuestionario muy fuerte sobre una serie de asuntos». Entre ellos, «cuántas veces despacho con el PG». A continuación, «se envía al Drisde un trabajo que servirá para un artículo que publicará *ABC*».

Finalmente, llega el domingo y el tan esperado reportaje de *Diario 16* titulado «Guerra entre servicios». Para Manglano, es «menos agresivo de lo que parece» y «se ven en él las filtraciones de la Policía». En cuanto al artículo de *ABC*, «prácticamente está tomado de las notas entregadas al Drisde». El citado de *La Vanguardia*, «también es positivo para el Centro», institución que sigue apareciendo sin cesar en los papeles. Tanto es así que el martes siguiente *Cambio 16* publica «un artículo contra el Centro con una portada en la que salgo rodeado de guardiaciviles». Lleva por titular «Los espías, un poder sin control». Para Manglano, «quizás por la portada, es lo más duro que se ha publicado».

El gabinete del presidente del Gobierno prepara un informe en el que se demuestra la gran influencia que tienen las fuentes policiales en los periodistas. Con unos movimientos han empapelado al CESID durante varios días. El informe «sobre la reciente campaña considera autores a la Policía y piden que se tomen medidas por los responsables (Colo y Vera)». Manglano se refiere, además de al jefe de la Seguridad del Estado, a su directo subordinado José María Rodríguez Colorado, director general de la Policía.[33]

El jefe del CESID anota cómo ven al servicio sus «compañeros» de la Policía: «Llegan a las mismas conclusiones: servicio militar, servicio descontrolado, medios excesivos, reductos franquistas». Manglano sigue muy preocupado por este asunto. El CESID termina la investigación y, al día siguiente, el jueves 28 de enero, Santo Tomás de Aquino, el militar despacha con Narcís Serrra. Le entrega la nota que han elaborado y algunos anexos: «Es clara la campaña de descrédito contra el Centro que arranca de la Policía (¿alguien más?)», anota. Ambos charlan sobre la situación de la Policía, la estructura de la inteligencia del Estado y de la actitud del presidente del Gobierno: «Respaldo al Centro». Manglano considera que Serra debe tratar este asunto directamente con Felipe González «y no con Barrionuevo», ministro del Interior y jefe de Vera. «No le cuento la dificultad de arreglar las cosas», reflexiona en su agenda. El servicio, su Centro del alma, ha sufrido durante los últimos días. El viernes 29 de enero, doce después del inicio de esta crisis, le suena el teléfono y es el rey. Don Juan Carlos le brinda calor:

—Emilio, tienes todo mi apoyo. He hablado con Felipe y ambos hemos quedado en que hay que apoyar al Centro.

---

33. Ambos, tanto Vera como el exalcalde socialista de Majadahonda (Madrid), serán condenados años después en el caso de los fondos reservados.

Langley, Berna, Oriente Próximo

El inicio del año 1989 es intenso para el Gobierno en el panorama internacional, pero va a ser muy nutritivo para el crecimiento del espionaje español. El 1 de enero España asume por primera vez la presidencia de la Comunidad Económica Europea, una responsabilidad que Felipe González ejercerá durante seis meses y que supone un nuevo paso hacia el reconocimiento internacional de nuestro país.

Solo diecinueve días después, al otro lado del Atlántico, George H. Bush jurará el cargo de presidente de Estados Unidos, en sustitución de Ronald Reagan. Dos meses antes, el 8 de noviembre de 1988, Bush había ganado las elecciones presidenciales consiguiendo un hito que no se había producido en el último medio siglo: que un presidente republicano que agota el segundo mandato sea sustituido por otro presidente republicano.

Pero antes de abandonar el cargo, Ronald Reagan toma una decisión que va a suponer la primera patata caliente para Felipe González como presidente europeo: el 4 de enero Estados Unidos derriba dos cazas libios en el mar Mediterráneo. La crisis entre ambos países tensiona el escenario internacional. La última decisión de Reagan es un zarpazo militar en aguas internacionales, pero muy cerca de las costas de Libia y de la frontera sur de Europa. El presidente Gadafi monta en cólera. Libia es ya el enemigo público número uno.

En España, el director del CESID crea una célula de crisis «para el seguimiento de la tensión USA-Libia», según él mismo anota en su recién estrenada agenda de 1989. Unos días después el ministro de Defensa informa a Manglano de que Gadafi quiere entrevistarse con González en su calidad de presidente de la CEE. Al parecer, el líder libio quiere evitar unas «supuestas maniobras de la flota de Estados Unidos en el Mediterráneo» entre el 14 y el 17 de enero. Serra le hace una petición a Manglano: «Saber si los americanos harán esas maniobras en la ciudad libia de Sirte». Él hace la gestión y traslada la información a su superior: «Contestan que no hay maniobras previstas».

El director del CESID ya mantiene una buena relación con la agencia de inteligencia estadounidense, pero la crisis libia es un buen momento para profundizar en la cooperación entre servicios. El 17 y 18 de abril visita la sede de la CIA en Langley (Virginia), y a lo largo del mes de mayo celebra distintas reuniones con ellos y con el FBI. Ya en julio, se empieza a concretar la cooperación con la entrega a un hombre de la

CIA «del informe del servicio cubano sobre la política de USA en relación con Cuba». También intercambian información sobre «la necesidad de trabajar los servicios en los temas de Oriente Próximo y Líbano» y comparten una reflexión sobre «el futuro de Europa».

La buena sintonía es manifiesta, y concluye con la visita el 2 de octubre del director de la CIA, William Webster. En este encuentro abordan muchas cuestiones internacionales que interesan a ambos países. Manglano toma buena nota en su agenda:

- Análisis situación de la URSS.
- Análisis de situación países del Este (Polonia y Hungría: actitud de Europa).
- Análisis situación control de armas.
- Análisis situación Centroamérica.

El director Webster quiere información sobre Cuba, Panamá, etcétera, y también está preocupado por el futuro de Europa. La Unión Soviética ha iniciado ya un proceso hacia su propia disolución. La pregunta es cuándo y cómo, pero lo que es seguro es que afectará a un escenario internacional cimentado sobre dos bloques opuestos, beligerantes y rivales. Dos formas de entender el mundo.

Sus buenas relaciones con la CIA no impiden que Manglano también establezca cauces con la Unión Soviética. Como es obvio, el servicio español ya ha preparado informes sobre la Perestroika, el ambicioso programa de reformas impulsado por Mijaíl Gorbachov. Y el 26 de octubre almuerza con el embajador soviético en Madrid. Al diplomático le preocupa una próxima visita de Gorbachov a España, prevista para los meses siguientes.

Además, transmite a Manglano las futuras necesidades de la Unión Soviética en tres aspectos: económico, cultural y científico. «Necesitan apoyos en construcción, turismo e industria textil —anota Manglano—. Quieren saber los obstáculos para esta actividad de los empresarios españoles: telefonía y calzado.» En el ámbito cultural, el embajador se refiere a música, ballet y literatura. El embajador está brindando una enorme oportunidad de negocio a los empresarios españoles, y por extensión a España.

El 25 de abril Manglano recibe una petición de un miembro del servicio italiano, el SISMI. Se trata de una consulta que tiene que ver con las Brigadas Rojas: hay dos terroristas italianos de esta organización en Argelia, y no existe tratado de extradición entre los dos países. «Argelia está dispuesta a sacarlos hacia Italia vía Madrid», explica el interlocutor del SISMI. Es decir, la detención se produciría en la capital española. Un mes después la prensa informa del caso, aunque el relato periodístico no coincide exactamente: «Las autoridades italianas han iniciado los trámites para solicitar la extradición de los miembros de las Brigadas Rojas Salvatore de Carlo y Guglielmo Prato, detenidos en Madrid el 22 de mayo».[34] Lo que no cuenta la crónica periodística es que la operación había sido orquestada por los servicios secretos, o eso al menos se desprende de las anotaciones de Manglano.

A lo largo de 1989, el jefe de la inteligencia española también profundiza en la relación con servicios centroamericanos. El 5 de mayo se reúne con el embajador de Cuba, que le invita a visitar la isla. El 26 de septiembre recibe al representante del servicio de inteligencia cubano: «Me entrega una carta del director y una caja de puros, y reitera la invitación para visitar Cuba». El único tema de la conversación del que Manglano toma nota es «el proceso de narcotráfico».

El miércoles 24 de mayo Isaac Shamir visita España. Es el primer viaje de un primer ministro israelí desde el restablecimiento de las relaciones diplomáticas un año antes y tiene como objetivo solicitar el apoyo de España, y de la Comunidad Europea, a su plan de paz. La gira de Shamir, que antes de Madrid ha hecho escala en Londres, coincide con la celebración en Casablanca de una conferencia entre los países árabes, con Hassan II como anfitrión.

Tras reunirse con el rey y con el presidente del Gobierno, Shamir celebra un encuentro discreto con Emilio Alonso Manglano en el hotel Ritz de Madrid. España, y en particular el rey, ya hace tiempo que mantiene unas magníficas relaciones con las dos partes en conflicto en Oriente Próximo. Manglano es directo y le ofrece «la posibilidad de ayudar en el acercamiento y proceso de mejora de la confianza entre palestinos e israelíes». El primer ministro le responde pidiéndole información sobre Casablanca.

En los últimos años se han producido movimientos interesantes en el flanco árabe: una Intifada incombustible, la declaración de indepen-

<hr>

34. *El País*, 6 de junio de 1989, «Italia reclama a dos miembros de las Brigadas Rojas detenidos en Madrid».

dencia de Palestina en Argel, las conversaciones entre la OLP y Estados Unidos y, muy importante, el reconocimiento implícito que Yasir Arafat hace del Estado de Israel.[35] Junto al nuevo discurso del líder palestino —renunciando al terrorismo— y a la escenificación de una reconciliación entre el presidente egipcio, Hosni Mubarak, y el líder libio, Gadafi, son mensajes que abren una puerta a la moderación.

Algo se está cociendo entre bambalinas en el conflicto de Oriente Próximo, y España quiere adquirir un papel protagonista. El 21 de junio Manglano almuerza con el embajador israelí en Madrid, que le transmite que su primer ministro se llevó una «gran impresión» del presidente González. Sobre la mesa queda, de nuevo, el ofrecimiento de España para realizar un papel de mediación entre los países árabes e Israel.

La pertenencia a la OTAN es otro elemento que incrementa la influencia de Manglano. El 25 de abril toma nota de su participación en una reunión reciente de la Alianza Atlántica. En ella vuelve a hablar con el director del servicio belga, Albert Raes, de la aceptación de España en el Club de Berna.

El 16, 17 y 18 de octubre se produce esa presencia largamente anhelada por Emilio Alonso Manglano: participa en Berlín en una reunión del Club de Berna, el grupo más selecto del espionaje europeo, una auténtica oportunidad para el intercambio de información. En la noche del 16 se reúne en una cena de gala con los representantes de los principales servicios: el Reino Unido, Francia, Bélgica, Dinamarca, Suiza, Holanda, República Federal Alemana, Italia y España. El 17 comienzan las reuniones de trabajo: terrorismo, espionaje. Es ese día cuando Albert Raes, decano de los espías europeos, dedica unas palabras al nuevo socio:

—Hay que hacer un monumento al general Manglano.

La jornada concluye con un concierto de la Orquesta Filarmónica de Berlín.

El CESID en la lucha contra ETA

—Los objetivos de ETA en el Partido Socialista son Múgica, Benegas y usted, ministro —le dice Manglano a José Luis Corcuera en presencia de

---

35. *Abc*, 25 de mayo de 1989, «La reconciliación de Mubarak y Gadafi pone fin a una cumbre de alta tensión».

Felipe González—. Bueno, por orden de facilidad son Benegas, Múgica y Corcuera.

Es 24 de noviembre de 1989. El director del Centro Superior de Información de la Defensa ha acudido a una reunión al más alto nivel en el palacio de la Moncloa. Asisten el presidente del Gobierno; el ministro de Defensa, Narcís Serra, y el titular de Interior, José Luis Corcuera. Manglano no anota los nombres de pila, por lo que no queda del todo claro si el objetivo etarra es el ministro de Justicia, Enrique Múgica, o su hermano Fernando, presidente del PSE. Seis años más tarde Fernando será asesinado por la banda terrorista en plena calle mediante un tiro en la nuca y en presencia de su hijo.

En la lucha antiterrorista el CESID se encarga principalmente de la búsqueda de información relevante. Pero no solo. En ocasiones, además de espiar toma la iniciativa, como en mayo de 1989, cuando Manglano anota en su agenda: «Buen trabajo de dos agentes preparando propaganda contra HB para elecciones europeas». La anotación, del día 26, es así de escueta. No hay más detalles, pero es lo suficientemente clara.

El 2 de julio de 1990 el CESID detecta un envío de armas a ETA. El origen es Holanda. Agentes del Centro se encargan del control. En esos momentos se están produciendo conversaciones con la banda terrorista en Santo Domingo. En la última han participado Rafael Vera y el etarra Antxon. Unos meses después, en noviembre, Narcís Serra informa a Manglano:

—Felipe le ha dicho a Corcuera que han existido cinco entrevistas con ETA en Santo Domingo.

Es curioso que sea el presidente quien informe al ministro, y no al revés. ¿Se ocupaba personalmente Felipe González de supervisar esos encuentros?

Las Fuerzas y Cuerpos de Seguridad llevan el peso principal de la lucha antiterrorista, pero no es una tarea ajena al CESID. Cuando Manglano se hizo cargo de los servicios de inteligencia, en 1981, recibió algunas órdenes concretas del ministro Oliart. Una de ellas tenía que ver con el terrorismo. En cumplimiento de aquella directriz, el Centro trató de realizar tareas de *lobby* dentro y fuera de España: un buen ejemplo es aquel día de 1985 en que Manglano acompañó al belga Raes a una audiencia con el rey. El objetivo fue tratar con él la extradición de dos etarras, gestiones discretas para alcanzar lícitos objetivos de Estado.

En esos años, Manglano asistió a distintas escenas curiosas vinculadas al terror etarra que no trascendieron a la opinión pública: un diputado de Herri Batasuna sorprendido fotografiando barcos de guerra, o, mucho más desagradable, el incidente en casa del vicealmirante Cristóbal Colón de Carvajal —del linaje principal del descubridor—, asesinado por ETA el 6 de febrero de 1986. Mientras daban el pésame a la viuda, unas señoras no identificadas llamaron «cobarde» al ministro de Defensa y al Gobierno en general.

Pero si algo exige de un esfuerzo añadido son las relaciones entre el CESID y los cuerpos policiales. A pesar de trabajar por un fin común, la seguridad de todos los españoles, las tensiones siempre han estado a la orden del día: el 1 de febrero de 1986 el diario *Ya* responsabilizó al Centro de fallos en la estimación del peligro de los atentados de ETA. Las fuentes de esa información eran policiales.

El secretario de Estado para la Seguridad, Rafael Vera, es quien controla la Policía Nacional y la Guardia Civil, y además es negociador del Gobierno con ETA. Hasta su destitución en 1988, Manglano mantiene contactos habituales con él.

El director del CESID se preguntó en numerosas ocasiones qué podía hacer el Centro en materia de lucha antiterrorista: acciones para «abortar apoyos financieros»; localizar envíos de armas; analizar la posibilidad de que el Gobierno tomara «medidas contra los jueces», que a veces eran demasiado garantistas con la banda terrorista. Pero si en esos años 80 hubo algo frustrante, fue la batalla para que Francia dejara de considerar refugiados a los terroristas. La terminología francesa respecto a ETA fue un gran quebradero de cabeza, pues al sur de los Pirineos es una convicción bastante obvia que para combatir a los terroristas en el país vecino es esencial que sus autoridades asuman que se trata de delincuentes, y muy peligrosos. «Francia no quiere que se hable de deportaciones sino de expulsiones —anota Manglano en sus cuadernos—. Tampoco hay que hablar de refugiados sino de huidos» y «no hablar de organizaciones sino de bandas terroristas.»

Entre sus reflexiones irrumpen análisis premonitorios: su preocupación ante la «euskaldización de Cataluña» en un momento en el que aún «no se ha consolidado el nuevo Estado». A principios de 1987, escribe sobre Herri Batasuna, el brazo político de ETA: «HB no se ilegalizará», escribió, ignorante de que más de tres lustros después, en 2003, se aprobará la Ley de Partidos que propiciará su ilegalización, pero la pregunta entonces era cuál debía ser el trato de las instituciones a HB: ¿ilegalizarlos?, ¿ignorarlos?, ¿dialogar con ellos?

El propio Vera era de la opinión de que los asuntos políticos había que tratarlos con HB, para lo que se necesitaba «un HB válido». En su opinión, Iñaki Esnaola, diputado en el Congreso desde 1982 hasta 1990, no era «suficiente». «Podría ser Idigoras», valoraron entonces, refiriéndose al sindicalista e histórico miembro de la izquierda *abertzale* Jon Idigoras.

El secretario de Estado también ofrecía información confidencial al CESID: el 24 de abril de 1987 avisó de que «ETA no tiene dinero», por lo que «necesitan un secuestro en el País Vasco o en Madrid». También le comunicó que Makario —Ignacio Arakama Mendia— estaba en África, en concreto en Mali.

No obstante, a pesar de los tratos periódicos con Vera, de los intercambios de información y de las oficialmente buenas relaciones con el Ministerio del Interior, Manglano nunca se confía del todo, tal vez siguiendo la advertencia de uno de sus confidentes: Vera es «el más peligroso» y su jefe, José Barrionuevo, ministro del Interior, «odia al Centro».

Más allá de las relaciones entre el CESID y las Fuerzas y Cuerpos de Seguridad, existe una convicción en el seno del Gobierno socialista: hay que negociar. Y un miembro del Ejecutivo lo hará a principios de 1989, aunque para eso haya que remontarse cuatro años atrás.

Las negociaciones de Argel

El 11 de febrero de 1985 el general jefe del CESID recibe una amenaza proveniente de Argel: un tal S. Hoffman apunta directamente al presidente del Gobierno. «Amenaza con publicar unas fotos de FG con Apala y otros terroristas de ETA, con Cubillo, y una película en la que FG visita un campo de entrenamiento de los terroristas vascos.»

El comandante Slimane Hoffman es un destacado militar argelino, miembro del ELN (Ejército de Liberación Nacional), que tuvo importantes cargos en su país, incluido el de consejero de la Presidencia. El contexto sugiere que los argelinos, o Hoffman en particular, tienen algún desencuentro con el Gobierno de España y amenazan con publicar un material que pudo ser grabado cuando Felipe González militaba en la clandestinidad, aunque estos extremos no quedan aclarados en el archivo de Manglano. En cualquier caso, unas imágenes del ya presidente del

Gobierno con terroristas de la banda terrorista ETA pueden ser demoledoras para él y para la estabilidad del Ejecutivo.

Argelia es un país fundamental para los intereses de España. Principal proveedor de gas y socio estratégico en el norte de África, es algo así como un puerto franco, un lugar neutral, para las «relaciones» de ETA con el Gobierno. Los etarras han llegado a estar muy cómodos en Argelia. Tanto que recibieron entrenamiento en distintos campos desde finales de los 70 y durante los 80. Les patrocinaban las corrientes marxistas revolucionarias, su misma ideología, aunque este hecho siempre quedara en un segundo plano tras el objetivo independentista: en los medios de comunicación nunca se refieren a la banda como terroristas de extrema izquierda. El Frente de Liberación Nacional argelino, y su brazo armado, el Ejército de Liberación Nacional —que habían logrado la independencia de Francia— ven a ETA, en su particular lucha contra España, con simpatía.

A su vez, Argelia es el espejo en el que los terroristas se han mirado desde sus inicios: para ellos los españoles en Euskal Herria son como los franceses en Argelia. Al margen de las diferencias históricas, a la idiosincrasia etarra le gusta verse en Argelia, un país que aparece profusamente en los manuscritos de Emilio Alonso Manglano. Son las conversaciones de Argel.

En 1985 las tensiones entre ambos gobiernos están a la orden del día. Meses después de esa amenaza, un periodista, Pedro Canales, es detenido en Argelia. Los argelinos creen que es un agente del CESID que pretende localizar al etarra Domingo Iturbe Abasolo, *Txomin*, «para matarlo». El sanguinario Txomin, expulsado a Argelia, es uno de los principales negociadores de ETA, lo que no le impedirá amenazar de muerte a Felipe González en al menos una ocasión, en 1986. El Gobierno lo quiere trasladar a la isla de Santo Tomé, ante lo que el etarra profiere las amenazas. «El P. Gobierno está asustado», escribe el jefe del CESID.

Con la detención de Canales —de la que Manglano no recoge detalles—, el Gobierno de Argelia exige al de España que identifique a todos los hombres que el CESID tiene en su territorio. En las agendas, un par de reflexiones:

«Ben Bella tuvo apoyo del CESID en España.

El Gobierno se ha alejado de Argelia y se ha unido a Marruecos. Con el PSOE pensábamos que se iba a equilibrar».

Ahmed Ben Bella fue el primer presidente de Argelia tras la independencia de Francia. Argelia y Marruecos son tradicionales enemigos. Una buena muestra es que la sede del Frente Polisario, movimiento de liberación del Sáhara, está en Tinduf, en territorio argelino. Y, efectivamente, los Gobiernos de Felipe González han convertido a Marruecos en el gran aliado de España, apoyados en la excelente relación personal de las principales autoridades españolas con el rey Hassan II.

Años después, el 2 de enero de 1989, cuando ETA anuncia una «tregua unilateral» de quince días, el Gobierno está dispuesto a abrir una nueva ronda de conversaciones con la banda terrorista en Argel, lugar que ya había albergado episodios similares previos. El principal interlocutor del Ejecutivo es Rafael Vera, secretario de Estado de Seguridad. Manglano mantiene varios contactos con él y maneja muy buena información, que recoge concienzudamente en sus agendas.

En la página del 18 de enero el jefe de CESID apunta el contenido de una de esas reuniones, celebrada tres días antes, así como la identidad de los negociadores. Por el Gobierno, junto a Vera participa Juan Manuel Eguiagaray, delegado del Ejecutivo en Murcia (después lo será en el País Vasco), un hombre de su absoluta confianza y de la del nuevo ministro del Interior, José Luis Corcuera. Por ETA comparecen tres históricos de la banda asesina: Eugenio Etxebeste, *Antxon*, el líder; Ignacio Arakama, *Makario*, y Belén González Peñalba, *Carmen*, pareja de Antxon. La conversación se prolonga durante cuatro horas en un ambiente de extrema dureza:

—Te podemos matar en un atentado —le espeta Antxon a Vera.

—También nosotros podemos reaccionar con violencia, por ejemplo en Santo Domingo pero ya está bien de violencia. Habéis matado a 600 personas —reacciona Vera.

—A nosotros nos causaron 50.000 bajas en la Guerra Civil —replica Antxon, dando una idea del paupérrimo argumentario que maneja el terrorista.

En otro momento de la conversación, Vera da un ultimátum:

—Esta negociación no sirve, hay que hablar, porque esta es la última oportunidad. De otra forma, los presos se pudrirán en la cárcel.

—Necesito tres o cuatro días para contestar —plantea Antxon.

Ambas partes se emplazan a otra reunión en una semana, el 25 de enero. Tras esta cita, Rafael Vera dibuja a Antxon como un tipo «anclado en el pasado, pero que tiene poder y capacidad de decisión y que se considera el libertador del País Vasco». Rafael Vera sabe que si las conversaciones de Argel llegan a buen puerto, serán solo el inicio para zanjar el problema del terrorismo. Y en ese caso, el negociador del Estado necesita saber hasta dónde está dispuesto a llegar el Estado para lograr el fin de ETA. De estas cuestiones, que adquieren un rango de máxima relevancia política, da cuenta Manglano el 27 de febrero:

> R. Vera pide en relación con las negociaciones:
>
> - Qué ocurrirá cuando se sienten los partidos políticos a negociar.
> - Qué pedirá el PNV (puede pedir más que HB).
> - Qué límites y qué concesiones hay que hacer.
> - El tema de Navarra es importante.

La posición de Vera es de gran responsabilidad, y por ello supone un enorme desgaste. El 16 de marzo el Gobierno recibe una mala noticia que Manglano recoge en sus notas. Vera se muestra cansado y quiere dejarlo: «No está en condiciones de llevar lo de Argel», anota al tiempo que recoge las razones que alega Vera:

- Situación familiar (mujer e hijo).
- Descontento con Amedo.
- No quiere sentarse en los juzgados.
- Cuando se llegue al tema de los presos no cederá. No será interlocutor válido.

Al enterarse del flaqueo de Vera, Manglano lo llama y charlan. La cosa no va a mayores.

Llega la Semana Santa y el director del CESID se marcha unos días a descansar a Canarias, pero el Viernes Santo, 24 de marzo, recibe una llamada de Madrid: ETA acepta una tregua de tres meses. Por lo visto, hay un preacuerdo con el Gobierno. El lunes la banda redacta un comunicado en el que dice que hay un consenso de ocho puntos, entre ellos el de la creación de una mesa entre el PSOE y HB,[36] es decir, concesiones políticas encaminadas a una hipotética independencia del País Vasco.

---

36. Vera ha relatado que, aunque estaba negociando con ETA, quien decidía era Herri Batasuna.

El Gobierno lo desmiente y las fuerzas políticas se oponen. También se disgusta el ministro de Defensa: «Mal el comunicado del Ministerio del Interior sobre el terrorismo. Se ha perdido la iniciativa», le confiesa Serra a Manglano.

ETA reacciona con un ultimátum al Gobierno: o rectifica el desmentido o se acaba la tregua. Ese mismo día, 29 de marzo, el CESID sabe que la decisión de los etarras ya está tomada. Manglano llama a Felipe González y a los directores de la Guardia Civil y de la Policía Nacional para decirles que «ETA ha decidido continuar con los atentados».

El director del CESID trabaja intensamente para lograr información al respecto, incluyendo una comida con una fuente del norte de África. La trastienda de las negociaciones es un carrusel. El 1 de abril llama a José Luis Corcuera:

—Ministro, ETA tiene voluntad de negociación. El comunicado lo ha hecho para apaciguar a sus bases. Les ha cabreado que no se haya respetado el texto del comunicado, que se cambiaran palabras en el texto pactado con Vera.

Visto esto, los archivos de Manglano revelan que el Gobierno no cumple la palabra dada. Al día siguiente Vera marcha hacia Argelia, pero nada puede hacer. Cuarenta y ocho horas después ETA emite el comunicado en el que rompe la tregua, aunque dejando una puerta abierta: está «dispuesta a reanudar las conversaciones políticas siempre que el Gobierno acepte el compromiso acordado». Manglano añade una duda: «Serenidad: conviene o no golpear antes de un atentado».

ETA no da mucho tiempo para reflexionar, pues comienza inmediatamente a enviar paquetes bomba a distintas personalidades. Seis etarras son deportados de Argel a Santo Domingo (República Dominicana). Según las notas de Manglano, Nicaragua también se ofreció a acogerlos. Es la historia de un fracaso, pero el Gobierno ha estado dispuesto a arriesgar, tal vez más de la cuenta.

El Fortuna, los coches del rey y el Mercedes de Hitler

El rey confiesa al jefe del CESID que el monarca jordano le ha entregado un obsequio muy generoso:

—Emilio, el rey Hussein me ha regalado su casa de Lanzarote. Se la voy a dar a Patrimonio Nacional.

Es el 4 de febrero de 1989, como Manglano señala puntualmente en la agenda correspondiente. Cuestiones de este tipo, vinculadas al Patrimonio del Estado, también se enmarcan en las responsabilidades del jefe de la inteligencia, aunque en este apartado no siempre está claro dónde empieza lo público y dónde lo privado.

Hussein II de Jordania ha decidido regalar a su amigo la impresionante casa palacio que había mandado construir en primera línea de la isla canaria, diseño del artista lanzaroteño César Manrique. Con una villa principal, varias adyacentes, dos piscinas y un lago en el jardín, La Mareta pasó entonces a inscribirse a nombre de Patrimonio Nacional y, por lo tanto, a estar a disposición de los reyes.[37]

En esa conversación, don Juan Carlos vinculó la donación al Estado como argumento para que el Gobierno le diera facilidades para una de sus aficiones principales:

—Quiero que así no me pongan pegas con lo del nuevo barco —le dice a su amigo Manglano.

Amante del mar, como su padre y como su hijo, don Juan Carlos siempre bautizaba sus yates con el mismo nombre: Fortuna. El primero que tuvo, de unos 20 metros de eslora, databa de finales de los 70. El segundo llegó en 1979 y fue un regalo del rey Fahd de Arabia Saudí. Tras ampliarlo, reformar su interior y cambiar los motores, en el verano de 1988 fue protagonista de una escena bochornosa. El príncipe Carlos y Lady Di eran invitados habituales en esos veranos de *paparazzi* y glamur. El sábado 13 de agosto, mientras el rey de España navegaba junto al sempiterno heredero británico, el Fortuna II sufrió un cortocircuito y tuvo que ser remolcado hasta el puerto de Sóller, en el norte de Mallorca, al pie de la sierra de Tramuntana. El príncipe de Gales regresó a Palma en una furgoneta. Por lo visto, el barco tenía más problemas mecánicos de los habituales. Así, Manglano anota junto a «lo del nuevo barco» una cifra entre paréntesis: «(1000)». No queda claro si se refiere a mil millones de pesetas, una estimación del coste del yate, pero esa es la posibilidad más plausible.

La adquisición es aprobada por el Gobierno. El rey se lo cuenta a Manglano en un encuentro que mantienen casi cuatro meses después, el

37. En diciembre de 2015 Felipe VI decidió desvincularla de la familia real y ponerla a disposición del uso promocional de España que el Gobierno quisiera hacer, como acoger visitas de mandatarios extranjeros. Actualmente la usa para sus vacaciones el presidente del Gobierno, Pedro Sánchez.

30 de mayo de 1989: «Me han aprobado el barco». Lo que no queda claro es la forma de pago, si habría una nueva donación. En cualquier caso, el proyecto del nuevo yate se interrumpe en 1991, tiempos de crisis económica en los que conviene dar una imagen más austera. Poco después, en enero de 1992 don Juan Carlos hará a Manglano una confesión:

—Le pedí 600 millones de pesetas a Alfonso Escámez para el barco.

Junto a esta petición que el rey hizo al marqués de Águilas que presidió el Banco Central, Manglano anota: «Regatas en S. Diego».

Sin embargo, el rey no podrá estrenar el Fortuna III, de más de 40 metros de eslora, hasta el verano de 2000. El coste ascenderá a unos 20 millones de euros, que pusieron empresarios baleares del sector del turismo, además de una aportación del Gobierno autonómico, por la promoción nacional e internacional que suponían para el archipiélago las estancias de la familia real y sus invitados.

El vínculo de la familia real con el mar queda patente en la conversación que Manglano y el rey mantienen en mayo de 1989. Don Juan Carlos desvela que su padre, el conde de Barcelona, sería el padrino del príncipe de Asturias en la escuela naval, y que Felipe está «deseando hacer las prácticas en la Armada».

Pero hay más confesiones: don Juan Carlos había pedido a Manglano que le buscara un piso para asuntos discretos. Seleccionan uno en Aravaca, muy cerca de la Zarzuela: «Le enseño el piso. Le parece bien, se lo preparamos». Estaría listo el 13 de julio, cuando, tras mostrárselo de nuevo y el rey dar su aprobación, Manglano le entrega las llaves.

Otro asunto vinculado a Patrimonio aflora en un nuevo encuentro en Zarzuela el 20 de octubre de 1989: «La familia Franco ha pedido a Patrimonio el Mercedes de Franco. Solo hay tres en el mundo: el de Hitler, el de Göering y este».

El vehículo es una joya descapotable de tres ejes que Adolf Hitler le regaló en 1940 —al poco de provocar la Segunda Guerra Mundial— al dictador español. Equipado con un enorme motor de ocho cilindros en uve que ofrece unos impresionantes 115 caballos para la época, el Mercedes-Benz G4 W31 tiene aspecto de tanque. Pesa 3,5 toneladas, alcanza los 70 kilómetros por hora y deglute 50 litros de combustible cada cien kilómetros. Y lo que es más importante en esta escena: en una subasta alcanzaría una cifra extraordinaria. Hay fuentes divergentes, pero parece seguro que de la factoría de Mercedes-Benz solo salieron cuatro unidades de este modelo. Hitler se reservó dos. Quizás como anota Manglano, uno lo usó Hermann Göering, vicecanciller del Reich, comandante supremo de la Luftwaffe, prominente aviador y criminal de guerra que se suicidó el 15 de octubre de 1946 (ingirió una ampolla de cianuro para evitar que lo ahorcaran al día siguiente, como había dispuesto el tribunal del proceso de Núremberg). Los otros dos vehículos fueron para Franco y para Benito Mussolini. Más tarde fabricaron unas decenas de unidades más, pero versiones inferiores, menos lujosas. De ahí que la pieza que conserva en perfecto estado Patrimonio Nacional sea una rareza de la automoción. Los herederos de Franco lo reclamaron como si el coche fuera un regalo de Adolf a su amigo Francisco, y no del Führer al Caudillo. El presente fue un intento de cortejo del creador del nazismo para que Franco involucrara a España en la guerra junto a las potencias del Eje. Por ese motivo, el coche reposa en los garajes de Patrimonio Nacional, concretamente en la sala histórica de la Guardia Real y, por lo tanto, al servicio del jefe del Estado, en el caso de que lo requiriese. Se encuentra en perfecto estado de conservación, dado que, tras el resultado de la Segunda Guerra Mundial, Franco prefirió usar vehículos de lujo fabricados en Estados Unidos, como los Cadillac o los Buick, antes que pasearse en una monstruosa joya nazi de seis ruedas en la que montarse puede producir el vehemente deseo de invadir Polonia.

No es esta la primera vez que Manglano y el rey tratan asuntos relativos al lujoso parque automovilístico de Patrimonio Nacional. En una audiencia previa, del 26 de octubre de 1987, el monarca, que estaba «de buen humor, cariñoso», repasó con el jefe del CESID los vehículos a su disposición, modelo, coste y posibilidades de renovación. Manglano describe la cochera real:

«Asunto coches: Jaguar blindado (12 millones), R-25 blindado (unos 16), el nuevo Mercedes más de 50 o 60 millones. Tiene muchos Mercedes, demasiados. Que la reina de Inglaterra le regale un Rolls (vale 100 millones)».

No consta que Isabel II llegara a regalarle al rey el vehículo de la marca británica, la más lujosa del mercado, y no debe confundirse este deseo de don Juan Carlos con los tres Rolls-Royce Phantom IV que pertenecen a Patrimonio. Reservados a jefes del Estado o miembros de la realeza, solo se fabricaron 18, todos ellos en los años 50 del siglo pasado. Franco hizo una gran inversión, pues adquirió tres, dos limusinas y un descapotable, blindados y de color negro.

El director del CESID también trató con el rey en esa misma audiencia de 1987 otros medios de transporte («Aviones: Le digo que no fuerce la compra de otros») y asuntos de seguridad personal:

—Emilio, quiero un chaleco antibalas —pidió don Juan Carlos—. Los que tengo son muy pesados. Me los regaló Reagan hace cuatro años.

De vuelta a 1989 y zanjado ya el asunto de los automóviles, el 10 de noviembre Manglano vuelve a ver al rey, que le habla de la «calefacción en la casa de Majadahonda», otro inmueble que, suponemos, usaba Juan Carlos I, y el «piso para las infantas sin muebles». La confianza que el jefe del Estado tiene en el general Emilio Alonso Manglano es total:

—Emilio, quiero línea directa contigo.

Hassan II planta cara

Las relaciones con Marruecos siempre están en el alambre. Existen demasiados factores ajenos al control del Gobierno, muchos intereses comunes de todo tipo y cuestiones históricas pendientes de resolver. Aunque los dos monarcas se llevan muy bien en lo personal, y los vínculos entre ambos países son evidentes, en catorce años de reinado no ha habido manera de organizar una visita a España. Sin embargo, el rey de Marruecos tiene interés en influir en su vecino del norte y decide hablar en los principales periódicos españoles.

El 27 de noviembre de 1988 Hassan II concede una extensa entrevista al director de *ABC*, Luis María Anson, inmediatamente después de que las Naciones Unidas hayan presentado un plan de paz para el Sáhara Occidental.

—La actitud del Gobierno español ante la ONU —dice el monarca alauí— nos ha parecido verdaderamente inamistosa y gratuita. El Gobierno español no ha tenido en cuenta la susceptibilidad marroquí y ha solicitado de hecho que el rey de Marruecos negocie directamente con personas que no tienen ninguna legitimidad. Jamás le hubiera pedido yo esto al rey de España.

La afirmación es un misil a las relaciones entre España y Marruecos, y se produce poco después de que Hassan II haya decidido posponer la que habría sido su primera visita oficial a España. Ya a comienzos de 1989, el 22 de enero, es el diario *El País* quien publica otra larga entrevista con el rey vecino: «Hay medidas españolas con Ceuta y Melilla que parecen una provocación».

Hassan II se refiere a «esa ley sobre ciudadanía y a la ley de extranjería», y explica que en este punto no advierte diferencias entre la política de Felipe González y la aplicada por Adolfo Suárez. No hay duda de que la cuestión de las dos ciudades autónomas españolas en territorio africano será difícil de resolver. No en vano, en 1984 el rey Juan Carlos había confesado a Manglano que había «que empezar a trabajar sobre el asunto de Ceuta y Melilla: esta última no es muy defendible. Hay que preparar para negociar Melilla. Ceuta puede potenciarse al máximo».

Y aún hay otro pasaje de la entrevista que genera mucha más tensión en España, y, cómo no, tiene que ver con el Sáhara Occidental, y en concreto con el paralelismo que el rey marroquí establece entre ETA y el Frente Polisario. El monarca lo vincula con su negativa a visitar España, que Hassan ha argumentado así:

«España tiene el mismo problema que Marruecos: españoles que matan a españoles, por ejemplo, el caso de ETA. Si mañana Marruecos votara a favor de negociaciones directas entre el Gobierno del rey de España y ETA, ¿vendría el rey de España a Marruecos? Es así de sencillo».

Al día siguiente el Gobierno español reacciona a través de una nota difundida por la Oficina de Información Diplomática,[38] que califica de «inadmisible» la comparación y que señala la principal diferencia entre el terrorismo de ETA y el conflicto del Sáhara Occidental:

«Entre otras diferencias, el apoyo a la negociación directa entre Marruecos y el Polisario es doctrina de la ONU, mayoritariamente respaldada en sucesivas ocasiones».

Una semana antes una delegación del Frente Polisario había viajado a Marrakech para reunirse con el rey de Marruecos. El jefe del CESID ha estado puntualmente informado. Él es una voz autorizada y reconocida por todas las partes, como queda demostrado unos meses después. El 4 de junio Manglano anota en su agenda: «Hassan le dijo a PG si yo era la persona adecuada para enviar mensajes especiales. PG le dijo que de acuerdo (estuvo a punto de enviarme cuando lo de Shamir)».

Discrepancias políticas y públicas aparte, Manglano mantiene abiertos los canales de comunicación con el vecino del sur. Su objetivo es conseguir que Hassan II viaje de una vez a España en visita oficial. El 11 de septiembre se reúne con el director del servicio marroquí:

«Visita del rey de Marruecos. Llegará el 22/9 a Cádiz. Desde allí se

38. https://elpais.com/diario/1989/01/23/espana/601513220_850215.html

trasladará a Sevilla. Visita Córdoba, Granada, etcétera. El 25 empieza la visita oficial a Madrid. Después irá a París».

Según las notas de Manglano, su homólogo marroquí le dará un informe sobre Argelia, otro sobre el Frente Polisario y «una nota sobre un proyecto de atentado del Polisario en 1985». Y anota «apoyo en esto»: Marruecos quiere el apoyo de España. «Le digo —añade el jefe del CESID— que le plantee a Hassan si quiere tratar asuntos sensibles con el rey y el PG».

El rey de Marruecos aterriza al fin en España el 24 de septiembre de 1989. El diario *El País* lo resume así: «La llegada de Hassan II a Sevilla rompe con diez años de malentendidos». El *ABC* va más allá: «Una visita para la historia». El jefe del CESID ni siquiera dedica una línea de su agenda a los encuentros. Su labor está entre bambalinas. Cuando España lleva catorce años surcando la democracia, González siete años en la Moncloa y Manglano más de ocho dirigiendo los servicios secretos, las relaciones entre España y Marruecos alcanzan una nueva dimensión.

Los reyes de Marbella (y del tráfico de armas)

En el día a día de Manglano no solo desfilan monarcas, presidentes y ministros, sino todo un elenco de personajes que, al margen de su ejemplaridad o falta de ella, son de primer orden y extraordinario interés. El jefe de los espías lo anota en sus agendas. Hay dos hombres a los que menciona por separado —un par de veces a cada uno—, pero que presentan varios nexos. Ambos son conocidos por apodos seudomonárquicos: Monzer al Kassar, el Príncipe de Marbella, y Adnan Khashoggi, el Rey, de la misma ciudad. Ambos son árabes, están enamorados de la Costa del Sol y son grandes traficantes de armas.

Khashoggi, saudí de La Meca, fallecerá en 2017 en Londres.[39] Al Kassar, sirio, ingresará en una prisión en suelo estadounidense en 2008. Será España quien lo entregue después de que dos agentes de la DEA se hagan pasar por narcoterroristas de las FARC y él acepte venderles armas con las que, en teoría, atacarían a personas y bienes de Estados Unidos (estas operaciones-trampa no están permitidas en el ordenamiento

---

39. El periodista Jamal Khashoggi, descuartizado el 2 de septiembre de 2018 en el consulado de Arabia Saudí en Estambul por sus críticas al régimen de los Saúd, era sobrino de Adnan Khashoggi.

jurídico español, puesto que no se ha consumado el delito: es un engaño de cámara oculta). La sentencia del tribunal federal de Nueva York que lo condenará a 30 años de prisión establece que «desde su lujosa residencia de la Costa del Sol dirigía una red internacional de tráfico de armas y poseía cuentas bancarias distribuidas por todo el planeta».[40]

Al Kassar llegará a ser señalado antes de la extradición como confidente del Centro Nacional de Inteligencia (CNI), la organización heredera del CESID. Protegido por España, aparece en dos ocasiones en los escritos de Manglano, pero no como colaborador, sino más bien como objetivo. La primera es el 14 de agosto de 1993 y el motivo, el atentado de Lockerbie. El presidente libio, Muamar el Gadafi, ordena derribar un avión de la Pan American World Airways que vuela entre Frankfurt y Detroit el 21 de diciembre de 1988. Fallecen los 259 pasajeros y once personas en tierra en la ciudad británica de Lockerbie, donde se estrelló el aparato tras explotar en el aire. El jefe del CESID describe la situación:

> EEUU y UK dan plazo de un mes a Libia para entregar a los sospechosos de Lockerbie. Abu Merced, principal testigo contra el traficante Al Kassar, ha vuelto a ratificar su inicial acusación contra él: financiación del terrorismo del Frente Popular de Liberación de Palestina (FPLP) a Abu Abbas y de haber facilitado las armas utilizadas en el secuestro del buque Achille Lauro.

Como residente en Marbella, Al Kassar es un asunto español. El 4 de noviembre de 1993 Manglano se reúne con el ministro del Interior, José Luis Corcuera, apenas unas semanas antes de su dimisión por la «ley de la patada en la puerta», tumbada por el Tribunal Constitucional, a quien acompaña el director general de la Policía, Carlos Conde Duque. El jefe del CESID, como notario, retrata la escena, en la que vuelve a aparecer Abu Abbas:

> Me pregunta si seguimos a Al Kassar. Le digo que no. La Policía que sí. La Policía sabe que hay un depósito de armas de la OLP (A. Abbas). Le digo que nosotros también y que Abbas ha ofrecido entregarlo. Quedamos en que lo haremos nosotros. Les avisaremos. Le digo que no deben aceptar

40. https://www.abc.es/internacional/abci-monzer-kassar-condenado-anos-trafico-armas-farc-200902260300-913387028246_noticia.html

la mediación de Al Kassar en este asunto, está conforme. Me pregunta si debe autorizarse su salida. Le digo que sí. El ministro está indignado con la prensa por los temas de terrorismo.

Abu Abbas, líder político y terrorista, encabeza el FPLP y es uno de los dirigentes de la OLP hasta 1991, cuando abandonará por disensiones con Yasir Arafat. Condenado en rebeldía a varias cadenas perpetuas por el secuestro del crucero italiano Achille Lauro, y partidario del enfrentamiento militar con Israel al considerar imposible la paz con los judíos, se refugiará en Bagdad bajo el patrocinio de Sadam Hussein. Allí lo capturará el ejército de Estados Unidos en 2003. Un año después morirá por «causas naturales» —padecía del corazón— en una prisión estadounidense. La anotación de Manglano desvela que la OLP guardaba armas en España y que la conexión era Al Kassar.

Por su parte, las fiestas veraniegas que Adnan Khashoggi, el Rey de Marbella, ofrece en su mansión reúnen a lo más granado del papel cuché. Recibe a personalidades internacionales como Liz Taylor, y Jaime de Mora y Aragón es el cicerone. El empresario aparece antes en los escritos de Manglano, y no por lo excelso de sus saraos en el lugar que el rey Fahd había elegido para su asueto estival.

Es 1986. El saudí se ha convertido en uno de los hombres más ricos del mundo, unos 40.000 millones de dólares de fortuna estimada a base de intermediar entre los fabricantes de armas occidentales y los compradores de Oriente Próximo, una zona plagada de conflictos armados. Así, el amigo Khashoggi puede ser considerado un comerciante o un traficante, si bien es cierto que nunca será condenado por este delito.

En enero de ese año, el jefe del CESID está investigando el cobro de comisiones ilegales en Defex, la empresa pública española de venta internacional de armamento. El presidente del Instituto Nacional de Industria (INI, que dará lugar a la SEPI), Luis Carlos Croissier, economista y político socialista que está a punto de convertirse en ministro de Industria, acusa a un directivo de «cobrar comisiones y estar en relación con Manolo Prado», comisionista y administrador de las cuentas personales del rey Juan Carlos. Croissier «quiere prescindir de Defex para el comercio exterior». Manglano anota tres apellidos: «Calvillo, Sotomayor, Kassoghi [sic]».

El 4 de septiembre de 1987 reaparece el mismo directivo, que «está sentenciado, todo el mundo está en contra». El día 30 Manglano se reúne con un grupo de empresarios del sector armamentístico. El punto 7 de la cita versa sobre contratos del Ministerio de Defensa con Irak y Arabia Saudí. Se intuye que se trata de venta de armas fabricadas en España. Hay algún tipo de problema, pues el saudí Khashoggi «no está dispuesto a hacerse cargo». Una última anotación dice: «proteger la operación».

Tendrán que transcurrir treinta años para que en 2017 el Gobierno de Mariano Rajoy disuelva Defex, inmersa en una causa judicial por el pago de comisiones en venta de armas a Arabia Saudí entre los años 1991 y 2016. Las notas de Manglano desvelan que las comisiones venían de atrás.[41]

La batalla mediática

El 31 de agosto de 1989 Emilio Alonso Manglano se reúne con su superior, el ministro de Defensa, y por primera vez irrumpe en el día a día del jefe de la inteligencia española —al menos así lo recoge en sus agendas— una cuestión que va a tener una importancia creciente en el futuro: la política mediática del Gobierno.

Narcís Serra pone sobre la mesa la parte mollar del encuentro: los disgustos que pueden darle al Gobierno los medios de comunicación, en concreto los que forman el Grupo Zeta: *El Periódico de Cataluña* y las revistas semanales *Interviú* y *Tiempo*, entre otras cabeceras. En 1989, su propietario, Antonio Asensio, tenía intención de desembarcar en el sector audiovisual para crear un gran grupo multimedia. Un año antes, la ley de televisión privada había acabado con el monopolio público en el sector audiovisual al sacar a concurso tres licencias privadas. El proyecto que presentó Asensio fue Univisión-Canal 1, en el que contaba con el apoyo, entre otros socios, del australiano Rupert Murdoch, uno de los empresarios más importantes del mundo en el sector de los medios de comunicación, el tipo que fundaría unos años después en Estados Unidos el canal de noticias conservador Fox News y que ya entonces era propietario de News Corporation. La adjudicación se hizo pública seis días antes del encuentro entre Manglano y Serra, y ninguna había sido concedida al editor catalán: ganaron Antena 3, con el grupo Godó (*La*

41. La Fiscalía Anticorrupción pedirá veintinueve años de cárcel para la excúpula de la empresa. Otras piezas separadas llevarán a juicio sobornos en ventas de armamento a varios países de África: Angola, Camerún, Senegal, Gabón o Argelia.

Vanguardia) como accionista de referencia; Telecinco, controlada por los italianos de Mediaset, esto es, Silvio Berlusconi, y Canal Plus, de Sogecable, es decir, el Grupo Prisa de Jesús Polanco, a quien algunos detractores llamaban don Jesús del Gran Poder, el gran aliado mediático del felipismo, que tenía en el diario *El País* y en las emisoras de la Ser dos altavoces de extraordinaria potencia y prestigio.

El dueño del Grupo Zeta fumaba en pipa. Llevaba una semana mentando a todos los antepasados de cada uno de los miembros del Gobierno a los que podía achacar la decisión de no darle una tele, a los que apostaron por otros en un concurso que sería vital para la batalla propagandística: desde principios de los 90 todas las familias españolas iban a abrir sus casas por primera vez a los mensajes que emitirían una serie de empresarios privados a través del medio con mayor influencia en las masas, una caja de luces que contaba con un lugar privilegiado en cada uno de los millones de hogares que componían la sociedad española. Además, el negocio económico iba a ser monumental, un desarrollo sin precedentes en el sector.

—Antonio Asensio ha amenazado con destrozar al Gobierno y para ello hablará incluso de nuestras vidas privadas —asevera tajante Narcís Serra.

El todavía ministro de Defensa le dice al jefe del CESID que los principales objetivos del editor catalán en el Consejo de Ministros son él mismo, Carlos Solchaga —como portador de la cartera de Economía y Hacienda— y Alfonso Guerra, el aún poderoso vicepresidente del Gobierno.

En este contexto interrumpe un segundo protagonista: el financiero y comisionista Javier de la Rosa ha hablado con el rey. El polémico empresario catalán representa en España a los kuwaitíes de Torras-Kio y está tratando de conseguir para ellos un significativo porcentaje del Grupo Zeta. De hecho, Emilio Alonso Manglano anota que De la Rosa tiene «dinero en Zeta», motivo por el que el rey, del que se decía amigo, lo había recibido. En la pugna por la televisión, el apoyo del monarca a Javier Godó, grande de España, es un hecho: «El rey apoya mucho a *La Vanguardia*», escribe el director del Centro Superior de Información de la Defensa. Don Juan Carlos también había recibido al citado Rupert Murdoch.

La amenaza de Asensio no solo preocupa por el daño que pueda infligir en el Gobierno, sino porque también puede alcanzar a la jefatura del Estado. A oídos del CESID acaba de llegar la existencia de unas fotos del rey de España desnudo. Y lo más preocupante: esas instantáneas están en el mercado. «Se está negociando, con dinero, y podría publicarlas algún medio en Italia», dice Narcís Serra. Ya hay incluso precio: 60 millones de pesetas. Ambos acuerdan tratar el asunto con el rey y poner a los espías a trabajar.

Sobre la mesa también aparece el inversor Jacques Hachuel, quien dos años antes se había hecho con un diez por ciento del capital del Grupo 16, editora del periódico *Diario 16* y de la revista semanal *Cambio 16*. Hachuel, de origen judío, nacido en Argentina y criado en Tánger, llegó a España en 1959 junto a su familia, que ostentó la representación de Citröen en nuestro país. Hachuel realizó importantes inversiones en ladrillo, participando incluso, junto al grupo británico Heron Internacional, en la compra de la división inmobiliaria de Rumasa y las torres de Jerez tras la expropiación a Ruiz-Mateos por parte del Gobierno. Se le estimaba una fortuna personal de no menos de cien millones de dólares de la época.[42] Ese diez por ciento en un grupo de comunicación es, lógicamente, una estrategia típica de un inversor con intereses en varios sectores. Estar presente en medios relevantes, como son los del Grupo 16, hace que el Gobierno —con el que mantiene buenas relaciones— lo escuche con más atención. Según anota Manglano en su agenda, el inversor había charlado con el ministro de Defensa sobre los frentes abiertos en la prensa, ante lo que aconsejó «estudiarlo todo» y hacérselo saber al presidente del Gobierno.

En el siguiente despacho semanal, el jueves 7 de septiembre, Narcís Serra vuelve a tratar extensamente esos asuntos con Manglano comenzando, de nuevo, por las amenazas del dueño del Grupo Zeta:

—Asensio amenaza con publicar artículos contra el presidente, contra Solchaga, contra Solana, contra mí y contra otros miembros del Gobierno por no haberle concedido la licencia de televisión privada. Emilio, alguien le ha filtrado la actitud que tuvimos algunos en el Consejo de Ministros que aprobó las concesiones.

Entonces aparece por primera vez en las agendas de Manglano un nombre clave en esos años, quien a la postre generaría una de las mayores crisis de Gobierno del felipismo: el banquero Mario Conde. Serra

42. Jesús Cacho, *El País*, 9 de agosto de 1987, disponible en https://elpais.com/dia rio/1987/08/09/economia/555458402_850215.html. Jacques (Jacobo) Hachuel Moreno fue condenado tiempo después a cuatro años de cárcel por el caso Banesto.

le cuenta a Manglano lo que el Gobierno sabe en ese momento sobre la irrupción del presidente de Banesto en el sector de los medios de comunicación, un recado del Ejecutivo que el jefe de los espías tiene que escuchar con atención:

—Mario Conde le ha dado 700 millones de pesetas a *El Independiente* y 500 a Pedro J. Ramírez. También estaba en el Grupo Zeta, por lo de las televisiones privadas —le advierte.

El banquero no tiene tinta en las venas, claro que no, pero necesita aliados mediáticos para conseguir sus intereses económicos, que pasan por librar cruentas batallas contra el Gobierno. Unos años después, el 15 de agosto de 1993, Conde lo confirmará sin ambages en una entrevista en *El Mundo:* «Se trata de unir el poder económico al poder informativo para seguir orientando a la opinión pública».

Según los manuscritos del jefe de la inteligencia española, el banquero decide poner huevos en varias cestas con un denominador común: son cabeceras que se oponen al felipismo. *El Independiente* lo había fundado como semanario el periodista Pablo Sebastián en 1987 y hacía apenas dos meses que lo había convertido en diario. Sebastián no logrará dar viabilidad al proyecto, que expirará en 1991, tras pasar por las manos de la ONCE de Miguel Durán, quien terminará vendiendo la cabecera a, precisamente, Jacques Hachuel, quien la liquida el 31 de octubre de 1991. Quizás por este motivo Serra le dice a Manglano en ese despacho del 7 de septiembre de 1989: «Investiga a Hachuel y compañía».

Distinta es la historia de *El Mundo,* fundado por Pedro J. Ramírez después de haber sido purgado como director de *Diario 16* por su dura oposición al Gobierno. El periodista riojano está dispuesto a seguir dando la batalla antigubernamental y, junto al editor Alfonso de Salas y otros compañeros de viaje, pone en marcha Unedisa, que cuenta con capital italiano como referencia, el grupo RCS (Rizzoli-Corriere della Sera). El histórico conglomerado transalpino, editor de prensa y libros y que antaño produjera *La dolce vita* de Federico Fellini, entra en el juego de poder en España. En el Gobierno aún no son conscientes de los quebraderos de cabeza que les va a provocar el tándem Mario Conde-Pedro J. Ramírez.

La financiación de los medios es algo de lo que el CESID está muy pendiente. De hecho, el 19 de febrero de 1990 Narcís Serra le comunica a Manglano que ha tratado el tema con el presidente del Gobierno y que *El Independiente* es «insalvable». González ha recibido una carta alertándole de la situación del medio.

Manglano toma notas sueltas en su agenda. Pueden parecer inconexas, pero tienen un nexo común que ha pasado a ser una preocupación en su día a día: la viabilidad de los medios de comunicación y los intereses empresariales y editoriales que representan. «*ABC* monárquico», «CESID rastreará apoyos financieros prensa». De hecho, una nota del 1 de octubre de 1990 revela que Manglano, a instancias de Serra, tiene que «ver a Rosa Conde sobre los apoyos financieros a la prensa española». Como ministra portavoz del Gobierno, es de su total incumbencia.

Al contrario que *El Independiente*, quien sí comienza a navegar viento en popa es *El Mundo*, que sigue consiguiendo patrocinadores: «S. Asiaín le ha dado 80 millones a *El Mundo*», anota el jefe de los espías. Manglano se refiere a José Ángel Sánchez Asiaín, presidente del Banco Bilbao Vizcaya (BBV). Ese mismo año, Asiaín dejará la vanguardia de la banca española y pasará a presidir la Fundación BBV.

En la España mediática que nace, Javier Godó sigue disfrutando del apoyo del rey a sus intereses en Antena 3: «Él hablará con el rey sobre Antena 3 - apoyo a Godó», anota Manglano, refiriéndose a una conversación de Narcís Serra con el jefe del Estado sobre la estructura mediática de España.

El diario *ABC* mantiene una postura crítica con estas concesiones de licencias públicas, y eso puede suponer un problema para el Gobierno, pues se trata del diario monárquico por excelencia. «En opinión del PSOE (la postura del diario de Prensa Española) afecta a la Corona», transcribe Emilio Alonso Manglano.

Por su parte, José Luis Corcuera, ministro del Interior, le ha dado algunas informaciones a Serra sobre actividades de la extrema derecha. El Gobierno socialista, lógicamente, no quiere dinero de empresarios ultraderechistas en medios de comunicación, motivo por el que Serra pregunta al jefe del CESID qué hace el Centro en este sentido: «Valorar los apoyos financieros a la prensa», responde Manglano a su superior. El mismo día de febrero de 1990, ambos evidencian que vigilan de cerca a Mario Conde, pues Serra le ha entregado a Felipe «la nota sobre Banesto» elaborada —se entiende por el contexto de las anotaciones— por los servicios de inteligencia. Los medios de comunicación —y quienes los manejan— están muy cerca de poner contra las cuerdas a Felipe González y a todo su Gobierno, que vivirá una escalada de tensión informativa sin fin hasta 1996. El presidente tendrá en la nuca el aliento de determinados periodistas dispuestos a hacerle caer con grandes titulares. Destaca el joven diario que dirige Pedro J. Ramírez. Pero no está solo, y Felipe González va acusando el desgaste.

La debilidad del Gobierno queda de manifiesto en una comida que Manglano acaba de compartir con el socialista catalán Miquel Iceta, el futuro ministro Gustavo Suárez Pertierra y el jefe de Gabinete de Moncloa, José Enrique Serrano. Los políticos manejan varios escenarios, desde que Felipe siga siendo presidente hasta que ocurra esto: «PG-VPG». Es decir, que el vicepresidente se convierta en presidente del Gobierno: Narcís Serra al frente de la nación. Tarea complicada, pues al político le pesaba su origen catalán, que algunos votantes veían como un hándicap, su falta de *punch* político, y, además, carecía de apoyos importantes dentro del Ejecutivo. Reverter le había contado a Manglano que Serra «no controla Exteriores, Interior y Economía». También estudian la posibilidad de un Gobierno participado por destacados miembros de la «sociedad civil».

Las dudas de Felipe

En 1989 Felipe González está cansado. Tras dos intensas legislaturas al frente del Gobierno, tiene serias dudas sobre su futuro político. Las elecciones generales deben convocarse antes del verano de 1990, pero 1989 es un año especialmente intenso. Al presidente le asaltan las dudas: ¿debe presentarse a unas terceras elecciones?

El año empieza fuerte. El 11 de enero está convocada una reunión con UGT y Comisiones Obreras, las centrales sindicales mayoritarias, para abordar la concertación social. Solo un mes atrás los sindicatos han paralizado el país con la huelga general del 14 de diciembre, convocada contra una reforma laboral que prevé abaratar el despido e introducir los contratos temporales para los más jóvenes. Suenan tambores de guerra.

En representación del Gobierno, acompañan al presidente los ministros de Economía, Carlos Solchaga; de Trabajo, Manuel Chaves, y de Administraciones Públicas, Joaquín Almunia. Por parte de los sindicatos, acuden sus secretarios generales, Nicolás Redondo y Antonio Gutiérrez. Desde la Moncloa aseguran que el presidente encabeza la delegación por «la importancia que para el Gobierno tiene el diálogo social y el interés por la posibilidad de alcanzar un acuerdo». De cara a la opinión pública queda muy bien que el mismo presidente se encargue de una cuestión como esta, pero la razón es bien distinta. Es el ministro de Defensa quien se lo desvela a Emilio Alonso Manglano en un encuentro celebrado al día siguiente:

—El presidente tuvo que asistir a la reunión con los sindicatos porque Solchaga se iba si Chaves era el interlocutor —explica Narcís Serra.

Las relaciones entre los ministros Solchaga y Chaves son un problema, y al presidente del Gobierno no le ha quedado más remedio que asumir la reunión. La amenaza de dimisión de Solchaga no es cuestión menor.

La reunión se prolonga durante más de seis horas y es un fracaso absoluto. En la rueda de prensa posterior, Felipe González acusa a los sindicatos de poner en riesgo el crecimiento de la economía española y la creación de empleo. Antes de atender las demandas de los representantes de los trabajadores —dice González—, «prefiero estar en mi casa».

La advertencia del presidente adquiere especial relevancia a la luz de los archivos de Manglano. El ministro Narcís Serra le cuenta que la rueda de prensa ha ido «bien» y le desvela la estrategia del Gobierno: «Hay que conectar con la sociedad, sacar el enfrentamiento del marco Gobierno-sindicatos». No obstante, le reconoce que en un clima de enfrentamiento frontal con los representantes de los trabajadores «no se pueden hacer planes» y le deja caer que las elecciones se adelantarán para otoño de 1989. Pero el titular viene después:

—El problema está en que Felipe diga que no va como candidato —le revela Serra a Manglano dando carta de veracidad a la advertencia pública que ha hecho González.

El jefe del CESID anota que es este un «asunto complejo de difícil solución» y reflexiona sobre la figura del presidente, sometido ya al conocido «síndrome de la Moncloa»: «MD influye en PG, pero no son muchas las personas que influyen en él». Y añade: «Cabeza fría y no ceder». Es 12 de enero de 1989 y si las elecciones son en otoño, aún quedan muchos meses para gobernar con las señales del pato cojo: un presidente que no se va a presentar a la reelección es un presidente débil.

Efectivamente, en la agenda de Manglano de los meses siguientes la decisión de Felipe González es un tema recurrente, es de lo que se habla en los círculos mejor informados. El 4 de febrero Manglano se entrevista con el rey y anota: «Lamenta que FG no se presente como candidato en las elecciones, pero no hay que personalizar excesivamente a los líderes. Algunos notables le dicen que no debe irse».

En los meses sucesivos Felipe González sigue deshojando la margarita. El 17 de febrero Manglano anota que «el PG ha dicho que en política hay que aguantar»; el 15 de marzo que «FG ve probable no presentarse», y el 21 de abril, una confesión de Serra: «El problema se planteará cuando el próximo año FG pueda no querer presentarse como candidato».

¿Se va a presentar o no se va a presentar Felipe González a las siguientes elecciones? En caso afirmativo, no hay problema; pero en caso negativo el Partido Socialista debería lanzar la carrera de la sucesión. El 31 de agosto Manglano se reúne con su inmediato superior. Narcís Serra le hace un anuncio:

—Mañana se convocan elecciones.

La cita con las urnas se adelantará siete meses, al 29 de octubre. Un factor clave ha sido el buen resultado del Partido Socialista en las elecciones europeas celebradas el 15 de junio: el PSOE consiguió con Fernando Morán el 39,5 por ciento de los votos, frente al 21,4 del PP de Marcelino Oreja. Narcís Serra también revela el «factor psicológico» que asola a Felipe González, según la nota del director del CESID: «El PG está mejor. Por ahora renuncia a no presentarse. Quizás se retirará más adelante».

Y afirma que a Felipe González «no le gusta hablar del tema» y que «habló con el rey».

Las elecciones revalidan el triunfo del PSOE (176 escaños, 9 menos), que sigue perdiendo apoyo pero que mantiene la mayoría absoluta. La segunda fuerza es el Partido Popular (107, 2 más), formación heredera de la Alianza Popular de Fraga y liderada por un joven político que viene de presidir la Junta de Castilla y León: se llama José María Aznar y está llamado a ser el hombre que unifique la derecha y que construya la alternativa liberal-conservadora a la hegemonía del Partido Socialista. No obstante, para ello aún tiene que pasar un tiempo.

Mientras, Emilio Alonso Manglano asume que seguirá una legislatura más al frente del Centro Superior de Información de la Defensa, del que lleva siendo director más de ocho años. Él aún no lo sabe, pero en los próximos años será testigo de excepción de un ambicioso chantaje contra el Estado. Nadie con auténtico poder en España será ajeno a las amenazas: el rey, el presidente del Gobierno, los ministros, los partidos políticos y los sindicatos. Y Manglano va a jugar un papel trascendental para frenar la amenaza. La viabilidad del Estado está en juego.

6

La *auctoritas* de Manglano

El caso Juan Guerra

«*U*n hermano de Alfonso Guerra participa en una operación urbanística de ochenta mil millones de pesetas.» El 3 de enero de 1990 el diario *ABC* publica una noticia que afecta de lleno al vicepresidente del Gobierno y que acabará convirtiéndose en el primer caso de corrupción del felipismo. Juan Guerra se aprovecha de su condición de «hermanísimo» del todopoderoso número dos de Felipe González para hacer negocios. El despacho desde el que opera pertenece a la Delegación de Gobierno en Andalucía, y está situado en la plaza de España de Sevilla. Los españoles acaban de incorporar a su léxico un sintagma que los va a acompañar durante mucho tiempo: «tráfico de influencias». El caso Guerra no solo pasará a la historia como el primer caso de corrupción de la era González —al que seguirán otros muchos, y de una gravedad infinitamente mayor—, sino que supone un cambio drástico en la actitud del Gobierno hacia la opinión pública. Por primera vez tras ocho años de Gobierno, Felipe González se pone a la defensiva. Como si el cambio de década simbolizara un antes y un después en el felipismo, un punto de inflexión en un liderazgo que en los largos años 80 parecía no tener fin.

A lo largo de ese mes de enero de 1990 la prensa va poco a poco tirando del hilo y destapando un escándalo que pronto pasa al primer plano de la actualidad política: los partidos de la oposición piden explicaciones y la Fiscalía empieza a investigar. A pesar de los esfuerzos socialistas por minimizar el problema, la imagen del vicepresidente ya cotiza a la baja ante la opinión pública y existe el riesgo de que arrastre a todo el Gobierno. El caso entra de lleno en el Consejo de Ministros.

Emilio Alonso Manglano accede a información de primera mano. El relato que le ofrece el ministro de Defensa a lo largo de las semanas siguientes es esclarecedor: González no está acostumbrado a la crítica, y no la gestiona bien. Quince días después de la primera información en *ABC*, Manglano despacha con Serra. Hablan de «asuntos políticos» que quedan registrados en su agenda. Narcís Serra destapa el alcance real que el caso Guerra ha provocado en el Ejecutivo: «No sabe si habrá cambios en el Gobierno por lo de Juan Guerra. Crea problemas con el vicepresidente». Serra revela que, cuando menos, el escándalo genera tensiones en el Gabinete de Felipe González. Deja caer que se pueden producir cambios, y aunque no cite al vicepresidente es obvio que es a él a quien se refiere. Pero no es el único problema: el ministro de Defensa también quiere «que se vaya Solchaga», titular de Economía. A pesar de que las elecciones generales se han celebrado hace apenas cuatro meses, el desgaste es grande y Serra está dispuesto a decírselo a la cara a González: «Quiere decirle al PG que dé punto final a la situación». Manglano anota también la respuesta que él mismo da al ministro, una sugerencia que desvela la situación en la que se encuentra el Gobierno de González en el comienzo de su tercera legislatura: «Le digo que hay que reforzar el proyecto socialista».

La conversación de Narcís Serra con el presidente y el vicepresidente se produce unos días después. Tal y como se la describe a Manglano el 30 de enero, es reveladora de cómo está asumiendo el escándalo el presidente del Gobierno: «El PG está muy enfadado con la prensa (demasiado enfadado)». Esa es la única conclusión que Serra transmite al director del CESID. Nada de autocrítica, ninguna medida a adoptar. «También me dice el MD —anota Manglano— que quizás (González) apoya demasiado al VPG.» Cierre de filas y enfado con la prensa, la reacción de González es todo un símbolo de lo que está por venir, a corto y a largo plazo.

Los titulares en portada de los periódicos son cada vez más claros: «El hermano de Guerra obtuvo 160 millones por participar en una empresa» *(ABC)*; «Juan Guerra usaba el despacho oficial de manera permanente» *(El Mundo)*; «Alfonso Guerra recibió en 1987 un informe con las actividades de su hermano Juan» *(El País)*. La presión es tal que el Gobierno cede y su vicepresidente se ve obligado a comparecer ante el Congreso.

1 de febrero: Alfonso Guerra, la lengua más ácida contra el abuso de poder, el látigo más fiero en la defensa de la igualdad, dando explica-

ciones ante el Congreso por un caso de (presunto) tráfico de influencias. España está cambiando, y el Gobierno socialista también. Las explicaciones no satisfacen a la oposición, y tampoco a la opinión pública: las críticas están a punto de subir un escalón, por lo que Felipe González decide hacer un movimiento arriesgado. «Estoy absolutamente seguro de la honorabilidad y honradez del vicepresidente», afirma ante la prensa antes de afirmar que si Guerra tuviera que dimitir, él también lo haría:

—Dos por el esfuerzo de uno. Eso está claro. ¿Lo tengo que explicar con mayor precisión?[43] —declara el presidente a la prensa en los pasillos del Congreso.

No es la primera vez que González se expone personalmente para salvar una crisis política. La anterior, con el referéndum de la OTAN, le salió bien. En este caso habrá que verlo. Lo cierto es que el tono de González ante los periodistas ese 1 de febrero es desafiante, pero a tenor de las revelaciones del archivo de Manglano, la realidad es otra. El 14 de ese mismo mes el ministro de Defensa vuelve a departir con el jefe del CESID:

—El presidente del Gobierno está mal de ánimo, preocupado. Piensa que existe una campaña sucia contra él —afirma Serra.

«Impotencia ante la prensa —valora Manglano, siempre preocupado por las cuestiones que puedan desestabilizar al Estado. Y concluye—: Hay que ayudar a PG. Ayuda para evitar situaciones peores.»

Felipe González necesita ayuda porque el Gobierno da muestras de debilidad. En los meses siguientes el caso Guerra no es una crisis del vicepresidente, sino del Ejecutivo en su conjunto. Parece que González ha conseguido que el escándalo no lo salpique, pero el tema de conversación es cómo y cuándo remodelará su Gobierno. La palabra «crisis» es hito común en las conversaciones que Manglano mantiene con los poderosos a lo largo de 1990. Guerra y Solchaga, como posibles damnificados; Narcís Serra, como valor en alza. El estado de ánimo del presidente, otra constante en los archivos de Manglano: «El PG está bien […]. Se retrasa la crisis», anota el 13 de julio.

La inestabilidad del Gobierno es tema de conversación también en la Zarzuela. Manglano acude a una audiencia con el rey el viernes 20 de julio. De las 11:45 a las 13:15 horas. El primer «tema abordado» es obvio, y don Juan Carlos le desvela lo que está pensando el presidente del Gobierno: «FG le dice que nadie le hace la crisis (no acepta presiones)». A tenor

43. *El País*, portada, viernes 2 de febrero de 1990.

de esto, González tiene amor propio: «Parece que le dijo que AG [Alfonso Guerra] se iría pronto. Parece que le dijo que cambiaría a Narcís».

Esta audiencia es clarividente: en julio de 1990, seis meses después de que *ABC* publicara la primera información del escándalo Guerra, Felipe González tiene claro que el vicepresidente debe dar un paso atrás, y que Serra va a ocupar un nuevo puesto en el Gobierno. Tres días después, Manglano se reúne con Serra, que parece tener información de primera mano:

—La crisis se hará.

Manglano anota las reflexiones de su superior sobre su futuro en el Gobierno: «El PG le ha dicho que no sabe si llevarlo a Exteriores o a Economía (él prefiere Exteriores). Puede irse Guerra. Puede pedir que se vaya Solchaga. Se retrasa la crisis (septiembre)». Y una pregunta importante que Serra formula a Manglano: «¿Quién puede ser MD? ¿Suárez, Mercader, uno de los ministros actuales?».

Manglano sigue captando información. El 14 de agosto almuerza con el ministro de Asuntos Exteriores, Francisco Fernández Ordóñez. Cómo no, hablan de la crisis de Gobierno. El ministro le cuenta algo que Manglano ya sabe: «Tiene un problema con Alfonso Guerra y Solchaga». Lo interesante de esta conversación está en lo que el ministro le dice del futuro de ambos fuera de la política: «Guerra no tiene dónde ir si se va del Gobierno». Y más allá de valoraciones, dos constataciones: la situación entre los ministros es «mala», y este es un «problema grave para Felipe».

Toda la información que Manglano recoge de fuentes de primera mano construye un relato verosímil: el presidente gestiona el caso Guerra cerrando filas con su número dos en una decisión que destapa las divisiones existentes en su Gobierno. Durante un año, la presión de la prensa arrecia y Felipe aguanta, pero la necesidad de remodelar un Gobierno mal diseñado es cada vez más evidente. El presidente sufre con los ataques de los contrapoderes, pero tiene carácter: los tiempos los marca él. Finalmente, el 11 de enero de 1991, Alfonso Guerra anuncia por sorpresa su dimisión un año después de que *ABC* levantara la sospecha sobre las actividades de su hermano. La salida del Gobierno del *alter ego* de Felipe González es todo un símbolo y, aunque permanecerá como número dos del PSOE, ya nada será igual.

En la tercera legislatura de González irrumpen dos nuevos elementos que nunca habían coincidido en el escenario político del felipismo.

Uno tiene que ver con la oposición política: ese joven político castellano-leonés llamado José María Aznar parece estar armando una oposición real frente al PSOE. El otro tiene que ver con la oposición mediática: el diario *El Mundo* modificará las reglas del periodismo español. La batalla por derribar a Felipe González acaba de empezar.

La doble crisis de la monarquía

La relación personal entre el rey y el director del CESID es cada vez más estrecha. La prueba está en el comienzo del primer encuentro a solas entre ambos en 1990. Es el 8 de enero, a las 13:00 horas. Solo tres días atrás el rey ha cumplido cincuenta y dos años, por lo que Manglano le ha enviado un regalo. «Le ha gustado mucho la grabadora», anota en la recién estrenada agenda, en la que recoge los temas hablados esa mañana.

Si ese es un año difícil en el palacio de la Moncloa —el caso Guerra supone un cambio de ciclo—, no lo es menos en el de la Zarzuela. El jefe de la inteligencia española va a tener la oportunidad de definir cuál es su papel en relación con el rey, más allá del buen entendimiento personal y profesional entre ambos. La confianza del rey en el director del CESID es alta: tras agradecerle el regalo, el monarca le pregunta «si le gustó el discurso de Pascua», pronunciado dos días antes frente a la cúpula militar, como es tradición todos los 6 de enero. Al rey le interesa la opinión de Manglano. También le cuenta que el presidente del Gobierno le ha dicho que destituirá a Francisco Fernández Ordóñez, ministro de Exteriores desde 1985, y le confiesa que «está de acuerdo». Sin embargo, esa sustitución aún tardará en llegar.

El siguiente asunto por el que se interesa el rey sí va a ser ejecutado próximamente. Le pide que prepare una nota sobre el relevo de la JUJEM. «Él cree que debe cambiarse», apunta Manglano, que se pone manos a la obra. Unos días después lo comenta con el ministro de Defensa y recoge la conversación en su agenda, en esta ocasión con una pluma de tinta azul. Es curioso el comienzo de la reseña, pues revela que Narcís Serra —aún ministro— está pensando en nombrarlo jefe del Estado Mayor de la Defensa. A Manglano la idea del relevo no parece gustarle demasiado: «No creo necesario que yo sea JEMAD. Figura limitada con poca capacidad. Situada entre el ministro y los JEMES con poca capacidad de mando. Órgano de trabajo malo. La situación en los ejércitos no puede resolverla el JEMAD».

Esta reflexión es relevante porque desvela que en 1990, cuando Manglano lleva más de ocho años dirigiendo el Centro Superior de Información de la Defensa, no solo no está cansado, sino que está encantado en su puesto: «Llevo los hilos del CESID y el servicio es un instrumento fiable para el Gobierno. No soy imprescindible, pero hay dificultades para hacerlo». El jefe de la inteligencia tiene los pies en el suelo, pero reivindica su papel: «No hay justificación». Eso sí, admite que tanto tiempo en el cargo supone un desgaste: «Mi figura tiene un cierto deterioro».

Manglano no acaba de concretar los términos en los que surge este debate sobre su posible relevo, pero todo queda en nada y Manglano continúa en el puesto. Es más, los nombres que se manejan se acercan bastante a los que cinco meses después protagonizarán el relevo en la JUJEM. Son cuatro puestos: el JEMAD y los jefes del Estado Mayor de los tres Ejércitos. La quiniela que manejan Narcís y Manglano a 17 de enero es la que sigue: Ramón Porgueres para el Ejército (JEME), Ramón Fernández Sequeiros para Aire (JEMA) y Gonzalo Rodríguez Martín-Granizo para la Armada (AJEMA). «Aunque también este puede ser JEMAD», anota Manglano. Finalmente, Granizo es nombrado JEMAD y Carlos Vila se convierte en el AJEMA. La cúpula militar ha sido renovada solo cinco meses después de que el rey se interesara por ello en esa primera audiencia de 1990.

Ese 8 de enero don Juan Carlos realiza una serie de peticiones que Manglano recoge en su agenda bajo el epígrafe de «encargos». En primer lugar, le pide que hable con Sabino Fernández Campo, que en las próximas semanas va a ascender a jefe de la Casa del Rey, sobre el presupuesto de la institución, y en concreto sobre los conductores: «Debían estar más preparados», afirma don Juan Carlos. Como tantas otras veces, los dos interlocutores hablan de la percepción que en las Fuerzas Armadas se tiene del rey. Este «cree que tiene la confianza y la lealtad y duda de que crean que tiene influencia». Lejos quedan ya aquellos primeros años 80 en los que este era un tema clave de los despachos entre ambos. Lejos quedan ya, lejísimos, los tiempos en los que Manglano dedicaba gran parte de sus recursos a controlar los movimientos involucionistas que aún permanecían tras el 23-F. Finalmente, ambos dialogan sobre la seguridad de las comunicaciones: el rey se refiere a la instalación de sistemas en su barco y le pide un detector de metales.

Es un encuentro amable y lleno de complicidad. La prueba de esa confianza está en la entrevista que mantienen entre las 11:45 y las 14:15 horas del 20 de julio. Dos horas y media de confesiones íntimas:

—El príncipe me ha dicho que por ahora no se piensa casar. Parece que está enamorado. Tanto que tiene una foto de ella cuando tenía tres años. Me ha contado que se acostó con ella el año pasado.

El rey está de acuerdo con Manglano en que «no es bueno que se case con una chica que no sea de sangre real». El director del CESID insiste en que la mejor opción es un matrimonio entre pares, una chica de la realeza europea, como doña Sofía.

—Majestad, ¿qué pasa si el príncipe se casa y espera el momento de ser rey con la presión de la mujer?

«Hay gente que no la aceptaría como reina», anota Manglano antes de señalar otro aspecto clave para la aprobación social de esa relación: el pasado de la novia. «Le digo al rey que le hable (al príncipe) de este asunto.» Don Juan Carlos también desvela que su hijo quiere irse «unos días a una isla» con su chica, para lo que Manglano ofrece que el CESID se encargue de la logística. El director no anota el nombre de la mujer, pero puede tratarse de Isabel Sartorius, a la que sí citarán más adelante.

Las confidencias revelan un grado de confianza máximo. El rey sigue hablando con un amigo al que desvela detalles del resto de miembros de la familia real:

—Elena no está bien, se lleva mal con su madre, y Cristina ha vuelto de Nueva York con ganas de trabajar, no en una empresa, en puestos internacionales.

También charlan sobre las visitas oficiales que harán los reyes en lo que queda de año y en 1991, y plantean la posibilidad de recurrir a las hermanas y a los hijos del rey para que actúen en representación de la familia real.

Desde enero de 1990, la estructura de la Casa del Rey ha cambiado. Tras la salida de Nicolás de Cotoner y Cotoner, marqués de Mondéjar, Sabino Fernández Campo es ascendido a jefe de la Casa, y su puesto en la secretaría general lo pasa a ocupar José Joaquín Puig de la Bellacasa. Según desvela el rey a Manglano, este último le ha hecho unas confidencias problemáticas, pues de ser ciertas suponen que el jefe de la Casa está perjudicando al rey: «Le ha dicho que Sabino le habla mal del rey y de la reina, dice que estamos locos. Dice que el rey cobra comisiones». Junto a estas frases que Manglano atribuye en sus notas a Puig de la

Bellacasa, el jefe del CESID anota: «Manolo Prado, comisiones = 600 millones». Prado y Colón de Carvajal no solo es íntimo amigo del rey, sino el administrador de sus cuentas personales y, como se ha relatado, el gestor de los intereses económicos con Arabia Saudí.

Las cosas en Zarzuela se empiezan a complicar a partir del verano. El día de la Asunción de la Virgen, 15 de agosto, Manglano almuerza con Puig de la Bellacasa, que acaba de llegar de Palma, donde la familia real pasa sus vacaciones de verano. Manglano transcribe la conversación, que pivota sobre tres ejes.

El primero tiene que ver con la estabilidad de la familia real. Manglano lo anota así: «Puig de la Bellacasa ha hablado con el rey del asunto con la reina». El modo de escribirlo, tan críptico, revela que es un asunto verdaderamente incómodo para Manglano, ya que se trata de la parcela más íntima de los reyes: una crisis matrimonial. Continúa Manglano: «Hay que insistir en este asunto». Y desvela dos claves: que existe un «pacto de convivencia entre los dos» y que la «conducta de la reina» es «ejemplar».

El segundo asunto tiene que ver con los rumores que entre los «amigos del rey» existen en torno a un supuesto noviazgo del príncipe con Isabel Sartorius: «Javier de la Rosa ha dicho en Londres que IS era una golfa y que lo que quería era cazar al príncipe». El jefe del CESID insiste en que este asunto «debe resolverse en familia».

La tercera cuestión tiene que ver con los «negocios en torno al rey». «Sabino le dijo que iba a hablar conmigo sobre una comisión de 800 millones a Manolo Prado —apunta Manglano. Y un detalle más—: Dice Sab. que el rey tiene 5000 millones en Suiza.»

Las revelaciones del secretario general de la Casa a Manglano se interpretan como parte de la vida privada del rey. Sin embargo, el jefe de la inteligencia es consciente de que, en el caso del jefe del Estado, es muy difícil diferenciar entre esfera pública y esfera privada. Es una fina línea. Y también es consciente de que la estabilidad de la familia real es importante para la estabilidad de la jefatura del Estado.

Tres semanas después, el 6 de septiembre, Manglano vuelve a almorzar con José Joaquín Puig de la Bellacasa. Hablan de la situación entre el rey y la reina: «El rey está mal —anota Manglano—. Dedicado completamente a M[44] y con sus amigos golfos. Se desentiende de todo.

44. Se refiere a la mallorquina Marta Gayá.

No hace nada». Ante estas revelaciones, el jefe de la inteligencia cataloga la situación como «grave» y se hace una pregunta: «¿Conviene o no hablarle?». Manglano se enfrenta a una cruda disyuntiva, tal vez las más importante de su vida profesional. Dejar pasar el asunto y mirar para otro lado, o asumir el riesgo de plantear al rey un tema verdaderamente incómodo. La auténtica lealtad consiste en decir la verdad. Es el camino difícil, y exige enormes dosis de valentía, pero en él anida la honestidad.

Lo que Manglano piensa de la situación que se vive en Zarzuela se deduce de las dos escuetas anotaciones que escribe en la página correspondiente al 6 de septiembre de 1990: «Injerencias de esa mujer. Generosidad de la reina». No se puede decir más en menos. Y concluye: «Doble crisis (monarq.)».

La decisión no tarda en llegar. Manglano no es hombre de recovecos. El 10 de septiembre es recibido en audiencia por el rey. Va a hacer uso de su relación de confianza con él para plantearle frontalmente su percepción. Tal vez nadie, o muy pocas personas, hayan hablado así nunca al rey. Resume la conversación de este modo:

> Le hablo de la crisis de las relaciones con Marta.
>
> a) En el ámbito familiar. Me dice que en Lausana habló con la reina y le dijo que se considerara como separada y que no se metiera en sus cosas. Mal este asunto. Ha hablado de este asunto con sus hijos.
>
> b) En sus obligaciones como rey. Cambios de horarios, renuncia a obligaciones, etcétera. Me dice que se le tiene que hablar claro. No tiene conciencia de esto. Le digo que no lo puede tratar ni con el Gobierno ni con la prensa. Está de acuerdo.

Manglano está preocupado: «Mal la situación». Tras su conversación con don Juan Carlos concluye que «las relaciones con la reina van a peor», y con «los hijos también». Al respecto, escribe una anécdota: «La infanta Cristina se cogió una borrachera en una discoteca este verano».

El rey le hace otra confesión que Manglano anota en su agenda: «No sabe de quién fiarse». La información contenida en la página de esa fecha es trascendental. Manglano ha subido un nuevo peldaño: «Hay que hablarle claro».

En toda esta crisis a lo largo del año 90 hay un elemento novedoso:

José Joaquín Puig de la Bellacasa. El 5 de diciembre, cuando aún no ha cumplido un año en el cargo de secretario general, llama a Emilio Alonso Manglano. Le cuenta que el rey lo ha llamado a las 7:45 de la mañana «para decirle que se tiene que ir de la Zarzuela por problemas internos y externos». Manglano observa que Puig de la Bellacasa «está machacado». Es este un nuevo problema en la Zarzuela, por lo que decide llamar al ministro de Defensa: «No cree que el presidente del Gobierno haya intervenido en el asunto».

A la mañana siguiente Manglano habla con el rey:

—No ha encajado en la Zarzuela. Tampoco lo quieren el presidente del Gobierno y el ministro —le dice don Juan Carlos.

Manglano anota que la salida para Puig de la Bellacasa puede ser una embajada, y concreta Roma o Buenos Aires. El día 7 Manglano vuelve a hablar con el afectado: «Está desolado». Justo la víspera, cuando la Constitución ha cumplido doce años, Manglano escribe en su agenda sobre el modo de resolver esta crisis en la Zarzuela:

1) Hablar con el rey: alargar el asunto un tiempo para que no salga de esta forma.

2) No parece que haya otra solución.

Puig de la Bellacasa está sentenciado, aunque como sugiere Manglano, su destitución aún tardará unas semanas en llegar. Ya en enero, él mismo le cuenta al jefe del CESID que el ministro de Exteriores le ha ofrecido las embajadas de Lisboa o Roma: «J. J. prefiere Lisboa, el PG prefiere Roma (para que se vaya el embajador)». Finalmente, el ya exsecretario general de la Casa se sale con la suya y el 25 de enero es designado embajador en la capital de Portugal. Sabino ha ganado el pulso.

La crisis de las embajadas

¿Cuánto pesa la historia? ¿Existe alguna forma de cuantificar la influencia del pasado en el presente? Un buen indicador puede ser observar las relaciones entre España y Cuba: la impronta que la Corona española dejó en la isla caribeña desde que en 1519 fundara la ciudad de La Habana hasta la pérdida de las últimas colonias en 1898 es tan profunda que casi un siglo después la influencia de la Madre Patria sigue presente, para bien o para mal, y a pesar de las distintas coyunturas atravesadas durante el siglo XX: a finales del XIX Cuba fue arrebatada a España por los estadounidenses; casi cien años después Fidel Castro preside con mano de hierro un estado comunista situado a escasas 90 millas de las costas de Florida y convertido en referente de los movimientos anti Estados Unidos en América y en punta de lanza de los intereses soviéticos en la región.

A finales de la década de los 80, los vínculos culturales entre España y Cuba siguen siendo mayúsculos, pero las relaciones bilaterales son difíciles. En quinientos años ningún rey de España ha visitado la isla: tampoco don Juan Carlos, a pesar de su intensa agenda internacional y de un interés personal por realizar ese viaje. El jefe del CESID conoce esta intención del monarca desde al menos 1986, cuando llegó a sus oídos una de las razones que mueve a don Juan Carlos a querer volar a Cuba: «Para darle en la cabeza a los americanos». La frase revela el carácter campechano del jefe del Estado, y también el peso de la historia: le guste o no a Estados Unidos, España sigue teniendo una inmensa *auctoritas* en Cuba.

Pero más allá de las intenciones del rey de España, el final de los 80 es una etapa clave en el contexto internacional porque el bloque comunista se desmorona. La Perestroika impulsada por Mijaíl Gorbachov desde 1985 propicia una ola de revoluciones en los países satélites de la URSS: el sindicato Solidaridad derrota al comunismo en Polonia; en Hungría se impone el multipartidismo; la Revolución de Terciopelo catapulta al poder en Checoslovaquia a Vaclav Havel, uno de los disidentes anticomunistas más famoso de Europa, y, por encima de todo, la simbólica caída del Muro de Berlín el 9 de noviembre de 1989.

El CESID sigue muy de cerca la evolución de todos esos países, y en especial de la URSS. El 9 de febrero de 1990 Manglano almuerza con el embajador soviético en Madrid. La conversación es pragmática. El embajador le expone lo que su país «necesitará de España». Para empezar, dinero: 7000 millones de dólares (en créditos): 4000 normales, 2000 fáciles y 1000 blandos. En segundo lugar, anota Manglano, «les interesan relaciones con medias/pequeñas empresas». Pero el embajador no solo hace la lista de la compra, sino que lanza una advertencia:

—Creemos que España se queda atrás.

Y ofrece un dato esclarecedor: de 2000 empresas mixtas, solo 19 son españolas. Y un reclamo concreto, que puede y debe ser interpretado como una oportunidad de negocio: «Que vayan los empresarios a la URSS». El embajador habla de turismo y de las relaciones con los bancos. La Unión Soviética es un mercado inmenso que en un futuro cercano, de una manera o de otra, se va a abrir al mundo, porque va a dar lugar a un sinfín de nuevos países deseosos de recibir inversión extranjera.

En julio se produce una réplica al otro lado del Atlántico: siete disidentes cubanos piden asilo en la embajada checoslovaca en La Habana. La elección no es casual: unas semanas antes, el presidente Havel había pedido en una carta la liberación de todos los presos políticos cubanos, solicitud que fue calificada como «una violación grave de la soberanía cubana» por Fidel Castro.[45] Es el comienzo de una crisis interna en Cuba, que pronto tiene sus repercusiones en España y que va a provocar un conflicto diplomático serio entre ambos países: es la crisis de las embajadas.

El asunto llega al CESID el 12 de julio. Emilio Alonso Manglano recibe un recado de la directora ejecutiva de la Fundación Nacional Cubano-Americana (CANF, en inglés), fundada en 1981 para promover el cambio en Cuba desde dentro y el respeto a los derechos humanos: «Que los refugiados cubanos en la embajada de Checoslovaquia en La Habana sean trasladados a España y después a Estados Unidos». El jefe del CESID traslada la petición a Presidencia del Gobierno y al Ministerio de Asuntos Exteriores. El problema no ha hecho más que empezar: ese mismo día un disidente cubano se refugia en la embajada española de La Habana. Es el primero de un goteo que va a tensar las relaciones entre ambos países hasta el punto de que en la noche del 13 al 14 de julio varios policías cubanos violan la inmunidad diplomática al irrumpir en la embajada española persiguiendo a tiros a una persona en busca de asilo. El Gobierno cubano se ve obligado a pedir excusas y comprometerse a no incurrir en semejantes actitudes, pero la cosa no va a quedar ahí.

El conflicto se disputa al menos en dos ámbitos, que el Gobierno maneja coordinadamente. De un lado, y a la vista de todos, la vía diplomática encabezada por el ministro de Asuntos Exteriores, Francisco Fernández Ordóñez, que busca el apoyo de las instituciones europeas. En segundo plano, mucho más discreto, la inteligencia española, con Emilio Alonso Manglano como maestro de ceremonias.

Tres días después, el 17 de julio, Manglano entrega al representante del servicio cubano en Madrid, de apellido Buajasán, un mensaje para su ministro del Interior: «Que apoye una solución negociada de la situación

---

45. https://elpais.com/diario/1990/07/11/internacional/647647211_850215.html

en la embajada de España en Cuba». El interlocutor informa a Manglano de que «3 o 4 españoles han pedido asilo político» y le asegura que «lo han rechazado». «Para él —anota Manglano en su agenda— el problema está en que EE. UU. ha clausurado las visas de cubanos para salir de Cuba. —Y añade un detalle sobre cómo se gestó el detonante de la crisis—: El incidente de la embajada de Checoslovaquia se preparó por A. Valladares, que estuvo recientemente en Praga visitando al presidente.» Es de suponer que Manglano se refiere a Armando Valladares, escritor cubano y preso político del régimen de Fidel desde 1960 y durante veintidós años.

Las gestiones se suceden. Al día siguiente Manglano recibe la respuesta del ministro del Interior cubano e informa al secretario de Estado de Cooperación Internacional e Iberoamericana, Luis Yáñez, de que «voy a mandar dos hombres a Cuba para ayudar en el proceso de negociación». Manglano también despacha con el subsecretario de Exteriores, Inocencio Arias: «Me llama Chencho: se adopta la solución de buscar un país iberoamericano (CAP). Si falla esta, se pondría en marcha la alternativa de negociar con el Gobierno cubano». Las iniciales CAP se refieren a Carlos Andrés Pérez, presidente de la República de Venezuela.

El Gobierno de España no quiere negociar directamente con Cuba, sino a través de un intermediario. En marzo ya se produjo un desencuentro relevante con Fidel Castro, quien aprovechó un discurso en Río de Janeiro para defenderse de un manifiesto de 300 parlamentarios brasileños que reclamaban elecciones libres en Cuba:

—Díganme, ¿y al rey de España quién lo eligió? Es el jefe de Estado de España, y eso no fue democrático. Eso fue genético y viene desde la época de Isabel la Católica. Le eligieron hace quinientos años. Les pregunto: ¿cómo eligen a los jefes de los Gobiernos en Inglaterra, en Alemania, en España…? No lo eligen por el sistema del voto directo. A todos esos Gobiernos no los eligen por ese sistema. Los eligen los parlamentarios.

El incidente de la policía cubana en la embajada española deriva en un enfrentamiento dialéctico entre el número tres en la jerarquía cubana, Carlos Aldana, y el ministro español de Exteriores, al que el primero acusa de tener una «escandalosa incultura en materia de derechos internacionales». También atribuye la actitud de España a los «responsos de angustiado administrador colonial». Al día siguiente el Gobierno español llama a consultas al embajador, y la Comisión Europea congela su cooperación con Cuba. La crisis alcanza cotas desconocidas. «Fidel Castro está en un callejón sin salida», dice el secretario de Estado Yáñez.[46]

El 20 de julio otros cinco disidentes entran en la embajada española y el 21 lo consiguen nueve más. En poco más de una semana dieciocho personas han ingresado en la legación española. La escalada verbal no cesa: Cuba acusa a España de injerencias y exige que la crisis se resuelva al más alto nivel, es decir, entre Fidel Castro y Felipe González. El culmen se alcanza el día 26, cuando el dictador cubano acusa a España de ser «cómplice del imperialismo» yanqui. Es evidente que la vía diplomática ha fracasado. El ministro de Asuntos Exteriores le informa a Manglano de que «siguen las negociaciones con Castro a través de C. Andrés Pérez» y le hace una petición: «Ver si nos podemos enterar si entre los refugiados en la embajada de España en La Habana existen personas que quieran salir».

Manglano sigue haciendo su trabajo y anota sus gestiones el domingo 29 de julio: «Me llama Chencho Arias para decirme que se acepta la propuesta cubana, con las siguientes variaciones: concretar y reducir el plazo de salida de Cuba y que actúe como fedatario CAP». El jueves 2 de agosto: «Recibo un mensaje del M. [ministro] Interior de Cuba en relación con la crisis de la embajada española. Envío copia al PG y al MAE [ministro de Asuntos Exteriores]. No acepta las garantías para que los acogidos en la embajada española puedan salir de España si lo desean». Viernes 3 de agosto: «Se prepara un borrador de contestación al M. Interior de Cuba. Se contrasta este borrador con el director general del S. [Servicio] Exterior del MAE. Se llega a una redacción definitiva. Se envía a Moncloa». Sábado 4 de agosto: «El PG da su aprobación al texto propuesta para remitir el M. Interior cubano». Lunes 6 de agosto: «Se entrega el texto de la carta al M. Interior al representante del servicio cubano en Madrid».

Durante la primera semana de agosto, Manglano gestiona las negociaciones con el ministro del Interior de Cuba, siempre en estrecho contacto con la Presidencia del Gobierno y con el Ministerio de Asuntos Exteriores, y siempre lejos de la prensa. Sin embargo, y en plenas negociaciones, un nuevo incidente echa más leña al fuego. «Una de las primeras bailarinas del Ballet Nacional de Cuba pide asilo en España», informa *ABC* el 5 de agosto. Se trata de Dogmar Moradilla, que ha aprovechado

46. *El País*, portada del 20 de julio de 1990.

una visita profesional a España para solicitar protección al Gobierno español para ella y para su marido. Al día siguiente, una nueva vuelta de tuerca: «Desaparece el último asilado cubano en España: Alfredo Rodríguez, de cuarenta y dos años, desapareció de su hotel a las 11 de la mañana de ayer sin que se tengan noticias de su paradero». Es el marido de Dogmar. Y el día 7, un capítulo más, también en *ABC:* «El refugiado cubano huyó en Canadá de sus raptores. Esbirros de Fidel Castro lo secuestraron en la puerta de un hotel en Madrid». Al parecer, los secuestradores lo metieron en un avión destino Cuba, pero se despistaron en la escala en Canadá y el refugiado logró esconderse en la Oficina de Inmigración del aeropuerto de Gander, en el país norteamericano. «¿Arrepentirme? ¿Volverme atrás? Antes muerto», declara ese día Rodríguez a *ABC*. «No me volveré atrás», afirma su esposa, asilada en España. Así se las gasta el régimen castrista, en suelo cubano y en suelo español. El 14 de agosto Manglano almuerza con Fernández Ordóñez, que le pregunta inquieto:

—¿Quién le da la información sobre Cuba a *ABC*?

A pesar de todo, y tras un mes de creciente tensión entre ambos países, las relaciones vuelven a su cauce, gracias entre otras cosas a que en Oriente Próximo estalla un conflicto que va a centrar la atención de la comunidad internacional. El 14 de septiembre el embajador de Cuba en España visita a Manglano. Tras entregarle, como es costumbre, una caja de puros, le envía un mensaje del presidente cubano:

—Tanto Fidel como el Gobierno cubano quiere que se normalicen las relaciones con España.

Manglano le responde, escueto, sincero y directo:

—Hay que mantener las relaciones.

El representante cubano le anuncia que quiere invitarlo a almorzar en la embajada con sus esposas y elogia su actitud en la crisis de las embajadas:

—Usted actuó como un canciller.

La cima de la inteligencia europea

Un remolcador español, el *Cauderán*, encalla frente a la costa de Mozambique en septiembre de 1989. Un mes y medio después cuatro de sus marineros son secuestrados por la Resistencia Nacional Mozambiqueña (RENAMO), un movimiento ilegal fundado en 1975 que busca repercusión internacional para alcanzar su legalización como partido político, lo que logrará en 1990. Los marineros —Manuel Rivas Grandal, Felipe Hermoso Seoane, José Manuel Alonso y José Luis Pedrosa— pasan el cautiverio en un pequeño campamento al que llegan tras caminar durante un mes a través de la selva. El alimento básico durante el secuestro son frutas, verduras y arroz; el entretenimiento, una baraja de cartas improvisada con productos naturales.[47]

Mozambique es zona de influencia portuguesa, así que el director del CESID decide viajar al país vecino para abordar la liberación. El 23 de enero de 1990, Emilio Alonso Manglano se reúne con el jefe de la DINFO, el servicio de inteligencia militar portugués. Acuerdan que a partir del 5-6 de febrero se organizará un viaje a Malaui, país vecino de Mozambique: «Acudirá por parte española el subdirector general de la OID. Se preparará un reportaje en TVE». Las gestiones del CESID dan sus frutos, y a principios de marzo los secuestrados llegan sanos y salvos a Santiago de Compostela. La Oficina de Información Diplomática (OID) asegura que la liberación no responde a ningún tipo de contrapartida, pues el objetivo de la organización guerrillera pretendía tan solo conseguir publicidad. Tal vez por eso Manglano aceptó que se emitiera un reportaje sobre la RENAMO en Televisión Española.

Aprovechando la visita al servicio portugués, Manglano trata de profundizar en la «cooperación entre servicios», uno de sus objetivos prioritarios. Lo mismo sucede unas semanas después en París con el francés: «Exposición sobre ambos servicios, posibilidades de cooperación. Resultado de la visita, positivo». Y en octubre con el holandés: terrorismo, contraespionaje, blanqueo de dinero, relación con los países del Este.

Manglano ha ido poco a poco tejiendo una tupida red de contactos con el espionaje extranjero: países árabes, Europa e Hispanoamérica. Ese 5 de julio recibe a una delegación del Centro que ha visitado Costa Rica, Nicaragua, Honduras y el Salvador para ofrecer apoyo en la organización de servicios de inteligencia. Es esta una región importante para el Gobierno, pues tras esta reunión Manglano da orden de que se elaboren informes para el presidente del Gobierno y el ministro de Defensa.

La influencia de España en América sigue vigente, y la inteligencia española no solo mira a Europa para aprender, sino que mira a

47. https://elpais.com/diario/1990/03/10/espana/637023621_850215.html

América para enseñar. Buena prueba de ello es la visita al Centro del presidente de Honduras, Leonardo Calleja. Manglano se sienta dos horas con él el 18 de septiembre para explicarle «lo que es un servicio de inteligencia»:

- Sus misiones: amenazas/intereses (exteriores e interiores).
- No decide, informa.
- Qué caracteriza a un servicio de información: dependencia funcional del poder; claridad y definición de los objetivos informativos; profesionalización del personal; métodos para desarrollar su labor; discreción; financiación; presupuesto.

Le ofrece la preparación de un plan de apoyo y pone sobre la mesa una sugerencia: «No conviene apoyo americano».

En el año 1990 el CESID demuestra que es capaz de llegar con facilidad a casi cualquier lugar del mundo, siempre que haya intereses españoles en disputa. La *auctoritas* de Manglano es cada vez más grande. El reconocimiento llegará en primavera.

El miércoles 2 de mayo de 1990, festivo en Madrid, Emilio Alonso Manglano se va de viaje con su mujer. El destino es Lucca, una pequeña ciudad en la Toscana italiana. A las 10:40 el matrimonio coge un avión hacia Roma, donde unas horas más tarde enlazarán con un segundo vuelo hacia Pisa. Es un viaje especial que el jefe de la inteligencia española va a recoger en minuciosas crónicas en su agenda de trabajo. El motivo no es para menos: «Reunión Galileo-Club Berna». Detrás de la invitación a participar en este foro hay muchos años de trabajo y es muy significativa: son varios días y acude acompañado de su esposa.

El trato que les dispensan nada más aterrizar en el aeropuerto internacional de Fiumicino es exquisito: «Recepción en la sala de autoridades. Regalo de tabaco y entrega de dos regalos: un broche y un llavero. Traslado al restaurante Al Molo y almuerzo muy agradable. Después vamos a una tienda donde regalan a Susan cuatro trajes de Valentino».

El vuelo a Pisa despega a las 18:30 horas. Dos horas más tarde, previo paso por el «magnífico» hotel Villa Principessa –«un regalo para cada uno»–, Emilio y Susan acuden a la prefectura de Lucca, donde asisten a una cena ofrecida por el doctor Pisasale. «La prefectura es un antiguo palacio magníficamente conservado. La cena es por mesa (6 personas/5 personas) y en todas hay un intérprete. Esmoquin y traje largo. Durante la cena, un concierto de piano. La cena bien, quizás un poco lenta. Al final terminamos tarde, 2:30. Entrega de un regalo para señoras y otro para hombres. Regreso al hotel.»

El jefe del CESID es hombre detallista. Por eso anota en su agenda un asunto «pendiente»: «Escribir una carta al prefecto de Lucca. Enviarle el libro *Los paradores* y un recuerdo para su mujer, Cecilia». La minuciosidad del relato, propia de un cronista, revela el entusiasmo con el que Emilio Alonso Manglano realiza este viaje. No obstante, el trato preferencial no oculta que el objeto del mismo es asistir a unas reuniones de trabajo con la élite del espionaje europeo. A la mañana siguiente, el despertador suena temprano:

9:30. Comienza la sesión de trabajo en el mismo hotel. Aspectos importantes:

a) Terrorismo. En mi intervención señalo que ante el terrorismo internacional hay que modificar el método: identificar los objetivos políticos de Hezbolá, Abu Nidal y Ahmad Yibril.[48] Lo que quiere cada uno: por ejemplo, Hezbolá quiere una república islámica en Líbano. Consecuencias: todo lo que se oponga a ello son objetivos. Atención a la política de cada país de El Líbano, determinar sus padrinos (los países que lo apoyan), ver su organización y buscar el diálogo. Hay que ir a la Bekaa.[49] Abandonar este tratam. académico.

b) Cuba. Resumo las actividades del CESID tras tomar contacto con el servicio cubano. Objetivos en España. Otros objetivos. Expulsión. Preparar un trabajo para el C. Berna.

c) Política de España en el terrorismo. Resumen: hay que romper el método de tratamiento del terrorismo internacional y buscar soluciones en las zonas.

Emilio Alonso Manglano ha hablado claro: en relación con el terrorismo internacional, las labores de inteligencia deben realizarse de otra manera, abandonando los marcos teóricos y acudiendo a las zonas calientes, estudiando a los enemigos y priorizando el diálogo.

48. Ahmad Yibril, líder del Frente Popular para la Liberación de Palestina.
49. El valle de la Becá es una zona de Líbano donde, al parecer, se fundó Hezbolá.

Tras esta primera sesión, los invitados realizan una visita turística a Lucca y cenan en la Villa Burlamacchi. «Después de cenar —anota Manglano—, concierto. Bien la seguridad, transporte, etcétera.»

9.00. Sigue reunión de trabajo: espionaje.

- Para Inglaterra, Italia, Francia, Alemania, Dinamarca todo sigue igual: el problema de la RDA es más complejo. Para España: identificar los objetivos políticos de los países del Este/situación de los servicios. Están cambiando las cosas.
- Relación con los servicios del Este en temas de terrorismo. En general se muestran reacios. Yo pienso que es mejor nuestro contacto que con la Policía.
- Entradas en el Club: Irlanda y Grecia, no por ahora.

Próxima reunión en Luxemburgo (16 y 17 de octubre). Agradecer la organización y atenciones.

Antes de esa próxima cita se produce un hecho inesperado: el cese en junio de Albert Raes, el director del servicio belga. «Después de doce años de dirigir el servicio, lo han cesado. Él culpa al vicepresidente del Gobierno (socialista). También han existido otros problemas con el servicio.» En gesto de reconocimiento, Manglano le entrega en Madrid una placa del CESID y lo agasaja con un almuerzo y una cena.

Unos meses más tarde, justo después de la cumbre del Club de Berna de octubre, Emilio y Susan viajan con sus dos hijos desde Madrid a Bruselas, donde continúan trayecto, ya en coche, hasta Brujas. Allí almuerzan en un restaurante con los Raes y visitan la ciudad. A la mañana siguiente, 21 de octubre, acuden a misa de 11, dan un paseo por la ciudad, vuelven a almorzar con los Raes y salen hacia Bruselas, desde donde volarán a Madrid.

Este viaje refleja cómo ha crecido la figura de Manglano en el espionaje europeo. Lejos queda ya el día de 1985 en el que el rey Juan Carlos lo invitó a una audiencia en la Zarzuela. Y fue entonces cuando Manglano supo que fue Raes quien se opuso entonces a la propuesta de uno de los miembros del Club de Berna sobre que España ingresara en la organización. Cinco años después, el jefe del CESID viaja con su familia a pasar unos días en la ciudad del decano del espionaje europeo. Incluso duerme en su domicilio. Un viaje en familia como gesto de reconocimiento por ambas partes.

En 1990 Emilio Alonso Manglano habla con voz propia en la inteligencia mundial, y el mundo le va a dar la oportunidad de demostrar su *auctoritas*.

Operación Tormenta del Desierto

Al amanecer del 2 de agosto de 1990, tropas iraquíes invaden el pequeño y fronterizo estado de Kuwait. La maniobra militar de Sadam Hussein pone en guardia a la comunidad internacional y es inmediatamente condenada tanto por la ONU como por la Liga Árabe. Pero Sadam no se arredra.

Seis días después, y tras un fin de curso bastante ajetreado por la crisis de las embajadas, Emilio Alonso Manglano al fin disfruta de su primer día de vacaciones en Estados Unidos junto a su mujer y sus dos hijos. No obstante, sus días libres, como sus fines de semana, nunca lo son del todo. Desde allí, el día 8 mantiene una conversación con el ministro de Defensa a cuenta de la situación en Irak. Ese miércoles de verano está convocado en la Moncloa el gabinete de crisis: el presidente del Gobierno, el vicepresidente y los ministros de Defensa, Asuntos Exteriores, Interior, Economía e Industria.

—Vuelvo a España —le dice Manglano a Serra, consciente de que la situación es grave.

—No es absolutamente necesario, pero sí conveniente —responde el ministro.

Dicho y hecho. A las 19:30, hora local, del 9 de agosto el jefe del CESID emprende viaje a España desde Nueva York en el vuelo IB951. A las 8:30 de la mañana del día 10 el vuelo aterriza en el aeropuerto de Barajas. Se reúne la célula de crisis, en esta ocasión con la presencia del jefe del espionaje, que va a jugar un papel clave en el «acopio de información» para poner a disposición del Gobierno. Manglano se compromete a lanzar varios anzuelos, y así lo anota en su agenda:

- Envío mensajes pidiendo intercambio de información a Ambar, Levita, Envase, Giro, Tenis.[50]

50. Manglano usa los nombres en clave de los directores de los servicios de inteligencia extranjeros. Los cuatro primeros citados corresponden a Francia, el Reino Uni-

- Envío mensaje solicitando información a Orate [Libia] y a Betchine.
- Se envía mensaje a todos los países del Medi Club (por si hay terrorismo).
- Se envía mensaje pidiendo información a Tot [Egipto], Tarik [Arabia Saudí].
- Se envía mensaje pidiendo información al príncipe Hassan [heredero de Jordania].

Al día siguiente, Manglano prepara un boletín sobre la evolución del conflicto del Golfo. En paralelo, la información solicitada empieza a llegar al CESID: «El príncipe Hassan de Jordania envía un mensaje a través de Marivent en el que expresa los antecedentes del conflicto», anota Manglano en referencia a la residencia vacacional en la que se encuentran los reyes en Palma de Mallorca.

El 13 de agosto Manglano consigue una información relevante y decide llamar personalmente a Felipe González, un hecho que no es en absoluto habitual en los casi catorce años que el secretario general del PSOE lleva como inquilino de la Moncloa. El embajador de Irak en Madrid quiere reunirse con el presidente: «Tiene un mensaje del presidente de Irak para el PG», anota Manglano. González le dice al jefe del espionaje que lo pensará y le devolverá la llamada. Recibir al embajador iraquí es un paso que conviene meditar, puesto que la comunidad internacional ha condenado el movimiento militar emprendido por Irak. La respuesta llega unas horas después: «Me llama el PG para decirme que él no recibirá al embajador de Irak (por marcharse de viaje), que lo hará Fernández Ordóñez. Hablo con este (en Exteriores no estaban de acuerdo con que el PG lo reciba)». El ministro y el jefe del CESID acuerdan que ese encuentro se producirá en la tarde del día siguiente, pero que antes almorzarán ellos dos.

Es 14 de agosto: Manglano expresa al ministro su opinión sobre la crisis del Golfo y sobre el papel que puede jugar España en el conflicto internacional: «O se negocia o se desestabiliza al presidente Sadam Hussein (lo segundo es difícil). España puede ofrecer alternativas de negociación. Está de acuerdo».

---

do, Alemania e Italia, según han podido confirmar los autores gracias a la documentación del exjefe del CESID.

El jefe de la inteligencia española apuesta claramente por que España juegue un papel en la crisis, más allá del debate sobre la colaboración militar con la coalición internacional. No en vano, en los últimos años él mismo se ha encargado de situar la inteligencia española al más alto nivel, al menos en lo relativo a relaciones entre servicios.

El 29 de noviembre la ONU pone límite al desafío de Sadam Hussein: si el 15 de enero de 1991 no ha rectificado, la coalición internacional está autorizada para utilizar «todos los medios necesarios» para que Irak se retire de Kuwait y restablecer «la paz y la seguridad» internacional. Entre una fecha y la otra, se conforma una coalición internacional bajo el mandato de las Naciones Unidas y formada por 34 países liderados por Estados Unidos.

En Madrid, el Gobierno reúne el gabinete de crisis casi a diario. Las anotaciones al respecto afloran en la agenda de Manglano cuando el ultimátum de la ONU está a punto de expirar. Tal y como sugirió el propio Manglano al ministro el 14 de enero, en los meses transcurridos desde la invasión de Kuwait España ha asumido alguna responsabilidad de mediación, y la ha hecho personalmente el jefe del CESID, que anota una clave en su agenda: «Envío un mensaje a Sadam Hussein».

El ultimátum está cada vez más cerca: las doce de la noche del 15 de enero, que en horario de España serán las seis de la mañana del día 16. El día 14 Francia presenta un plan de paz que exige que las tropas de Sadam salgan de Kuwait a cambio de que Naciones Unidas asuma «una contribución activa en la solución de los problemas de la región, y en particular el problema árabe-israelí». Ese mediodía, a las 13:00, Manglano acude al Ministerio de Defensa. Deciden que todos los días a las 9:00 se celebrará una reunión en el palacio de la Moncloa. La convocada en el Ministerio pivota sobre la seguridad y sobre los apoyos a Estados Unidos. En total, la coalición está en disposición de movilizar a cerca de un millón de soldados. «El PG cree que la OTAN debe ocuparse de los asuntos de la Marina.» También debaten sobre la nueva posición de Francia y el armamento, sobre la posición final de España y la seguridad. «Hay que determinar riesgos.»

Tras la reunión política, Manglano celebra un encuentro técnico a las 18:00 horas en la sede del Centro. Establece que cada mañana a las 8:00 se le entreguen informes para llevar a la Moncloa. El plazo de la ONU a Sadam vence en pocas horas y todo apunta a que el presidente iraquí no cederá a la presión internacional. El mundo está en vilo y conviene estar preparados.

El 17 de enero empieza pronto para Manglano. Todavía queda un rato para que venza el plazo.

16:45	Me llama el JEMAD y me dice que tiene noticias de que esta noche es el ataque.
17:00	Le llamo y me confirma que será esta noche.
17:30	Reunión: MD, JEMAD y yo. Hablamos del tema. Él se va a ver al PG para contárselo.
20:00	Me llama el MD para que dé parte del PG vaya a ver al rey y le cuente el ataque.
20:45	Veo al rey y le cuento la situación.
00:40	Llegan las primeras noticias de que ha empezado la guerra (acción aérea).

Efectivamente, la guerra ha comenzado. Las cadenas estadounidenses retransmiten al mundo imágenes de los ataques en directo. Fuerzas aéreas de Estados Unidos bombardean objetivos selectivos iraquíes. Es la operación Tormenta del Desierto.

—El mundo no podía esperar más tiempo— afirma el presidente George H. Bush en una comparecencia televisada de doce minutos—. Irak terminará por cumplir todas las resoluciones de Naciones Unidas y entonces volverá la paz.

La respuesta de Sadam Hussein llega por radio para mantener el desafío y poner nombre a la guerra: «Es la madre de todas las batallas».

Unas horas después, ya por la mañana, Emilio Alonso Manglano llega a su casa, donde lo esperan su mujer y sus dos hijos. La mayor, Cristina, que tiene quince años, acude a compartir con su padre las noticias que está escuchando en la radio.

—Creo que podíamos haber negociado más tiempo —le confiesa a su hija el jefe del espionaje español.

El mundo está en guerra y España está involucrada. Además del apoyo militar —modesto, pero decidido— del Gobierno de Felipe González, el jefe de la inteligencia está jugando un papel relevante en las negociaciones con Sadam Hussein. El 25 de enero recibe a John Hall, de la CIA, para hablar sobre una información que el CESID ha remitido a la inteligencia estadounidense sobre las intenciones de Sadam Hussein. El Centro, vanguardia de la inteligencia occidental.

La guerra finaliza el 28 de febrero, y en España el 4 de marzo se celebra la última reunión del gabinete de crisis sobre el conflicto del Golfo. Al día siguiente, el rey lo llama «para agradecer y valorar su trabajo».

El 21 de abril Manglano recibe una carta firmada personalmente por el presidente Bush:

> Querido general Manglano:
> Gracias por tu carta de marzo de 1991 y por tus cálidas palabras de elogio. El éxito de la coalición representa un triunfo de los derechos para el mundo, así como para los pueblos del Oriente Próximo y del golfo Pérsico. Todos podemos estar orgullosos del profesionalismo y la valentía de los miembros de la fuerza multinacional en la búsqueda de los objetivos del Consejo de Seguridad de la ONU. Aunque lloramos por aquellos que dieron sus vidas por esta noble causa, podemos estar agradecidos de que las bajas aliadas hayan sido tan pocas.
> Nuestra tarea no se completará hasta que se logre el objetivo de paz y seguridad del Consejo de Seguridad. Al emprender el camino hacia la paz, necesitaremos construir sobre la unidad de propósito que resultó tan exitosa en la guerra. Confío en que, al hacerlo, podremos llevar la paz a Oriente Próximo. En cualquier caso, es nuestro principal deber luchar por ese objetivo. Entonces, habremos honrado verdaderamente el valor y el sacrificio de los hombres y mujeres de la operación Tormenta del Desierto.

Desconfianza en Exteriores

La dimisión de Alfonso Guerra tras el escándalo de su hermano acaba desatando una crisis de Gobierno, y en esta ocasión va a afectar directamente al director del CESID. Emilio Alonso Manglano es consciente desde el 6 de marzo de 1991: «Parece que el PG quiere ofrecer a MD la vicepresidencia (única)». De confirmarse, Manglano se tendrá que preparar para que el que ha sido su jefe durante los últimos nueve años, y con quien ha trabajado en plena sintonía, sea sustituido y destinado a responsabilidades más elevadas: «El problema está —reflexiona Manglano— en que Solchaga acepte».

El Consejo de Ministros del viernes 8 de marzo es el último del actual Gabinete. «Dentro de unos días se anunciará el cambio.» En la noche del 11 se confirma: Narcís Serra, vicepresidente del Gobierno. Su sustituto, y nuevo jefe del director del CESID, es Julián García Vargas, un economista de cuarenta y cinco años. Del Gobierno de 1982 solo quedan tres ministros: el nuevo vicepresidente, Narcís Serra; Carlos Solchaga, que ha sobrevivido a pesar de las dudas del último año, y Javier Solana.

¿Los cambios en el Gobierno repercurtirán en el CESID?, ¿afectarán personalmente a su director?, ¿cómo asimilarán los nuevos ministros la influencia creciente del CESID en los ámbitos de la seguridad interior, la defensa y los asuntos exteriores? ¿Estará dispuesto el nuevo vicepresidente a desprenderse de un arma tan poderosa como la inteligencia? Manglano se enfrenta otra vez a una nueva jerarquía. En 1981 el cambio de ministro de Defensa supuso también un nuevo presidente del Gobierno, y entonces era razonable que el director de la inteligencia fuese sustituido. En 1991 Manglano es una figura de una entidad mucho mayor: el CESID no tiene nada que ver con el de diez años atrás. Ni siquiera España tiene mucho que ver.

Diez días después de la crisis, Manglano es recibido por el nuevo ministro de Defensa:

—El presidente del Gobierno me habló muy bien de ti, y me dijo, aunque él nunca da consejos, que me apoyara en ti —le dice Julián García Vargas.

Manglano le explica en líneas generales lo que es el CESID y ambos hablan de los temas que preocupan al nuevo ministro: el servicio militar sustitutorio y el estado de los tres Ejércitos: «Cree que está bien la Armada, no mal el Ejército del Aire y peor el Ejército de Tierra». García Vargas se pregunta «qué puede decirle él al Ejército» y reflexiona que hay problemas en todas las profesiones. Hablan de los cuerpos sociales, de los ascensos y de la necesidad de hacer más pedagogía sobre la vivienda. Además, el nuevo ministro le asegura a Manglano que no tiene ambiciones personales y le traslada un mensaje de tranquilidad:

—Estoy seguro de que nos vamos a llevar muy bien.

Transcurridas tres semanas de la crisis de Gobierno, el martes 2 de abril el vicepresidente Serra convoca a Manglano a un almuerzo y le explica a su antiguo subordinado cuáles van a ser sus tres líneas de acción: concertación social, servicios y el escalón autonómico. También se ocupará de la coordinación de los ministros: considera que hay que empujar a Eguiagaray y a De la Quadra, y que Solchaga lo está haciendo bien «por ahora». En cuanto a la ministra portavoz, Rosa Conde, Narcís Serra considera que «es algo indiscreta». Está convencido de que Solana y Solchaga fueron los que filtraron a la prensa la composición del nuevo Gobierno y desvela un detalle:

—Hubo un momento en el que pude ser vicepresidente y ministro de Defensa. Entonces, Gustavo [Suárez Pertierra] habría sido ministro de Justicia.

El flamante vicepresidente también reflexiona sobre el apoyo al nuevo ministro de Defensa, introduce una cuestión relevante para este ministro y también para Manglano y le ofrece una anticipación:

—Puede plantearse el tema de que el CESID dependa de Presidencia-Interior.

Serra se refiere a diferenciar dos servicios: uno civil que dependa de Presidencia y uno militar que dependa de Interior, y no de Defensa. En otros países existe esa diferenciación, pero aquí supondría un serio cambio estructural. Con el paso del tiempo el control de la inteligencia será un debate recurrente, incluso motivo de tensas disputas entre ministros, y en particular ministras. En cualquier caso, Serra le indica a Manglano que el CESID debe dar apoyo a Presidencia y asumir «más asuntos del Gobierno» y trabajar asuntos económicos.

El vicepresidente también pone sobre la mesa los problemas entre el Centro y el Ministerio de Asuntos Exteriores. «Él cree que es Chencho», anota Manglano, en referencia a Inocencio Arias, subsecretario del Ministerio precisamente hasta esos días, en los que es sustituido por el diplomático Máximo Cajal. Más allá de las sospechas de Serra, es un hecho que hay fricciones entre la diplomacia y la inteligencia. A Manglano se lo confirma el mismo Cajal en el primer encuentro que mantienen, el 11 de julio de ese mismo año:

—En el MAE hay desconfianza hacia el Centro —le dice Cajal, y comenta que algunos embajadores «calentaron al ministro».

Cajal cree que «hay que restablecer la confianza», pero reconoce que «no sabe muy bien cómo». Parece que el crecimiento de la influencia de Manglano despierta celos en ámbitos diplomáticos, y no es para menos, pero el director del CESID no solo no va a dejar de participar en foros internacionales de inteligencia, sino que va a continuar asumiendo posiciones de liderazgo. Está dispuesto a arriesgar.

El 22 de mayo se produce una reunión de los servicios del llamado Medi-Club, los países del Mediterráneo: Marruecos, Argelia, Túnez y Egipto forman el bloque del sur; Italia, Francia y España, el del norte. En este encuentro va a aflorar la buena relación que el director español tiene con el presidente libio, Muamar el Gadafi, aún considerado enemigo por Estados Unidos, que le sigue responsabilizando del atentado de

Lockerbie; y también su convicción de que la solución de los problemas pasa en gran medida por el diálogo. La posición que adopta el jefe del espionaje español es valiente y arriesgada: «Planteo la admisión de Libia en el Club —anota Manglano en su agenda—. Apoyan Egipto, Argelia y Túnez. Ponen dificultades Francia, Italia y Marruecos. Se adopta lo siguiente: los servicios enviarán a Egipto las condiciones que deben exigirse a Libia para entrar en el club. Este las entrega a Libia. Si aceptan, habrá una reunión en París para adoptar una decisión».

El director del CESID también escribe que «el problema que más preocupa a los países árabes es el islamismo integrista» y que «sobre este tema se hará un esfuerzo especial». El balance de la reunión es algo desalentador: «Italia, floja. Francia, floja». Al director del CESID le decepciona la posición adoptada por los países europeos.

Unas semanas después, el 14 de julio, almuerza con el ministro de Exteriores de Libia. Ibrahim el Bishari le asegura que su país no está detrás del atentado de Lockerbie y apunta a Irán. Manglano lo recoge en sus notas tras el encuentro: «Relaciones con R. U. Visita diputada 250.000 libras. Gadafi se enfadó».

En 1991 Manglano está muy solicitado. El 28 de mayo el ministro del Interior de Nicaragua le pide en un almuerzo junto a su embajador «apoyo técnico» para crear «un servicio de inteligencia dependiendo de él». El 25 de julio un enviado del príncipe Hassan de Jordania le traslada una invitación, así como la petición de una mayor cooperación entre ambos servicios: «Control de árabes en España; vía servicio, no vía diplomática».

Pero no todo son reuniones para pedir ayuda. El 25 de junio Manglano viaja a Portugal, donde lo recibe un viejo amigo: el nuevo embajador de España en Lisboa, Puig de la Bellacasa, que celebra una recepción para condecorar al director de la inteligencia lusa, la DINFO, «por sus gestiones para liberar a los pescadores españoles en poder de la RENAMO». Y ya de paso, el homólogo de Manglano le pide ayuda «para ingresar en el club». El jefe del CESID no precisa a qué club se refiere, tal vez sea el de Berna, pero en todo caso hay un hecho incontrovertible: en solo unos años el espionaje español ha pasado de solicitar el ingreso en los más selectos grupos del mundo a ser padrino de terceros países.

Transcurridos unos meses, el nuevo vicepresidente del Gobierno llama directamente al director del CESID. El motivo tiene que ver con Jesús Manuel Rosales, un capitán de la marina mercante encarcelado en

Irán desde hace más de dos años por un delito de imprudencia temeraria.[51] Durante las maniobras de carga del petrolero Minab IV, del que era el primer oficial, se produjo un incendio que causó la muerte de catorce personas. El 11 de octubre Manglano recoge la conversación:

«Me llama el VPG para pedirme que le lleve un millón de dólares (entrega al Gobierno de Irán para rescatar al capitán Rosales). Se lo llevo a las 14:30, me dice que el PG quería hablar conmigo».

Tres días después, el capitán Rosales parte de Teherán con destino a España, donde lo esperan su mujer y sus hijas gemelas. Las últimas informaciones apuntaban a que la justicia iraní exigía el pago de una fianza de ocho millones de dólares (casi 850 millones de pesetas). A tenor de las cuentas desveladas por Manglano, el pago de esa fianza —al parecer, en concepto de anticipo del pago que debería afrontar la compañía aseguradora— fue muy inferior.

Gorbachov y la desintegración de la URSS

Mijaíl Gorbachov es un personaje que interesa sobremanera a Emilio Alonso Manglano porque es consciente de la trascendencia política, incluso histórica, del proceso de reformas bautizado como la Perestroika e impulsado desde 1985. En sus archivos hay numerosas reflexiones manuscritas sobre la viabilidad y alcance del plan de Gorbachov; destacan las de 1986, 1988 y 1991. El jefe de la inteligencia española mantiene periódicos encuentros con la embajada soviética en Madrid y con el KGB. Con los diplomáticos aborda las posibilidades de que España colabore en la modernización del país, aunque como se ha visto con escasa implicación por parte del empresariado español; con el Comité para la Seguridad del Estado soviético, el intercambio de información confidencial sobre Oriente Próximo y Europa del Este, entre otros.

La primera reflexión significativa que redacta Manglano está fechada a finales de 1986:

> Gorbachov. Ha llevado a cabo en año y medio de mandato una serie de reformas. Su envergadura no puede ser evaluada. Pueden conocerse algunos de los principales objetivos de G. en materia de política interior y de política exterior.

51. https://elpais.com/diario/1991/10/15/espana/687481209_850215.html

a) Cambios en el Politburó del Comité Central, suponen una renovación.

b) Resistencias a las reformas: actitud del funcionariado soviético. Los intelectuales y los ciudadanos son más escépticos.

c) Renovación en los organismos encargados de la diplomacia exterior. Flexibilización de la diplomacia (se quiere acabar con la tradicional intransigencia del diplomático soviético). Mayor eficacia.

d) Renovación de la imagen de Gorbachov fuera del país (mejor imagen que en el interior, lo contrario de lo que ocurre con el presidente Reagan).

Estas anotaciones corresponden a los días posteriores a la Cumbre de Reikiavik, el encuentro entre Ronald Reagan y Mijaíl Gorbachov en la capital de Islandia el 11 y 12 de octubre de 1986. No es su primera reunión, ni será la última, pero aunque finalizó sin acuerdo fue útil para sentar las bases de un futuro entendimiento en materia de desescalada armamentística. Manglano anota: «Cumbre de Reikiavik: ganar tiempo. Buenas posibilidades en el campo de las armas químicas». Y una escueta referencia al desastre nuclear de Chernóbil, ocurrido el 26 de abril de ese mismo año en Ucrania.

La tensión militar entre las dos grandes potencias del mundo viene de lejos: tras la crisis de los misiles de 1962, cuando Estados Unidos descubrió bases soviéticas de misiles nucleares de alcance medio en territorio cubano, a finales de los 70 llegó la crisis de los euromisiles: la capacidad —soviética primero, estadounidense después— de lanzar misiles nucleares en todo el continente europeo. Todos los países de Europa en el punto de mira, incluidos los socios de Estados Unidos en la OTAN. La escalada de tensión militar solo se empieza a reducir con la llegada de Gorbachov, sus reformas y el buen entendimiento con Reagan. Además, en 1983 el presidente estadounidense anunció la Iniciativa de Defensa Estratégica (IDE), un programa militar para evitar ataques en su territorio.

El director del CESID siguió con atención la cumbre de Reikiavik:

Gorbachov pidió que se renunciara a la IDE (algo a lo que Reagan no está dispuesto). Los militares soviéticos temen cualquier innovación occidental. Las consecuencias tecnológicas para otros ámbitos del armamento podría poner en juego la superioridad de las armas convencionales. Los Estados Unidos no son vulnerables en su territorio, ni en los mares. Son vulnerables en Europa.

El proyecto IDE está ligado a Reagan. Tras su desaparición (política) puede abrirse una discusión política tanto en Estados Unidos como en Europa. Se trata de retardar la modernización occidental.

Relaciones este-oeste:

1. Búsqueda de una nueva relación estratégica (motivada por los avances tecnológicos y más en concreto por la IDE). Respuesta flexible de la OTAN, lo mejor frente a la «opción cero» propuesta por Gorbachov.

2. Cambios personales y estructurales en la URSS. Ortodoxia, sí. Nueva política económica, desarrollo tecnológico.

3. Internacionalización de los conflictos regionales. Han pasado a formar parte de las relaciones E-O. Reagan:

   a) Diálogo de las dos superpotencias sobre el conflicto.

   b) Propiciar negociaciones entre las partes.

   c) Apoyar las negociaciones para una integración de las partes dentro del sistema económico mundial.

4. Escisión entre EE. UU. y Europa. OTAN = cohesión. URSS: supremacía armamentística en Europa.

5. El terrorismo: amenaza entre los Estados.

Sobre el KGB, apunta que «ha perdido eficacia», y que hay «poco entusiasmo» por evolucionar en el marco de los cambios en su país: «Promoción personal y vivir bien». Además, la inteligencia soviética, en su opinión, «tiene contactos a bajo nivel». Donde sí son «más eficaces» es «en el Tercer Mundo». Le parece más eficaz el GRU, el servicio de inteligencia militar de las Fuerzas Armadas soviéticas.

El buen entendimiento entre Reagan y Gorbachov desemboca en las negociaciones que buscan eliminar los euromisiles. Al respecto, Manglano anota: «Si se consigue, el acuerdo INF será beneficioso para la URSS. Nadie dará dinero. Si no se consigue, ningún Gobierno occidental se atreverá a dar dinero. Moscú va por caminos seguros». Finalmente, este acuerdo histórico es firmado por ambos el 8 de diciembre de 1987 en Washington —Mijaíl Gorbachov en suelo americano es todo un símbolo—. Es el comienzo del fin de la Guerra Fría, al menos desde el punto de vista armamentístico.

Un año después, la imagen de un presidente soviético en Estados Unidos es correspondida por Ronald Reagan. La Cumbre de Moscú ofrece imágenes inimaginables unos años antes: el presidente de Estados Unidos pronunciando un discurso en la Universidad de Moscú junto a la efigie de Lenin y bajo la hoz y el martillo. El archivo de Manglano recoge las pesquisas que realiza para conseguir buena información sobre lo que ha sucedido de puertas adentro. Para ello ha hablado con sus homólogos de otros tres países occidentales.

El primero, Estados Unidos: «Análisis de la estrategia de EE. UU. ante la URSS tras el periodo pos-Moscú», anota en su agenda, que recoge las dos posiciones que se barajan al otro lado del Atlántico:

- Respaldo a Gorbachov «casi sin condiciones».
- Posición más expectante.

Estas mismas fuentes también informan al jefe del CESID sobre el contenido de la reunión mantenida por los ministros de Defensa de ambos países, en la que se habló de los conflictos regionales, y en particular de las repercusiones de la invasión soviética de Afganistán. Además, tres cuestiones:

- Notificación de lanzamiento de misiles estratégicos.
- Limitación en la transferencia de tecnología de misiles a terceros países.
- Ejercicios de tropas.

Una segunda fuente de un país europeo ofrece a Manglano otras claves de la cumbre:

- Idea clara sobre las diferencias de ambos sistemas.
- Evitar la confusión de la causa (tensiones) con el efecto (rearme).
- Fundamentar el compromiso de Estados Unidos y aliados en la necesidad de seguridad de Occidente.
- Expectación ante la reforma interior.

Y la tercera fuente, esta francesa, es más explícita:

- En control de armas se firmaron dos acuerdos de importancia media (notificación de las pruebas de misiles balísticos y realización del experimento de verificación conjunto).
- En conflictos regionales no se avanzó.
- En relaciones bilaterales se puso de manifiesto el intento de Gorbachov para conseguir un impulso de las relaciones económicas con Estados Unidos.
- Mejora de los dos líderes.

Así trabaja la inteligencia. Una vez que se han establecido los contactos con los servicios de otros países, se obtiene la información y se contrasta. Es el modo de hacer seguimiento de una de las cuestiones más calientes del panorama internacional: el fin del orden mundial surgido de la Segunda Guerra Mundial.

La implosión de la Unión Soviética llega con la nueva década. Entre el 11 de marzo de 1990 y el 25 de diciembre de 1991 tiene lugar la desintegración de la URSS, un proceso seguido con mucha atención por el director de la inteligencia española. Ya el 4 de febrero de 1990, Manglano reflexiona:

Sinceridad o maquiavelismo de Gorbachov. Lo que está ocurriendo evidencia una nueva relación de fuerzas. La URSS sigue siendo una superpotencia militar, y ha mostrado su voluntad de apaciguamiento. Los conflictos regionales: Nicaragua, Afganistán, Vietnam, Oriente Próximo (normalización de sus relaciones con Israel). Pero es una potencia en declive: los economistas soviéticos han dicho lo que tenían que decir sobre su quiebra, sobre la destrucción del medio ambiente, sobre la desmoralización de la sociedad, incapaz de enderezarse. El fracaso humano, junto con el fracaso económico, pone en tela de juicio la legitimidad de un sistema cuya justificación era la emancipación del hombre liberado primero de las servidumbres materiales. ¿No era ese el sueño de Carlos Marx en el tomo III de *El capital*? Estado multiétnico se enfrenta a la revuelta de sus naciones que el comunismo debía reconciliar. ¿Qué significa una potencia militar incontestable cuando tiene como telón de fondo una economía paralizada, una sociedad reticente e incluso hostil y un espacio mal controlado?

Hasta ahora, el mundo vivía seguro de dos cosas:

1. Que el comunismo era irreversible en opinión de la URSS.
2. Que la menor tentativa para derrotarlo es siempre reprimida a imagen de las represiones de Hungría (56) y Checoslovaquia (68).

Es el «Derecho del intervencionismo soviético», comúnmente llamado la doctrina Brézhnev: si un país trataba de pasar del comunismo al capitalismo, se justificaba la intervención militar del conjunto de países del bloque del Este integrados en el Pacto de Varsovia. No obstante, en julio del 89 Gorbachov indicó que esos principios habían perdido actualidad. Qué ocurre:

1. La revolución impuesta por la URSS en la Europa del Este entre 1945 y 1948 y el sistema que han engendrado han sido rechazados en Hungría y Polonia.
2. La promesa de elecciones libres en los países del Este anuncia el fin del partido único y el pluralismo.
3. La voluntad popular pasa sobre la voluntad del partido. Termina la doctrina Lenin que hacía del partido la vanguardia y la encarnación de la conciencia social.
4. El desmantelamiento del muro de Berlín simboliza el fin de un tiempo, el de dos espacios fundamentalmente diferentes:
   a) Espacio de la revolución y el porvenir.
   b) Espacio del capitalismo y del pasado.

El ocaso de la autoridad de la URSS sobre otros países. Gorbachov, donde quería ir: regenerar la URSS.

El surgimiento de hasta quince nuevas repúblicas, la independencia de los países de Europa del Este, y el caso más peculiar: el futuro de la República Democrática Alemana (RDA). El director del CESID escribe en febrero de 1990:

La reunificación de Alemania es un hecho ya aceptado e incorporado a la agenda de asuntos internacionales. Gorbachov ha dado el visto bueno (30 de enero) y también Occidente lo aprueba, aunque sin entusiasmo. Existe un obstáculo conceptual: la pertenencia de los dos Estados a las dos alianzas internacionales: la RFA, a la OTAN; la RDA al pacto de Varsovia. Tres posibilidades:

1. Se hace fuera de las dos alianzas.
2. Se mantienen las dos alianzas, que deberán cambiar su naturaleza.
3. Una sola alianza (el Pacto de Varsovia pierde lo esencial de su sustancia).

Efectivamente, tras la caída de la URSS, un nuevo orden mundial sin bloques propicia la disolución del Pacto de Varsovia y la redefinición de la OTAN.

Entretanto, y más allá de estas disquisiciones teóricas sobre relaciones internacionales, en 1991 Manglano sigue atento al devenir de los nuevos países. El 27 de mayo se reúne con el general Kirpikentko, del KGB, con quien constata que el intercambio de información entre ambos en relación con Oriente Próximo funciona «bien», pero que en el resto de cuestiones las relaciones son «flojas». Ambos abordan la situación de la URSS, tanto política como económica, y la actitud de Europa. Además, pactan una futura visita de Manglano a Moscú.

En un almuerzo, el 1 de julio Simeón de Bulgaria le confiesa sus dudas sobre si dar «el paso para convertirse en rey de Bulgaria»: «Quiere saber cuál sería la actitud de Washington y Londres en cuanto a su vuelta. Piensa que Francia y Alemania estarían conformes y no sabe la URSS».

Las nuevas, y buenas, relaciones entre Estados Unidos y la Unión Soviética tienen enormes consecuencias sobre el nuevo orden mundial. La primera tiene que ver con Oriente Próximo y va a situar a España en el centro de la comunidad internacional.

Madrid, capital de la paz

El punto culminante en la recuperación de la imagen internacional de España, y de su influencia, tiene lugar a finales de 1991, ocho meses después del final de la Guerra del Golfo: entre el 30 de octubre y el 1 de noviembre España acoge la Conferencia Internacional de Paz sobre Oriente Próximo. Es la Cumbre de Madrid, y el anfitrión es don Juan Carlos I, que goza del máximo prestigio en el mundo. La cumbre está auspiciada por los presidentes de Estados Unidos, George Bush, y de la Unión Soviética, Mijaíl Gorbachov.

También participan Jordania, Líbano y Siria, además de israelíes y palestinos.

En los meses previos, Manglano ha ido apuntalando la posición mediadora de España con ambas partes. El 30 de mayo viajó a Túnez acompañado de dos colaboradores. El objetivo del viaje fue entrevistarse con Yasir Arafat. Y el 26 de junio la entrevista fue en Madrid con el ministro de Relaciones Exteriores de Israel. David Levy cree que en ese momento el problema para la paz en Oriente Próximo está en Siria.

—Si Siria acepta, se empezará a hablar; si no, también —le dice.

Manglano observa que Levy no habla de concesiones, y tampoco de palestinos. Aun así, se lleva una buena impresión del ministro israelí y le ofrece la colaboración del servicio. El siguiente encuentro será en Israel. Unos años antes, el primer ministro israelí, Isaac Shamir, había visitado España para pedir apoyo para su plan de paz y se había reunido con el rey, con González y con el jefe del CESID. Fue entonces cuando Manglano le ofreció los servicios de España como país moderador.

Más cerca de la cumbre, en los días previos, Manglano se entrevista con las partes. Primero, con el embajador de la OLP el 27 de octubre: «Se les ha prestado ayuda: teléfonos, fax, barridos, apoyos humanos, coches...». Dos días después, se reúne con el Mossad.

—Esta conferencia —le dice el representante del servicio de inteligencia israelí— se apoya en el plan Shamir de hace dos años.

—En ese plan, en la crisis del Golfo y en la posición de Estados Unidos —matiza Manglano.

—No sabemos si la otra parte [la OLP] está dispuesta. Será un proceso largo.

—Hay problemas de desconfianza en ambas partes.

El director del CESID le explica los que en su opinión son los elementos claves de este encuentro:

- Los canales de contacto entre ambas partes están disueltos, un asunto muy importante.
- La ayuda americana para hablar con la otra parte.
- Cada país árabe tiene sus intereses, puede perderse la cohesión.
- Hay posibilidad de que haya tensiones entre los palestinos de los territorios ocupados y la OLP.

Y ese mismo día, 29 de octubre, Manglano habla con el ministro de Exteriores jordano:

—No hay que perder la cohesión de los países árabes —le dice Manglano, que entiende que el problema está en Siria—. Hay que dar pequeños pasos, no colocar los máximos al principio.

—Israel debe detener los asentamientos —afirma el jordano.

El 30 de octubre todo está preparado en Madrid. A las 10:30 de la mañana, el salón de Columnas del palacio Real muestra al mundo una cita inédita: árabes e israelíes sentados en torno a una misma mesa dispuestos a negociar un plan para la paz. Manglano observa atento, y anota: «Espectáculo impresionante». En esa primera sesión, toman la palabra el presidente del Gobierno español y los presidentes de Estados Unidos y la Unión Soviética.

—España —dice González— se ha convertido en capital y patria de la esperanza de paz. El mundo va a estar pendiente de la voluntad que se muestre. En este mundo nada puede resultarnos ajeno, y mucho menos el destino de una región tan próxima como la suya.

Tras el discurso del anfitrión, es el turno del presidente Bush, que concentra todas las miradas y que va a sentar las bases para la negociación:

—Un compromiso territorial es esencial para la paz —dice Bush en un discurso que bien se podría resumir en «tierras para los palestinos y seguridad para los israelíes»—. Estamos dispuestos a ofrecer recursos y tecnología para que la paz y la prosperidad vayan de la mano.

Por último, toma la palabra Gorbachov. En un discurso que se interpretará como un apoyo cerrado al nuevo orden mundial controlado por Estados Unidos, el presidente soviético asevera:

—Las nuevas relaciones Estados Unidos-Unión Soviética han permitido abrir este proceso. Una paz sólida presupone la realización y el respeto a los derechos del pueblo palestino.

El jefe del CESID considera que González y Bush han pronunciado un «buen discurso», a diferencia de Gorbachov: «Ha exhibido la preocupación por la situación en la URSS».

La cumbre se desarrolla durante los dos días siguientes. El jefe del CESID la sigue atento: «Termina la conferencia de paz. Tensión: duro discurso de Shamir con Siria. Réplica dura de Siria. Exhibe una foto de Shamir cuando tenía 32 años: se le buscaba como terrorista. No hay acuerdo en cuanto a la sede donde deberán empezar las bilaterales y la agenda de las mismas».

Ese mismo día, Manglano se reúne con el número dos del Mossad. Este es su balance:

- Egipto, poca influencia.
- Jordanos / palestinos, actitud constructiva. Deseo de llegar a alguna negociación.
- Siria: no ha sabido jugar bien sus bazas. Qué quiere: sede bilateral en Madrid. Que Estados Unidos forme parte activa en la bilateral.

En definitiva, los israelíes le confiesan a Manglano que el problema está en Siria y le anuncian que «están dispuestos a poner en marcha una serie de medidas para aumentar la confianza de los palestinos».

A pesar de que la celebración de la cumbre es un éxito, y de que las sesiones de trabajo se han celebrado sin sobresaltos, será necesario esperar a nuevas citas para sellar algún tipo de acuerdo entre israelíes y palestinos. Madrid ha acudido a su cita con la historia, como capital de un país en el que han convivido cristianos, árabes y judíos.

La lealtad de Sabino: «Cuenta cosas»

A finales de 1991 el ambiente en la Casa del Rey está enrarecido. El 13 de noviembre los generales Alonso Manglano y Fernández Campo se citan para comer. Sabino informa al jefe de los espías:

—Los reyes tienen una psicóloga. La situación familiar es mala. La infanta Cristina me dijo que cada vez es peor aguantar la tensión de sus padres. Además, el príncipe tiene demasiado protagonismo, un virrey, como dijo Fidel Castro. Hay celos.

Sabino también aborda la cuestión de la novia del príncipe: «No se sabe bien. Él es frío. Celos entre su padre y él». Y en otro momento de la conversación, el jefe de la Casa del Rey se refiere a doña Sofía:

—La reina gasta mucho en vestidos, de treinta a cuarenta millones de pesetas al año. Se los prueba en Zarzuela y luego se los cobran.

La relación de Sabino Fernández Campo con los reyes se ha deteriorado. Según anota Manglano, hay que «buscar un relevo a Sabino», aunque él «se quedaría hasta el final», hasta que encuentren al adecuado. Unos meses después, el propio Sabino explicará a Manglano cómo se debe seleccionar a su sucesor:

—Emilio, hay que buscar nombres sin que el rey haga ni diga nada. Después se lo presentarán a él. Hay que hacerlo de forma progresiva. Y el Gobierno no debe intervenir.

El 17 de diciembre Manglano se acerca a la Zarzuela para entregarle al rey el discurso que ofrecerá en Navidad a través de Televisión Española, «corregido por Narcís Serra». Don Juan Carlos aprovecha para comentarle las relaciones sentimentales de sus hijos:

—El príncipe no conoce a la princesa austriaca que ha salido esta semana en *Época*. Sigue con Isabel Sartorius. Y Elena sale con tres: uno de Málaga, Cayetano y un hijo de un hermano de Otto de Habsburgo. A este le gusta la infanta.

El monarca desmiente así una información aparecida en esa revista, y alude a Cayetano Martínez de Irujo, hijo de la duquesa de Alba, y a un primo del archiduque austriaco Jorge; de este último —que en 1997 se casará con la duquesa alemana Eilika von Oldenburg— era amiga la infanta.

Tanto la situación sentimental del heredero como la de la infanta Elena reaparecen en otra audiencia el 26 de enero de 1992.

—El príncipe me ha dicho que no se casará con Isabel Sartorius —dice el rey.

En cuanto a la infanta Elena, «no se decide entre sus tres pretendientes», cuenta el jefe del Estado al del CESID.

Ya inmersos en el verano de 1992 —que cambiará la imagen de España con los Juegos Olímpicos de Barcelona y la Exposición Universal de Sevilla—, el 16 de julio Emilio Alonso Manglano almuerza con Sabino Fernández Campo. La primera nota es enigmática: «Suiza: mal. Parece que M. influye excesivamente». El jefe de la Casa le habla de su situación:

—La reina se pasa, aunque cumple ejemplarmente. Yo no quiero irme mal, pero me encuentro cansado. Para preparar mi sucesión hay tres aspectos: la relación (de los reyes) con el Gobierno, la relación con la sociedad y la vida dentro de la Zarzuela. Este es el más complicado de los tres. Hay que aceptarlos como son —dice Sabino antes de dar algunas pinceladas sobre los miembros de la familia real—. Hay que ver la situación del rey y la reina, el príncipe está serio y Elena y Cristina no quieren estar en casa.

Lo que más preocupa a Fernández Campo es cómo marcar algunas fronteras en la conducta de don Juan Carlos, «límites entre la relación con Marta y las obligaciones como rey», dice Sabino refiriéndose a la mallorquina Marta Gayá. Comenta el «ambiente» y las «críticas», según las palabras sueltas que anota Manglano. De hecho, este delicado asunto lleva tiempo coleando en los mentideros. Un año y medio antes, Manglano almorzó con José Joaquín Puig de la Bellacasa, que en ese momento era secretario general de la Casa del Rey, tras el ascenso de Sabino a la jefatura de la Zarzuela. El diplomático fue muy claro:

—La situación en Zarzuela es mala. Los periodistas Pepe Oneto y Julián Lago lo saben todo. Los cotilleos del rey, que está dominado por Marta, dos amigos camellos…

El Gobierno tiene un ojo puesto en la Zarzuela, «como consecuencia de la aparición en la prensa de la relación con Marta». El 1 de septiembre el vicepresidente Narcís Serra da una orden a Manglano: «Habla con Sabino y con el rey». «Seguridad en las conversaciones», apunta el director del CESID. Un día después Manglano conversa con Julián García Vargas, ministro de Defensa desde hace un año y medio, y transcribe lo que le dice su superior en nombre del Gobierno:

—Hay preocupación por los temas económicos del rey. Los de faldas no tienen importancia. Hay veces que dice chorradas.

El 13 de octubre el rey y Manglano charlan en la Zarzuela durante dos horas, entre las seis y las ocho de la tarde. El general transcribe la audiencia en dos folios con membrete reservados a su uso y que llena de principio a fin con tinta azul. Tras el escudo de España, un timbre de tipos elegantes aunque engolados, una caligrafía muy ministerial, dice: «Centro Superior de Información de la Defensa - El director general».

Avanzada la audiencia, los interlocutores se centran en el asunto capital: Sabino Fernández Campo.

—He llegado a la conclusión de que Sabino habla demasiado —valora el rey—. Son muchas las personas que me han dicho que cuenta cosas de mí. Pedro J. me contó que el artículo de *El Mundo* del verano de 1990 lo escribió a instancia de Sabino. Y este verano pasó lo mismo con los artículos de *El Mundo*. Fue Sabino quien los inspiró. A Carmen Rigalt le contó muchas cosas en Palma. El 23-F, la operación en Suiza, Marta… Lo de José Joaquín [Puig de la Bellacasa] fue un regalo mío a Marta. Le dije que se fuera a Suiza y luego me reprocha haberse ido.[52]

El rey, que comenta que Sabino es «el pañuelo de la reina», cree que es «una bomba».

---

52. En marzo de 2020 trascendió una parte de la investigación del fiscal suizo Yves Bertossa sobre las cuentas del rey, quien habría donado dos millones de euros a Marta Gayá desde un banco del país helvético: uno en 2011 y otro millón en 2012.

—Está contando muchas cosas, indiscreciones. No sé si me es leal.

—No se sabe si cuando opina sobre un asunto le dice a usted lo que opina o le dice lo que le gustaría escuchar —interviene Manglano—, y luego se queja.

—Al presidente del Gobierno le dije que estaba cansado de Sabino. Él me contestó que los temas de prensa se estaban llevando mal.

La audiencia termina con una conclusión: «Hay que buscar el relevo. No todo el equipo, sino cambiar a Sabino».

El padre de la inteligencia moderna

En marzo de 1993 Emilio Alonso Manglano toma una decisión novedosa. Cuando está a punto de cumplir doce años en la dirección del CESID, concede una entrevista en directo a un medio de comunicación. El hombre que conduce los servicios de inteligencia desde un discreto segundo plano a pesar —o tal vez como consecuencia— de la ingente información que maneja, está dispuesto a responder a las preguntas de un periodista, tal vez porque la labor muda del CESID necesita un impulso en la opinión pública, y tal vez porque es hora de hacer balance de tantos años de servicio público.

El medio elegido es la Cadena Ser, el 24 de marzo, en el espacio *La hora del mundo*. El entrevistador traza un perfil: «Valenciano, próximo a cumplir los sesenta y siete años, está casado y tiene dos hijos. Es militar desde 1944. Desde entonces ha servido, entre otros sitios, en la Legión y en la Brigada Paracaidista. En 1981 el entonces coronel recibe el nombramiento de director general del CESID, es decir, jefe de los servicios de inteligencia de los españoles; de los espías, vamos. En 1983 llegó al empleo de general y desde 1987 es uno de los poquísimos tenientes generales del Ejército español. En 1990 pasó a la reserva, pero continúa como director del CESID».

Efectivamente, su paso a la reserva levantó la rumorología sobre su continuidad, e incluso sobre el perfil que debía reunir un director de la inteligencia. Y con esta polémica arranca la entrevista:

—Aunque entonces, señor Manglano, pretendieron algunos jubilarle a usted. Se habló de que podrían nombrar a un director civil para el Centro.

—Sí, se comentó en algunos artículos de prensa que podían nombrar a un director civil —responde Manglano.

—¿Le molestó?

—No, en absoluto, en absoluto. Soy muy comprensivo con todos los artículos de prensa que durante estos años han hecho referencia a mi persona y al Centro. Solamente cuando estos artículos han incorporado alguna crítica, a mi parecer poco justa, respecto al trabajo de los oficiales de inteligencia del CESID.

—¿Qué le parece que se insistiera en que fuera un civil y no un militar el director del Centro?

—Yo creo que el que sea militar o civil es secundario. Indudablemente el director de un servicio de inteligencia requiere unas condiciones que de por sí no las da el hecho de ser civil o militar. Requiere una capacidad de decisión no pequeña, una capacidad para conocer una serie de problemas exteriores e interiores sobre los cuales va a tener no solamente que tomar decisiones, sino informar al Gobierno; ha de tener una sensibilidad especial para integrar los equipos humanos que han de formar el servicio; y luego ha de tener una capacidad de relación internacional grande, en todos los ámbitos, no solamente en los europeos, sino también en ámbitos árabes, ámbitos de Europa del Este y ámbito iberoamericano. En suma, diría que el perfil de un director de inteligencia no es un perfil al uso, no es un perfil que ofrece ni una formación militar ni una formación universitaria, como tampoco el perfil de un oficial de inteligencia es un perfil dado a partir de una formación básica.

—Hablaremos posteriormente de eso, general. Esta es la primera entrevista que usted ha concedido nunca. Si me permite la broma, ¿en mi ficha, esa que dicen que tienen ustedes de casi todos los españoles, se dice que soy un buen chico?

—Sí, usted está considerado en el CESID como un buen chico, como algo más que un buen chico. Un buen chico se le dice a cualquier persona, yo creo que usted está considerado por encima de esa calificación.

—¿Tienen ustedes fichas de tantos españoles como se dice?

No. Yo creo que también nos imputan el que tenemos una cantidad de fichas que prácticamente todo español que pasa por la carretera de La Coruña está sometido a una especie de control de una serie de aparatos tecnológicos muy complicados y que están todos fichados. Eso no es cierto. El CESID naturalmente tiene unos ficheros importantes, pero son unos ficheros que de alguna manera están muy relacionados con las tareas y con los trabajos del Centro, y como los trabajos y tareas del Centro no afectan a la mayoría de los españoles, pues entonces la mayoría de los españoles no están en nuestros ficheros.

—Me tranquiliza saber que hay una ficha mía pero que dice buenas cosas de mí.

El oyente de la Cadena Ser tiene esa mañana la oportunidad de conocer hasta dónde llegan los tentáculos de la inteligencia española. Sin llegar a desvelar detalles, sin revelar ninguna información confidencial, y sin darse ninguna importancia, el jefe de los espías demuestra amigablemente que el CESID está ya muy lejos de la etiqueta de improvisación y chapuza que acompaña al espionaje español. El periodista salta de tema en tema y lanza preguntas. Manglano responde sin esconderse. En 1993 existe gran curiosidad por lo que hay más allá del Telón de Acero. No en vano, Emilio Alonso Manglano fue el primer director de una inteligencia occidental en pisar Moscú, y la sede del KGB.

—En un momento de crisis como el que vive Rusia, ¿cuál es el papel de los servicios de inteligencia de un país, de los sucesores del KGB, por ejemplo?

—En este momento los sucesores del KGB están dedicados exclusivamente al trabajo de inteligencia exterior. En cambio, hay unos servicios interiores que estarán valorando las reacciones, las actitudes y las posiciones de los distintos elementos en juego. Las noticias que nosotros tenemos de hoy mismo es que el tiempo está trabajando a favor de Yeltsin; aunque ha habido una condena del Tribunal Constitucional, es una condena ambigua. El Sóviet Supremo ha decidido reunir el Congreso, pero nosotros creemos que tanto por el apoyo que está recibiendo del ministro de la Defensa, del ministro del Interior, del ministro de la Gobernación, el tiempo está trabajando a favor de Yeltsin y que de alguna manera se busca una solución de compromiso.

—¿Cuál es el papel que juegan ustedes en estas crisis: Rusia, Yugoslavia…?

—En las crisis yugoslava o rusa el CESID juega un papel importante en el sentido de que realiza un esfuerzo añadido. En el caso de Yugoslavia, desde que comenzó la crisis tenemos analizando un esfuerzo de adquisición sobre las tres zonas: el ámbito de Croacia, sobre el ámbito de los serbo-bosnios y sobre el ámbito de los musulmanes, para ofrecer al Gobierno informaciones bien valoradas en los tres espacios. En el caso de la crisis actual de la Federación Rusa, el equipo de analistas y de oficiales en Moscú están trabajando y elaboran un informe que va directamente al Gobierno.

—¿Qué se puede contar ya del papel que jugó el CESID durante el 23-F?

—Yo del 23-F no quiero hablar porque entonces yo no estaba en el CESID, debo remitirme a otros interlocutores. Yo puedo hablar del CESID a partir de mayo de 1981, que es cuando me hice cargo de esa institución, y a partir de ese momento el CESID fue legitimado para trabajar en lo que vulgarmente conocíamos como los procesos involutivos. A partir de ese momento, y hasta prácticamente el año 1983, el CESID estuvo trabajando muy activamente para neutralizar todas las actividades o todos los procesos involutivos y golpistas.

—¿Se puede estar satisfecho sobre la actuación de los servicios de inteligencia españoles?

—Yo no estaría en condiciones de hacer una valoración exacta del papel que hicieron los servicios porque también hay que tener en cuenta que algunos miembros del CESID —que luego fueron procesados y juzgados— de alguna manera participaron. Lo que ocurría es que de alguna manera el CESID en aquel momento no estaba legitimado para realizar una información en profundidad del golpe. Ya sabe usted además que en esto del golpe se manejaban tres hipótesis que en el fondo coincidieron las tres.

—Hasta donde yo sé, y por referencias del propio Carlos Alonso Zaldívar, él ha reconocido que trabajaron sobre la hipótesis de que la Guerra del Golfo no se debía desencadenar.

—No se puede hacer la deducción que ha hecho usted. Creo recordar que el 2 de agosto de 1990 en la madrugada es cuando se produce la invasión de Kuwait. El día 30 había habido una reunión de personalidades de Kuwait, Irak y de Arabia Saudí para resolver los contenciosos que planteaba Irak en aquel momento. Se produce la invasión en aquella madrugada. A partir de ese momento, el CESID recibe informaciones de estas y a partir de ese momento el CESID constituyó una célula de crisis, de información sobre ese conflicto, que estuvo trabajando durante toda la duración del conflicto. Son cinco tomos que están ahí.

—Lo que sabemos de los servicios de inteligencia de otros países es que han tenido fracasos estrepitosos. Por ejemplo, la CIA con la toma de la embajada y de diplomáticos. ¿No cabe el riesgo de que las fuentes en las que se basan los servicios de inteligencia estén tan precondicionadas para la información que suministran y que conduzca a errores de este calibre?

—Se tiene que aceptar naturalmente que una inteligencia estimativa, la prevención de un acto de esta envergadura (una invasión o un golpe de Estado), si no se tienen fuentes muy próximas a la zona de decisión de estos actos, naturalmente puede fracasar. Este es el riesgo que corre todo servicio de inteligencia cuando tiene el compromiso de hacer una inteligencia estimativa.

—De aquel KGB a los servicios de inteligencia rusos, ¿qué ha cambiado?

—El KGB tenía una doble dimensión de trabajo, una en el ámbito exterior, donde la actividad de los agentes era muy grande. Sus objetivos eran, por un lado, realizar acciones de influencia de tipo político y luego la captura de informaciones tecnológicas y de tipo político. Hay que decir que en un trabajo que hicimos unos cuantos servicios de inteligencia hacia el año 85 se estimó que cerca de un 70 por ciento de la tecnología aplicada en el imperio soviético había sido capturada a través de sus agentes. Al mismo tiempo, el KGB tenía unas responsabilidades internas de toda una cultura política de un sistema comunista llevado a sus últimas consecuencias, y que traía consigo el control y la represión. Al producirse el cambio, sobre todo a partir de agosto de 1991, el KGB abandona la responsabilidad interna y queda solamente una responsabilidad exterior.

—¿Juegan los servicios de inteligencia como desestabilizadores de otros regímenes?

—La tarea fundamental de un servicio de inteligencia es obtener y evaluar información. Esto, que es muy fácil de decir, luego es bastante complejo. Después los servicios de inteligencia realizan acciones de influencia y operaciones encubiertas, y al mismo tiempo generan unos canales discretos para resolver problemas que la diplomacia convencional o los gobiernos no pueden resolver. Cuando se habla de estos temas de asesinatos, de muertes, yo en este sentido detengo mi juicio; primero porque han sido tratados en libros con una vocación novelística o en películas, por lo que no quiero emitir un juicio sobre esto.

—El PP pidió en mayo que usted compareciera con frecuencia en el Parlamento. ¿En regímenes democráticos como el nuestro sería necesario el control parlamentario sobre los servicios de inteligencia?

—Indudablemente. Un servicio tiene varias instancias de control. Primero está el control interno, es decir, el director es responsable de todas las operaciones y de toda la puesta en juego de las capacidades operativas de un servicio. Ese es un control importante. Hay otro control, que es el del propio Gobierno; hay un control judicial para todo lo que representa la autorización legal de las escuchas, y luego hay un control parlamentario que tiene diferentes fórmulas, según los países. En España, el control parlamentario del CESID no se realiza a través de una comisión exclusiva para el servicio de inteligencia, sino a través de la Comisión de Defensa o la Comisión de Asuntos Exteriores, y yo he comparecido algunas veces en este tipo de sesiones. Lo que ocurre, dicho con mucha claridad y con mucho respeto al control, del cual yo soy muy partidario, es que el servicio tiene prohibido por ley exhibir una serie de datos sobre estructura, funcionamiento, medios y fuentes. Esto tiene carácter secreto y generalmente en una sesión parlamentaria, y lo digo con todo el respeto a los parlamentarios, a veces no se consigue el secreto en el tema de las fuentes, que naturalmente es de una importancia grande para la seguridad.

—¿Realmente ustedes no se sienten frustrados cuando algunas de las informaciones de previsión sobre posibles acontecimientos en tal o cual país..., se dan cuenta de que no son suficientemente valoradas por el Gobierno y al final se acaban produciendo los resultados que ustedes preveían?

—Los servicios de información adquieren información y la elaboran, y una vez que la han elaborado, la información no es algo patrimonial del servicio, sino que se entrega al Gobierno. El servicio de inteligencia no tiene ninguna responsabilidad respecto a las medidas que pueden estimarse en los informes, esto es responsabilidad del Gobierno. Naturalmente, el servicio de inteligencia podrá estimar que la decisión del Gobierno es más o menos acertada, haciendo un juicio humano, pero no un juicio valorativo de inteligencia.

—Se ha dicho siempre que sus relaciones con la CIA han sido difíciles...

—No, no han sido difíciles. El servicio español tiene relaciones con muchos servicios del mundo (occidentales, árabes, de Europa del Este y de Iberoamérica). Lo que ocurre es que las relaciones entre servicios reflejan las relaciones entre Estados, y eso es un cruce permanente de intereses. Estos intereses pueden coincidir, y en este caso el trabajo de los servicios es muy fácil, o pueden ser intereses contrapuestos, y en este caso las relaciones no son tan confortables.

—Norte de África e Iberoamérica. ¿Hay colaboración?

—En el norte de África, y realmente prolongando el espacio africano hasta Oriente Próximo, los intereses de la CIA y los del servicio español son bastante coincidentes. El servicio español tiene en esas zonas una información bastante completa, que es muy valorada por los servicios americanos, y lo digo sin ánimo de presunción.

—Información que no compartimos…

—No, sí que la compartimos. Lo que pasa es que hay una información muy selectiva, muy especial, que esa es privativa del jefe del Gobierno, y no toda la información que produce un servicio se puede compartir con otro servicio.

—¿Se hacen faenas entre los servicios?

—No se llega a esas situaciones tan críticas. Si nosotros vemos que hay una información y hacemos una valoración del perjuicio al tercero, entonces se lo podemos dar al tercero; lo que ocurre es que a veces no todos los servicios son coincidentes.

—¿Encuentro con el KGB?

—No problemas burocráticos. El CESID fue el primer servicio occidental que tuvo contactos con el KGB. Es decir, hace años yo tuve un encuentro con el presidente del KGB, Vladímir Kryuchkov, que fue uno de los protagonistas del golpe de agosto de 1991.

—¿Conclusiones?

—Tuvimos dos días de largas conversaciones, estábamos ya en mitad de la Perestroika, y hablamos de todos los procesos de cambio político, no solamente en el aspecto democrático, sino en el tránsito de una economía centralizada a una economía de mercado. Yo le dije que no esperara que tardara menos de veinticinco años porque el país no tenía ninguna cultura económica para hacerse cargo de ese tránsito. Él era bastante escéptico sobre las posibilidades de la economía de mercado y me señalaba las dificultades de las economías capitalistas. Yo incluso le envié diez o doce libros de economía, y le dije que no era solamente conocer los libros sino tener la decisión política y, sobre todo, introducir una serie de elementos como es el concepto de productividad, el concepto de protagonismo de la persona, el concepto de precios, etcétera, que eran elementos que no estaban presentes en la formación y en el horizonte de todos los ciudadanos, entonces soviéticos.

—Interrogatorio con brevedad: ¿cuándo se creó el CESID?

—En 1977.

—Al principio de la democracia. ¿Con qué finalidad?

—Se crea con la finalidad, junto con otras instituciones del nuevo Estado democrático, de tener un servicio de alguna manera ligado a toda una estructura democrática de poder.

—¿Podría decirnos sus departamentos?

—El CESID está dividido en los departamentos que están relacionados con sus cuatro grandes tareas: Inteligencia Exterior, Interior, Contrainteligencia y Economía y Tecnología. Cada una de estas funciones trae consigo un organismo de inteligencia.

—¿Son todos militares?

—No. Se ha ido evolucionando en este sentido. Hay civiles funcionarios, civiles contratados directamente en las universidades y hay militares. La proporción en este momento está equilibrada. El número de militares no llega al 50 por ciento y el número de civiles se está aproximando al 50 por ciento.

—¿Cuál es el perfil?

—El perfil medio, suelen ingresar en el Centro bien los militares o bien los universitarios a los veintitantos años. El perfil que se les exige son la garantía de discreción; segundo, de profesionalidad: han de manejar temas delicados políticos, económicos, sociales y de seguridad, y han de tener una actitud de neutralidad política, es decir, no sustanciar con su ideología los informes; ha de ser una persona bastante honesta para no abusar de las capacidades técnicas que tiene el servicio. Y al mismo tiempo ha de rechazar cualquier tipo de vanidad, personal o colectiva, respecto a la actividad que realiza.

—¿Hay muchas mujeres en el CESID?

—Hay bastantes mujeres en el CESID, lo mismo a nivel de analistas, a nivel de oficiales de inteligencia, que a nivel operativo.

—¿Qué cargo ocupa la mujer de mayor graduación?

—Hay mujeres que están a nivel de jefatura de área, que es el tercer nivel.

—¿Son ricos los espías?

—No son ricos. Son ricos en experiencias, en motivaciones, en compromisos con una serie de temas, pero en definitiva los miembros del servicio son funcionarios del Estado, y por lo tanto el Estado paga con otro tipo de satisfacciones, pero no en dinero.

—¿Cuál sería el sueldo de un espía que está empezando?

—Hay distintos grados, puede estar entre 150 y 200.000 pesetas al mes.

—¿Quién es su jefe?

—Yo dependo funcionalmente del presidente del Gobierno, y administrativamente del ministro de Defensa. Esos son mis patrones.

—¿Usted reporta fundamentalmente a Felipe González?

—Directamente, los informes del Centro van al presidente del Gobierno, van también a Defensa, van también a Exteriores o van también a Interior, según la naturaleza de los informes.

—¿Es tan peligroso ser espía?

—No, no es peligroso, a mí me parece apasionante. Lo que pasa es que el espía moderno está muy lejos de esa visión aventurera que dan las novelas, el espía moderno tiene que ser una persona bastante formada: si está trabajando en ámbitos de inteligencia electrónica, ha de tener una cultura tecnológica muy grande; si está trabajando en el espacio árabe o Europa del Este, ha de ser un ilustrado para poder interpretar todos los hechos, y si está trabajando en el exterior, en coberturas o bien diplomáticas o de otro tipo, ha de tener la frialdad y la capacidad para manejar las fuentes más discretas y más solventes que le permitan la interpretación de los hechos.

—¿Ha muerto algún espía español?

—Sí ha muerto, sí.

—Trabajando en contraterrorismo, que quizás sea la gran lacra.

—Trabajando en contraterrorismo, sí.

—En España, además de ustedes, está la Brigada de Información del Ministerio del Interior y la de la Guardia Civil. Existe una rivalidad innegable, ¿verdad?

—Yo no hablaría de rivalidad. Lo que ocurre es que en todos los países, y en España son bastante explícitas las competencias, por lo menos del CESID, hay situaciones que podríamos llamar, utilizando figuras geométricas, situaciones secantes o tangentes, en las que no se puede llegar a establecer una frontera absoluta entre actividades de distintos servicios.

—¿Hasta el peligro de estropear misiones?

—No, yo creo que no se puede hacer un juicio tan dramático ni tan pesimista. Lo que ocurre es que hay una utilización de servicios a lo mejor innecesaria.

—¿Es cierto que ustedes vetaron la presencia de funcionarios de la Brigada de Información en las embajadas extranjeras?

—Lo que pasa es que las tareas de inteligencia exterior están por ley asignadas al CESID. Y no es que lo pidamos nosotros.

—Pero ¿existía la petición?

—Los funcionarios del Ministerio del Interior pueden tener otras competencias, como terrorismo o narcotráfico.

—¿No hay dispersión de fuerzas con tantos servicios y se pueden enviar informaciones contradictorias?

—Yo, más que hablar de informaciones contradictorias, hablaría de informaciones complementarias. Aunque haya dos servicios trabajando sobre un mismo tema, yo creo que sería más justo hablar de informaciones complementarias.

—Sus agentes en las embajadas, ¿informan al embajador, o el embajador no se entera absolutamente de nada de lo que hacen sus agentes?

—Algunos agentes del CESID en el exterior tienen cobertura diplomática. Como la obligación del CESID es trabajar donde no trabaja la diplomacia, o donde están las fuerzas abiertas, lo que se hace es no comprometer al embajador en los métodos de trabajo de un oficial de inteligencia.

—Contra el terrorismo luchan todos estos grupos de los que hemos hablado. ¿Cómo se coordinan?

—En el Ministerio del Interior hay un organismo que es el Mando Unificado de Lucha Antiterrorista, y en esa instancia se coordinan las tareas de esos tres servicios.

—¿Llegan a colaborar en una misma misión coordinadamente?

—En una misma misión no, pero se pueden repartir misiones en los mismos servicios. O, por ejemplo, nosotros, que no tenemos capacidad de detención, cuando tenemos una información y unos indicios de que puede haber un vínculo a algún comando, se lo pasamos a la Guardia Civil o a la Policía.

—¿En ningún caso hay misiones que se hayan podido estropear porque dos servicios estuvieran sobre la misma pista?

—No, yo no tengo datos que se pueda hablar categóricamente de que dos servicios estuvieran sobre la misma pista, al margen de esas competencias o de esos solapes, creo que en todos los servicios hay un nivel de responsabilidad que garantiza que no se produzcan esos enfrentamientos dramáticos o perturbadores.

—Europol: ¿se está planteando a nivel de inteligencia?

—Tenemos en Europa desde hace tiempo una serie de clubs de servicios de inteligencia.

—La política de seguridad común lo exigiría…

—Por un lado, en la OTAN hay un comité especial, que es el Comité de Servicios de Inteligencia de los países OTAN, y luego hay otro club europeo, comunitario, en el que también están todos los servicios de inteligencia de los países de la comunidad.

—¿Se pasa solo información por dinero? ¿Le han intentado vender los planos de una lavadora diciéndole que es el último artilugio soviético?

—No he tenido la suerte de que hayan intentado venderme los planos de una lavadora. Yo quiero hacerle una corrección: no toda la información se obtiene por dinero. Tenemos colaboradores honorables que trabajan por otro tipo de motivaciones. Hay algunos que lo hacen por dinero.

—¿Trabajan porque han sido sometidos a chantaje?

—No le entiendo la pregunta.

—¿En su nómina de informadores tienen personas que han sido captados porque han sido sometidos a chantaje?

—O hay una motivación ideológica, o hay una motivación política o hay una motivación económica.

—¿Cómo seleccionan ustedes a los miembros del CESID?

—La captación de los civiles se hace en los ámbitos universitarios. Una vez que se hace una lista bastante grande de personas, se les va sometiendo a una serie de pruebas. Primero las clásicas psicotécnicas y de entrevista intentando adaptar sus capacidades y formaciones a los perfiles de los distintos puestos de trabajo. Esto se hace también en el ámbito militar. Una vez que se ha hecho la selección, ingresan en el Centro, hacen un curso básico de inteligencia que dura unos seis meses y luego están en un periodo de prueba que no es menor de dos años. Consideramos que un oficial de inteligencia antes de dos años no está en condiciones de dar un alto rendimiento.

—Si alguien quiere trabajar con ustedes, ¿qué debe hacer?

—Manda una carta al Centro, en la carretera de La Coruña, y el departamento de selección se pone en contacto con él, sus condiciones, sus características, su ambiente familiar, y si al final las pruebas son satisfactorias, pues entra como cualquier otro ciudadano.

—¿De quién necesitan ustedes permiso para investigar a un español? ¿O son autónomos?

—Lo primero que hay que decir es que nosotros no hacemos información política, o sea en el ámbito interior no hacemos ninguna información política. Cuando queremos hacer una intervención telefónica, que es la invasión de una privacidad, pedimos autorización al juez, y si está justificada, nos la concede.

—En el exterior, ¿cuáles son las principales preocupaciones?

—Yo diría que tenemos cinco escenarios importantes: el escenario de África, África del norte, sobre todo, aunque trabajamos en algún país del África subsahariana. Dentro de todo escenario, naturalmente, no solo tratamos los problemas de algunos países, sino esos fenómenos que están gravitando: el proceso de paz arabe-israelí, el islamismo, el terrorismo internacional. En el ámbito de Europa del Este naturalmente estamos valorando no solamente el proceso de tránsito de regímenes autoritarios a regímenes democráticos, sino también todo el proceso de tránsito a una economía de mercado, y sobre todo lo que estamos analizando con bastante dificultad porque es un tema complejo, la afloración de lo que yo llamaría las nuevas claves de identidad, es decir, los nuevos espacios que por razones étnicas, culturales o religiosas tienen que organizarse de alguna manera que hasta ahora no lo estaban. La expresión más dramática de esto es el conflicto yugoslavo.

»En el ámbito iberoamericano también seguimos con mucho interés y dedicación todos los procesos de los países de Iberoamérica, que hay que decir que están todos excepto Cuba en un proceso de democratización, lo cual quiere decir que por el momento han abandonado las soluciones de derechas apoyadas por los militares o las soluciones revolucionarias de izquierdas. Vamos ayudando para que, a través de esos procesos democráticos, se puedan resolver todos los problemas sociales y económicos que tienen esos países.

»Otro escenario es Asia, donde estamos manejando aspectos económicos y aspectos de proliferación de armamento no convencional. Y un escenario más próximo es el de Europa del Este: los aspectos comunitarios, los nuevos esquemas de la seguridad europea, cuando al terminar la Guerra Fría se ha abandonado esa especie de simplificación que había de un solo enemigo y una amenaza, y los aspectos vamos a decir comunitarios en el ámbito económico y de la política exterior.

—Cuando usted habla con Felipe González del terrorismo, ¿alguna vez le ha recomendado la negociación?

—Jamás el presidente González ha sido partidario de la negociación.

—¿Jamás se lo ha recomendado?

—Jamás se lo he recomendado.

—De todos los secretos que usted conoce, ¿cuál es el que más vale?

—Yo no podría establecer una prioridad de secretos, yo hablaría de temas superdelicados sobre personas y situaciones, sobre los cuales sí quiero decirle que tanto mi persona como las personas responsables tienen un compromiso de discreción y de reserva para todos los días de su vida.

A pesar de que la entrevista ha sido amable, el director del CESID ha ofrecido cuantiosa información sobre la forma de proceder del servicio que dirige desde 1981. Es muy probable que al oyente medio le haya sorprendido el grado de profesionalización del espionaje español y el riesgo que asumen en su día a día muchos de los agentes, así como el alcance de sus misiones. En 1993 el área de influencia del CESID alcanza a gran parte del mundo, y el responsable de que así se sea es Emilio Alonso Manglano, el padre de la inteligencia moderna en España. Sin embargo, el responsable de un servicio vale más por lo que calla que por lo que cuenta.

Entrevista   29 · IV · 1981.   4.30 - 5.30

Resumen:
M. Me han hablado de Vd. varias personas (entre
ellos el Rey, el Presidente, etc.) y todas coinciden
en q. Vd. tiene ideas claras y sabe dónde va.

M. Quiero preguntarle tres cuestiones:
   - Causas del malestar en FAS.
   - Influencia de los prefectos
   - Medidas a adoptar.

Y. - Causas del malestar:
   Herencia psicológica, ideológica y moral de
   el Ejército.
   Intervencionismo político S. XIX y XX.
   "Droit de regard"
   A partir de la Transición:
      - Dos límites: PC y Unidad
      Legalizac. del PC: abierto más aparente
      que real.
      Unidad: importante: autonomía etc.

M - Consideraciones sobre el XIX y el XX.

Y - Influencia de los prefectos: en cuanto
   conecta con las ideas más enraizada
   y más sensibles en las FAS.
   Atención a la política de personal (Cambios
   por razones políticas en destinos, etc.)

El 29 de abril de 1981 el ministro de Defensa, Alberto Oliart (M, de ministro) convocó
a su despacho al teniente coronel Alonso Manglano (Y, de yo) para ofrecerle ser el
próximo director del CESID. Dos meses después del 23-F, Oliart quería información
de primera mano sobre el sentir en el Ejército, y buscaba un jefe de la inteligencia que
controlara los movimientos involucionistas. Manglano anotó en un cuaderno la literalidad
de la conversación, una práctica que mantuvo durante sus años al frente del CESID.

En la noche del 23 : soledad

"Felipe . Vas a ver cómo juegan con la corona de tu padre como un balón de futbol"

En la primera audiencia con el rey siendo director del CESID, don Juan Carlos le contó a Manglano cómo transcurrió el 23-F en Zarzuela. Entre otros muchos detalles, el rey le reveló esta frase que le dijo aquella noche a un joven príncipe Felipe. También le contó que en el momento del golpe él estaba en chándal dispuesto a jugar al squash y le detalló cuáles fueron los movimientos del general Armada. (27 de mayo de 1981)

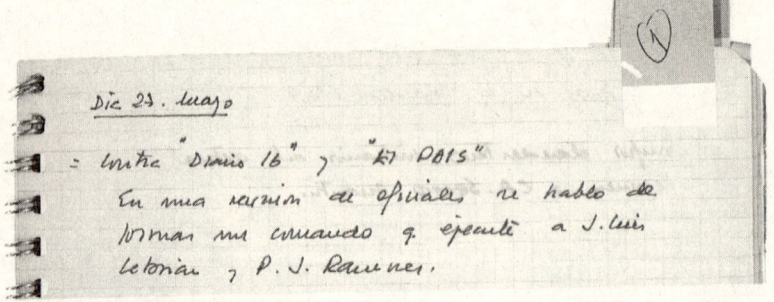

Dic 23. mayo

= Contra "Diario 16" y "El PAIS"
En una reunión de oficiales se habló de formar un comando q. ejecute a J. Luis Cebrián y P. J. Ramírez.

«Contra *Diario 16* y *El País*.
En una reunión de oficiales se habló de
formar un comando que ejecute a J. Luis
Cebrián y P. J. Ramírez.»

Nada más nombrar a Manglano, Oliart le pidió que controlara los movimientos involucionistas, sobre todo en las Fuerzas Armadas. Según le confesó un confidente, había mandos dispuestos a acabar con la prensa libre por la vía rápida. (27 de mayo de 1981)

1989 MAYO 1989

L	M	M	J	V	S	D
3	4	5	6	7	8	9
10	11	12	13	14	15	16
17	18	19	20	21	22	23
24	25	26	27	28	29	30

ABRIL 1989

MAYO
30
martes
San Fernando III

Las frecuentes audiencias con «Su Majestad el Rey» en el palacio
de la Zarzuela reflejan la gran sintonía de Juan Carlos I y Emilio Alonso
Manglano, quien, aunque designado por el Gobierno, era el jefe de la
inteligencia del Estado. En este encuentro el rey desvela al director del
CESID una información más que confidencial: cómo recolectó dinero
de Arabia Saudí para financiar la Transición. (30 de mayo de 1989)

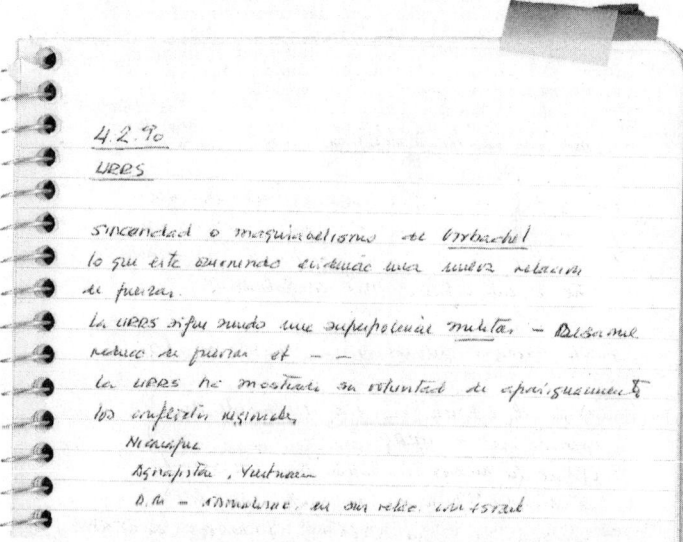

Manglano fue el primer director europeo de inteligencia que visitó la sede de la KGB en
Moscú. La caída de la URSS interesó mucho al CESID, que en los años 80 experimentó
una importante expansión internacional en Europa, Oriente Próximo, norte de
África e Iberoamérica. En esta nota Manglano realiza un análisis sobre la estrategia
de Gorbachov en pleno desmoronamiento de la Unión Soviética. (4 de febrero de 1990)

April 11, 1991

Dear General Manglano:

Thank you for your letter of March, 1991 and for
your warm words of praise.

The Coalition's success represents a triumph for
right for the world as well as for the peoples
of the Middle East and Persian Gulf. We all can
be proud of the professionalism and the bravery
of the members of the multinational force in
their pursuit of the goals of the U.N. Security
Council. While we grieve for those who laid
down their lives in this noble cause, we can be
thankful that Allied casualties were so few.

Our task will not be completed until the Security
Council's goal of peace and security is achieved.
As we embark on the path to peace, we shall need
to build on the unity of purpose that proved so
successful in war. I am confident that, by doing
so, we can bring peace to the Middle East. In
any event, it is our high duty to strive for that
objective. Then, we will have truly honored the
courage and the sacrifice of the men and women of
Desert Storm.

Sincerely,

General Emilio Alonso Manglano
Director General
CSID
Madrid

El presidente de Estados Unidos George H. Bush felicitó en una carta personal al
teniente general Manglano por su colaboración con la coalición internacional durante
la primera guerra del Golfo. Esta carta personal, con membrete de la Casa Blanca,
reconoce su labor durante la operación Tormenta del Desierto. (11 de abril de 1991)

a.- secreto

b.- hombre Emilio

a.- es lógico

b.- entonces ellas son amigas, entonces estuvo contando, primero le dijo que cuando se escapó Roldán no tenía nada contra él, no lo tenía enganchado

a.- no tenía nada

b.- nada, también que el Juez suizo no le daba nada, que cree que se lo daba a Garzón, pero lo de Roldán el juez suizo se lo pasa por la pata, y eso a ver, joder, como usas esto, de esto Belloch no se puede enterar.

a.- visto hombre, entonces el dato es que hay dos..

b.- uno o dos talones, vamos a ver, yo te cuento, hay unas cantidades que he librado mensuales, yo lo libraba contra el Ministerio de Interior, con lo cual aunque lo cobra un Coronel con toda la pompa..., pero se ha librado alguno que ha ido a cobrar al Banco de España y que iban contra la Casa Real, con lo cual a la fuerza los tiene, porque el Banco de España ni más ni menos, en cuanto la jueza Ferrer ha pedido se le ha enviado todo, que no debía habersele enviado, se envía todo, hay unos talones que el otro día en la reunión esa que hubo, levantaron grandes gritos de Corcuera de 150 millones de pts. que Roldán ha endosado en sus cuentas, unos de 50 otros de 30, no sé que, pero vamos en todo caso lo que me preocupaba a mi era esto. Eso es probable que Margarita se lo haya comentado a alguien de la Casa Real que, porque estaban muy mosqueados ya en la Casa Real de que ahora Margarita les pagaba en efectivo y aquellos se molestaban, y ella tuvo que llamar a Masa o alguien para decirle que no son problemas, si no para que no deje rastro, en todo caso el rastro está dejado en el sumario, hombre eso es una cantada fea, qué se puede hacer aquí?, lo mismo, hombre claro, para eso había que manejar a los fiscales y yo creo que Belloch no está en condiciones de manejar ahora a ningún fiscal, ¿qué como se organiza eso, no sé? háblalo con Serra y si quiere algo pues ya, él dirá, pero como es materia clasificada, los fondos reservados se hace una separata como ha hecho José María Mena con lo vuestro, para que en el momento que se haga público el sumario

a.- no aparezca

b.- y que solamente aquello que afecte a Roldán pro no () que no aparezca, es lógico además que se así.

a.- la jueza está en buena actitud

b.- la jueza es muy jodida, porque la puede entrar ésta porque son amigas, y ha ido a ver a la niña, las cosas del bautizo, y cosas de esas...

a.- pero nada más

b.-nada más, por que ahí está Perfecto Andrés,la del Molino, y todas éstas, y como se podía entrar ahí, porque ya lo tienen como por escrito, claro... ah! y mucho tacto con eso, yo no se lo comentado a Serra, pero te lo cuento a ti y como si se lo contara a él, punto. Belloch yo creo que lo sabrá por Margarita, supongo, porque si me lo ha

El exministro del Interior Antoni Asunción fue uno de los grandes informantes de Manglano, que en esta ocasión lo invitó a almorzar en la sede del CESID. Durante la larga charla, que fue grabada y transcrita, Asunción —identificado como el personaje b— confesó muchos de los secretos del Ministerio de Interior del que tuvo que dimitir tras la fuga de Luis Roldán. En esta página el exministro socialista desvela cómo Margarita Robles, entonces secretaria de Estado de Interior bajo el mando de Juan Alberto Belloch, entregaba a la Casa del Rey fondos reservados en metálico. (22 de diciembre de 1994)

Ante todo, Manglano fue un militar, como su padre. Fue el primero de su promoción. Legionario y paracaidista, en 1957 combatió en la guerra de Ifni y treinta años después alcanzó el grado de teniente general. En las imágenes, saludando al general Ríos Capapé y atendiendo a un periodista en unas maniobras.

Manglano fue uno de los monárquicos que durante el franquismo viajaba a Estoril a apoyar a don Juan. En aquellos tiempos ser juanista y militar era arriesgado, pero eso no afectó a su convicción monárquica. Años después, cuando don Juan Carlos fue proclamado rey, don Juan le hizo una petición: «Ahora tienes que ocuparte de don Juanito».

El director del CESID, durante una audiencia con el rey de Marruecos, Hasan II. Desde su posición como jefe de la inteligencia, Manglano mantuvo un contacto estrecho con el servicio marroquí y una relación cercana con el monarca alauí, que nunca ocultó sus pretensiones sobre Ceuta y Melilla y siempre lo vinculó a Gibraltar. Don Juan Carlos le había dicho que había que prepararse «para negociar Melilla» y que Ceuta podía «potenciarse al máximo». Finalmente, nada cambió y Hassan II acabó realizando su primera visita oficial a España.

Manglano fue nombrado director del CESID por Leopoldo Calvo-Sotelo en 1981. Cuando llegó a La Moncloa Felipe González no dudó en mantenerle en el cargo y fue su director de inteligencia hasta su dimisión en 1995, tras el escándalo de las escuchas. A pesar de que era su último responsable, la relación personal con el presidente del Gobierno no era tan estrecha como con el rey o con el ministro de Defensa y después vicepresidente Narcís Serra.

Esta foto es un recuerdo de una reunión de jefes de servicios de inteligencia celebrada en Saint-Michel (Francia) el 5 de julio de 1994. En sus años en la Cuesta de las Perdices, Manglano logró que el CESID fuese reconocido como un servicio más en Europa y tras más de diez años al mando del espionaje español acabó siendo el decano de los directores europeos. Su gran éxito fue el crecimiento internacional de la inteligencia española.

En la imagen, del archivo personal de Manglano, el rey lo saluda en presencia de la reina. En sus años al frente del CESID la relación con don Juan Carlos llegó a la máxima confianza. En las numerosas audiencias celebradas en la Zarzuela durante casi dos décadas, el rey le confesó innumerables secretos, tanto de la actividad propia del jefe del Estado, como cuestiones vinculadas a la Casa o relacionadas con su familia.

Tercera parte

El chantaje al Estado

1992-1998

7

El tridente Conde-Perote-De la Rosa

La cara oculta del caso Ibercorp

«$\mathcal{H}$e procurado trabajar con la sinceridad de mi corazón y lo demás no depende de mí.»[53] Esta cita de una epístola de Gustave Flaubert a George Sand forma parte de una nota suelta que Manglano guarda en la primera página de su agenda de 1992. Es un pedazo de papel inserto tras las tapas de cuero, manuscrito con su inconfundible caligrafía. Pertenece a una carta que el autor de *Madame Bovary* envió a finales de 1875 a su maestra Aurore Dupin —conocida como escritora por su seudónimo—, y refleja la preocupación del director del CESID por mantenerse en el recto camino que le marca su carácter.

A pesar de que la ciénaga en la que se está convirtiendo la política española le ocupa cada vez más tiempo, y pese a que los sobresaltos y disgustos no le dan respiro, Emilio Alonso Manglano sigue recogiendo reconocimientos internacionales por su labor como máximo responsable del espionaje español. El 9 de marzo de 1992 recibe una condecoración relevante: la Legión al Mérito con grado de comandante de Estados Unidos. El solemne acto de entrega de la distinción se celebra a las ocho de la tarde en la embajada de la calle Serrano de Madrid. Al jefe de la inteligencia lo arropan, entre otros, el ministro de Defensa y el presidente del Gobierno que lo nombraron, Alberto Oliart y Leopoldo Calvo-Sotelo

---

53. En la edición consultada de *Gustave Flaubert, George Sand. Correspondencia*, Marbot, 2010, la literalidad de la traducción es esta: «Hago todo lo que puedo continuamente para expandir mi mente y trabajo desde la sinceridad de mi corazón. Lo demás no depende de mí».

respectivamente. Lejos queda aquel día de 1981 en que alguien habló al ministro del entonces coronel Manglano refiriéndose a él como «una de las glorias del Ejército español». Más de una década después, el general recoge las distinciones a un trabajo bien hecho, especialmente en el ámbito internacional.

Sin embargo, como en tantas otras ocasiones, Manglano apenas concede tiempo a la autocomplacencia. En este caso el motivo tiene que ver con el caso Ibercorp, que el diario *El Mundo* ha comenzado a destapar casi un mes antes, el 12 de febrero de 1991: «De la Concha engañó a la Comisión de Valores para encubrir a Rubio y Boyer», tituló en portada el diario que dirige Pedro J. Ramírez. La información la firmaron los periodistas Casimiro García-Abadillo y Jesús Cacho. El 6 de marzo, tres días antes de la condecoración a Manglano, el diario de Unedisa abría su edición con este titular: «De la Concha creó un "Ibercorp sumergido" hacia el que desviaba miles de millones». El banquero Manuel de la Concha, gestor de fortunas de la *beautiful people* y fundador de Ibercorp, había usado información privilegiada para beneficiar las inversiones de potentados como Mariano Rubio, gobernador del Banco de España, o el exministro Miguel Boyer. Para *El Mundo*, la información es fruto de «varios meses de investigación»; para el Gobierno, detrás está la mano de Mario Conde.

Así, al día siguiente de ser distinguido por Estados Unidos, el 10 de marzo de 1992, Manglano se entrevista con Narcís Serra. El vicepresidente del Gobierno le habla del escándalo que acaba de saltar:

—Felipe y Solchaga confirmaron a Mariano Rubio en una cena en Moncloa. Entonces no se sabía tanto de Ibercorp. El presidente cree que Mariano Rubio lo ha hecho bien y su dimisión no es buena para el Gobierno.

La cita termina con una conclusión: «Hay que evitar que se marche». Dos días después, cuando se cumple un mes después de la portada de *El Mundo*, el jueves 12 de marzo, el jefe del CESID visita a Mariano Rubio en su casa:

—Ha sido una buena decisión del presidente la de no aceptar dimisiones —arranca Manglano—. Tu cargo es importante para el Gobierno. Los banqueros no te apoyarán mucho y la prensa irá a tope, pero no debes dimitir.

Rubio se desnuda ante el jefe del CESID. Le confiesa lo que no sabe apenas nadie:

—Tengo, he tenido, un fondo B en Ibercorp. Solo lo saben dos personas. Estoy desgastado física y psíquicamente. He cometido una imprudencia, y no sé si aguanto…

El gobernador del Banco de España tiene dinero negro en una cuenta opaca. Ni más ni menos. Con esto tiene que lidiar el jefe del CESID, un militar de recta conducta al que preocupa lo que observa a su alrededor. Esta confesión tardaría dos años en saltar a la opinión pública española. En 1994, con un procedimiento judicial ya en marcha, se sabrá que el banquero oculta a través de Ibercorp una cuenta con 130 millones de pesetas.[54] Por eso el gobernador del Banco de España está, lógicamente, atemorizado, pues la prensa aún no ha contado toda la verdad. De ahí ese impulso por dimitir.

En esa conversación, Rubio también desvela a Manglano información relevante sobre la batalla mediática. Le cuenta que ha habido «una conversación con el segundo de Agnelli hablando mal de Pedro J. Ramírez» y este lo supo. Gianni Agnelli, *l'Avvocato*, aristócrata, *playboy* y magnate con una vida de película, nieto de Giovanni Agnelli, es el hombre que ha transformado el grupo automovilístico Fiat en una empresa moderna. Icono empresarial y estilístico del siglo xx, con sus anchas y cortas corbatas y el reloj sobre el puño de la camisa, entre sus muchos negocios y propiedades está RCS MediaGroup, dominadora italiana de Unedisa y, por lo tanto, quien había financiado la creación del diario *El Mundo*.

—Hay que actuar con Agnelli —clama Mariano Rubio—. Estamos inermes ante esta mafia. Mario Conde es capaz de todo, y Javier de la Rosa tiene comprado al comisario de Seguridad Ciudadana. Entraron en Ibercorp y robaron documentos. No me puedo fiar de la Policía.

A continuación, Manglano se entrevista con Luis Ángel Rojo, subgobernador del Banco de España. En sus notas no queda claro si se encuentran en el mismo escenario o con posterioridad, pero sí lo que hablan:

—Mariano debería irse unos días de descanso.

—Que no firme ninguna dimisión —ordena el jefe del CESID—, y hablamos el lunes.

«Quiere que intervenga», concluye Manglano, quien habla con Narcís Serra para informarle. El lunes 16 de marzo de 1992 la agenda del

54. 780.000 euros de 2020, sin calcular el IPC.

general recoge una nueva «entrevista con M. Rubio», además de insertar una nota. El jefe del CESID toma apuntes en un papel y luego lo traspasa a su dietario, conservando el original:

—Varias personas me han aconsejado que dimita. Calvo-Sotelo, Jesús Polanco y otros…

Manglano le corta y le insiste en que no dimita:

—Mariano, tienes el apoyo del Gobierno, tienes el apoyo del Partido Socialista. Tienes que entender la trascendencia de tu dimisión. Sería una confesión de culpa. Los ataques no cesarán, pero esto afecta al Estado.

Al jefe de la inteligencia le inquietan los daños que este escándalo puede provocar en el Estado, su máxima preocupación. El gobernador cede y aguanta. Manglano anota el tablero de juego en cinco puntos:

1. El Banco de España aguanta todas las comisiones (de investigación) que puedan hacerse sobre su actuación en Ibercorp.
2. Ibercorp ha presentado suspensión de pagos. Manuel de la Concha está hundido económicamente.
3. Él [Mariano Rubio] aguanta, pero cree que hay que tomar medidas para controlar el proceso. Esto ya se lo dijo el presidente del Gobierno en la cena [en la que lo confirmó en el cargo]. Cuáles son estas medidas. Considera que puede haber cometido imprudencia pero no irregularidades. También estima que su dimisión afecta al Estado, pero hay que comprender que no puede seguir siendo un pim-pam-pum. Para que él aguante parece que hace falta controlar el proceso. Es decir, evitar que la CNMV entre como una inquisición. Hablar con Luis Carlos Croissier.[55] Ibercorp ha presentado suspensión de pagos, De la Concha está hundido económicamente.
4. Con esto él no quiere defender a Manuel de la Concha, que se quede arruinado, sino que se trata de evitar un proceso que afecta al Banco de España y al Gobierno.
5. El peligro está en otros bancos, como Banesto, con un 30 por ciento de acciones en autocartera.

55. Presidente de la Comisión Nacional del Mercado de Valores (CNMV) y exministro de Industria y Energía.

Manglano vuelve a hablar con Narcís Serra: «El VPG está de acuerdo. Lo hablará con el PG para ver quién lo hace, si el PG, VPG o Solchaga». Tirando del hilo de Ibercorp, en el lado contrario a la cancha de Polanco, un grupo integrado por periodistas, editores y un banquero trabajan para denunciar esos escándalos con un objetivo último: tumbar al hombre que está a punto de cumplir una década pernoctando en el palacio de la Moncloa.

El gran restaurador de la monarquía

En la confianza que los une, el 13 de octubre de 1992 el rey Juan Carlos confiesa al consejero Manglano el delicado estado de salud de su padre, el conde de Barcelona:

—El tumor por la parte inferior del esófago le está aumentando. Esto hace que empiece a tener problemas para tragar. Viene el 15, pasado mañana, y se marcha esa misma tarde.

Don Juan Carlos sabe que, para Manglano, don Juan no es solo el padre del rey. En los años sesenta, Manglano formó parte de ese reducido grupo de españoles denominados juanistas. Por su adhesión y colaboración con la causa monárquica, Franco le prohibió expresamente viajar a Estoril para visitarlo.[56] Tratándose de un militar, debía andarse con mucho ojo.

Manglano era pues uno de los monárquicos en tiempos de Franco. Varias décadas después, todavía guarda en su despacho de casa una ingente cantidad de documentación sobre la actividad del colectivo en el exilio: notas de la secretaría privada de don Juan, correspondencia con algunas de las principales figuras de la oposición liberal a Franco —especialmente con Joaquín Satrústegui—, ensayos sobre el futuro de la institución monárquica en España, noticias en la prensa extranjera y, lo más importante, documentos sobre la preparación y celebración del IV Congreso del Movimiento Europeo. Este encuentro, que la propaganda del régimen de Franco denominó peyorativamente «el Contubernio de Múnich», reunió en 1962 en la ciudad alemana a toda la oposición a Franco, salvo a los comunistas: monárquicos y republicanos, liberales, socialistas, socialdemócratas y democratacristianos, incluso nacionalistas vascos y catalanes.

---

56. Según el testimonio de Amparo Alonso Manglano, hermana de Emilio, a los autores.

Comparado con el centenar de políticos que viajaron a Múnich, Manglano era solo un joven monárquico de treinta y seis años. Él no se desplazó a Alemania, pero ya colaboraba con don Juan y sí participó en la medida de sus posibilidades haciendo proselitismo de la monarquía desde el interior de España, y también en el Ejército. No en vano, entre sus documentos se halla un «listado personal y reservado» sobre «personas que conozco y que por sus facultades y sana moral son aptos para ocupar cargos políticos». Se trata de veinticuatro nombres, la mayoría de ellos militares.

Fue en esos años 60 cuando Manglano profundizó en sus convicciones monárquicas. De los muchos documentos que guarda en su archivo, resalta uno que ofrece claves sobre el pensamiento político de Manglano en esos tiempos. Son notas sobre «cómo se presenta la monarquía» ante los españoles, y en las que Manglano establece que la Corona debe «levantar bandera para llenar el actual vacío de la vida pública española». Él defiende una monarquía tradicional según «las fórmulas que están ahí desde el principio de la historia». La estrategia: «contra el confusionismo y la hipocresía, la verdad limpia y clara».

El joven Manglano consideraba esencial destacar «el carácter social de la monarquía» y establecer una serie de realidades «que hay que admitir en la vida española»:

- Admitir a la España vencida (la guerra).
- Frente al bajo nivel del español, justicia distributiva: si España es pobre, el problema no está en repartir, sino en producir más.
- Justicia social, no desde el área demagógica, sino desde el poder. Importancia del hombre de empresa en la capitalización y en el aumento de la producción.

Es decir, una monarquía para todos los españoles, liberal y con la justicia social como objetivo. La pregunta crucial era «la posición ante el actual régimen». La respuesta: «De respeto distante puesto que es un poder legítimamente constituido, pero haciéndolo responsable».

Finalizado el franquismo y superada la Transición, don Juan ha gozado de una buena posición y un buen nivel de vida en España desde que en 1977 tomó la decisión de renunciar formalmente a los derechos dinásticos. Tras aquella ceremonia privada de renuncia, que tuvo escaso eco mediático pese a su gran trascendencia institucional, quedó despejada toda opción de deslegitimar la proclamación de don Juan Carlos como rey en noviembre de 1975. Tras ese acto, don Juan hizo una petición a Manglano:

—Ahora tienes que ocuparte de don Juanito.[57]

No imaginaba en ese momento Manglano que cuatro años más tarde, en 1981, sería designado director del CESID y su vinculación con don Juan Carlos se iba a estrechar hasta pasar a formar parte de su más íntimo círculo de confianza.

Hijo de rey y padre de rey, don Juan de Borbón y Battenberg nunca reinó, pero durante cuarenta años fue una pieza esencial para mantener viva la llama de la monarquía. Es más, fue la idea de monarquía que él perfiló, identificada con las democracias liberales europeas, la que puso en marcha don Juan Carlos cuando heredó el poder de Franco en 1975. Pero el de don Juan no fue un camino de rosas, puesto que el dictador se ocupó personalmente durante tres largas décadas de desprestigiar su buen nombre y de orillar cualquier opción de que lo sucediera como jefe del Estado.

Si hubo un momento especialmente duro para don Juan, fue el momento en el que su hijo aceptó jurar los Principios del Movimiento como heredero de Franco a título de rey. Julio de 1969. ¿Traición?, ¿pragmatismo? Aquella decisión de don Juan Carlos —que Franco manejó con astucia para dar la última estocada a don Juan— provocó un duro enfrentamiento entre el padre y el hijo. Si alguien volvía a reinar en España, sería el hijo, y no el padre.

En aquel entonces, Manglano decidió escribir personalmente a don Juan como gesto de su inquebrantable lealtad:

24 de julio de 1969

Señor:

En estas horas que, personalmente, considero graves y críticas para la monarquía y naturalmente para el país, mis primeros pensamientos y sentimientos coinciden en una actitud de lealtad hacia vuestra persona y a todo lo que ha representado durante estos años.

Bien sé que esta lealtad puede ahora parecer un gesto de cortesía o de nostalgia. Nada más lejos del sentido que le doy a esta palabra.

57 Según el testimonio de Amparo Alonso Manglano, hermana de Emilio, a los autores.

En la línea de unos determinados principios —positivos y éticos—, y en la conciencia de lo que debía ser y representar la institución para el futuro de España, habíamos encontrado muchos españoles una esperanza y una tarea que se presentaba sugestiva y coherente con la mejor forma de servir al país.

Ahora, cuando esta esperanza parece enterrada, puede sobrevenir el sentimiento de frustración y hasta de vacío. Por ello, importa señalar que vuestra posición, pese a los hechos que están aconteciendo, no ha sido inútil. Aparte de que no debía y no podía ser otra, arroja un balance de dignidad, de independencia y de defensa de unas ideas que siempre quedará como ejemplo. En último extremo, cualquiera que fuera el éxito de una postura ante los demás, es en nuestra propia conciencia donde encontramos las verdaderas formas de actuar.

Todo futuro lleva una dosis grande de incertidumbre. Ante él y ante nuestro país, creo que el mejor servicio que podemos ofrecer es mantenernos —con serenidad y con humildad si fuera preciso— en la línea de unos principios políticos que están sobradamente arraigados para subsistir pese a las circunstancias más adversas. En esta línea, sabemos que seguiremos contando con V. M. como guía y aliento. Reitero mi adhesión y mi lealtad.

La adhesión de Manglano a don Juan se mantuvo incluso cuando no estaba de acuerdo con él. Unos años antes, el 12 de octubre de 1985, don Juan y doña María de las Mercedes cumplieron sus bodas de oro. En ese medio siglo de vida en común, los padres del rey han vivido en Roma, en Suiza y en Estoril, y desde el exilio han observado atentamente el devenir de España: la Segunda República, la Guerra Civil, la dictadura de Franco y, al fin, la vuelta de la monarquía en la figura de su hijo.

Viviendo ya en España, y con Juan Carlos reinando en paz y concordia nacional, don Juan quería organizar una celebración matrimonial. Y su plan llegó a oídos del jefe de la inteligencia. El entonces diplomático Puig de la Bellacasa —antes de pasar por la secretaría general de la Casa del Rey— fue quien se lo hizo llegar:

—El conde de Barcelona quiere celebrar el 50 aniversario de su boda con un baile en el palacio Real de Aranjuez. Lo está organizando el duque de Badajoz.

A Manglano le sorprende enormemente la idea. Cuando deja constancia del plan del conde de Barcelona en su agenda no puede evitar añadir dos signos de exclamación (!!). Es la forma que utiliza en sus manuscritos para expresar un sobresalto, pero no es nada habitual pues en su forma de escribir, como en su forma de ser, no hay espacio para demasiadas emociones. No le gusta la ostentación. Imagina una escena rococó con lujosos vestidos que deambulan en marmóreos salones. Añade: «Hablar con el rey. ¿Por qué no una recepción?», algo mucho más modesto y discreto.

Anécdotas aparte, la mala evolución de la enfermedad de don Juan en el primer trimestre de 1993 abre un debate: cuando se produzca el fallecimiento, ¿se le deben rendir honores reales?, ¿dónde debe ser enterrado?, ¿don Juan o Juan III? En este sentido, Antonio Fontán[58] y Fernando Álvarez de Miranda se reúnen con el presidente del Gobierno. Plantean a Felipe González una doble posibilidad: la elaboración de un real decreto de la familia real para que se puedan conceder tales honores a don Juan, o el reconocimiento a título honorífico «de esa condición regia». «La cuestión —escriben Fontán y Álvarez de Miranda en una carta que también es enviada a Manglano— es de carácter político: de oportunidad y de voluntad política.»

Don Juan fallece en Pamplona el 1 de abril de 1993. Cinco días después se celebra su entierro en el monasterio de El Escorial. Los españoles ven llorar, por primera y última vez, a don Juan Carlos y doña Sofía. El 31 de mayo Manglano es recibido en audiencia por el rey por primera vez desde el fallecimiento de su padre. El jefe del CESID le plantea las consecuencias positivas que para la monarquía ha tenido que «el pueblo español haya tenido conciencia de la dinastía». La actitud de la familia en ese doloroso proceso propicia que la Corona haya trasladado una imagen de humanidad, que siempre enlaza con la ciudadanía, y de normalidad institucional.

La muerte de don Juan deja huérfanos en España a toda una generación, quizás dos, de personas que creyeron en su propuesta política a pesar de las dificultades. Son una élite, ya fuera política, económica, militar o directamente miembros de la aristocracia, porque si de algo se ocupó Franco durante años, fue de que en España no hubiera juanistas, de que en la prensa no se hablara de don Juan. Y, si algo se colaba, que fuera negativo. En los años 40, negando a la institución monárquica o compitiendo directamente con ella; en los 50, los 60 y los 70 limitando la opción de ser monárquico a apostar por don Juan Carlos y, por supuesto,

---

58. Antonio Fontán, primer presidente del Senado de la democracia, fue quien entregó a Juan Carlos I la carta de su padre en la que le reconocía toda la legitimidad dinástica y, por lo tanto, aceptaba ser hijo y padre de reyes, pero nunca reinar.

siempre como una opción posterior a lo que en el franquismo se llamó eufemísticamente el «hecho sucesorio» o el «hecho biológico». Es decir, la muerte de Franco.

Fallecido el padre del rey, esa generación de juanistas quiso homenajear cuanto antes a una persona que para muchos de ellos pasará a la historia como don Juan III, a pesar de que no reinara, por haber jugado un papel esencial en la continuidad dinástica que permitió la restauración monárquica en su hijo. Para ello, Antonio Fontán organiza en agosto de 1993 unos cursos de verano en El Escorial en los que participan nombres de primera línea: Torcuato Luca de Tena, Jaime Miralles, Fernando Álvarez de Miranda, José María Gil-Robles, Íñigo Cavero, Carlos Seco Serrano, Carlos Carvajal y Urquijo, entre otros. Una de las principales conferencias la pronuncia Emilio Alonso Manglano: «Hacia una monarquía para todos». En ella, el director del CESID loa el espíritu liberal de don Juan, destaca su deseo de que la monarquía acogiera a todos los españoles y apunta que jamás aceptó «ni un céntimo del anterior régimen»:

—El gran restaurador de la monarquía ha sido el conde de Barcelona. El papel histórico que ha desempeñado ha sido uno de los más difíciles con que realmente se haya podido encontrar persona alguna.

Relevo en la Casa del Rey

El 5 de enero de 1993 don Juan Carlos cumple cincuenta y cinco años, y dos días después la Casa del Rey pasa a ser gobernada por dos diplomáticos: Fernando Almansa, jefe; Rafael Spottorno, secretario general. En la Moncloa no gusta la decisión del rey, pues Manglano anota esto: «El Gobierno se ha mostrado perplejo con los nombramientos. Considera que Almansa no tiene categoría. De todas formas están dispuestos a apoyar». Según Puig de la Bellacasa, que seguía «dolido» por su obligada marcha, «el nombramiento de Almansa ha sido inspirado por Manolo Prado». Unos días después alguien no identificado valora para Manglano el nombramiento de la nueva responsable de la jefatura de Relaciones con los Medios de Comunicación de la Casa del Rey, Asunción Valdés: «Fría, ambiciosa, prudente, cursi. Fue (o es) novia de J. L. Contreras. Anti-PSOE. Amiga de Raúl Morodo».[59]

---

59. En 2020 Morodo está siendo investigado en la Audiencia Nacional por diversos delitos en el cobro de comisiones de la petrolera PDVSA, fruto de las relaciones cosechadas durante su etapa como embajador de España en Caracas.

Manglano se ve con el rey en una audiencia el 4 de febrero:

—Sabino habla demasiado, no se le puede dar confianza a una persona así —dice el jefe del Estado, dejando claro el principal motivo del cese—. La reina y mis hijos lo han aceptado.

Tras hablarle del «libro de Vilallonga», *El rey*, que se iba a publicar en francés, don Juan Carlos le pide que «controle *Época* y *Tribuna*». Por último, le traslada las noticias que le ha dado su hijo y heredero al trono: «Me ha dicho que ha terminado con Isabel Sartorius, pero siguen siendo amigos». La relación ha pasado por varios altibajos. Medio año antes, el 8 de julio de 1992, don Juan Carlos le dijo a Manglano: «El príncipe ha cortado con Isabel Sartorius».

Otra de las habituales audiencias en Zarzuela, la del 31 de mayo de 1993, que se prolonga durante dos horas, coincide con el último lunes de campaña electoral. Restan solo seis días para que los españoles acudan a las urnas. Todo apunta a que ganará Aznar y perderá González. Manglano transcribe la opinión del rey al respecto, entre otros muchos temas, incluidos los familiares: «Le hablo de las consecuencias positivas para la monarquía el que el pueblo español haya tenido conciencia de la dinastía (muerte de don Juan, actitud de la familia, etcétera). La sustitución está muy bien». El jefe del CESID ve que la monarquía restaurada se consolida. En cuanto a la relación de esta con el Gobierno, el rey le hace una confesión:

—Llamaré al partido que haya sacado más escaños, pero prefiero que gane Felipe.

La percepción social y las encuestas apuntan a que este deseo del rey no se va a cumplir, por lo que hace un encargo a Manglano:

—Emilio, envíame un papel con los temas importantes si gana el PP. Gibraltar, Marruecos… Me preocupan Ceuta y Melilla.

El siguiente tema de la audiencia es el viaje que el rey acababa de realizar a varios países del Este de Europa y Turquía:

—En Bulgaria bien, pero no creo que Simeón tenga todas las posibilidades ahora. El primer ministro le dijo que ellos harían el trabajo y luego, si el pueblo lo aceptaba, Simeón iría. Tiene dudas. Hubo entusiasmo, pero como cuando vino la reina Victoria a España al bautizo del príncipe, que se lo pedí a Franco. Y en Turquía, me gustaría que hubiera más inversiones españolas.

También charlan sobre la salida de Sabino Fernández Campo, en lo que el rey es tajante: «Me he quitado un peso de encima que tenía con

Sabino. Tenemos una reunión y tanto la reina como yo sabemos lo que tenemos que hacer».

En cuanto a la situación familiar, el rey revela que van a poner «apoyo a la infanta Cristina con una mujer», después de que esta dejara «al novio catalán». De su hija mayor, el rey cuenta que «Elena tiene problemas y se lleva mal con la madre». Y a Felipe, que el próximo curso partirá hacia Washington «para dos años»: «Le vamos a poner un diplomático para que lo acompañe».

Al término de la entrevista, don Juan Carlos hace una petición, casi un ruego: «Que no me quiten el CESID si gana el PP». El Centro Superior de Información de la Defensa, como servicio de inteligencia del Estado, trabajaba para el jefe del Estado, aunque dependiendo siempre del Gobierno, como no puede ser de otro modo. El rey quiere mantener ese *statu quo* aunque gane Aznar. Teme perder el apoyo de su fiel escudero Emilio Alonso Manglano.

En cuanto al príncipe, ya se ha licenciado en Derecho, además de haber cursado algunas asignaturas de Económicas que completan su formación. Primer heredero al trono de España con carrera universitaria, en septiembre de ese 1993 parte, efectivamente, hacia Washington D. C. para cursar el máster en Relaciones Internacionales de la Edmund Walsh School of Foreign Service, de la Universidad de Georgetown, que lo mantendrá ocupado dos cursos lectivos, hasta mayo de 1995.

El 5 de noviembre, cuando el príncipe apenas llevaba dos meses en la capital de Estados Unidos, el rey «me habla de sus hijos», según transcribe Manglano:

- Don Felipe muy bien en Washington.
- Cristina muy bien en Barcelona (Caixa).
- Elena tiene novio. Es Javier *[sic]* Marichalar. Está en París. Hijo de militar. El asunto va muy bien.
- Me dice que prepare para cuando vuelva el príncipe. No quiere Casa del Príncipe, sino secretaría y ayudantes.

En la confianza que los une, el rey y Manglano hacen confesiones propias de un par de buenos amigos.

—La reina está bien —le dice el monarca—. Tienen una diplomática de secretaria de las princesas.

También le cuenta que Sabino «no acepta el despacho en el palacio de

Oriente», le dice que ve «más animado a Felipe (González)» y le confiesa una preocupación: «El futuro de España, el nacionalismo de Pujol, etcétera». Manglano aprovecha para confesarle un desaire que ha sentido:

—Me ha molestado el que no me hayan invitado a la recepción del 12 de octubre.

El rey asiente, y añade: «Por lealtad».

El informe Crillón

En 1993 Felipe González volverá a adelantar las elecciones. Serán el 6 de junio, pero las circunstancias son bien distintas a 1989. Por primera vez la victoria socialista está seriamente amenazada: el desgaste propio de una década en la Moncloa, la creciente crisis económica y los escándalos de corrupción facilitan la consolidación de una alternativa al felipismo en la derecha y bajo el mando de José María Aznar. El proyecto socialista da muestras de agotamiento. Más allá de la apasionante lucha política entre esos dos liderazgos antagónicos, la batalla por el poder también se juega en otros escenarios más oscuros.

Cuatro meses antes de los comicios, el 18 de febrero de 1993, Manglano tiene constancia de una conversación entre Mario Conde y una misteriosa mujer de la que solo anota el nombre de pila, a la que el banquero había dicho: «No estoy dispuesto a ayudar a Aznar». Por contra, «sí a Felipe». Estos apoyos o la falta de ellos no vienen motivados por convicciones políticas, sino por grandes operaciones bancarias y financieras: «Está intentando vender el Banco Madrid a los libios», informa la mujer citando a Conde. Pero la «operación principal» y la que interesa sobremanera a Conde es la fusión de Banesto con el luso Banco Totta, lo que «supondría controlar las finanzas de Portugal». Este negocio tendría implicaciones en la economía española, lógicamente, y Conde quiere el apoyo y el beneplácito del Gobierno. El banquero había contado a la fuente esa misma mañana del 18 de febrero sus primeros pasos:

—Ya se lo he dicho al rey, y esta tarde se lo diré a Felipe González.

—Díselo también a Manglano —contestó la misteriosa mujer.

La posibilidad de una sintonía entre el banquero y el Gobierno se disipa como la llama de un fósforo. Muy pronto, mucho antes de ese episodio, Felipe González y quienes lo rodean habían empezado a sentir un gran recelo hacia Conde, un hombre que ha acumulado de forma fulgurante un gran poder económico, y —lo que más les preocupa— no se conforma con eso: puede tener un proyecto político propio. Conde siente hambre de poder directo, sin intermediarios, en las instituciones. No le basta con ser el banquero-muleta que pacta con los políticos, sino que decide cruzar su Rubicón, romper el *establishment*. Esto supone una extraordinaria amenaza para el felipismo: el gran carisma del engominado banquero junto a los miles de millones de pesetas que mueve es algo que debe ser controlado. Además, como revelan las anotaciones previas, está inyectando mucho dinero en medios de comunicación.

En paralelo, va enraizando en el Gobierno el convencimiento de que Mario Conde, con sus trajes impolutos y esa mirada seductora, al que entonces toda buena señora española quería como yerno, no es trigo limpio. Al Consejo de Ministros llega información sobre el cobro de comisiones para él en operaciones del banco y el temor de que llevara a Banesto a la ruina. Una bomba que puede estallar en cualquier momento. Es por eso que a principios de 1991 desde el Gobierno se encargó a la agencia internacional Kroll investigar a Conde, principalmente su fortuna personal a la sombra de Banesto: es el informe Crillón, uno de los secretos mejor guardados del felipismo, un misterio para la opinión pública española, pero nada que se escape al conocimiento del jefe de la inteligencia española. Tres preguntas clave: ¿quién encargó el informe?, ¿quién lo elaboró?, ¿cómo se pagó?

En realidad, no hay un informe Crillón, sino cuatro, entregados a lo largo del verano de 1992, a razón de uno al mes entre junio y septiembre. Manglano los guardó juntos, encuadernados con un canutillo y una portada de cartón color amarillo pálido sin nada escrito. Suman 66 páginas y comienzan con el capítulo denominado «Activos de MC»:

> Antes de septiembre de 1983, fecha en que recibió comisiones por la venta de Laboratorios Abelló, Conde no tenía activos significativos [...]. Los activos de Conde en las compañías que ha identificado para sus participaciones en Banesto parecen mayores que las cifras obtenidas por sus beneficios de las ventas de Laboratorios Abelló y Antibióticos Españoles.

Es decir, la venta del Frenadol a los italianos dio para mucho pero, según los detectives de la agencia Kroll, no para tanto:

> El esquema formado por las compañías a través de las que tiene, dice tener o ha tenido sus acciones en Banesto, está claramente diseñado para

ocultar la verdad de su situación financiera. Se trata de un esquema consistente con un deseo de ocultar fraude o la existencia de socios sin identificar [...]. Tiende a reforzar más que a disipar la sospecha de que se ha beneficiado sustancialmente de transacciones ilegales o no declaradas, o bien está operando con el respaldo financiero de apoyos ocultos.

Tras destacar los apoyos que Conde tiene en el Consejo de Banesto, así como por parte de accionistas de relevancia como Jacques Hachuel o Javier de la Rosa, los autores del informe reconocen abiertamente que para elaborarlo tienen que cometer algún que otro delito, aunque lo escriben con total naturalidad:

> Nos encontramos actualmente investigando a Conde y sus actividades financieras bajo la sospecha de probabilidad de que haya obtenido grandes beneficios sin declarar provenientes de operaciones realizadas fuera de España. Información detallada sobre este punto estará a nuestra disposición a finales de julio, una vez finalizada la actual campaña de presentación de Declaraciones.

Es decir, alguien de la Agencia Tributaria les facilita o les vende datos de un contribuyente. El informe Crillón también analiza el poder mediático de Conde y su entorno, algo que tanto preocupa al Gobierno de Felipe González. Si bien reconocen que «los principales bancos españoles tienen participación en televisión, el presidente de Banesto lo calificó como una "inversión política"»:

> Conde tiene una participación del 9,5 por ciento en Unidad Editorial, propietaria de *El Mundo*. Francisco Gayá González tiene otro 7,5 por ciento de *El Mundo* y un 30 por ciento de *Cinco Días*. Gayá estaba tratando de comprar el 40 por ciento de *Diario 16* en nombre de Conde. Gayá tiene conexiones con Hachuel a través de Alberto Naon.
>
> Javier de la Rosa tiene el 25 por ciento de Telecinco y el 10 por ciento de *La Gaceta de los Negocios*. Folchi está intentando comprar *Diari de Barcelona*. Folchi es socio de De la Rosa y de Antonio Asensio. Todos ellos están bajo la influencia de Mario Conde.
>
> Asensio, a través de Renvir (cuyo socio es Murdoch) tiene el 25 por ciento de Antena 3 TV y Conde tiene otro 20 por ciento de Antena 3 TV.
>
> *Corriere della Sera* (Fiat-Montedison) tiene el 41 por ciento de *El*

Mundo. Existe un acuerdo sin revelar entre Conde y Fiat-Montedison para comprar un *holding* de medios en España.

Conde tiene influencia sobre varios periodistas a través de contratos con Imagen 2000. Un anterior socio de Imagen 2000 trabaja ahora con Alfredo Fraile, de Agencia A. Agencia A es propiedad de De la Rosa, y Fraile está empleado directamente por él para tareas confidenciales y de Relaciones Públicas.

La agencia Kroll llama la atención sobre su socio Hachuel, quien podría comprometer a Mario Conde:

Hachuel ha intervenido en operaciones ilegales de armamento y su posición tanto de cliente como de accionista de Banesto es una de las maneras (probablemente no hay otra) por las que el banco podría haberse visto involucrado en estas operaciones.

Además, Hachuel, a través de su empresa H-Seguridad, se encarga de la protección personal de Mario Conde. La cúpula de la compañía se nutre de antiguos miembros del Mossad, el servicio secreto israelí.

En el anexo dedicado a los medios de comunicación, los detectives también alertan de la «pérdida de independencia» del diario *El País*, baluarte informativo del Gobierno. Recuerdan que Prisa, la editora del periódico, «debe 4000 millones de pesetas a Banesto» de un crédito por una operación de *leasing*. El informe destaca que Juan Luis Cebrián, exdirector de *El País*, es «el nuevo hombre fuerte del grupo» y que «tiene absoluto dominio de la estructura periodística del diario mediante la completa obediencia que le profesa Joaquín Estefanía».

Pero además de su gran presencia accionarial, el informe incide en la importancia que Mario Conde da a la imagen. El banquero «es un poderoso y, hasta ahora, convincente y verosímil autoproyector de imagen». El poder económico se suma al poder de seducción:

Conde influencia a muchos periodistas, sin manipulación, simplemente porque les resulta atrayente ya que tiene una atractiva y fuerte personalidad [...]. Conde siempre es una fuente de noticias y no hay un solo periodista que quiera acabar con una fuente de noticias.

Pero hay un gran número de periodistas que apoyan a Conde no solo por su simpatía personal. Los propietarios indirectos de Imagen 2000 son cinco periodistas. Tres de ellos dejaron el periodismo y trabajan como profesionales de imagen asesorando a empresas. Uno de ellos dejó esta actividad y empezó a trabajar con Alfredo Fraile, propietario de la Agencia A, que es de hecho propiedad indirecta de Javier de la Rosa, que la utiliza como su propio centro de operaciones de relaciones públicas. Los otros dos se quedaron en Imagen 2000. Su primer contrato fue uno muy importante con Banesto, para quien todavía trabajan. El otro socio está trabajando en *El Mundo*.

Este primer informe termina con un análisis de las conexiones de Mario Conde, que sitúan al personaje en el centro de lo que podría ser una novela de espías, un film de cine negro con masones, traficantes de armas y lavado de dinero internacional, aunque con demasiadas insinuaciones y condicionales:

Conexiones masónicas

Conde es un masón independiente. La conexión masónica ha sido particularmente de ayuda e influencia para él en Francia, donde estamos examinando sus conexiones. Una de las más prominentes es Jean-Louis Petriat, presidente de Garantie Mutuelle des Fonctionnaires (GMF), firma de seguros para empleados estatales, y de FNAC, la mayor cadena de discos y material fotográfico de Francia. Petriat es el fundador y presidente de la Sociedad de Amigos Franco-Española, de la que Conde ha sido un prominente adepto. Esta sociedad es, de hecho, un fórum de negocios controlado por los masones y que influencia una gran proporción de operaciones financieras y comerciales entre los dos países. [...]

Conexiones argentinas

Las relaciones de Conde con los círculos políticos y financieros argentinos han sido instrumentadas con la ayuda de Jacques Hachuel. La involucración de este último con Monzer al Kassar, y su proximidad o involucración en operaciones de lavado de dinero y de armamento, sugieren que Conde podría compartir algunos contactos e involucraciones en estas áreas, además de las más obvias conexiones con el Gobierno y las altas finanzas. Conde tomó el control de Banca Shaw en Argentina durante el año 1991. La investigación continúa.

Conexiones sudafricanas

Estamos actualmente desarrollando información extremadamente delicada y altamente confidencial que sugiere que Conde jugó un papel importante como banquero en operaciones ilegales o secretas de tráfico de armas realizadas por Armscor o por Carlos Cardo en en colaboración con Armscor, a finales de los 80. Es muy probable que esto haya supuesto sustanciales ganancias para Conde.

Estas informaciones, altamente especulativas, son el resultado del primer mes de trabajo de los detectives. Los anexos recogen los principales guarismos de las operaciones financieras de Conde y amplían informaciones contenidas en la parte fundamental del documento, como la relación Conde-De la Rosa:

En el pasado se ha sugerido frecuentemente que De la Rosa ha utilizado su conocimiento de las actividades ilegales de Conde para presionarle. Es más que posible que Conde haya invertido esta situación.

El informe de julio, denominado «Crillón - Informe n.º 2», comienza con una advertencia de calado: el banco se hunde.

La situación de Banesto es cada día más peligrosa. El banco podrá sobrevivir durante el año en curso mediante dinero generado por la venta de activos [...]. Los activos remanentes son limitados y será difícil o imposible sostener el balance durante el año 1993 [...]. Conde es plenamente consciente de que se enfrenta a una situación de rápido deterioro. Sus intentos de lucha parecen incluir movimientos para involucrar al banco en negocios de lavado de dinero en Argentina, Uruguay y posiblemente Chile, así como en operaciones corruptas relacionadas con el programa de privatización de Argentina, ayudado por Menem.

Se trataría de que Banesto comprara «a un precio ventajoso» compañías en proceso de privatización y se repartieran las comisiones entre «Menem, sus amigos y Conde». El peronista Carlos Menem fue presidente de Argentina entre 1989 y 1999.

Más adelante se incluye un epígrafe titulado «Activos no declarados» que desgrana la venta de la cementera Sanson-Portland Iberia por parte de Banesto a Cemex, el gigante mexicano. El intermediario fue Apax-Unifund, a quien vinculan con «fondos que probablemente proceden de operaciones de narcotráfico en Tailandia y Perú». Su presidente y consejero delegado es Fuad Said, «un egipcio de sesenta años afincado en Ginebra donde vive con gran opulencia, manteniendo dos aviones Gulfstream en el aeropuerto». Los detectives desvelan sus fuentes, aunque sin dar el nombre concreto. Citan a «los antiguos asesores de Conde». También amplían uno de los asuntos más turbios, el del tráfico de armas:

> Fuentes oficiales de África del Sur confirman la participación de Banesto en las ventas de armas y otras operaciones de la firma Armscor durante los años 80, así como la participación de Conde en estos asuntos.

Y el de la masonería…

> Conde es miembro de la Logia Concordia de Madrid, cuyo presidente es Casner Bouza […]. Esta logia es una subsidiaria de la Gran Logia de Barcelona. Conde tiene el número de socio 257, y entró en Concordia el 15 de noviembre de 1980. En 1987, dos meses antes de convertirse en presidente de Banesto, Conde solicitó formalmente que se le permitiera convertirse en un miembro pasivo de la Logia. Su petición fue rechazada […], algunas indicaciones sugieren que las conexiones masónicas de Conde han podido suministrar el apoyo de masones italianos […]. Una fuente masónica ha declarado que Conde ha recibido el apoyo de Agnelli, Di Benedetti y Berlusconi en Banesto y que los tres son masones.

En cuanto a la participación e influencia de Mario Conde en *El Mundo*, esta sería a través de un acuerdo con los italianos de Rizzoli, accionista de referencia, «mediante el cual Banesto cubre cualquier pérdida».

Llega «Crillón - Informe n.º 3», que considera «correctos» los activos de Conde declarados en España, 7000 millones de pesetas, información confirmada por «una fuente del departamento del Impuesto sobre la Renta», aunque la «propiedad y control» de los mismos se ha visto reducida:

> Su esposa, Lourdes Arroyo, descubrió que Conde estaba teniendo una aventura y su matrimonio sufrió una grave crisis. En posteriores negociaciones, Lourdes Arroyo y sus abogados insistieron en que Conde diera a su esposa control legal sobre la mitad de sus activos conjuntos, a lo que Conde accedió.

Repasando «activos no declarados en Suiza», Crillón identifica a UBS (Unión de Bancos Suizos) como «el principal vehículo para que

Conde cosechase las comisiones de las principales operaciones de Banesto», papel en el que ha sido sustituido por el estadounidense JP Morgan. Los intermediarios en la venta de activos de Banesto cobran comisiones a precio fuera de mercado y reparten con el banquero. Conde usa como pantalla la sociedad Kaneko.

Pero el trabajo de los detectives de Kroll no deja de dar sorpresas variopintas, como el epígrafe «Cuba - Manuel Fraga». Resulta que Conde era para el exministro de Turismo con Franco y fundador de Alianza Popular «el hijo que nunca tuvo», al que «instigó» a hacer negocios en Cuba junto a Escarrer, propietario del Grupo Sol. El entonces presidente de la Xunta, que mantuvo excepcionales relaciones con Fidel Castro, tenía, según el informe, intereses relacionados «con la amplia comunidad gallega en Cuba»:

> Se indica que tiene un acuerdo con Fidel Castro mediante el que la Xunta de Galicia paga una cantidad (se dice que 8000 pesetas) por cada residente gallego para que esta comunidad pueda comprar productos (no disponibles para los cubanos) en las tiendas especiales para turistas manejadas por el Gobierno, para de este modo animar a los votantes gallegos a apoyar a Fraga. El acuerdo con Castro incluye una subvención de la Xunta de Galicia para el comercio turístico gallego con Cuba por valor de 250 millones de pesetas anuales, en la que está involucrado Banestur.

El cuarto y último informe Crillón se centra en los activos ocultos en Suiza, Mónaco y otras jurisdicciones, al tiempo que amplía datos sobre las «operaciones ilegales de armamento» de Armscor, en las que se usaba a Banesto «antes de que Conde se convirtiera en presidente del banco». Con este informe, altamente especulativo, como germen en la sombra, el 28 de diciembre de 1993 el Banco de España interviene Banesto por un agujero patrimonial de más de 600.000 millones de pesetas.

Previamente el PSOE ha vuelto a ganar las elecciones generales. Es la cuarta victoria consecutiva, pero la arrolladora mayoría absoluta de 1982 parece ya una quimera: a pesar de que hay cinco millones más de ciudadanos convocados a las urnas, de aquellos diez millones de votos (48,11 por ciento), González ha perdido uno (38 por ciento). Y lo que es más importante: el PP de Aznar alcanza los 8,2 millones de votos (34,76 por ciento). Resultado final: PSOE 156 escaños, PP 141. Aunque González sigue en la Moncloa, en las sextas elecciones de la etapa democrática nace, al fin, el bipartidismo.

Mario Conde ha caído. El nuevo Gobierno le ha ganado el pulso, o eso cree. Pero el banquero no se da por vencido y está dispuesto a levantarse con un objetivo claro: venganza.

El informe sobre el informe

El misterio sobre el informe Crillón es doble: su contenido y su pago. Según el director general de la Guardia Civil, Luis Roldán, el vicepresidente Narcís Serra dio la orden, el propio Roldán lo encargó y la agencia internacional de detectives Kroll lo redactó: el resultado fue el citado dosier de 66 folios sobre el banquero. Según este relato, el coste fueron 100 millones de pesetas a cargo de los fondos reservados. Así lo aseguró Roldán en marzo de 1995 ante el juez Baltasar Garzón, pero esta declaración cayó en saco roto, pues la Sala Segunda del Tribunal Supremo archivó la causa.

Sobre el pago, Emilio Alonso Manglano obtiene información relevante unos días después de la intervención de Banesto, a comienzos de 1994. La recoge el 10 de enero en un cuaderno con tapa gris, de esos en los que registra información complementaria a las agendas. Anota que Luis Roldán maneja dos cuentas en Suiza: «Una para abonar trabajos encargados por N. Serra», entre ellos el de Conde. También uno sobre Polanco. Nueve días después complementa la información: «Roldán ha encargado a una empresa internacional un informe sobre la situación económica de Mario Conde. Fortuna personal». Esto significa que el informe Crillón, que ya estaba más que elaborado y pagado desde el Gobierno, no llegaría a manos del jefe de los espías hasta año y medio después.

Cuando los hechos comienzan a trascender nadie quiere responsabilizarse de haber encargado y pagado este informe con dinero público. Pero Manglano guarda entre sus notas la fotocopia de un breve documento mecanografiado. Apenas tiene tres folios. Lleva por título «Informe sobre el dosier Kroll-Crillón», y va encabezado por un sello que reza «Secreto». Se elabora tras la destitución de Luis Roldán como director general de la Guardia Civil, el 3 de diciembre de 1993, y este es su contenido:

El anterior director de la Guardia Civil, don Luis Roldán Ibáñez, ordenó que se le custodiara por (parte de) los oficiales superiores destinados en la Secretaría de Despacho de la Dirección General la siguiente documentación, que se archivaba según las siguientes materias:

- Terrorismo: documentos relacionados con ETA, GRAPO, Terra Lliure...
- Asuntos internos: documentos sobre asuntos en los que normalmente había implicados miembros del Cuerpo.
- Asuntos varios: documentos no encuadrados en los anteriores epígrafes.
- Carpetas independientes: generalmente información obtenida por el Grupo Especial Omega.

En la carpeta de Asuntos varios, con el número de orden 7, figuraba una subcarpeta bajo la denominación «Kroll-Crillón 16.01.91». Esta subcarpeta contenía información sobre las actividades financieras de Mario Conde, su origen, sus alianzas con otras personas, operaciones de tráfico de armas con otros países, especialmente figuraba un informe relacionado con Israel, sus conexiones financieras y la compra y venta de empresas y bancos, en las que podría haber participado, tanto en España como en el extranjero.

No se puede precisar la fecha, pero quizás fuera sobre el mes de marzo o abril de 1993, cuando el teniente coronel Manuel Fuentes Cabrera, jefe de la Secretaría del Despacho, requirió al teniente coronel Pascual Solís Navarro para que auxiliara a la directora de la Oficina de Relaciones Informativas y Sociales, María Esther Fernández Íñigo, en la elaboración de un informe sobre Mario Conde, que por su carácter reservado no podía encomendársele al personal subordinado de la Secretaría. Dicho informe era un resumen de la documentación que existía en la mencionada subcarpeta Kroll-Crillón. El informe se elaboró en el ordenador de la Secretaría y se hizo una copia en disquete de 3.5". Una vez examinado por el señor Roldán, y bajo la supervisión del comandante Emilio Ferreiro, también de la Secretaría del Despacho, se hicieron varias copias, probablemente tres. Una de ellas se envió mediante un guardia de la escolta del director a la Secretaría del vicepresidente del Gobierno, habiendo previamente avisado a Joan Ros[60] o secretaria del mismo, de la remisión de un sobre cerrado, personal y confidencial dirigido al «Excmo. Sr. Don Narcís Serra y Serra». Otra de las copias permaneció custodiada en la Secretaría del Despacho

---

60. Secretario personal de Narcís Serra.

hasta que se la llevó el señor Roldán, unos meses antes de cesar como director general. La posible tercera copia del resumen puede que fuera dirigida al ministro de Economía y Hacienda, aunque no es posible asegurarlo. El disquete conteniendo la información referida fue destruido por orden del anterior director general.

No han constado nunca antecedentes documentales, en la Secretaría del Despacho, sobre las personas que proporcionaron la información para su elaboración ni sobre su forma de pago. Si bien es preciso señalar que una tarde llamó una persona de la Secretaría del señor vicepresidente del Gobierno para que se mandara retirar un sobre. Esta persona habló con el teniente coronel Solís y le comunicó que se enviara una persona de confianza, porque el mismo contenía siete millones de pesetas. Por parte de la Secretaría del Despacho se mandó al sargento Trinidad y, una vez recogido el sobre, se guardó en la caja fuerte de la Secretaría del Despacho. Al día siguiente, informado el señor Roldán de la existencia del sobre, ordenó que se mandara a don Julián Sancristóbal. Igualmente, en otras ocasiones, por orden del señor Roldán, el teniente coronel Fuentes mandó a miembros de la escolta a recoger sobres con dinero a la vicepresidencia del Gobierno. La cantidad recogida era, normalmente, de unos siete millones de pesetas, que se entregaban al exdirector general, quien, a su vez, lo remitía a don Julián Sancristóbal, aunque algunas veces se supone que por no encontrarse dicho señor en Madrid, estas cantidades las guardaba en la caja fuerte de Secretaría. El teniente coronel Fuentes recuerda que en una ocasión el señor Roldán dijo que «el vicepresidente andaba mal de dinero y que iba a tener que poner algo de reservados».

Por otra parte, se tiene conocimiento que el señor Roldán mantenía constantes reuniones con el señor Sancristóbal y mister Davidson en la embajada de Estados Unidos en España, y entre ellos se cursaban constantes informes, algunos referentes al terrorismo árabe y otros cuyo contenido se desconoce por ir en sobres cerrados.

La forma en que se pagó el informe Crillón es un quebradero de cabeza para el vicepresidente del Gobierno. Narcís Serra siempre negará las acusaciones de Luis Roldán. El 28 de septiembre de 1994 Manglano charla con el jefe de Gabinete del presidente del Gobierno, José Enrique Serrano:

—Emilio, he hablado con Cardenal y me ha dicho que tanto el teniente coronel Fuentes como el teniente coronel Solís, de la Guardia Civil, están dispuestos a declarar que el informe, el que hicieron sobre Crillón, es falso. Belloch y Rubalcaba son partidarios de pinchar el asunto, es decir, quieren adelantarse a la posible publicación.

Menciona a Ferran Cardenal de Alemany, sustituto de Luis Roldán en la dirección de la Guardia Civil. Y se refiere al informe sobre el informe Crillón, es decir, al resumen sobre los trabajos de la agencia Kroll que Roldán había enviado a la vicepresidencia del Gobierno, lo que implicaba a Narcís Serra. Manglano anota una valoración: «José Enrique y yo pensamos que hay pocos argumentos. En todo caso, si se hace, Belloch debe poner el material y Rubalcaba el método, la prensa, etcétera».

Tras las elecciones generales de 1993, Felipe González había nombrado ministro de Justicia a Juan Alberto Belloch. Un juez en Justicia, correcto. Pero el 5 de mayo del año siguiente, el político turolense había asumido también Interior, después de que Antoni Asunción dimitiera a causa de la fuga de Roldán. Belloch se convertía así en el superministro con el que Felipe, en la que sería su última legislatura, quería transmitir la imagen de «vamos a limpiar», de año cero, de ruptura con el pasado de los GAL y los discrecionales fondos reservados. Pero el nombramiento creó un hondo malestar en las propias filas socialistas. En el momento en que se crea el superministerio hasta el rey de España criticó con vehemencia el nombramiento de Belloch, del que decía «es un encantador de serpientes».

Años después, algunos líderes del PSOE se lo cuentan a la periodista María Antonia Iglesias, que había sido directora de Informativos de TVE, para el libro *La memoria recuperada* (Aguilar, 2003). Juan Carlos Rodríguez Ibarra, expresidente de la Junta de Extremadura, lo expresa en estos términos: «Y fue menos comprensible todavía que Belloch ocupara el Ministerio de Justicia y del Interior, y que Margarita Robles fuera la número dos de Interior. Es decir, yo nunca entendí que un Ministerio del Interior se pudiera poner en manos de dos jueces, porque un juez, por propia formación profesional, debe jugar con una absoluta limpieza, y eso, en un Ministerio del Interior, no siempre se da». Joaquín Leguina fue más allá: «Felipe metió un par de alacranes en el bidé: Belloch y Margarita Robles, de la que no hay más que oír sus opiniones. Son las del PNV, ni más ni menos […]. ¡No se puede meter al zorro en el gallinero, hombre! Si había cosas que arreglar, se tenía que haber encargado a gente de dentro, capaz de renovar aquello, pero no a aquellos personajes que, después, no sé si por error o con mala intención, crearon muchos problemas. Todo aquello estaba planeado para conseguir, no nos engañemos, la cabeza de Felipe González. Y la campaña se apoyó con filtraciones desde el propio Gobierno... [...] ¿Qué había lados oscuros? ¿Y en qué Ministerio del Interior del mundo mundial no los hay? No tengo más que decir».

La fuga de Roldán

El electricista sindicado José Luis Corcuera fue nombrado ministro del Interior por Felipe González en 1988. Cuatro años después aprobó la que fue su gran obra política, la conocida como «ley de la patada en la puerta», porque facultaba a las Fuerzas de Seguridad del Estado a entrar en una propiedad privada sin autorización judicial, con la sospecha de que en su interior se estuviera cometiendo un delito. Aquella medida fue recurrida en el Tribunal Constitucional.

Mediado 1993, cinco días después de la cuarta victoria socialista en las elecciones generales, el rey llama a Manglano:

—Felipe me ha dicho que hay que decirle a nuestro amigo Emilio que busque un buen ministro del Interior... Quiere quitar a Corcuera y a Solchaga. También a Benegas, a Martín Toval y a Alfonso Guerra.

Al parecer, Felipe quiere soltar lastre en el Gobierno y en el partido. Manglano respondió al rey en tono jocoso:

—Que busque un buen sustituto para cuando me vaya yo...

Finalmente, la sangre no llega al río. Corcuera permanece en Interior y Solchaga es sustituido por Pedro Solbes en Economía y Hacienda. Y en el PSOE, Guerra aguanta como vicesecretario general y Txiki Benegas como secretario de Organización. Eduardo Martín Toval deja de ser el portavoz parlamentario y lo sustituye Solchaga. Pero hay una cuestión que adquirirá importancia con el tiempo: en la campaña electoral Felipe había recurrido a Baltasar Garzón, el superjuez de la Audiencia Nacional al que situó como número dos en la lista del PSOE por Madrid. Una vez formado el nuevo Gobierno, el magistrado no vio colmadas sus expectativas al ser nombrado delegado para el Plan Nacional sobre Drogas, con rango de secretario de Estado, aunque inicialmente asumió el cargo. González dejó ahí un cabo suelto.

El primer sobresalto relevante para el nuevo Gobierno llega del Tribunal Constitucional, que en noviembre tumba la ley Corcuera y precipita la dimisión del ministro. Su sucesor es desde el día 24 de ese mismo mes Antoni Asunción. Valenciano como Manglano, ambos tienen muy buena relación, aunque, pese al encargo que recibió el jefe del CESID, no hay una nota en su archivo personal que confirme haberlo recomendado para el cargo.

Una de las primeras decisiones que tiene que tomar Asunción, materializada el 3 de diciembre de 1993, es la destitución de Luis Roldán como director general de la Guardia Civil, acorralado por distintas informaciones periodísticas que apuntan a un claro enriquecimiento ilícito, que le permitió adquirir numerosas propiedades inmobiliarias. Meses después, y tras la apertura de las diligencias de investigación judiciales, el político aragonés huye de la acción de la Justicia. El 29 de abril de 1994 el ministro de Defensa, Julián García Vargas, telefonea a Manglano:

—Emilio, Roldán se ha marchado. El Centro tiene que intervenir.

El director del CESID recibe una llamada calcada por parte de Alfredo Pérez Rubalcaba, ministro de la Presidencia: «Que me ocupe de este asunto».

A las 09:30 de la mañana siguiente, sábado, Emilio Alonso Manglano acude al despacho del ministro del Interior, responsable político de la fuga.

—Luis Roldán se ha marchado —arranca Antoni Asunción—. Es algo que le aconsejó Cobo del Rosal,[61] que se marche de España ante esta situación de acoso y que en su momento aparezca para intentar conseguir mejorías. La estrategia no es mala, así lo ha dicho su mujer. En cuanto a dónde puede estar, es difícil saberlo. En Venezuela tiene muchas cosas, entre ellas un amigo expolicía. También podría haber ido a Chile, Suiza o Alemania. Una amiga de su mujer está casada en Hannover con un alemán. También Portugal… El martes se hará una reunión para planificar las acciones de localización.

Pero al ministro del Interior no solo le preocupa localizar a Roldán, sino saber con qué armas puede contar en su defensa.

—¿Qué puede tener Roldán? —inquiere Manglano.

—Filesa, el GAL de la Guardia Civil, el GAL de la Secretaría de Estado de Seguridad, informes que le encargó Serra, etcétera, etcétera —enumera el ministro—. Su obsesión es cargarse a Rafael Vera.

61. Manuel Cobo del Rosal era el abogado de Roldán. También lo sería de Francisco Paesa y de Rafael Vera, entre otros, y llevó la acusación por la estafa al grupo KIO.

Roldán ha hecho —y visto— muchas cosas feas. Si canta, puede arrastrar a todo el Gobierno.

—Ante esta situación, he decidido dimitir —anuncia Asunción antes de justificar su postura—: Técnica y jurídicamente mi responsabilidad empieza cuando la jueza ordena la detención. Esto fue ayer viernes, pero yo tengo responsabilidades antes de ese momento. Por eso, políticamente creo que debo hacerlo. Es una muestra de ética y moral política. He hablado con Belloch. Le he explicado el asunto y mi intención de dimitir. Él no está de acuerdo, pero le he dicho que es mi decisión.

Ambos ministros habían conversado sobre el «riesgo» de que Garzón, entonces delegado del Gobierno para el Plan Nacional sobre Drogas, un puesto florero e insuficiente, fuera designado al frente de Interior:

—Le hablé a Belloch de Garzón, que está intrigando, lo quiere todo, y, de cierta forma, le dije, le resuelve el problema al presidente del Gobierno haciéndolo ministro..., pero me contestó que si nombran a Garzón ministro del Interior, él también se va.

Finalmente Felipe González no piensa en Garzón, quien dimitirá de su puesto apenas un mes después aduciendo una actitud «pasiva» del presidente contra la corrupción. El cabo suelto se va a convertir en un problema de primera magnitud, porque el magistrado regresa a su puesto en la Audiencia Nacional dispuesto a actuar contra el Gobierno del que un día formó parte. Al margen de quién vaya a sustituir a Asunción, Manglano elogia su sentido de la responsabilidad:

—Tu decisión es un acto personal que se apoya en una convicción. Si crees que debes hacerlo, hazlo. Yo nunca te reprocharé nada.

—Voy a llamar al presidente del Gobierno y le enviaré una carta diciendo que si Roldán no aparece, yo me tengo que ir... Y no es un brindis al sol. Lo haré. Confío en ti, Emilio. No le digas a nadie lo que hemos hablado, por favor.

Roldán no aparece. No es que esté momentáneamente ilocalizable, sino que el escenario es una fuga en toda regla. «A las 12:00 da una rueda de prensa anunciando su dimisión», anota Manglano tras la referencia de su charla con el ministro del Interior tambaleante.

Esa misma tarde, el CESID pone en marcha un operativo especial, y el 2 de mayo el Gobierno ve a Roldán... en la portada de un periódico. El diario *El Mundo* publica un avance de la exclusiva. Bajo un antetítulo que dice: «*El Mundo* ha logrado localizar al exdirector de la Guardia Civil huido y publicará mañana una extensa entrevista con él», Pedro J.

lanza en su principal titular una clara amenaza de Roldán: «Tengo dos alternativas, o pegarme un tiro o tirar de la manta». Otras declaraciones del fugado llevadas a titulares surcan la misma senda: «No me van a engañar como a Amedo; si voy a la cárcel, no iré yo solo», o «Cada palo tendrá que aguantar su vela». La entrevista del diario de Pedro J. Ramírez, que impacta en el Gobierno como un misil y monopoliza el debate nacional, omite el lugar donde se ha realizado. Un mes después, el 9 de junio, *El País* titula: «La entrevista del prófugo con *El Mundo* se hizo en un hotel de París». Tras acusar al diario rival de proteger a Roldán por haber sugerido que «pudiera estar en un lugar próximo a Madrid», el diario que dirige Jesús Ceberio publica todos los detalles:

> Luis Roldán, exdirector general de la Guardia Civil, actualmente huido de la Justicia, concedió su entrevista al diario madrileño *El Mundo* los pasados 28 y 29 de abril en un hotel de cuatro estrellas de París. Los periodistas Manuel Cerdán y Antonio Rubio recibieron al prófugo en la *suite* 208 del hotel Residencia Marignan de la capital francesa. En esa habitación figura una reproducción del cuadro, obra de Lainy, un pintor contemporáneo francés, que aparecía en las fotografías de Luis Roldán que ilustraban tanto la entrevista publicada en el citado rotativo del pasado 3 de mayo, como el anticipo de la misma, el 2 de mayo.[62]

Todo apunta a que esta información bebe de fuentes de la Seguridad del Estado, aunque Manglano no hace referencia a ella, al menos en el cuaderno que usa esos días. Entre la desaparición del exdirector general de la Guardia Civil y el 5 de mayo enviaron mensajes a todos los servicios de inteligencia del Club de Berna, a los de países de Iberoamérica y a Marruecos. La alerta va acompañada de la foto de Roldán y las órdenes de búsqueda y captura nacional e internacional, como se hace con cualquier vulgar delincuente, solo que este ha dirigido la Guardia Civil. España es un polvorín. La opinión pública no puede tolerar que se fugue después de saquear unos 1600 millones de pesetas a la sombra de la Benemérita. Además, la revista *Interviú* publica ese mismo mes un reportaje fotográfico en el que se ve a Roldán en una orgía persiguiendo, en calzoncillos y con un martillo hinchable gigante, a una mujer semidesnuda. Todo es obsceno, incluso grotesco.

62. https://elpais.com/diario/1994/06/09/espana/771112813_850215.html

La dimisión del ministro del Interior sabe a poco. Felipe valora su propia renuncia, pues el escándalo es mayúsculo. El 4 de mayo Manglano escribe una carta al presidente del Gobierno pidiéndole que no dimita y dándole una serie de razones para no hacerlo. Envía otra misiva a su esposa, Carmen Romero, a la que ofrece su apoyo. El jefe del Ejecutivo aguanta: en veinticuatro horas da una rueda de prensa y en otras veinticuatro designa a Juan Alberto Belloch ministro de Justicia e Interior, superministro. El magistrado asume las dos carteras. El mensaje de Felipe es claro: lo quiero todo tan limpio que hasta Interior se lo doy a un juez.

Tras un viaje de trabajo a Alemania, en el que Manglano avanza en asuntos de cooperación con el servicio secreto germano, a las 18:00 horas del 10 de mayo de 1994 se reúne con Narcís Serra. Hablan de la comisión Roldán, la investigación parlamentaria que el PP ha solicitado ya en febrero, cuando las informaciones publicadas sobre el exdirector de la Guardia Civil eran ya contundentes. Acuerdan que en la comisión hay que decir que «no hay despacho CESID-Serra», puesto que el vicepresidente del Gobierno no es el responsable del CESID, hace tiempo que ya no es «MD», y que «el CESID no puede investigar a Roldán», previendo que algún parlamentario interpelara sobre qué sabían los servicios secretos sobre la fortuna ilícita del político corrupto. Serra y Manglano analizan la situación. Pese a la enorme crisis, ven «bien» a Felipe González, que «no se marcha», y «nervioso» al portavoz Rubalcaba.

Serra aprovecha para trasladar lo que le transmiten banqueros y empresarios, descontentos con la imagen del país, con una España que parece estar a punto de quebrar. El olor a podredumbre no es bueno para los negocios. Están molestos por las generalizaciones:

—Hay preocupación en el ámbito financiero por la sensación de persecución del fraude. Estoy de acuerdo con ellos. He hablado con Botín, Amusátegui, y voy a hacerlo con Ybarra, con Cuevas y con el de El Corte Inglés para decirles que le digan a Aznar que tenga cuidado con incrementar las sospechas, porque está produciendo alarmas sociales.

También conversan sobre el nuevo ministro de Justicia e Interior, que «quiere poner de director de la Policía al comisario de Barcelona». Antes de despedirse, el vicepresidente del Gobierno traslada al jefe del CESID su confianza en él:

—Emilio, hay que aguantar.

No es precisamente fácil aguantar. El 7 de julio, el ya dimitido ministro del Interior hace una fotografía del escenario:

—El problema está en Vera. Roldán se meterá con él todo lo que pueda. Y Corcuera está afectado, no hace nada. Juan de Justo[63] habló con *El Mundo* y Vera confirmó los datos de Juan de Justo. Además, la mujer de Roldán quiere hablar de los GAL…

Al menos, Antoni Asunción trae alguna buena noticia para Manglano:

—Belloch tiene confianza en el CESID. Y Margarita también, pero hay que hablarle claro y de forma contundente. Ella tiene mala opinión de Cardenal. Deberías hablar con Narcís para buscarle una salida. Por otro lado, yo creo que hay que revisar el sistema policial español.

Asunción también le informa de lo que ocurre en el Congreso de los Diputados —«el grupo parlamentario está mal, dividido, unos contra otros»—, antes de contarle que se irá a Marruecos en agosto y que le avisará antes.

Se consume todo el verano y Roldán sigue sin aparecer. ¿Cómo es posible que el Gobierno no sea capaz de dar con él? El propio Asunción tiene una teoría fundada. Se la cuenta a Manglano el 28 de octubre:

—Sospecho que Felipe González está en contacto con Roldán. Se envían cartas a través de Urralburu.

El socialista Gabriel Urralburu fue presidente del Gobierno de Navarra entre 1984 y 1991, coincidiendo con la etapa de Luis Roldán como delegado del Gobierno en la Comunidad Foral (1982-1986). Ambos se corrompieron juntos mediante el cobro de comisiones a constructoras, por lo que serían condenados en 1998, cuatro años después de esta escena.

La fuga no terminará hasta el lunes 27 de febrero de 1995, cuando policías españoles lo detienen en el aeropuerto de Bangkok. La entrega la realizan agentes tailandeses, poniendo fin a la huida del exdirector general de la Guardia Civil, en la que había intervenido un colaborador del CESID, el famoso superespía Francisco Paesa. Manglano recibe la noticia por boca de Narcís Serra, que lo llama para contárselo: «Está localizado», le dice el vicepresidente del Gobierno. Serra le informa de que el Gobierno lo hará público por la noche.

El Sindicato del Crimen

El verano de 1992 siempre será recordado en España por los Juegos Olímpicos de Barcelona. Tan solo un mes y diez días antes de la ceremo-

---

63. Secretario de Rafael Vera.

nia de apertura, el 15 de junio, Manglano almuerza con una de sus mejores fuentes: Luis Reverter, el socialista catalán llamado a ser ministro que acaba convirtiéndose en uno de los grandes *fontaneros* del Estado. Tras cruzar algunas impresiones sobre Mario Conde, Hachuel y De la Rosa, el político dispara:

—Parece que hay una reunión semanal a la que asisten Mario Conde, Pedro J. Ramírez, los dos *ansones*,[64] Julián Lago y Manolo Martín Ferrand. Hablan sobre actuaciones contra el Gobierno.

Manglano se queda bastante preocupado y, con su característica disciplina militar, anota junto al listado de nombres: «Pendiente de datos». Esta alianza, a su juicio, puede poner en riesgo al Gobierno, y probablemente al Estado, pues conviven inmensos intereses.

En octubre de 1994 nace oficialmente la Asociación de Escritores y Periodistas Independientes (AEPI). Además de los periodistas y editores citados en el almuerzo por Reverter en 1992, la integran otros muchos referentes del panorama informativo del centro-derecha español. Entre los veinte miembros del Consejo Fundador de la AEPI están los directores de *ABC*, Luis María Anson; de *El Mundo*, Pedro J. Ramírez, y de *Diario 16*, José Luis Gutiérrez, así como los locutores estrella de la Cope, Antonio Herrero y José María García, y el director de *Protagonistas*, Luis del Olmo. Completan la nómina de fundadores otros periodistas, escritores y columnistas como Camilo José Cela, Antonio Gala, Francisco Umbral, Raúl del Pozo, Manuel Martín Ferrand, Pablo Sebastián, José Luis Balbín, Federico Jiménez Losantos, Julio Cerón, Antonio Burgos, José Luis Martín Prieto, Julián Lago y los juristas Teodoro González Ballesteros y Antonio García-Trevijano. Este último ejerce cierto liderazgo.

La mayor parte tienen o han tenido sonoros enfrentamientos con el Gobierno, al que acusan de estar tras la purga de varios de ellos: Pedro J. en *Diario 16*, Balbín en TVE, Lago en *Tiempo* o Sebastián en *El Independiente*. Los integrantes de la AEPI se enfrentan a un enemigo de dos cabezas: el felipismo y su terminal mediática, el Grupo Prisa. De hecho, es el consejero delegado de Polanco, Juan Luis Cebrián, quien los bautiza con el nombre que la izquierda siempre usará para referirse a ellos: el Sindicato del Crimen. Se les acusa de querer derribar a Felipe González a costa de lo que sea, e incluso al rey para instaurar después

64. Luis María y Rafael.

una república que presidiría García-Trevijano, republicano de pro desde la Transición.

Cuando en junio de 1992 Reverter le da el soplo a Manglano, el grupo no ha hecho públicas sus actividades, intenciones ni reivindicaciones. Entre ese almuerzo y la constitución de la AEPI transcurren más de dos años en los que los servicios de inteligencia se interesan por este conglomerado, aunque es a lo largo del año 1994 cuando la asociación toma forma jurídica. El director del CESID sabe que para conocer todos los detalles del grupo solo necesita una fuente: debe ganarse la confianza de uno de ellos.

El 3 de agosto de 1994, a solo dos meses de la constitución oficial de la AEPI, el director del CESID pasa el día en el palacio de la Moncloa con Narcís Serra y José Enrique Serrano. En una reunión matinal, el vicepresidente y el jefe de Gabinete de Felipe González le informan de un asunto que afecta al primero, y por extensión al Gobierno: «Luis María Anson le dijo a Reverter en mayo que el diario *El Mundo* tenía un informe sobre pagos del vicepresidente del Gobierno a Roldán».

Según la anotación del jefe del CESID, se trata de un informe que encargó el director general de la Guardia Civil, Ferran Cardenal, a uno de sus subordinados, el teniente coronel Solís, y en él se relatan pagos a Roldán por el informe Kroll y se ha filtrado a *El Mundo*. Continúa Manglano: «El topo de Asunción se lo dijo a Belloch, que lo tiene *El Mundo*. Leo el informe. Lo tienen Cardenal, Margarita, el VPG y Belloch (este perdió una copia). Conclusión: hay que reventar el tema».

Ese mismo día, el jefe del CESID almuerza con Ferran Cardenal, que niega estar detrás de la filtración y defiende a su equipo: «Me enseña un papel-borrador en el que el Servicio de Información de la Guardia Civil hace una nota desmintiendo todo esto. Él verá esta tarde a Belloch. Quedamos en vernos».

Ya por la tarde, a las 19:45, Manglano vuelve a reunirse en el complejo de la Moncloa con Narcís Serra y con José Enrique Serrano. El vicepresidente del Gobierno, preocupado porque el informe lo señala a él, narra el contenido de una comida que compartió con el director de *ABC*, quizás después de que este charlara con Reverter:

—Anson me ha dicho que en mayo se hizo en la Guardia Civil un informe para el presidente del Gobierno y para el ministro del Interior sobre los pagos míos a Roldán. Según Anson, *El Mundo* tiene el documento y quieren terminar la ofensiva política contra el Gobierno a partir de septiembre. Publicarán un informe sobre Rafael Vera, otro sobre mí y seguirán con el presidente y con el rey. Esto responde a una maniobra política de desestabilización. Trevijano, Pablo Sebastián, etcétera, etcétera. Hay que cargarse el felipismo y tumbar al rey. Aceptarán al príncipe.

»Para Anson —continúa Serra— sería muy importante llegar a conocer qué periodistas de *El Mundo* cobraron de Roldán. Sería la mejor forma de desmontarlo todo.

¿Por qué el director de *ABC* se desmarca así del grupo del que forma parte? Según los documentos estudiados, el motivo es que Luis María Anson, por encima de todo, defiende la monarquía, y no comulga con las intenciones de los miembros de la aún no constituida AEPI. El periodista al frente de *ABC*, un diario para nada cercano al Gobierno del PSOE, quería una regeneración del sistema, pero no su demolición.

—Anson exige, o pide —relata Serra a Manglano—, tres condiciones que deben ser acordadas por Felipe y Aznar. Son un pacto contra la corrupción, una nueva ley electoral y una salida honorable para Felipe González con la convocatoria de elecciones.

Luis María Anson también le confirmó que «Mario Conde está detrás de todo esto», e «insiste en que sería muy importante tener pruebas de que Roldán ha pagado a los periodistas» y «pide también cooperación con *La Vanguardia*». Tras dar cuenta de su encuentro con Anson, Narcís Serra relata otro episodio sobre el mismo grupo que amenaza al Gobierno:

—El presidente me ha contado que fue a verlo un alemán, que se llama Peter, y le dijo que estaba una noche cenando en un restaurante y en la mesa de al lado vio a Pedro J. Ramírez, a Trevijano, a Pablo Sebastián y a otra persona. Estaban hablando y decían que «Narcís caerá» y que con «Felipe está más difícil porque es más listo». Se han gastado dinero en Sudamérica para encontrar algo y, por lo visto, también hablaban de un vídeo del rey con una mujer.

—Es decir, hay un complot —interviene Manglano.

Entonces, Serra le muestra un informe elaborado por el Servicio de Información de la Guardia Civil en el que se dice que el pasado 20 de julio «Luis Roldán se puso en contacto con dos periodistas de *El Mundo* y les dijo que estaba harto y que no aguantaba más por lo que le han hecho a su mujer, Blanca. Que ha contratado a mercenarios para que vengan a España a cargarse a Belloch, al que hace culpable de sus males».

«Quedamos en que me pongo a trabajar», concluye Manglano en su cuaderno. No han transcurrido ni cuarenta y ocho horas cuando Serra le está llamando por teléfono. La operación sobre los periodistas de *El Mundo* está en marcha, así como las condiciones solicitadas por Anson:

—Según Belloch, el coronel López, que estuvo con Garzón, vio cómo Roldán le daba dinero en un sobre a los periodistas de *El Mundo* en una cena. Esta misma tarde me llamará el ministro Belloch. En cuanto a lo que le tienes que decir a Anson, he puesto en marcha el tema y en principio se ha confirmado que el presidente del Gobierno hable con Aznar en los primeros días de septiembre. Lo he convencido para abordar el tema, aunque Felipe está escéptico.

Esa tarde, cuando faltan quince minutos para las ocho y los redactores de los periódicos teclean a toda velocidad con la presión del cierre, Anson recibe a Emilio Alonso Manglano en la redacción de *ABC*. El jefe del CESID le expone «el problema que puede plantear la publicación del informe hecho por la Guardia Civil sobre Serra» y traslada el mensaje del vicepresidente del Gobierno:

—Serra ha conseguido una entrevista de Aznar con González para los primeros días de septiembre.

El periodista hace un análisis del momento por el que pasa España:

—Felipe González se dio cuenta el año pasado de que el PSOE estaba roto y convocó elecciones, porque era la única forma de evitar la ruptura. Las elecciones las ganó él, Felipe, y despachó a todos los que se le enfrentaban. Lo que ocurre en el PSOE es que el presidente del Gobierno lleva veinte años dirigiendo el partido, ocho en la oposición y doce en el poder, por lo que tapa las posibilidades de acceso al liderazgo. En suma, se ha creado una situación de bloqueo.

Luis María Anson continúa describiendo las intenciones del grupo de periodistas que se ha organizado contra el Gobierno:

—De este modo, un grupo de personas dirigidas por Antonio García-Trevijano estima que la situación actual, el felipismo, tiene que terminar y dar paso a un escenario en el que se termine con la oligarquía de los partidos. En este grupo están Pablo Sebastián, Raúl Heras, Raúl del Pozo, etcétera, etcétera. Están preparando un libro que se llamará *La carta a la nación española,* que sacarán en octubre más o menos. Propugnan una república presidencialista con elecciones por sufragio cada seis años. No está muy claro el tema del rey, pero quizás acepten al nieto de don Juan —dice Anson para referirse al príncipe de Asturias, usando una terminología que lo muestra como el gran juanista que es—. Quieren desarrollar una campaña para derribar a las instituciones más fuertes del Estado. Han hablado con el Banco Santander, donde causó efecto, y también con las Fuerzas Armadas. Este grupo no ha conseguido sus intenciones con *ABC* ni con *El País*, porque no entramos en el tema. Les vino muy bien Filesa, el tema de Mariano Rubio, lo de las escuchas en *La Vanguardia* y Roldán, claro. En suma, intentan crear un clima en la sociedad de rechazo a ciertos políticos. Y naturalmente que *El Mundo* está en la operación. Por eso Pedro J. va a sacar el asunto de Vera, el informe sobre Narcís Serra y lo intentarán con el presidente del Gobierno. Están investigándolo en Panamá y Venezuela.[65] Y también es probable que se metan con el rey. Este es el resumen, Emilio. Se trata de una campaña desestabilizadora que se puede parar, pero hay que actuar.

El director de *ABC* insiste en cómo se debe regenerar la vida política española antes de que el grupo que lideran Trevijano y Pedro J. acabe, a su juicio, con el sistema.

—La solución pasa por que Aznar y González se reúnan en septiembre y lleguen a un acuerdo para terminar con la corrupción, aunque haya que incluir una nueva ley de amnistía para los partidos. Todos han recibido apoyos económicos… En cuanto a las elecciones, a mi juicio, Felipe quiere aguantar hasta el 96. Sabe que en las elecciones vascas, en octubre, el PSOE no quedará bien. Tampoco en las autonómicas del año que viene, pero quiere manejar la presidencia de la Comunidad Europea en el segundo semestre del 95 y convocar elecciones en el 96. Yo, en cambio, creo que las elecciones se deberían convocar el próximo año, coincidiendo con las autonómicas.

Anson tiene su propia hoja de ruta para salir de la crisis política e institucional y es partidario de cambiar las normas del juego democrático:

—Hay que modificar la ley electoral. No se puede aceptar que estén en el Parlamento los partidos que no saquen un mínimo del 5 por ciento de los votos totales. Así se evitarían los partidos bisagra, que con pocos votos tienen una posibilidad de pacto. Hay que ir a mayorías estables. También hay que pactar la salida honrosa de Felipe. Tiene que irse con la cabeza alta —insiste.

---

65. Anson se refiere a la búsqueda de propiedades de Felipe González en esos países, rumores que nunca fueron demostrados.

Anson continúa abordando, pero en detalle, los temas que ha hablado con Narcís Serra:

—Un periodista de *El Mundo* amigo mío me dijo primero que había una carta, luego un informe, que había hecho Cardenal para el presidente y para el ministro del Interior en el que se hablaba de los pagos de Narcís Serra a Roldán. Alguien se lo dio a *El Mundo*. Hay que preparar bien cómo se pincha el asunto. Tiene que intervenir *La Vanguardia*. Si se pudiera comprobar que los periodistas de *El Mundo* han cobrado de Roldán se acababa el asunto Roldán. Eso sí, si el tema Serra sale en la prensa, yo no puedo evitar tratarlo, y el vicepresidente quedaría hecho trizas —advierte el periodista.

Insiste también Anson en quién es la mano que mece la cuna:

—Yo creo que detrás de todo está una estrategia de Mario Conde. Consiguió cargarse a Mariano Rubio y quiere hacer lo mismo con Rojo[66] y con Narcís. Ahora Conde dice que no se mete con el presidente del Gobierno y con el rey, pero si hace falta lo hará. Del rey está el tema del dinero, el del propio Conde y el de Javier de la Rosa...

—¿Crees que Pedro J. Ramírez lo publicaría? —inquiere Manglano.

—Pedro J. está dispuesto a todo —responde Anson.

Así concluye la visita del director del CESID a la redacción de *ABC*. Un poco antes, Anson le cuenta que «los jefes de la Guardia Civil vienen a verme y me dicen que no aguantan a Margarita Robles», le aconseja el cese de Cardenal y le regala otra información curiosa:

—Pindado me trajo el tema de Roldán. Yo no lo quise, y por eso lo publicó *Diario 16*.

Con el periodista José María Irujo al frente, *Diario 16* ha liderado las informaciones que desvelaron el patrimonio irregular amasado por Luis Roldán esquilmando a la Benemérita. Según el relato de Anson, se trata de una filtración del comandante José Ramón Pindado, quien en 1993 había sido arrestado junto a otros guardias en el caso Ucifa, la Unidad Antidroga acusada de pagar a confidentes con droga incautada. Pindado, que será condenado a ocho años de prisión en 1997, tras la instrucción de la causa en la Audiencia Nacional a manos del juez Garzón, se habría vengado así del entonces director de la Guardia Civil.

Es tarde. Manglano da la mano a Anson y sale pitando de la redac-

---

66. Luis Ángel Rojo sustituyó a Mariano Rubio como gobernador del Banco de España.

ción del periódico, entonces en la calle Juan Ignacio Luca de Tena, paralela a la carretera N-II. Enfila Arturo Soria con dirección a la avenida de América y de ahí al paseo de la Castellana. En el número 5, en el palacio de los condes de Casa Valencia, construido a finales del siglo XIX en el barrio de Almagro y sede del Ministerio del Interior, lo espera Juan Alberto Belloch. Han quedado para cenar. El ministro está ansioso por escuchar lo que ha charlado el jefe de los espías con el director del centenario *ABC*. Manglano le da el parte y concluye que ambos, Anson y él, coinciden en que «hemos de defender la monarquía». Entre plato y plato, Belloch le habla del presidente del Gobierno:

—Le he dicho a Felipe González que debe hacer un grupo de ministros que lleven a fondo los temas políticos, y que el resto se dediquen a la administración. El problema de Felipe es el sucesor. Solana está condicionado...

El ministro del Interior, que «tiene gran estima a Felipe», comenta una «filtración que ha aparecido en la prensa», en *El Mundo*, sobre pagos de Interior a policías franceses en la lucha contra ETA:

—Creo que lo ha podido filtrar Vera, que es un hijo de puta —dice con rabia Belloch—. Sé que ha hablado con Pedro J. tres o cuatro veces. Me preocupa Pedro J. Ramírez, es un riesgo fuerte. En cuanto a sus periodistas, sí, el coronel López parece que dijo que Roldán les entregó un sobre con dinero.

Antes de despedirse, Belloch advierte: «Margarita es capaz de todo». Manglano no anota el contexto, pero tres días después, el 8 de agosto, se ve con la secretaria de Estado, que es la fuente de los supuestos pagos de Roldán a dos periodistas de su confianza. Son las 17:30 horas. Margarita Robles ofrece los detalles:

—En una comida en la que estaban Garzón, el comisario Flores y el coronel Ángel López, este dijo que Roldán daba dinero a los dos periodistas. Yo he hablado con Ángel López y me ha dicho que un par de veces vio cómo Roldán le daba el sobre a Esther, su secretaria, para que se lo diera a los periodistas. Estos sobres, según dice Ángel López,[67] tenían dinero, porque Roldán decía que «hay que engrasar la maquinaria, hay que darles unas perricas para que hablen bien» —relata Margarita Ro-

---

67. Manglano anota detrás del nombre de Ángel López, entre paréntesis: «Es una convicción», refiriéndose a que el oficial de la Guardia Civil no había visto sobresalir los billetes de los sobres.

bles, imitando la jerga aragonesa de Roldán—. Los dos periodistas, a los que allí llamaban Zipi y Zape, iban a la Dirección General de la Guardia Civil una vez al mes para hablar con Roldán y estaban dos o tres horas. Esther yo no creo que hable.

«Esther está en Ceuta. Podríamos intentar algo», escribe Manglano. Se desconoce si hubo contactos con la secretaria de Roldán. El CESID redacta un informe que Manglano guarda en su archivo y que contiene los detalles de estas conversaciones sobre pagos a periodistas con fondos reservados.

Tras comentar que el entonces coronel Enrique Rodríguez Galindo «desprecia» al actual director de la Guardia Civil y que ahora «no hay nada de información en lucha contraterrorista», Margarita Robles coincide con su jefe, Belloch, sobre la última filtración a *El Mundo*, pero añade más datos:

—La filtración a los periodistas de que se pagaba en Francia a los policías se la dio Vera a Pedro J. Ramírez. Vera sabe que Pedro J. tiene un dosier sobre él e intenta chantajearlo. Juan de Justo está muy asustado.

Por último, la secretaria de Estado de Interior da una alegría a Manglano: «Ya empiezan a hablar bien del CESID. Estaban equivocados, según me dicen algunos policías». La mala relación entre los servicios secretos y la Policía Nacional ha sido una tónica general.

Diez días después, el 18 de agosto de 1994, Manglano conversa por teléfono con Anson. El periodista llama desde Estados Unidos, donde se encuentra de viaje:

—El libro del grupo de Trevijano va a salir con el título *Degradación nacional. Introducción a la república*. No está en imprenta aún ni se sabe la editorial. En total hay unas veinte personas en la AEPI. Camilo José Cela, Antonio Burgos y yo podemos compensar. En la reunión en Marbella del 12 de agosto se llegó a una conclusión. Pedro J. cree que no conviene abusar de los temas de corrupción, para evitar que no surtan efecto, aunque esto no quiere decir que no vayan a publicarlos.

El director de *ABC* habla al del CESID de otro libro en ciernes, uno que tiene pensado publicar Sabino Fernández Campo, exjefe de la Casa del Rey:

—Soy partidario de que el rey lo llame y le diga que en diez años no se escribe nada. También el príncipe puede decirle algo a Sabino.

A los cinco días se repite la conferencia internacional. Anson quiere saber si *La Vanguardia* ha publicado un artículo del escritor José Luis de Vilallonga denunciando la «conspiración». Efectivamente, la víspera el diario catalán ha lanzado un artículo del *bon vivant* y biógrafo de Juan Carlos I extraordinariamente duro contra el grupo de Trevijano, Conde y Pedro J. Ramírez. Habla de una conspiración en todos los órdenes —político, mediático y financiero— y basada en informaciones falsas o espurias.

—Creo que es inoportuno —dice Anson, que por el cambio horario iba con cierto retraso—, por ser un mes de verano. Habrá que ver las consecuencias que tiene.

El 5 de septiembre, lunes, con España recuperando el ritmo tras las vacaciones, Manglano vuelve a citarse con Belloch, esta vez a la hora de comer. El ministro le cuenta que fue Javier Solana quien filtró a Vilallonga «el tema de la conjura» y «Vera filtró cosas a *El Mundo*» y a otros:

—Emilio, el tema de la conjura lo deberíamos haber pinchado nosotros. ¿Puedes estudiar si podemos entrar en una actividad operativa que pueda desmontar a *El Mundo*?

«Quedamos en estudiarlo», concluye Manglano.

Y Anson sigue informando. Es el topo de Manglano en la Asociación de Escritores y Periodistas Independientes:

—La AEPI formaría la Junta Directiva e irían a saludar al rey en la Zarzuela. Y Vilallonga dice que escribió el artículo por encargo de quien puede hacerlo —dando a entender que podría haber sido Juan Carlos I.

El día 7, en plena vorágine informativa, Narcís Serra tiene una idea. *Diario 16* ha publicado la historia de los asesinos a sueldo que el fugado exdirector de la Guardia Civil quería enviar de visita al ministro del Interior. Llama a Manglano y le pide que «estudie la posibilidad de que, aprovechando la publicación del asunto de los mercenarios para eliminar a Belloch, se filtre el tema del informe Crillón».

«A Belloch no le parecía mal», escribe el jefe del CESID. El ministro del Interior le ha insistido a Manglano «en que estudie la posibilidad de realizar operaciones con *El Mundo*», periódico que «no cree que tengan mucho sobre Vera». El magistrado Belloch sigue siendo partidario de que la maquinaria del Estado actúe de forma confidencial contra el diario de Unedisa.

Al menos sobre la información de la que dispone Pedro J. Ramírez, el predecesor de Belloch discrepa del ministro. Antoni Asunción ha almorzado con un confidente:

«Asunto Vera: *El Mundo* lo tiene todo. No sabe cuándo lo sacan o si tratan de negociarlo con Vera. Este podría contar muchas cosas, como problemas de la Casa Real, entre otros... Se lleva bien con *Diario 16* y con *El País*».

Asunción aprovecha para contar a su amigo que ha comido con el presidente del PNV, Xabier Arzalluz, con el portavoz del Grupo Vasco en el Congreso, Iñaki Anasagasti, y con el exconsejero de Interior Luis María Retolaza. Los peneuvistas sienten «desconocimiento y prevención hacia el CESID». En cuanto a ETA, dicen al exministro que la estrategia de la banda terrorista es ir «a tope hasta Navidad».

Transcurridas unas semanas, el 4 de octubre de 1994, Manglano se entrevista con Javier Solana, con quien habla de la AEPI:

—Lo de la conjura me lo contó Anson. Hablé de ello con Felipe González y con el periodista Calvo Hernando.[68]

Seis días después nace formalmente la Asociación de Escritores y Periodistas Independientes, que se presenta el 20 de octubre en el paraninfo de la Universidad Complutense, coincidiendo con la presentación de libro de García-Trevijano, que se tituló finalmente *El discurso de la República*. Participan en el acto Pedro J. Ramírez, José Luis Gutiérrez y Luis María Anson, que jugaba con dos barajas. Al día siguiente, el rey cuenta una maldad a Manglano:

—Me ha dicho Anson que tú le recomendaste que fuera a la presentación del libro de Trevijano sobre la República...

Manglano lo niega, ante lo que el rey replica:

—Ya me ha dicho Felipe González que le extrañaba que tú hubieras dicho eso.

Será el propio Anson quien, una semana después, informe a Manglano sobre las impresiones que se llevó de la presentación del libro:

—El acto lo prepararon Comisiones Obreras, el guerrismo e Izquierda Unida. Hubo un millar de estudiantes. El asunto es peligroso: hay que contrarrestar con catedráticos.

Para terminar, Anson hace una enigmática propuesta: «Cuidar a Antonio Herrero». Manglano no refleja a qué se refiere. Parece que el director de *ABC* está pidiendo que no se tomen represalias contra el carismático locutor de la Cope, miembro de la AEPI y una de las voces más críticas y beligerantes contra el felipismo.

---

68. Manuel Calvo Hernando había sido director de TVE a principios de los 80, nombrado por la UCD.

Años después será precisamente Luis María Anson quien dará un paso al frente y alentará la teoría de la conspiración alrededor de la AEPI en una entrevista concedida al semanario *Tiempo* el 23 de febrero de 1998, meses después de su salida del diario de Prensa Española. Junto a una gran foto del periodista en actitud desafiante, con gesto altivo, mentón elevado y traje beis, se leerá un contundente titular. «Anson: La confesión». El contenido de la entrevista —realizada por Santiago Belloch, hermano del exministro Juan Alberto Belloch— era una «confesión» que muchos esperaban:

«Había que terminar con Felipe González, esa era la cuestión. Al subir el listón de la crítica se llegó a tal extremo que en muchos momentos se rozó la estabilidad del propio Estado. Eso es verdad. Tenía razón González cuando denunció ese peligro…, pero era la única forma de sacarlo de ahí».

Entre las últimas palabras sueltas que dibujó la pluma de Emilio Alonso Manglano cuando fue alertado por Reverter en 1992 sobre ese grupo de periodistas, destacan dos: «dosier» y «chantaje». Para completar la Santísima Trinidad de la batalla en ciernes falta una: Mario Conde. El banquero está dispuesto a desequilibrar las estructuras del poder en España, aunque en el PSOE piensan, al menos por un momento, que apoyará a Felipe González en lugar de a José María Aznar.

El préstamo de Mario Conde

El hombre de la CIA en España, Michael Davidson, abandona Madrid. El director del CESID le despide el 12 de mayo de 1994, con la actualidad política más alterada que la primavera. Manglano tiene que atender muchos frentes, y de muy distinto orden. El Gobierno está débil y contra las cuerdas. Los escándalos se multiplican y los enemigos ya huelen la sangre.

Unas horas después de la despedida de Davidson, a las 17:30, el rey lo llama por teléfono. *El Mundo* ha publicado la víspera que Narcís Serra ha encargado a Luis Roldán un trabajo sobre Mario Conde, el citado informe Crillón. El fugado ha encendido el ventilador.

—Estoy preocupado por el dosier sobre Narcís —le dice el rey a Manglano, a quien el vicepresidente del Gobierno le ha negado su participación en el encargo—. Si es falso, debería querellarse.

No hay día que los periódicos no publiquen algún escándalo, mayor o menor, y el Gobierno padece una presión acuciante. Sin embargo, el rey mantiene su confianza en el presidente:

—Yo apoyo a Felipe. No creo que se marche. Cuando dimitió Asunción, me dijo que estaba pensando en Belloch ¡y en Serra! —desvela el rey para sorpresa de Manglano—. Belloch me ha dicho que acepta la monarquía, pero que es independiente —relata el jefe del Estado, dando la sensación de que el ministro había elegido esa palabra para evitar decir que es republicano—. Creo que lo hará bien.

Tras comentar la preocupante actualidad política —incluidos otros dosieres que circulan sobre Manolo Prado y Enrique Sarasola, este señalado como presunto testaferro del presidente del Gobierno—, el rey hace una confesión que a Manglano no le va a gustar:

—Verás, Emilio, mi padre me aconsejó invertir en Asturiana de Zinc. Le pedí a Mario Conde un crédito de 90 millones de pesetas. Me los dio, pero luego me hizo firmar otra póliza de otros tantos millones para cubrirse. Me enteré en febrero. Hablé con Ybarra y con Alfredo Sáenz. Este me lo arregló —dice el monarca, refiriéndose al economista vizcaíno que había asumido la presidencia de Banesto en diciembre de 1993, tras la intervención del Banco de España y la defenestración de Mario Conde.

Así, el exbanquero tiene munición, y Manglano se entera ahora, con Roldán fugado. La tormenta perfecta.

—Señor, Manolo Prado se lo debe contar al ministro de Economía y al gobernador del Banco de España —le aconseja Manglano—. También le diría algo al presidente del Gobierno.

El rey está nervioso. Tiene miedo de que trasciendan esos 90 millones de pesetas solicitados a un banquero que a la postre se ha mostrado corrupto. La operación se hizo en tiempos de Sabino Fernández Campo como jefe de la Casa del Rey, el mismo que salió de Zarzuela por la puerta de atrás.

—He llamado a Sabino. Me ha recomendado que esté tranquilo, que no haga nada… —responde el rey—. Le pediría un papel a Sabino sobre la situación, pero el jefe de la Casa[69] no quiere, para evitar que Sabino lo publique. Yo creo que tiene celos.

—Majestad, lo mejor es que lo convoque y Sabino hable con usted, con la reina y con Fernando Almansa.

69. Fernando Almansa.

Pero hay un problema, según anota Manglano: «A Sabino le dan ahora 500.000 pesetas al mes, pero a partir de diciembre se lo quitan. Hay que hablar para resolver esto. Que me ocupe». Antes de colgar, Manglano expresa al rey su preocupación por el daño que la comisión de investigación parlamentaria sobre Roldán está haciendo a la Guardia Civil, y el monarca le hace un último encargo a su fiel amigo:

—Dile a Manolo Prado que no vaya por ahí presumiendo de amigo del rey.

Los frentes se multiplican para Manglano, y Narcís Serra, su añorado ministro de Defensa, se tambalea. El 18 de junio de 1994 el director del CESID conversa con una fuente:

—Cené con Prenafeta y un hijo de Pujol. Jordi Pujol no va a abandonar a Felipe González, pero le dijo que tenía que prescindir de Narcís Serra. El presidente del Gobierno le contestó que no.

Manglano no identifica a cuál de los cinco vástagos varones del presidente catalán se refiere su interlocutor. Si hubiera que decantarse por uno, con lo que ahora conocemos por distintas investigaciones judiciales, podría tratarse del primogénito, Jordi Pujol Ferrusola, que era el gestor de la caja de la familia. Encaja que acudiera junto a Prenafeta, implicado en la financiación irregular de CiU.

Sea uno u otro, el informante asegura que lo ha captado: «Hay enlace con el hijo de Pujol». Y transmite otra noticia:

—Felipe González preguntó a Adolfo Suárez si podía contar con él para un Gobierno de concentración. Le dijo que no, que lo que tenía que hacer es desprenderse de los sinvergüenzas. Lo peligroso para Felipe González es Ferraz, no las urnas. Ojo con Ibarra.[70]

Mientras junio va expirando, la noche del 29 Manglano se deja ver en un acto, la ceremonia de entrega de los Cavia, los prestigiosos premios de periodismo que concede el diario *ABC*, en esta edición al escritor Pedro Casals. Entre los invitados está el líder de la oposición, José María Aznar, que cruza unas palabras con Manglano durante la cena y le avanza que lo llamará «para hablar». El director del CESID aprovecha para tirarle a alguien de las orejas, probablemente a Luis María Anson: «El reportaje sobre el Centro causó una mala impresión», anota. También cruza impresiones con el escritor y columnista

70. Juan Carlos Rodríguez Ibarra, presidente de la Junta de Extremadura (1982-2007).

Alfonso Ussía. Charlan sobre un libro de Jesús Cacho que preocupa al Gobierno.

Puede ser *M. C. Un intruso en el laberinto de los elegidos*, que el periodista de *El Mundo* ha publicado ese año, unos meses después de la intervención de Banesto y posicionado junto al banquero y, por ende, contra el Gobierno de Felipe González. El enfrentamiento entre ambos bloques es tal que Babelia, el suplemento cultural de *El País*, publicó una crítica que califica la obra del periodista palentino como un «camión de basura» que vertía sobre la vida pública «toda la maloliente porquería que el exbanquero consideró inelegante transportar en su aséptico vehículo». Incluso el rey le habla de este libro a Manglano en una audiencia celebrada el 21 de octubre:

—Mario Conde le dijo a Almansa que se había olvidado su diario en la finca y que Cacho aprovechó para verlo y publicar todo eso.

—Señor —responde Manglano—, hablaré con Manolo Prado, que me cuente la verdad, y con Fernando Almansa.

Al rey le ha molestado especialmente que en el libro, según sus propias palabras, «se dijera que poco menos le dije a Mario Conde que sustituyera a Aznar, cuando lo que le dije es que lo único que tenía que hacer es dedicarse a gestionar bien el banco y que, pasados los años, ya se vería si entraba o no en política».

La versión del banquero sobre su diario «olvidado» suena a excusa barata. Pero en este encuentro tratan varios asuntos más, todos ellos de una extraordinaria relevancia. El rey comienza la audiencia hablando sobre la situación económica del primer presidente del Gobierno de la democracia:

—Adolfo Suárez no está bien de dinero. Ha tenido muchos gastos por la operación de su mujer. Es orgulloso. Tiene planteado un pleito por una hipoteca de Ávila, pero no quiere hablar con Sáenz.[71]

Ambos dudan si decirle «algo al PG», quien, por otro lado, ha contado un secreto al rey:

—Felipe me ha dicho que aún no se lo va a decir a nadie, pero no se presentará como candidato a las próximas elecciones. No se atreve a decírselo a Aznar porque no se fía. Tampoco lo va a decir en su entorno, Serra, Solana, Rubalcaba, Belloch..., etcétera. Yo le dije que le podía ha-

---

71. Es probable que la hipoteca estuviera firmada con Banesto, pues se refieren a Alfredo Sáenz.

cer un regalo, comentárselo yo a Aznar, no como una noticia, sino como si fuera una impresión mía. El plan de Felipe es aguantar el 95, sobre todo la presidencia europea, y en el 96 en cualquier momento plantear las legislativas. Aunque tiene ilusión por las cosas que se pueden hacer, porque la gente quiere cambios, él se va. Le he pedido que se quede en el partido, en la oposición, y me ha dicho que sí. A Aznar lo voy a ver el 3 de noviembre. No sé si se lo dirá entonces o más adelante.

Esta información del rey incide en un rasgo sintomático de Felipe González que desvelan los manuscritos del jefe del CESID: asegura, elección tras elección, que no se va a presentar y termina concurriendo a todas, como ocurriría en las citadas de 1996. Por otro lado, tanto el rey como Felipe González no tienen en 1994 la más mínima duda de que el PSOE saldrá del Gobierno en las próximas elecciones. La de 1993 ha sido la última remontada. De hecho, el rey queda en que hablará con Aznar sobre el CESID y le dirá al líder del PP que llame a Manglano.

Tras conversar también sobre la «célula de reflexión» con Marruecos a propósito de Ceuta y Melilla, de la que el rey «es partidario y cree que también Felipe, no así Solana», y que habría que tener una «igual» para Gibraltar, el rey comenta su preocupación ante los escándalos que copan la actualidad:

—Cabeza fría y no acobardarse, Majestad —responde Manglano.

Cuatro días después, el jefe de los espías y Manolo Prado quedan para comer. Tratan asuntos de enorme importancia y más que delicados:

—Mario Conde le ha dicho a Almansa que le diga al rey que debe interceder ante el presidente del Gobierno y ante Aznar para que no se metan con él —arranca el administrador de las cuentas del rey—. Es decir, está buscando protección política. También le ha dicho a Almansa que tiene las pólizas que le hizo firmar al rey. Sáenz está en contra de Conde, y están buscando la contabilidad en el banco, los disquetes de las pólizas. Hay que borrar las huellas. Para Sáenz, Conde es un canalla.

«Este asunto de las pólizas puede ser un chantaje», escribe Manglano. Mientras, Prado le habla de otros temas igual de delicados y escabrosos, y a los que el jefe de los espías tendrá que prestar mucha atención:

—Javier de la Rosa ha dado dinero a todos los partidos, excepto a Izquierda Unida. Al PP le dio 800 millones de pesetas. A Pujol 400, a todos…

Tres días después los mismos interlocutores profundizan sobre la amenaza de Mario Conde por los 90 millones de pesetas que había prestado al rey.

—Las cuentas del rey en Banesto están en los disquetes, en la contabilidad del banco. Hay que hablar con Sáenz. También lo tiene la Comisión Nacional del Mercado de Valores —relata Manolo Prado antes de hacer una advertencia—: Y cuidado con Juan Peláez, el abogado de De la Rosa. Es peligroso.

Desde el Gobierno envían mensajes de tranquilidad al expresidente de Banesto. Así lo pone de manifiesto Juan Alberto Belloch en una conversación con Manglano que se produce a las seis de la tarde del 18 de noviembre de 1994, casi un año después de la intervención del banco:

—En la querella no hay riesgos de medidas de privación de libertad. La querella es casi una copia del informe del Banco de España… Que estén tranquilos, que el tema está controlado. Nadie tiene interés en que Mario Conde vaya a la cárcel. Que hagan una defensa jurídicamente. Ese es el mensaje que hay que trasladar a Mario Conde.

El ministro de Justicia e Interior hace un llamamiento general a la calma:

—El Gobierno tiene que gobernar. Gobierno, grupo parlamentario, PSOE y la clientela socialdemócrata. Hay que gobernar, no acobardarnos. No importa perder las elecciones, lo importante es la estabilidad. Narcís tiene que coordinar más. En cuanto a ti, Emilio, yo tengo plena confianza en ti. De hecho, le dije al rey que eres una de las tres o cuatro personas de las que me fío.

Manglano se encarga de hacer llegar el mensaje a Mario Conde. Lo hace a través de Luis María Anson, que lo llama el 21 de noviembre:

—El grupo de Mario Conde ha recibido el mensaje y adoptarán una defensa técnica y profesional —informa el periodista.

El jefe del CESID comunica la noticia a Belloch. Creen que las cosas circulan bien, dentro de lo razonable, pero no es así.

El año 1994 se cierra con el país inmerso en una gran crisis institucional. Mario Conde se dedica a grabar conversaciones y el jefe de la Casa del Rey, Fernando Almansa, se reúne con banqueros y empresarios para decirles que el Gobierno tiene que marcharse y evitar de este modo «ataques a la monarquía». Que caiga el Ejecutivo y sobreviva el sistema. Así de nítido llega a oídos de Narcís Serra, que se lo traslada a Manglano a solo veinticuatro horas de que España entera se coloque frente al televisor para ver el programa especial de Martes y Trece de la Nochevieja de 1994. Las estructuras del Estado se tambalean, pero Millán Salcedo y Josema Yuste consiguen una vez más que los españoles entren en el nuevo año con una sonrisa. Unos días antes Manglano ha captado una información sin precedentes, cruda, brutal, que viene desde dentro del PSOE.

Asunción: la confesión

—Toma cualquier asiento que quieras —invita el anfitrión junto a la mesa en la que les van a servir el almuerzo.

—¿Dónde te sientas tú? —replica el invitado.

—Yo normalmente me siento aquí, pero lo mismo da…

—Pues me sentaré aquí.

Dos personas se disponen a mantener una profunda conversación compartiendo mesa y mantel. Es el 22 de diciembre de 1994, día del sorteo del Gordo de Navidad. Quienes han comprado el 49.595 ya celebran el premio, dotado con treinta millones de pesetas al décimo, pero los protagonistas de esta escena tienen otras prioridades. El contenido de la conversación no solo está siendo discretamente grabado, sino que va a ser transcrito para su análisis posterior. El documento resultante consta de 40 folios numerados y encuadernados con una espiral, una tapa transparente y un cartoncillo azul cielo en la contraportada. En realidad suman 41 folios, porque la portada no está numerada. Es el que lleva la fecha y el único que contiene una anotación a mano, con bolígrafo azul: «A. A.», dos iniciales subrayadas.

La transcripción es un trabajo profesional. Las dos personas son identificadas únicamente como A y B. El teclista no comete faltas de ortografía, más allá de alguna palabra huérfana de tilde. El mayor descuido es no poner, la mayor parte de las veces, el punto y aparte al final de cada alocución.

A. A. es, sin margen de duda, Antoni Asunción, el hasta hace unos meses ministro del Interior del Gobierno de España y ahora diputado del PSOE. Es el personaje B, el invitado. Su interlocutor, A, es Emilio Alonso Manglano, el anfitrión. El almuerzo se celebra en la sede del CESID. El director de la inteligencia no solo se ocupa de gestionar la información que le traen sus agentes y demás informadores, sino que en ocasiones se entrevista personalmente con fuentes del máximo nivel. El jefe del espionaje, actuando como el primero de los espías.

Justo dos semanas antes, el 8 de diciembre, el periodista Melchor Miralles se había encerrado en una *suite* del hotel Eurobuilding de

Madrid con los expolicías implicados en los GAL José Amedo y Míchel Domínguez durante varios días. Miralles por fin había conseguido convencerlos para que cantaran, tras varios años ganándose no solo la confianza de los policías, sino también la de sus esposas. Tres años atrás, en 1991, Amedo —el líder— y Domínguez —su escudero— habían sido condenados a 108 años de cárcel por su participación en los GAL.

En el momento de la cita en la sede del CESID, *El Mundo* está publicando el serial de los dos expolicías, que compromete severamente a altos cargos del Ministerio del Interior. Por otro lado, Luis Roldán lleva ocho meses prófugo de la Justicia, una huida que a Antoni Asunción le ha costado el cargo como ministro del Interior. La charla entre Manglano y el político socialista es un guion de cine, salvo porque no hay interpretación alguna:

—O sea, que te vas esta tarde y te estarás hasta… —comienza Manglano.

—No, volvemos el martes, tenemos pleno el martes, y me marcharé el miércoles —dice el exministro.

Asunción le explica a Manglano que va a compatibilizar su acta en la Cámara Baja con la atención a la empresa familiar, que son «plantas de fabricación de ladrillos, de azulejos…». Efectivamente, la familia del político valenciano posee una próspera industria cerámica, muy típica en su Manises natal, donde «esas cosas se hacen francamente bien», lo que les permite «competir y exportar» mucho. Manglano también es valenciano, y los paisanos rememoran viejos tiempos:

—Yo siempre recuerdo, en la época franquista, los primeros exportadores a Rusia, que, fíjate, eran los naranjeros valencianos, esos tíos de la blusa… Y me decían aquí en Madrid «cómo son esos tíos de la blusa», que no han ido a Harvard ni a ninguna universidad, pero son unos tíos listísimos, con un instinto comercial impresionante y que se meten en todos lados.

—Es la descripción perfecta, porque están en todos lados, pero no llevan blusa, es otra cosa —corrige Asunción.

—Sí sí, llevan otra cosa, y los veías, cuando no había tarjetas ni nada, que llevaban unas carteras muy viejas, muy sucias y llenas de fajos de billetes con unas gomas…

Manglano corta de forma abrupta la conversación intrascendente porque «estos días estamos a cien con este tema»: Amedo y Domínguez.

—Amedo ha recibido bastante dinero —entra Asunción al toro sin rodeo alguno—, pero tenía promesas en firme de recibir bastante más dinero del que ha recibido. Yo pude contabilizar que se les pagaban mensualidades de millón y medio a Amedo, y millón y medio a Míchel. Tres millones entre los dos al mes, más extras y cosas…, y unas cantidades que se depositaron en Suiza, tres entregas de 50 millones de pesetas cada una, que yo haya podido controlar. Una la hizo el secretario de Roldán, que fue con no sé quién más. Está muy chapuceramente hecha, porque Roldán tiene las pruebas de esa entrega.

—¿Las tiene Roldán?

—Sí. Tiene las copias de los billetes de avión, las reservas de los hoteles, porque viajaron en el mismo avión el secretario de Roldán, Juan de Justo y las respectivas esposas de ambos policías. Todos en el mismo hotel, ¡una chapuza total! Una entrega que hizo un machaca de Ballesteros y otra que hizo no sé quién coño… En un papelito lo tenía anotado.

—Tres [entregas] de 50 [millones]…

—Sí, pero faltaban otros tantos para lo que Barrionuevo les había prometido. Esto lo estuvieron reclamando insistentemente, hace poco, y se organizó el pago, pero hubo problemas en el Ministerio del Interior actual y no se lo han pagado. Yo tenía un chico que les sacaba a pasear a las señoras, estaba detrás de ellos, y se les había prometido el indulto y dinero.

—Indulto y dinero, exactamente —reafirma Manglano.

—Míchel intentó la operación con Garzón el 30 de abril de 1993. Se presentó en el despacho de Garzón con el abogado y hasta me contó que estuvo allí con él… Pero a los tres días Garzón estaba en las listas del PSOE y se recondujo todo esto, lo recondujimos. Este, el que yo tenía en el Ministerio, ha comido en casa de Amedo, ha ido a tomar pastelitos con las señoras, llevándolas, y se recondujo bastante bien.

Mientras charlan sobre Amedo y Domínguez, casi de rebote, Asunción confiesa a Manglano que el Ministerio del Interior ordenó seguimientos al exministro Barrionuevo y al exdirector de Seguridad del Estado, Julián Sancristóbal, relacionados con la fuga de Roldán, y que está preocupado ante el posible pacto entre Garzón y los policías, que desde el pasado julio disfrutan de un régimen de semilibertad.

—Lo que ha hecho ahora Garzón es lo que ya les había prometido, porque me lo contó a mí Amedo. Bueno, a mí no, a un machaca que envié yo. Con Amedo me he entrevistado tres o cuatro veces, y lo que el juez les había dicho se lo contaron al director de la prisión, que es al que yo tenía allí de entrada.[72] Cuando llegaron por la noche, que además se fueron después de putas por ahí, llegaron tardísimo, a las cinco de la mañana, de pendoneo con Garzón… A mí me contaron la oferta de Garzón, la misma que ahora, y Garzón no me lo negó.

—O sea, que cuando Garzón te habla en marzo del 93 ya está el mismo planteamiento.

—Sí. Esa estrategia que ha hecho Garzón ahora la pensaba hacer ya en abril del 93, previa a las elecciones.

El exministro del Interior sostiene que el juez apunta a lo más alto en su venganza:

—Garzón está ciego con el presidente del Gobierno. Comí con él en la embajada de Colombia hace…, no sé, un mes…, y estaba como una pantera.

—O sea, que él lo que quiere, como Pedro J., es cargarse al presidente del Gobierno.

—Claro, como una pantera. Felipe González se lo llevó a la cumbre que tenía con Kohl[73] y se lo presentó a Kohl como si fuera el salvador de la patria, y luego llega otro y ni se le pone al teléfono, y le envía una carta y no le contesta… Entonces Garzón está que vive para vengarse. Nada más.

—¿Y él con Belloch cómo está?, ¿mal? —pregunta Manglano.

—Mal, siempre estuvo mal. Se lo dije a Felipe cuando me marché. Eso viene de antiguo. Los dos son jueces, los dos gallos de corral, los dos muy vanidosos… Son incompatibles. Y los dos independientes, pero Garzón dice que él hizo campaña, pero otros no se mojaron hasta que no iban a caballo ganador y ahora tienen dos ministerios…

—Entonces, su odio contra Felipe es…

—Es africano. Garzón siente que lo ha humillado, que lo ha maltratado, que él lo único que ha hecho es aportar su prestigio a la campaña electoral. Está ciertamente dolido.

—Y va a por todas.

—Y le da igual lo que puedan pensar, le importa un huevo.

—Y Garzón, ¿aguanta psíquicamente?

72. Antoni Asunción fue director general de Instituciones Penitenciarias antes de ser ministro del Interior, y ese cargo depende de este Ministerio.

73. Helmut Kohl, canciller alemán (1982-1998).

—Estará feliz. No ves que ahora algunos lo jalean…

—¿Y es manejable o no? —continúa preguntando el jefe de los espías.

—Él es ingenuo desde el punto de vista de esa ingenuidad perruna y tiene vanidad. ¿Que si es manejable? Hasta cierto punto. Yo creo que no es infranqueable, que es flexible. Si lo engañó Felipe, cómo no van a poder hacerlo otros… Aunque ahora tiene otra costra más.

—Coincido contigo. Lo que pasa es que Garzón se encuentra de compañero de viaje a Pedro J. porque los dos, por razones distintas, quieren cargarse a Felipe.

—Obvio. Estuve en una comida con Pedro J. hace un par de semanas y de pronto me pregunta por los GAL… ¡Tú de qué vas! Me dice que por qué no le cuento lo de los GAL.

—¿Te dice?

—Sí sí. El tío me amenazó un poco. Yo ya he pagado todo. Ya por culo me dieron, no hace falta que me lo recuerden. Me dijo que podía ganar mucho, como diciendo «si colaboras, mi periódico te puede encumbrar».

—Ya.

—Ellos son una oficina de denuncia y abren el melón. A lo mejor no tienen gran cosa, pero les llegan sobre la marcha. Abren la ventanilla y llegan los cabreados de la Guardia Civil, de la Policía… Lo que sí pueden tener son algunas implicaciones del choriceo de Sancristóbal, que es muy vulnerable, porque tiene gente tirada que sabe cosas de él. Quien más sabe es Masa, Rafael, porque ese es el GAL no descubierto, bien hecho, pero no le conviene, está muy quemado.

—Yo creo que el llamado GAL de la Guardia Civil está más protegido —opina Manglano, en comparación con el GAL Azul, el de la Policía, representado por Amedo y Domínguez.

—Aparte que ahí Masa, que hizo mucho, no habló, actuaba solo. Estos son unos payasos y aquel iba solo.

El 20 de noviembre de 1984 los GAL cometieron uno de sus crímenes más importantes, el asesinato del dirigente de Herri Batasuna y parlamentario vasco Santiago Brouard. Quienes acabaron con la vida del político y pediatra, tiroteado en su consulta de Bilbao, fueron los mercenarios Luis Morcillo y Rafael López Ocaña. Casi treinta años después, con el asesinato ya prescrito, Morcillo dirá en una entrevista con el periodista de *El Mundo* Antonio Rubio que la orden se la dio, precisamente, el entonces comandante de la Guardia Civil Rafael Masa. Ambos, tanto Masa como Morcillo, habían sido absueltos por falta de pruebas; López Ocaña sí fue condenado.[74]

Asunción está ofreciendo información relevante sobre ese «GAL no descubierto», lo que pone en alerta a Manglano. De hecho, en los próximos meses el director del Centro seguirá haciendo indagaciones. Según unas notas tomadas por él mismo en un cuaderno color rosa y datadas el 18 de mayo de 1995, Santiago Bastos, alto cargo del CESID, habla con el coronel Juan Alberto Perote, el «traidor» de los servicios secretos, que se encuentra en prisión. El militar conversa sobre la actitud de varios encarcelados por su implicación en los GAL, Julián Sancristóbal, Miguel Planchuelo y Francisco Álvarez. «No se conformarán con irse solos y tragarse todo, hablarán», advierte. ¿Qué pueden contar? En palabras de Perote, esto: «Hay otro GAL, el tercero, el de Ballesteros y Martínez, y lo conozco».

Perote está enviando un mensaje. Aliado con el banquero Mario Conde, el exjefe de la AOME del CESID se ha sumado al pulso al Estado. Niega estar recibiendo dinero del expresidente de Banesto, pero reconoce contactos con él. Manglano anota lo que le transmite Santiago Bastos: «Hay otra artillería, el tercer GAL. Él tiene las pruebas. Confía en Conde. Conde es muy cabrón. Todos lo saben, por eso vale su chantaje». Y añade: «Galindo es capaz de todo». Hablan de «papeles»: «Por mucho que destruyáis, yo tengo más. Originales». Con estas cartas, el grupo liderado por Conde considera que «Barrionuevo es muy flojo como interlocutor. Quieren ver al PG. Conde o alguien en su nombre».

La guerra sucia es un serio problema para la estabilidad del Estado. Por eso, ofrecen, o piden —negocian, a fin de cuentas—, «cerrar el caso GAL» con «una ley de cierre, de punto final». Habría que acordarlo con el PP y se enmarcaría en la salida de Felipe González, es decir, pactado en el relevo. Manejan tres opciones para sustituirlo: «Otra persona del partido, alguien que nombre el rey o alguien neutral». Como conclusión a las tres opciones, un nombre: Adolfo Suárez. El director del CESID escribe una nota «final» que resume la charla de Bastos con Perote: «No tienen nada que perder».

74. El guardiacivil nunca fue condenado por delitos relacionados por los GAL. El ya teniente coronel Masa, tras una expulsión y readmisión en la Benemérita por un caso de torturas, perdió su condición de guardiacivil en 2002, cuando fue sentenciado por la Audiencia de Vizcaya a once años de cárcel por un delito de narcotráfico, pena confirmada por el Tribunal Supremo.

De vuelta al almuerzo entre Manglano y Asunción, que no ha hecho más que empezar, los comensales conversan sobre posibles pagos a Garzón. La información proviene de una fuente de Manglano, según la cual Rafael Vera contaba que durante 1993 a Garzón se le pagaban dos millones de pesetas todos los meses.

—Mentira —responde tajante Asunción—. Lo dirá Vera, pero miente. Está tratando de intoxicar a todo dios. Llegó a decir que se pagaron 30 millones de pesetas en el chalé de Garzón y es mentira. Se pagaron 15 por la seguridad, pero se hizo bien hecho, no por fondos reservados, por presupuesto ordinario.

—Exacto.

—Tuve que sacar yo en una comida con Barrionuevo y el idiota de Corcuera, que ambos le creen, el expediente y dárselo, firmado por el interventor, material comprado, inventariado del Ministerio del Interior y depositado en casa del juez. Garzón no se iba a dejar pagar por estos, que son sus enemigos cervales, hay que ser muy ingenuo. Lo que pasa es que ese cabrón miente como un bellaco.

Antoni Asunción tiene cuentas pendientes con Rafael Vera debido a que, por lo visto, el exsecretario de Estado va contando por ahí que el exministro del Interior es «íntimo de Roldán». Manglano atribuye esta actitud de Vera a una estrategia de dar carnaza informativa a Pedro J. a cambio de que «no le saquen el tema de la finca de Albacete, que *El Mundo* lo tiene investigado». Se refiere a la imponente finca El Relumbrar, que Vera ha comprado con su suegro como testaferro y usando fondos reservados.[75] Ambos comentan que Vera tiene «más cosas»:

—Sus asesores fiscales le han invertido bien en Estados Unidos y no solamente en un estado, en varios —informa Asunción—, y es muy difícil conseguir la identificación porque no hay registros de entrada. Le han pillado algunas cosas de Miami, pero nada más.

En cuanto al que fuera jefe de Rafael Vera, José Luis Corcuera, creen que «también tiene sus cosas», pero Asunción no se centra en asuntos económicos:

—Corcuera tiene alguna cosa, que yo sepa, el cartero este que murió, que le estalló la bomba.

—Eso lo sabe poca gente, ¿no? —inquiere Manglano.

—Poca gente. Ese equipo funcionaba bien a esos niveles.

75. Según la sentencia del Tribunal Supremo que se dicta en 2004.

El 20 de septiembre de 1989, siendo Corcuera ministro del Interior, José Antonio Cardosa González, un joven de veintidós años que tenía un contrato eventual con Correos, se dirigió a entregar una carta al número 23 de la calle de Juan de Olazábal, en la localidad guipuzcoana de Rentería. Allí residía el colaborador de ETA y militante de Herri Batasuna Ildefonso Salazar Uriarte. Eran las 14:25. Como la carta, más voluminosa de lo normal, no cabía en el buzón, José Antonio la dobló para introducirla, acción que activó el explosivo que llevaba dentro. La detonación mató al joven cartero y dejó un boquete sobre el buzón.[76] Según el sucesor de José Luis Corcuera en el Ministerio del Interior, su antecesor tenía responsabilidad en los envíos. ETA solía atentar con paquetes bomba, motivo por el que algunos, desde dentro de las estructuras de la lucha contraterrorista, pensaron en devolverles la moneda.

—Lo que pasa es que, claro —dice Manglano renqueante—, tienes que pasar por alto… Y, aunque te revuelva la conciencia, defender al Estado, defender la institución, pero es que… ¡joder!

—Estas son las cartas que enviaron ellos, y un cartero al doblar el paquete y al meter las cartas en el buzón dobladas, estalló y murió —afirma Asunción sobre el suceso de Rentería.

El exministro del Interior recuerda otros episodios de la guerra sucia contra el terrorismo:

—Me da mucha risa, pero yo tuve una compañera, que su madre murió, y decía que la habían secuestrado. Yo pensaba que estaba loca, ¡pero era verdad! Corcuera se arrepintió. La iban a matar y no la mataron.

—Ya.

—A uno de los hermanos de Cela Seoane, del GRAPO.

—Eso me lo han contado. ¿Sabes quién? Este, el pata negra.

—¿El agente ese?

—Nieto, exacto, que me lo he traído aquí, ¿sabes? —dice Manglano sobre Pedro Gómez Nieto, guardiacivil y agente del CESID de los «pata negra» de la lucha contra ETA en el País Vasco, colaborador de Galindo en Intxaurrondo y vinculado a los GAL.

—Pues ese lo sabe todo —responde Asunción.

—Todo, ese me lo ha contado todo. Me contó eso del Corcu, que estaba enterado del tema y en el momento en que se le llamó se vino atrás, ¿no?

76. https://elpais.com/diario/1989/09/21/espana/622332003_850215.html

—Pues escóndelo bien.

En la gestión de la crisis desatada por Amedo y Domínguez, el jefe del CESID cuenta a su invitado que esa misma mañana ha hablado con el líder de la oposición: «Mira, José María, te llamo por iniciativa propia para decirte que de verdad esto es un tema de Estado». El militar no quiere justificar los GAL, «que esta gente lo hizo muy mal», pero tiene la impresión de que «a la opinión pública le parece muy bien».

—Les da igual. De hecho, la opinión pública no está criticando a Amedo —refuerza el argumento el exministro del Interior.

—Exacto, pero esto puede afectar al estado de ánimo de guardiaciviles y policías, yo creo. ¿Tú crees que no?

—No, nada nada nada nada, porque ninguno de los detenidos eran líderes. Al contrario, estarán contentos muchos. Son unos mangantes y eso se sabe. No vamos a defender aquí y ahora al marino Sancristóbal, coño, que lo llevaba crudo… La gente eso lo sabe y estos se la sudan. No te quepa la menor duda.

Tranquilizado en este punto, Manglano pregunta a Asunción por cómo ve al juez del caso:

—Garzón está muy furioso —responde Asunción—. Coincidimos en Argentina Pascual Sala,[77] él y yo. Yo me fui a ver a Pascual Sala y, naturalmente, no fui a ver a Garzón, que estaba por allí en un programa de televisión. Él con esto, al margen de las consecuencias finales, de que se pueda desvendar como Nécora, le sirve como su jornada particular para lavarse los pecados que cometió con el PSOE, con el presidente del Gobierno. La debilidad de que lo llevaron al huerto con esto se lava. Ha mordido, ha dicho «soy capaz de morder también a estos». Y a partir de ahí volverá a ser el juez estrella de los narcos. Así su mensaje es que se marchó [del Gobierno] porque había debilidad contra la corrupción, y más o menos lo arropan. Porque él tiene el proyecto de rendir gente, que es lo suyo. Le importa un huevo lo de los demás porque no tiene sentido colectivo.

—No tiene ninguno.

—Los independientes normalmente no tienen sentido colectivo, y este no tiene ninguno, va a la suya. Tuvo la desgracia de que Felipe Gon-

---

77. El magistrado Pascual Sala, bien relacionado con el PSOE, era en ese momento presidente del Tribunal Supremo. Más adelante, entre 2011 y 2013, presidirá el Tribunal Constitucional.

zález fue más seductor, lo llevó al huerto, le echó el polvo y le dijo ahora te vas a la mierda. Y claro, ahora el tío está como joven despechada.

—Y no se lo perdona.

—No, coño, ¡cómo se lo va a perdonar! Yo a Garzón no lo veía, pero me preguntó y le dije: «¿A ti el presidente te besó o te marchaste?» —relata Asunción antes de soltar una carcajada por el paralelismo con el beso mortal de los capos de la mafia—. No se lo dije como una maldad mía, pero no contesté lo que su ego hubiera querido. Garzón, su esquema, es así: «Yo di la cara en la campaña y otros no la dieron sino cuando ya iban a caballo ganador y tienen dos...».

—Se refiere al...

—Hombre, al actual —aclara Asunción en referencia a Juan Alberto Belloch y sus dos ministerios, como ya había apuntado antes.

—Que se tienen odio, ¿o no? —inquiere Manglano.

—Odio africano, terrible. Ya se lo tenían...

—Pero las circunstancias no han hecho sino agravarlo. Y Garzón, ¿con Margarita tiene relación? —pregunta Manglano sobre Margarita Robles, la secretaria de Estado de Interior en el superministerio de Belloch.

—No —responde el exministro.

—Porque Margarita es la antítesis de Garzón, es un ser íntegro, limpio...

—Margarita no tiene nada que ver con Garzón, nada que ver... Aparte que es una mujer muy vinculada a Belloch, y Garzón la ve como una extensión de Belloch, no la ve como Margarita Robles. Es una de las chicas de Belloch... Él tiene algún punto accesible. Uno es [la periodista] Pilar Cernuda. Pilar sí tiene buen *feeling* con él, pero lo malo es que a ella no se le puede encargar nada.

—Yo la conozco hace muchos años. Siempre le digo: «Tú eres lo más honesto que hay» [en la profesión periodística], pero no pasa de ahí. Es un encanto de persona.

Manglano le pregunta a Asunción por posibles «vulnerabilidades» de Baltasar Garzón, pero el exministro responde que «las cuatro cosas que hay son cuatro chorradas, de la Renta, esas cosas», y ya las sabe Felipe «porque se las resolvieron en el PSOE». En cuanto al hecho de que retomara el sumario de Segundo Marey nada más salir del Gobierno, ambos interlocutores consideran que muy poco se puede hacer. El exministro del Interior insiste en que apenas hay nada contra el juez de la Audiencia Nacional y vuelve a negar que Baltasar Garzón percibiera un sobresueldo, mensual y opaco, con cargo a los fondos reservados, al contrario que otros magistrados:

—Después están las cosas que Rafael Vera va soltando por ahí y a su vez Corcuera las suelta y el nuevo [Belloch] suele repetir lo que le cuentan sin más..., pero es mentira. Yo tengo la lista de la gente a la que pagaba Rafael Vera.

—¿Qué pagaba? —pregunta con gran interés el director del CESID en cuanto Asunción pone sobre la mesa los pagos del Ministerio del Interior.

—Pagaba de fondos reservados, y la tengo tan buena, la lista, tan buena está hecha a mano por Juan de Justo [el secretario de Vera]. Mira si es burro Juan de Justo... Imagínate cómo son de chapuzas. Además, tengo tres ejemplares, porque le dije: «Oye, que la he perdido otra vez» —cuenta Asunción al tiempo que suelta una risotada.

—O sea, que lo tienes superclaro —interpela Manglano con un lenguaje muy coloquial, entre preguntando y afirmando para que su interlocutor dé más detalles.

—Sé quiénes cobraban, y Garzón no cobraba. Otro sí, y no ese dinero, mucho menos dinero, unas 200 y pico mil pesetas [mensuales], varios jueces. Vera decía que era para compensar lo que hacían, las conferencias, pero claro, el dinero es negro.

Tras revelar algo tan grave como que haya jueces en nómina de los fondos reservados, ambos cargan contra Rafael Vera, del que dicen incluso que es «un ser despreciable» al que no se le debe «ningún respeto». No ponen en el mismo plano a los exministros del Interior José Barrionuevo y José Luis Corcuera, pero también los critican con dureza, especialmente a este último:

—Corcuera es un desastre —sostiene su compañero de partido y sucesor como ministro, Antoni Asunción.

—Bueno, es un desastre —coincide Manglano— porque es un hombre que carece de entidad, no tiene más...

—Es un tirado, y después no es tan ingenuo ni bonachón como hace creer. Te contaré una anécdota que también se la conté al presidente del Gobierno. Cuando yo fui nombrado, él quiso que yo creyera que era su propuesta, y eso era una mentira. A mí me lo contó Rosa Conde, que es la que más liga con el presidente, más que su mujer y más que Narcís, claro. Bueno, a lo que iba, me llevó a comer a su casa y ya amigos de toda la vida, que si el partido, la UGT y tal. Entonces empieza a venderme la cabra de que él tiene que cambiar de casa… Me dice «ya tengo el Libretón,[78] tengo diez millones de pesetas ahorrados, tengo no sé qué…», y empieza a hacerme unas cuentas que a mí no me interesan para nada. Después me entero, porque me lo cuenta Roldán, que en la urbanización de Las Lomas[79] tiene una parcela de tanto tiempo y se está construyendo un chalé y *El Mundo* se lo pilla, pero no tienen papeles [para demostrarlo], y entonces el testaferro prefiere pagar fuertes sumas en metálico, que no fue Eduardo Santos.[80] Cojo a Corcuera, lo llamo a mi despacho y le digo: «Mira, me han dicho y me he enterado por *El Mundo* de esto, del chalé, que si tiene columnas, que lo has visitado unas cuantas veces durante el último año, que vas una vez a la semana a verlo, que has pagado en metálico, que no sé qué, que no sé cuánto…». Le dije todo lo que sé, para que se proteja. Me dio las gracias acaloradamente y se marchó.

—Se marchó avergonzado, ¿no?

—Claro. Me debe odiar con intensidad, porque sé unas cuantas de sus bajezas.

—Él ha conseguido mantener esa imagen de hombre violento pero sencillo y honrado. Lo que pasa es, no sé quién me lo decía el otro día, me parece que Narcís, que lo encuentra muy deprimido —sostiene Manglano antes de preguntar por cómo lo está llevando el Grupo Parlamentario.

—Están muy jodidos y desmoralizados —responde Asunción—, y Alfonso [Guerra], que es el rey de las cloacas, ha intentado sacar su rentabilidad de esto, mostrando adhesiones y solidaridad, pero en una de estas lo van a pillar porque…

—Se le nota demasiado —interrumpe Manglano.

—¡Joder! Aparte de eso, llama a Urralburu[81] para solidarizarse con él y por poco lo graban porque el teléfono estaba intervenido. Imagínate el día que se destape lo de Urralburu, hablando con el vicepresidente del Gobierno, que tampoco se enteraba, ¿no? ¡Hombre! Y esa es otra, a ver si te enteras de qué novia tiene ahora.

—Una nueva, ¿no?

78. Una popular cuenta de ahorros del BBVA.

79. Una elitista zona residencial situada en Boadilla del Monte (Madrid).

80. Subsecretario de Estado del Ministerio de Industria y consejero delegado de la sociedad Macosa.

81. Gabriel Urralburu, expresidente de Navarra, señalado por su presunta implicación en los GAL.

—No sé quién es y no lo tengo contrastado, así que ponlo a remojo. Me ha llegado por vía Ferraz, que ya le ha comprado un piso a la nueva y que lo ha pagado Benegas.

—Pero bueno, joder, joder —se escandaliza Manglano ante la posibilidad de que se haya usado dinero del partido para ponerle un piso a la nueva novia de Alfonso Guerra.

—Me lo ha contado Císcar —confiesa Asunción, refiriéndose a Cipriá Císcar, que en marzo ha sustituido a Txiki Benegas como secretario de Organización del PSOE.

Manglano se deshace en elogios a Narcís Serra, que «es tímido y tiene una dicción poco afortunada que lo incapacita para los mítines», pero «es honesto, trabajador, sensato, una pena que no tenga imagen». Seguido, pregunta por Alfredo Pérez Rubalcaba, ministro de la Presidencia, pues el jefe de la inteligencia española está pulsando los nombres del Partido Socialista para estudiar quién puede ser el sucesor del muy desgastado Felipe González. Narcís no sirve, por esas carencias mitineras que antes mencionaba, entre otras razones, pero el político catalán es el baremo con el que comparar al resto. En cuanto a Belloch, «no conoce el PSOE, se le escapa el partido —asevera Asunción— e intenta poner velas en todos los altares y eso es muy complicado. Es un hombre muy inteligente que tiene muchísimas cualidades, pero creo que no está midiendo el terreno del partido».

Saber quién lidera la carrera de la sucesión es vital, puesto que la realidad aún no ha desmentido lo que prácticamente todos en el PSOE creen que sucederá: que el presidente del Gobierno no concurriría a los siguientes comicios. En palabras de Manglano, están ante «el problema del delfinato». Ambos están tan convencidos como equivocados de que el rival de Aznar en las próximas elecciones generales no será el presidente del Gobierno. «Hombre, eso es evidente», incide Asunción. Manglano pregunta, confuso, por Javier Solana, que parece postularse, pero Asunción se presta a situarlo:

—Corcuera es el que ha pasado la consigna a todos los fieles de que hay que apoyar al ministro Belloch, que hay que pasarse al malvado. Belloch le da a la campana de vez en cuando y, por ejemplo, con los gobernadores está dando cancha, nombrando gobernadores guerristas y de Corcuera. El que ha nombrado en Segovia, por ejemplo, es un íntimo de Corcuera que estaba en Soria. Es de la UGT. Un buen tío, ¿eh?, pero sin ninguna formación, un bruto.

Asunción valora que «esto es como los bautizos, que por una pela-
dilla se dan de hostias».

—¿Sabes qué pasa? —interviene Manglano—. Incluso a mí hay
gente, ese empresario español de bien que no tiene grandes compromisos ideológicos, que su único compromiso es que esto funcione bien, me
dice que ve el desgaste del poder y que todos estos problemas se tienen
que pagar, que tiene que haber cambio, alternativa, pero muchos me
dicen que no inspira ninguna confianza la alternativa de Aznar.

—Aquí el problema es global. Después de tantos años de desgaste, el
presidente está quemado, pero para combatir a Aznar no se debe mirar
a Aznar, porque para cerrar la alternativa a Aznar, dentro de un partido
que está en el poder, no tengo ocho, tengo como quince candidatos que
le dan sopas con honda. Solo tienes que sacarlos, pero Felipe no quiere. Hay que ser muy consciente de que está muy quemado, muy tocado, pero no quiere aceptarlo. Pero, insisto, dentro del partido hay como
quince. Hasta Ibarra, ¡coño!

—Hasta Ibarra se lo come [a Aznar] —aprueba Manglano.

—¡Hasta el bellotero! —insiste Asunción sobre el presidente extre-
meño con un tono condescendiente—. Tienes presidentes de autonomías
muy sólidos, muy cuajados y sin nada que reprocharles.

—Tomamos café, ¿verdad? ¿Has comido bien o no? —pregunta cortés el anfitrión.

—Maravillosamente, hombre —responde el exministro agradecido
antes de retomar el asunto—. Lerma,[82] un bellotero, un Bono...,[83] ¡lo
trituran! Y son capaces de ascender y de hacerlo con el respaldo de González, no contra González. Por eso yo no lo veo tan negro. Lo que pasa es
que González debería empezar ya a actuar así, en vez de estar enrocado.
Por eso digo que Belloch se equivoca, porque el primero que le va a dar
la patada es él, y estos gilipollas no se dan cuenta de que le van a dar una
patada... Joder, a Bono, que tiene más capacidad de seducción que Aznar,
lo metes una semana en televisión y, con lo marrulla que es, llega mucho
más que este tío. Tiene cuajo político, y Lerma, que es amigo mío, igual.
Es muy mediocre, pero ha aprendido mucho. O el mismo Chaves,[84] que
desde que no está aquí se le ve más crecido. Hay cantidad de gente...

82. Joan Lerma, *president* de la Generalitat Valenciana (1982-1995).

83. José Bono, presidente de Castilla-La Mancha (1983-2004).

84. En 1990 Manuel Chaves había cambiado el Ministerio de Trabajo y Asuntos
Sociales por la presidencia de la Junta de Andalucía.

—Y eso hay que plantearlo como tú dices.

—Después de las elecciones municipales.

—¿Tú crees que esto se aguanta, lo de los GAL?

—Sí. Yo no quemaría ninguna nave por esto. Joder, pues no ha habido cosas peores en la opinión pública... Lo peor que está pasando es la corrupción. Que maten a etarras a la gente se la suda. Lo que pasa es que no es presentable.

—Decirte esto a ti es... —asevera Manglano sin encontrar el calificativo—, pero los temas más gordos que ha habido han sido Roldán y Rubio.

—Roldán más que Rubio. A nivel popular es más conocido Roldán que Rubio.

—A nivel extranjero ha hecho más daño Rubio —interviene el director del CESID, que lo comprobó con un ministro alemán.

—Popularmente no —asegura Asunción.

—Popularmente no —reafirma el jefe de los espías—, porque el tema de Roldán tiene mucho morbo, ¿no?

—La gente no sabe qué es el Banco de España.

—Yo creo que se aguanta, pero noto muchos nervios, coño. Hay mucho acojonamiento.

—Porque hay poco cuajo ahí. Hay que tener cuajo, el presidente, Narcís, Belloch...

—Y para de contar.

—Tienen lo que quieren tener, que tampoco se quejen —afirma Asunción.

—No sé... Hay algunos que parece que están en estado de orfandad absoluta.

El jefe de la inteligencia del Estado debe controlar el relevo en la Moncloa, que Felipe debe dar, según Asunción, «con brillantez», con reconocimiento. Pero ni Asunción ni Manglano se fían de Aznar, que «es muy mezquino», y ni siquiera Anson, «que se lo intenta trabajar, no lo consigue, porque es un mediocre y los mediocres son terribles, no hay generosidad en los mediocres». Ambos elogian a Luis María Anson, «lúcido y comprometido con los temas de Estado». El almuerzo va llegando a su fin, pero el director del CESID busca alargar una conversación más que productiva.

—¿Puros? —ofrece Manglano.

—¿Puros? No..., no fumo, gracias —declina cortésmente Asunción, que no quiere perder el hilo de las últimas confidencias, estas sobre Margarita Robles—. Una persona que toda su vida se ha dedicado a eso y le gusta, ¿cómo va a renunciar?

—Y luego además es una mujer muy coherente. ¿Una copa o no?

—¿Agua con gas tiene? —pregunta Asunción al camarero.

—Sí, señor —responde este.

—Políticamente muy verde —observa el exministro sobre Robles.

—¿Y se casa o no? —inquiere Manglano.

—Que yo sepa no… Que yo sepa, nadie la quiere —responde Asunción con cierta maldad.

—Yo le digo a Julio: «Tenemos que casar a Margarita». Y él me dice: «Hombre, director, qué cosas me dices…». Bueno, es una anécdota, ¿no? —Ambos ríen—. Pero sí, es una relación muy curiosa la que hay entre Belloch y ella.

—A ella le miente como un bellaco, y Margarita es consciente.

—Él es una persona muy…

—Muy complicada —completa Asunción—. Lo que no puede ser es tener cincuenta compartimentos y a cada uno decirle lo que quiera oír, porque eso acaba mal siempre.

El exministro relata que Robles tiene que prescindir del director de la Guardia Civil, Ferran Cardenal, con el que no tiene sintonía:

—Chico, yo me hice a la idea. Lo llamaba y le decía tráeme a fulano, tráeme a mengano… De chico de los recados. Y yo se lo decía a Margarita, mira, úsalo como chico de los recados. Lo que pasa es que él es muy repavo y ella está más entregada a la Policía, y creo que le enredan bastante… Ella le tiene afecto, y no lo cesó la otra vez porque no tiene ganas de echar a nadie y porque cuando les ha visto la cara no los cesa, le ha pasado con uno que quieren que cese ella. Eso es como cuando vas a matar a alguien, si le ves la cara… Ella les ha visto la cara y ya no los mata, porque no es tan dura como dicen ni nada de eso. Ella se refugia en la toga, sin mirar a la cara. Cuando mira a la cara, la jodemos, y a Ferran ya le ha visto la cara, con lo cual no lo cesará.

La conversación no se agota. Vuelven a Colombia, donde el exministro acaba de estar y donde Manglano planea enviar a algunos hombres para hacer inteligencia contra el tráfico de drogas, los cargamentos de cocaína que entran en Europa por los puertos españoles. El exministro del Interior le dice que desconfíe del embajador, que es «un hombre de Vera»:

—Tú tienes que tener tus propias redes. La gente que envíes allí tiene que ser gente cuajada, formada, con retranca para saber bailarle el agua al embajador y que te cuenten a ti lo que te interesa. El cártel de Cali opera a sus anchas.

Un año y veinte días antes de esta charla, Pablo Emilio Escobar Gaviria, el gran narco colombiano, fue abatido mientras huía por unos tejados de Medellín. El Bloque de Búsqueda, cuyos miembros posaron sonrientes junto al cadáver como si fuera un jabalí, sangrante y con su gran barriga al aire, dio con él, pero lo hizo gracias al acoso al que los Pepes —miembros del grupo paramilitar denominado Perseguidos por Pablo Escobar— habían sometido al líder del ya debilitado cártel de Medellín. Entre ellos estaban los hermanos Gilberto y Miguel Rodríguez Orejuela, jefes del cártel de Cali, organización criminal que se había hecho con la mayor parte de la exportación de cocaína desde Colombia. Muerto el criminal Escobar, que se consideraba «el segundo hombre más importante del mundo después del papa Juan Pablo II», poco se interponía entre los Rodríguez Orejuela y su monopolio. Aunque formalmente distintos, estos narcos usaban métodos similares a Escobar: plata o plomo.

—Allí es donde se genera todo —continúa Asunción—. ¿Qué ocurre? Que aquella Policía es tan corrupta que es la hostia. Así que a mí se me ocurre que más que número [de agentes] es calidad lo que necesitas allí para realmente engancharte en temas policiales. Ahora tienes un coronel y la semana que viene, en enero, viene un general de allí. Yo creo que esa labor de captación es muy fácil y muy productiva. Necesitas gente con cobertura, de agregado cultural o lo que sea, para que no te los machaquen, porque como el cártel de Cali lo detecte…

—Si se entera, se lo cargan —completa el jefe del CESID.

—Es fundamental si quieres trabajar bien el tema. Colombia sigue siendo el país productor número uno, el cártel de Cali sigue sin tocar, Medellín se desmontó, Escobar, pero esos se reproducen como… Allí hay tantísimo dinero y están todos tan tocados… Todos ponen el codo.

De forma repentina, sin transición alguna más allá de un adverbio, el político valenciano suelta una información que hace tambalearse al general Manglano:

—Después, en el sumario de Roldán aparecen uno o dos talones para la Casa Real, de fondos reservados. Ahí hay que hacer una operación de aliño fino.

—Vamos a ver. ¿Uno o dos talones para la Casa Real? O sea, ¿nominales a la Casa Real? —pregunta Manglano perplejo.

—Apunta eso —responde socarrón el exministro del Interior.

—Joder, siempre me das algún disgusto —replica el director del Centro Superior de Información de la Defensa.

—Hombre, me la juego, pero vamos a ver... Margarita estuvo cenando con la jueza[85] el jueves. Eso es...

—Secreto.

—Hombre, Emilio...

—Es lógico.

—Entonces, ellas son amigas y le estuvo contando. Primero le dijo que cuando se escapó Roldán no tenía nada contra él, no lo tenía enganchado. También que el juez suizo no le daba nada, que cree que se lo daba a Garzón. Lo de Roldán, el juez suizo se lo pasaba por la pata. Pero, joder, a ver cómo usas esto, porque Belloch no se puede enterar.

—Visto, hombre —lo tranquiliza Manglano—. Entonces el dato es que hay dos...

—Uno o dos talones. Vamos a ver, yo te cuento. Hay unas cantidades que he librado mensuales. Yo lo libraba contra el Ministerio del Interior, con lo cual lo cobraba un coronel con toda la pompa, pero he librado alguno que han ido a cobrar al Banco de España y que iban contra la Casa Real, con lo cual, a la fuerza los tiene. En cuanto la jueza Ferrer lo ha pedido, el Banco de España, ni más ni menos, se lo ha enviado todo. No debería haberlo enviado, pero lo ha hecho. Hay unos talones de 150 millones de pesetas que el otro día, en la reunión esa que hubo, levantaron grandes gritos de Corcuera. Roldán los ha endosado en sus cuentas, unos de 50 millones, otros de 30.[86]

»Esto es lo que a mí me preocupaba. Esto es probable que Margarita se lo haya comentado a alguien de la Casa Real, porque estaban muy mosqueados ya en la Casa Real de que ahora Margarita les pagaba en efectivo y aquellos se molestaban. Ella tuvo que llamar a Masa o a alguien para decirle que [las entregas] no son problema, si no que [se hace así] para que no deje rastro. En todo caso, el rastro está dejado en el su-

---

85. Ana Ferrer, titular del Juzgado de Instrucción número 16 de Madrid, llevaba la causa por corrupción del exdirector general de la Guardia Civil.

86. Se entiende que esas partidas de fondos reservados del Ministerio del Interior las contabilizó Roldán como director general del Guardia Civil. De ahí que aparecieran cuando la jueza solicitó los fondos reservados que manejaba Roldán.

mario, hombre. Eso es una cantada fea, ¿qué se puede hacer aquí? —se pregunta preocupado Asunción por las entregas de fondos reservados a la Casa del Rey durante su etapa como ministro del Interior, antes de que Belloch y Margarita Robles pasaran a hacerlo en metálico—. Habría que manejar a los fiscales, y yo creo que Belloch no está en condiciones de manejar ahora a ningún fiscal. ¿Que cómo se organiza eso? No sé. Háblalo con Serra y, si quiere algo, él dirá, pero, como es materia clasificada, los fondos reservados se hace una separata como ha hecho [el fiscal] José María Mena con lo vuestro, para que en el momento en que se haga público el sumario...

—No aparezca —completa Manglano.

—Y que solamente [aparezca] aquello que afecte a Roldán, es lógico que sea así.

—La jueza está en buena actitud.

—La jueza es muy jodida, porque le puede entrar esta [Robles], que son amigas, y ha ido a ver a la niña, las cosas del bautizo y cosas de esas...

—Pero nada más.

—Nada más, porque ahí está Perfecto Andrés,[87] la del Molino, y cómo se podía entrar ahí, porque ya lo tienen por escrito, claro. Y mucho tacto con esto —pide Asunción—. Yo no se lo he comentado a Serra, pero te lo cuento a ti y eso es como si se lo contara a él. Punto. Belloch yo creo que lo sabrá por Margarita, supongo, porque si me lo ha contado a mí, se lo habrá contado a él. Lo que quiere decir que no se lo puedes contar a él, ni tú ni Serra.

—Y la Casa Real ¿supones que lo sabrá, no? —pregunta el director del CESID, a quien la copa y el puro deben estar sabiéndole a poco.

—Supongo que ya lo sabrán. Lo que pasa es que ahí son un poco cuadrados, y a mí me preocupa este tema.

—¿Y este sumario dónde está?

—Pues ahora si tiene fondos reservados lo engancha esta, aunque pretende ir a la malversación, a las comisiones, a Sancristóbal y nada más. Tendrá que adaptarse al secreto de sumario y ya.

—El sumario está ya dado de sí.

—Por eso... Ya no puedes estirarlo más, pero es que es muy lenta la hija...

87. El magistrado Perfecto Andrés Ibáñez presidía la Sección 15 de la Audiencia Provincial de Madrid, que iba a examinar los recursos sobre la instrucción del caso Roldán.

—Pero no es malo eso.

—Pero es que un día u otro pasará, y si lo levanta en mayo ahí sí que nos joden vivos —expresa su temor Asunción sobre la posibilidad de que el sumario del caso Roldán cayera en plena campaña de las elecciones autonómicas y municipales, que se celebraban el 28 de mayo de 1995.

—Estas cosas son muy complicadas y esta jueza es muy responsable. Estoy encantado de que haya dado a luz y todas esas cosas. El día que levante esto se monta otro cirio por el tema Roldán…

—Titulares.

—Y además el informe de *El Mundo*, más o menos son temas ya del sumario. ¿Ha tenido la gente acceso al sumario?

—No, yo he tenido un resumen de la Policía, pero vamos, muchos son unos bandarras que han estado haciendo… Están ahora de chismes con Paesa. Los ha engañado Paesa y se ha quedado con el dinero.

—¿Los ha engañado Paesa?

—Les ha sacado 1500 kilos —dice tajante Asunción en referencia a 1500 millones de pesetas que el controvertido personaje habría conseguido del Ministerio del Interior.

—¡Caray! Y no se meten con Paesa, ¿no? ¿Está colaborando?

—No está colaborando con la Policía, está colaborando con quedarse el dinero.

—Engañándoles.

—¡Nos ha jodido! A estas alturas Paesa… Ahora les va a entregar ese a Roldán, ¡una mierda! Es que son ingenuos…

—Pues es, claro, lo que dices. Margarita habla con esta y tal… Se lo habrá dicho. Esto hay que manejarlo por otro lado.

—Ojo —advierte Asunción—. Narcís se lo cuenta a aquel, así que ojo tú con lo que haces con eso.

—No, yo se lo digo, claro, que no se lo cuente a nadie.

—Que él después mete un par de pifiadas de esas… Oye, tal, y se lo ha contado al otro [a Belloch], y después aquella [Robles] no me contará nada, claro.

—¿Quieres más agua? —ofrece el anfitrión.

—No no —responde el invitado.

—Hombre, si pidieras otra cosa… —bromea Manglano—. Antonio, ¿quiere traer más agua? —le pide al camarero del CESID.

—Pero es que además Narcís tiene esa debilidad, es tan leal, tan leal que te deja con el culo al aire alguna vez. Adviérteselo.

—Hay que manejarlo… Hay que proteger que Margarita siga hablando con esta persona —dice Manglano, refiriéndose a la jueza instructora del caso Roldán.

—Pero además de quedar con ella, que no lo cuente, porque si no seguirá contándolo ella, pero yo no me enteraré y tú tampoco te enterarás.

—Claro, porque la única forma de enterarse es la que acabas de decir, entre mujeres que son…, y ya está…

—Y hablando de niños… —comenta Antoni Asunción.

—Hablando de niños y de pronto, tal, no sé qué, están como dos profesionales y, oye, fíjate en este tema —dice Manglano sobre la forma más discreta que tiene Margarita Robles de sonsacar información a la jueza del caso Roldán.

—Aparte ha dicho que no se fía de la Policía, que todo el zascandil que se lleva con Paesa querían que ella lo legalizara —sostiene Asunción sobre los tratos turbios que la Policía o Interior tenían con Francisco Paesa relativos a la entrega de Luis Roldán—, y ha dicho que no, y después el tema no sirva para nada. Si es que tienen algo, porque la jueza no sabe todavía que el dinero que ella cree que lo tenía bloqueado, ya se han apañado para desbloquearlo y la jueza y ella no se han enterado. Cuando se entere, se va a poner buena…

Antoni Asunción está relatando cómo altos cargos de Interior a los que no identifica han desbloqueado, en connivencia con Paesa, fondos sustraídos por Luis Roldán y que la jueza de instrucción creía tener embargados.

El jefe del CESID y el exministro del Interior continúan su charla comentando que Margarita Robles tiene más trato con policías —y se rodea de ellos— que con guardiaciviles, al tiempo que Manglano pone sobre la mesa el machismo del que ha podido ser víctima. Asunción lo corrige, pues ella misma le dijo que no la discriminaban por ser mujer, sino «por ser jueza». Al final, estudian cómo arreglar el asunto de los fondos reservados de Interior entregados a la Casa del Rey, tanto por Asunción como por Robles.

—Yo un día voy a hablarlo con el rey indirectamente —anuncia Manglano—, sin decirle el dato, y luego a ver si puedo hablar con Almansa. El problema de la Casa Real es que actualmente son unos pichones.

—Yo es que ya no estoy ahí… —se disculpa el exministro del Interior.

—Hay que buscar un procedimiento, como tú dices, para bloquear este tema.

—Lo lógico es que todo lo que concierne a Roldán se entregue, pero lo que concierne a los fondos reservados que no afecte a Roldán, mutis —opina Asunción para ocultar las entregas opacas a la Casa del Rey—. O sea, que el Banco de España no tenía que haber entregado nada, joder. Dos tíos han vulnerado la ley de secretos... —insiste soliviantado y, a la par, preocupado por los pagos de su etapa que ya están en poder de la jueza.

Tras apurar las últimas palabras, Antoni Asunción se levanta de la mesa:

—Bueno, me voy.

—Me ha alegrado mucho verte —lo despide Emilio Alonso Manglano.

No conformes con esta extraordinaria conversación, a principios de año, el 19 de enero de 1995, los mismos personajes la complementan con un nuevo capítulo. Antoni Asunción vuelve a charlar con Manglano para insistirle en la receta que podría neutralizar a uno de los grandes enemigos del Gobierno de Felipe González, el titular del Juzgado Central de Instrucción número 5 de la Audiencia Nacional:

—La única forma de afectar a Garzón —sostiene el exministro del Interior— es cuando él habla con Míchel Domínguez, el 30 de abril del año pasado. Conoce supuestamente el delito y no lo sustancia. Por lo tanto, ha cometido prevaricación. La otra forma es forzar a levantar el secreto de sumario [de los GAL]. Los abogados encontrarán indicios de fallos en la instrucción y conseguirán que lo declaren nulo.

Asunción, opuesto frontalmente en ese momento al juez, como prácticamente todo el Partido Socialista, parece tener un momento de comprensión hacia el magistrado: «A Garzón lo humillaron, el presidente del Gobierno lo humilló», cuando le dio un cargo fantasma en el Gobierno tras usarlo en su campaña electoral de 1993, se entiende. Aunque su estrategia es «buena», no como la de Barrionuevo, que «es tonto»; quien tiene una perspectiva judicial, a manos de Garzón, muy oscura es Rafael Vera, algo que teme el político valenciano:

—A Vera lo cogen por malversación de fondos, el dinero que llevó Juan de Justo a Suiza. Vera lo sabe todo y puede cantar. Le daba dinero a dos jueces,[88] y también le daba dinero a Clemente Auger y a Eligio,

---

88. Manglano anota lo que parece un apellido de un juez, y el nombre y parte del apellido de una jueza, «Marisol», pero no ha sido posible asegurar las identidades, por lo que se obvian.

500.000 pesetas al mes. A la Casa Real le daba cinco millones cada mes en talones del Banco de España. Se le sigue dando...

Antoni Asunción ahonda en lo dicho el pasado 22 de diciembre. El político ha dirigido el Ministerio del Interior, por lo que algo sabe de los fondos reservados. Según esta enorme confesión, Rafael Vera había entregado sobresueldos opacos de medio millón de pesetas mensuales a jueces como Clemente Auger, entonces presidente de la Audiencia Nacional y antes del Tribunal Superior de Justicia de Madrid, es decir, un magistrado de extraordinaria relevancia. El nombre de Eligio coincide con el de Eligio Hernández, fiscal general del Estado entre 1992 y 1994, y antes delegado del Gobierno en Canarias, entre otros cargos designados por el Ejecutivo de Felipe González.

La entrega de fondos reservados a la Casa del Rey, que «se le siguen dando», también es delicada. ¿Para qué se utiliza ese dinero? ¿Dónde termina?

—Belloch pagó desde que yo me fui —continúa Asunción—. Aportó incluso a Amedo y Domínguez, y se lo contó a Melchor Miralles, porque Belloch filtra. Y *El Mundo* sacará lo de la Expo. Son unos chorizos y unos incompetentes.

Antes de despedirse, el exministro traslada una última impresión:

—El presidente del Gobierno miente. Narcís es honesto.

Emilio Alonso Manglano es consciente de la trascendencia de las confidencias que le ha regalado Asunción. Por eso dedicará tiempo a leer la conversación en la transcripción que pronto le entregará su equipo. Ayudado de un fluorescente amarillo, el jefe del CESID subraya las partes más sabrosas de una conversación que ofrece claves del funcionamiento interno del Gobierno desconocidas por el jefe de la inteligencia.

Los fondos reservados

2 de enero de 1995. Madrid. Calle del Príncipe de Vergara, número 84. Octavo piso, con vistas al barrio de Salamanca. Despacho del exministro José Barrionuevo:

—Emilio —arranca el extitular de Interior—, hay un guardiacivil que está medio loco, que incluso estuvo internado en un hospital, que podría contar algo por dinero.

Emilio Alonso Manglano se ha desplazado hasta el despacho de Barrionuevo, que fue ministro de 1982 a 1988.[89] El anfitrión quiere aprovechar la charla para defender a uno de sus excolaboradores, el exdirector de Seguridad del Estado y exgobernador civil de Vizcaya Julián Sancristóbal, que en las pasadas Navidades ha ingresado en la cárcel de Alcalá Meco. Allí comparte módulo con Mario Conde. Manglano memoriza confidencias relevantes que pueden leerse entre líneas:

—El patrimonio de Sancristóbal es posterior a su salida de Interior, a 1986. La cuenta que tiene en Suiza no tiene nada que ver con asuntos de Interior. Si le tocan esa cuenta, le harán daño, pero desde el punto de vista fiscal. Él hizo las transferencias para el informe Crillón por entender que hacía un favor. Mario Conde lo está presionando en la cárcel para que tire de la manta, que diga algo sobre el informe Crillón que favorezca al banquero. Sancristóbal le ha dicho que no hará nada, y Conde le cuenta cosas del rey, de Suárez y de otras personas...

Barrionuevo le ha revelado a Manglano que el informe Crillón se pagó desde Interior.[90] También ofrece detalles sobre las presiones de Mario Conde, que desde prisión parece estar dispuesto a condicionar la política española. El exministro pide clemencia para un subordinado que se encuentra en prisión:

—Julián no quiere que lo criminalicen. Está preocupado por los efectos que esto puede tener sobre sus hijos. Uno solo tiene dieciséis años. Se separó de su mujer, Yolanda, que está en Bilbao viviendo con un arquitecto. Luego está lo de las cuentas, porque han embargado todas las cuentas de los detenidos y de sus familias... Tienen que recibir apoyo por parte del Ministerio del Interior y del de Justicia. Como funcionarios de Policía, no pueden dejar de cobrar y atender a sus familiares. Hay que arroparlos. Hierro, Planchuelo...

En todo caso, Sancristóbal, acusado por el secuestro de Segundo Marey, no es el único que recibe presiones entre barrotes. El 14 de enero

89. Tres años después, José Barrionuevo será el primer exministro de la democracia que entra en prisión, condenado por el secuestro en Francia de Segundo Marey, un comercial, hijo de un socialista exiliado en 1936, al que confunden con un etarra, pero que nada tenía que ver con el terrorismo.

90. Unos meses después, el propio Sancristóbal aseguró que entregó a la agencia de detectives Kroll 67 millones de pesetas que le había dado Luis Roldán, entonces director general de la Guardia Civil, como pago por el informe Crillón, sobre las actividades del expresidente de Banesto Mario Conde. https://elpais.com/diario/1995/05/05/espana/799624818_850215.html

Manglano conversa con Luis María Anson, que le habla de uno de los padres de la Constitución.

—He hablado con Roca, hombre inteligente y flexible, por cierto. Tiene constancia de que el juez de Barcelona está presionando a Javier de la Rosa para que hable, condicionando la libertad provisional. Roca dice que sabe muchas cosas de Pujol y del rey. Emilio, deberías hablar con Roca.

La trastienda del poder se agrieta. Las costuras de los secretos más inconfesables están demasiado tensas. Manolo Prado y Colón de Carvajal ha cenado con Pedro J. Ramírez, que le ha planteado algunas preguntas incómodas, y el administrador de las cuentas del rey se lo traslada a Manglano el 16 de enero:

—Pedro J. me preguntó si el rey Fahd de Arabia Saudí le dio un crédito al rey que no pudo pagar y que lo negocié yo. Le he dicho que eso es falso. También me preguntó si De la Rosa era habitual de la Zarzuela. Falso. ¡Solo ha ido una vez con la familia! Y que si había habido una reunión de Mario Conde y Felipe González en mi finca. A esto no le contesté.

La relación del rey con la dinastía de los Saúd vuelve a figurar en los papeles de Manglano. Por otro lado, hay tensiones entre los hombres del entorno del rey. «Fernando Almansa es un gilipollas», espeta Manolo Prado.

Es un frenético comienzo de año, a la altura del final de 1994. El 26 de enero, jueves, Manglano acude al palacio de la Moncloa, donde lo espera José Enrique Serrano, su intermediario con Felipe González. Tras analizar las repercusiones políticas de la investigación de Baltasar Garzón sobre los GAL, el jefe de Gabinete del presidente del Gobierno describe al director del CESID una conversación que había mantenido con Luis María Anson y con Luis Reverter:

—Emilio, Anson dice que existe una conspiración de la que forman parte alrededor de setenta personas. Además de Mario Conde, hay cinco o seis jueces. Pertenecen a poderes económicos y sociales y manejan una hipótesis: el presidente del Gobierno vive en la mentira, en la mentira de los GAL, en la mentira de los jueces y en la mentira de los partidos. Anson insiste en que hay que reformar la Ley Electoral, la Justicia, y solucionar la financiación de los partidos.

Serrano, que cree que puede existir un dosier sobre el rey, comenta a Manglano que el diario *El País* acepta la teoría de la conspiración. El mismo día, y, seguramente, en el mismo lugar, Manglano mantiene un encuentro con el vicepresidente del Gobierno. A juzgar por las notas que toma, Narcís Serra da al jefe del CESID unos datos muy precisos. Entre «enero [del] 91» y «julio [del] 92» se produjeron una serie de «viajes a Suiza». ¿Quiénes iban? «Juan de Justo, Aníbal Machín, Rafael Yuste y Félix Hernando.» En Suiza, concretamente en la Unión de Bancos Suizos (UBS) de Ginebra hay dos cuentas corrientes consecutivas:

562618 KB. María Ángeles Acedo

562619 K6. Alicia Domínguez-Sánchez Carrión

¿Quiénes son? María Ángeles Acedo, la esposa de José Amedo. Y Alicia no se apellida Domínguez, sino Sánchez Carrión; Domínguez es su marido, Míchel Domínguez.

El vicepresidente del Gobierno acababa de ofrecer los detalles del caso de los maletines, los depósitos que altos cargos de Interior habían hecho en Suiza para comprar el silencio de los dos policías pertenecientes a los GAL, encarcelados en 1988. En las citadas cuentas se ingresaron alrededor de 200 millones de pesetas, que crecieron gracias a los intereses hasta casi 300.[91]

Al día siguiente, viernes 27 de enero, Manglano, que ha sido convocado con cuarenta y ocho horas de antelación, es recibido en audiencia en la Zarzuela a las 12 del mediodía, unas horas antes de que el monarca reciba a Adolfo Suárez, citado para la tarde.

—El Gobierno está acobardado. Le tengo cariño a Felipe González. Con Aznar no se entiende, no se entienden, y tendrán que hablar… Estoy de acuerdo contigo, Emilio, en que Felipe tiene que aguantar, no dimitir, y no convocar elecciones. Como él no va a presentarse a las siguientes, puede jugar fuerte. Lo que tiene que hacer el presidente del Gobierno, en la moción de confianza o en el debate del Estado de la Nación, lo que haya, es hablar de otros temas y despertar ilusión. Az-

---

91. Tendrían que transcurrir más de doce años, hasta finales de 2007, para que la Audiencia Provincial de Madrid condenara por estos hechos a Rafael Vera y a su secretario, el citado Juan de Justo, y absolviera al coronel de la Guardia Civil Félix Hernando, que en el momento del juicio estaba al frente de la unidad de élite de la Benemérita, la UCO, y al policía Aníbal Machín, que había fallecido. Rafael Yuste, secretario del director general de la Guardia Civil no fue juzgado, por desconocer el motivo del viaje.

nar dice que tiene al Gobierno contra las cuerdas y que si no ceja en la presión puede recuperar votos. Aznar —dice el rey, dando por hecho que será el próximo presidente— debería hacer pactos con los catalanes, que están enfadados con él. No gustó nada en la entrevista que mantuvo con los empresarios catalanes, y tampoco quiso visitar a Pujol en la Generalitat. Yo me entrevisté con él y con Rodrigo Rato en Baqueira, y le dije lo de los catalanes. Además, no creo que Aznar tenga programa económico. Algunos empresarios me han dicho que la situación es mala, pero que tampoco se fían de Aznar, de su programa...

—Majestad, me han dicho que Fernando Almansa es proclive al PP —interrumpe Manglano sin revelar que su fuente es Antoni Asunción.

—Me extraña, la verdad, pero hablaré con él —responde el rey—. Por cierto, Aznar quiere visitar a militares. Se lo he contado al ministro de Defensa y al JEMAD. Felipe González dice que podrían abuchearle.

—Sería mejor que Aznar trate con los militares profesionales que con el grupo de militares que rodean al PP.

—Hablando de militares, a Felipe González no se le ha concedido ninguna condecoración militar y yo creo que se la merece.

La audiencia, que se prolonga hasta pasadas las dos de la tarde, muestra sin tapujos la cercanía del rey al felipismo:

—Llamé a Rafael Vera por teléfono para enviarle un abrazo. A Garzón hay que cogerle por temas judiciales —dice el monarca sobre algo a lo que ya se le había dado varias vueltas, cómo neutralizar al juez de la Audiencia Nacional que investigaba los GAL y los fondos reservados.

A lo largo de la conversación el rey se muestra partidario de que hubieran dado «el indulto a A. y D.», quienes podrían ser los policías Amedo y Domínguez, condenados por su participación en los GAL: «Se les debió dar el indulto hace tiempo. Así nos hubiéramos evitado muchas cosas. Debió hacerlo el presidente del Gobierno. Ardanza[92] dijo que sí ¡y que también indulten a gente de ETA!», asevera el rey.

Manglano aprovecha la audiencia para hablar de lo que le había apuntado Manolo Prado sobre el rey Fahd, ante lo que don Juan Carlos responde que «no le he dicho nada al presidente del Gobierno». «Le hablo de Kuwait», escribe el jefe de CESID.

En 1995, los dos grandes baches que tiene el Gobierno en el camino son los GAL y las distintas tramas de corrupción económica. Pese

---

92. José Antonio Ardanza, *lehendakari* desde 1985 hasta 1999.

a la extraordinaria relevancia del terrorismo de Estado, un asunto de la máxima gravedad, quizás electoralmente tenga más influencia la corrupción. Como el exministro Asunción le aseguró a Manglano, hay ciudadanos que entienden y hasta comparten que si ETA asesina a españoles, el Estado está legitimado para matar a los terroristas: el «he disparado yo» con el que Margaret Thatcher zanjó en el Parlamento británico la muerte de tres terroristas del IRA abatidos por un comando de élite del SAS (Special Air Service) en Gibraltar en 1988. De hecho, en no pocas ocasiones se ha criticado más la forma chapucera de organizar los GAL que el hecho en sí. Lo que el ciudadano / votante no puede soportar es que desde el Gobierno se meta la mano en la caja, como hicieron Roldán y tantos otros.

Perote: el error de Manglano

Si todo el mundo ha cometido un gran error en su vida, el de Emilio Alonso Manglano fue nombrar al coronel Perote. Al frente de la Agrupación de Operaciones y Misiones Especiales (AOME) del CESID, Juan Alberto Perote fue de facto el número dos del Centro. De él dependió el gabinete de escuchas. Allí se vulneró la ley y allí surgió el principio del fin de Manglano en el CESID. Él, que desde su llegada al Centro apostó por incorporar a civiles, confió ciegamente en Perote por su condición de militar.

Cuando fue expulsado del CESID, en 1991, tras una serie de rivalidades internas, el hasta entonces jefe del gabinete de escuchas decidió llevarse documentación. Lo hizo, según dijo a su entorno, para poder defenderse y evitar ser el chivo expiatorio de una actividad ilícita llevada a cabo en el CESID: escuchas ilegales. Desde el Centro la perspectiva es otra: Perote fue el responsable de esas grabaciones ilegales —o de no haberlas destruido después de escucharlas— y, no conforme con eso, decidió sustraer una información clasificada.

Todo estalla en 1995. El 27 de febrero *El Mundo* publica que el Centro había espiado a un expresidente del Gobierno: «El CESID grabó con micrófonos ocultos a Suárez mientras hablaba sobre ETA». El diario que dirige Pedro J. Ramírez sostiene, gracias a la documentación sustraída por Perote, que la grabación se produjo en 1978, durante una visita que Suárez realizó al centro de inteligencia en las dependencias de la calle del Cardenal Herrera Oria, en el distrito madrileño de Fuencarral-El Pardo, junto a su vicepresidente, Gutiérrez Mellado.

Ante tal escándalo, Manglano ordena emitir una nota de cinco puntos. Como él no estaba en el CESID en esa época, sostiene lo siguiente: «El actual director del CESID no ha tenido conocimiento de la supuesta existencia de una grabación de esas conversaciones. Ni sus predecesores ni sus colaboradores le advirtieron de que supuestamente esa cinta había sido grabada». La nota añade: «El director general del CESID no guarda copia ni tiene en su poder la supuesta grabación, ni ha ordenado a ningún subordinado que guarde el original bajo llave. En definitiva, el CESID no posee la grabación a la que se refiere el citado reportaje». Las palabras usadas están medidas. Manglano no niega que se hiciera una grabación, dice que no tiene constancia, y asegura que en el CESID no está esa cinta.

En paralelo, el director del Centro encarga a sus hombres un informe interno sobre la visita de Suárez. Datado el 8 de marzo de 1995, el documento, de tres páginas cuyo contenido es «reservado», reconoce que Suárez sí fue grabado:

> Los agentes que estuvieron a cargo de las grabaciones entregaron al jefe del Departamento, comandante Cortina, las cintas, que posiblemente se utilizaron para la confección de una nota informativa interior de difusión general, que figura como tal en el historial del servicio [...], las cintas no fueron dadas de alta en ningún archivo, quedando depositadas en el despacho o secretaría del comandante Cortina, donde permanecieron hasta finales del año 1987 [...], posiblemente, en una revisión general de documentación, son localizadas por el entonces jefe del Departamento, teniente coronel Perote Pellón [...], quien se las llevó al causar baja en el Centro junto a otros documentos clasificados y de operaciones sensibles.

Interviene el vicepresidente del Gobierno. Narcís Serra habla con Adolfo Suárez. Le dice que Perote lo ha manipulado y que ha hecho lo mismo con Manglano. Lo atribuye a que «salió mal del Centro». El vicepresidente queda con el expresidente en que le enviará datos y lo llamará para comer.

Manglano, nervioso, realiza y recibe varias llamadas. Una la hace al periodista Miguel Ángel Aguilar, para agradecerle haberle apoyado públicamente; otra la recibe del abogado valenciano y político de la UCD Emilio Attard, que había sido fugazmente vicepresidente primero del Congreso de los Diputados en 1982. Por su parte, Antonio Fontán le envía una carta de apoyo. El director del CESID está tocado. Anota una interrogante: «Qué hacemos con Perote».

Diez días después, Manglano se ve en persona con Adolfo Suárez y le entrega una nota sobre las cintas del CESID. Entre los antiguos dirigentes de la UCD hay una gran preocupación en torno al alcance de los escándalos que afectan al partido que los sucedió en el poder. Las actividades contraterroristas se habían iniciado años antes de que Felipe González llegara a la Moncloa. De hecho, la organización parapolicial más relevante, el Batallón Vasco Español, comenzó sus operaciones a mediados de los 70. Fue el germen de los GAL, y la teoría de que estaba vinculado o tolerado por una parte de las Fuerzas y Cuerpos de Seguridad del Estado planeaba con fuerza.

Manglano recibe una información al respecto el 13 de marzo de 1995. Mercedes Franco, la esposa de Juan Entrecanales de Azcárate —quien sentará junto a su hermano las bases de lo que será Acciona, y miembro de una de las sagas con más solera en el mundo de la construcción y las contratas en España— ha coincidido con Leopoldo Calvo-Sotelo en un evento de alto copete en casa de un tal «Piru». Allí escuchó —y luego reportó— cómo el expresidente del Gobierno decía con vehemencia que sabía que se estaban buscando cintas para comprometer a la UCD en los GAL. Este asunto dará más de un quebradero de cabeza a Emilio Alonso Manglano en un futuro muy próximo.

Por otro lado, en el mismo sarao circuló el rumor de que Roldán no había salido de España.

La venganza de Mario Conde

Fuera de Banesto desde 1993 y acosado por varios procedimientos judiciales, el triunfador destronado se va a convertir en el principal quebradero de cabeza del felipismo. Sus embates van a suponer todo un desafío para el director del CESID por dos motivos: como líder de la inteligencia, la inestabilidad del Gobierno es un problema que se enmarca dentro de sus competencias. Además, el banquero apuntará más alto, a la cabeza del Estado. Para completar la ecuación, el garganta profunda de Mario Conde es el coronel Juan Alberto Perote.

El 30 de marzo de 1995 es una fecha crucial: la oferta-amenaza-chantaje de Conde se concreta en forma de mensaje a Felipe González. El exbanquero hace sus peticiones. A Manglano se lo cuenta Narcís Serra en una reunión que mantienen a la una y media de la tarde. El director del CESID anota las exigencias de Conde: «Que se hable con el Banco de España, con los fiscales, con Belloch. Que el Gobierno cree otro juzgado, que García Castellón [el juez] deje el tema Banesto».

Casi nada. ¿Qué tiene Conde para sentirse con fuerza para intentar poner de rodillas a todo un Gobierno? Manglano lo anota bajo el título «amenazas»: «Tiene papeles y microfilms del CESID, tema del rey, Intxaurrondo y Galindo, GAL Verde».

Dos semanas después, el 16 de abril, Manglano charla con el ministro Juan Alberto Belloch: «Aceptar la propuesta de Conde», anota el militar. Pero ¿cuál era el grado de detalle de la información en manos del exbanquero? Un documento mecanografiado y elaborado por el equipo de Mario Conde ofrece respuestas. Los abogados del expresidente de Banesto envían a la Moncloa un informe que recoge la munición que atesoran contra el Gobierno y contra el Estado. Lo hacen a través de José Barrionuevo. Narcís Serra entrega a Manglano las «conclusiones» de este trabajo, «en el que se acusa al Centro de una cierta participación en los GAL de la Guardia Civil». El vicepresidente «hablará con el rey mañana», apunta el jefe del CESID. Si Felipe no cede a sus pretensiones, la bestia herida, el triunfador proscrito, el hombre que podía haberlo tenido todo, hará una gran hoguera con la rotativa de *El Mundo:* 81 páginas, 74 de dosier y 7 de conclusiones. Son estas últimas las que se muestran como prueba de todo lo anterior.

El informe apunta directamente al CESID por dos motivos. El primero y fundamental es que la fuente es Perote, exnúmero dos de los servicios de inteligencia; el segundo, que el CESID es el Gobierno y es el Estado. La cúspide de la amenaza son las catorce conclusiones que, a juicio del autor del informe, comprometen seriamente los métodos de la lucha antiterrorista del Estado y a sus responsables. Resumidas, son estas:

1. Entre 1983 y 1985, el CESID, en cuanto órgano superior de la defensa del Estado español, desarrolló la llamada Operación Sur de Francia, relacionada de manera directa e inmediata con los activistas de la organización terrorista ETA.

2. Agentes del CESID, a los que se identifica con nombre y, en ocasiones, apellidos, recababan información operativa —dónde y cómo se movían los etarras— para crear una infraestructura que permitiera llevar a cabo acciones violentas contra miembros de ETA.

3. Antes de que comenzaran las actividades de los GAL, el CESID elaboró un documento en el que se recomendaba la «desaparición de agentes de ETA por secuestro». En 1984 se apuesta por la convenencia de «acciones físicas», de pasar al «combate real».

4. El CESID tuvo agentes suyos en Intxaurrondo, la comandancia de la Guardia Civil en San Sebastián, con Enrique Rodríguez Galindo al frente.

5. Un agente del CESID grabó en Intxaurrondo una conversación en la que «se comprueba claramente que de lo que se trata es de crear el GAL Verde. Había que «actuar sobre ETA en la forma en la que ETA actúa sobre la Guardia Civil».

6. El 28 de septiembre de 1983 Manglano fue informado de que iban a comenzar los ataques contra miembros de ETA, en paralelo con otras acciones ejecutadas por mercenarios contratados en Francia. La respuesta del director del CESID a esa información «es una nota manuscrita que dice "Pendiente para el viernes"». El documento dice que posponer una decisión tan importante solo puede deberse a que Manglano tenía que consultarlo con el ministro de Defensa, Narcís Serra.

7. El 16 de octubre de 1983 se produce el secuestro y asesinato de Lasa y Zabala. El CESID tenía que conocerlo.

8. El 4 de diciembre de 1983 el GAL Blanco secuestra a Segundo Marey. La intención era asesinarlo. Se cumple el patrón de secuestro y desaparición física.

9. El Estado no solo colaboró de forma pasiva en los GAL, dejando hacer, sino de forma activa: el CESID elaboró el sello de los GAL.

10. El CESID tuvo conocimiento de lo ocurrido a Lasa y Zabala por el testimonio de uno de sus agentes en Intxaurrondo, Pedro Gómez Nieto.

11. El CESID sabe que el joven Mikel Zabalza murió en un interrogatorio. A los guardiaciviles se les va la mano con el método de la bañera. Luego lo tiran al Bidasoa.

12. El agente del CESID informaba a Manglano de los «actos de violencia» previos a la ejecución de los etarras, es decir, torturas, aunque esta palabra no se menciona en el documento enviado a Moncloa.

13. Cuando Pedro Gómez Nieto se reincorpora al CESID, la actividad del GAL Verde «prácticamente desaparece».

14. La Guardia Civil manipuló pruebas para que pareciera que la integrante del comando Donostia Lucía Urrigoitia había muerto en un tiroteo que, en realidad, no se había producido.

El documento concluye que el PSOE, tras su «abrumador triunfo» en las elecciones de 1982, tiene que ofrecer algo a los militares para que no haya un nuevo golpe de Estado. Ese «algo» es matar a los terroristas: «El fenómeno GAL fue una operación de Estado». En 1987 los GAL ya habían dejado de matar, pero sí había escuchas a los periodistas que lo investigan; en concreto, como recoge un documento interno, a «P. J. Ramírez» y a «Melchor Miralles».

Manglano estudia a conciencia el dosier. Toma dos pósits amarillos de gran tamaño. Pega el primero en la portada y escribe, en tinta negra y transcrito de forma literal:

> Documento de conclusiones elaborado por el equipo de Conde a partir de la documentación de Perote. Casi todos los asuntos mencionados se han visto en la Audiencia Nacional. Naturalmente la mayoría de las conclusiones están forzadas y muchas de ellas no son ciertas.

Este documento se presentó en la Moncloa a fines de abril de 1995 como elemento de presión por parte de Conde y Perote.

La amenaza del expresidente de Banesto ha llegado a la Moncloa junto a una oferta; el problema y la solución, ambos ofrecidos por la misma persona. La propuesta afecta al diario que más quebraderos de cabeza les está dando, el que dirige Pedro J. Ramírez y se ha convertido en el gran buzón de las filtraciones contra el Gobierno de Felipe González. Manglano anota la propuesta de Conde: «Ofrece: tratar de reorientar *El Mundo* comprando la parte italiana».

RCS (Rizzoli-Corriere della Sera) MediaGroup es el accionista de referencia de Unidad Editorial, la editora de *El Mundo*, y Conde tuvo un acuerdo oficioso con los italianos: Banesto les cubriría las hipotéticas pérdidas siempre que el diario obedeciera a sus intereses. O al menos, eso es lo que decía el informe Crillón…

Entretanto, Julián García Vargas, ministro de Defensa, ha recibido el documento secreto sobre las actividades de Conde. Manglano es informado de que, al parecer, Kroll, la agencia internacional de detectives que lo elaboró, recibió encargos similares sobre otras personas. Una de ellas sería Jesús Polanco, puntal informativo del felipismo. Entre los consejos más célebres que Vito Corleone (Marlon Brando) dio a su hijo Michael (Al Pacino) está el de «mantén cerca a tus amigos, pero aún más cerca a tus enemigos».

Conde aprieta y afloja. Unas veces es el problema; otras, la solución. El 3 de mayo, su abogado, Jesús Santaella, que también defenderá al coronel Perote, entrega a Barrionuevo varios papeles del CESID y un compromiso:

—Ministro, Mario Conde es un patriota. No los utilizará.

Pero nada es lo que parece. El informe Crillón ya está en los tribunales. ¿Quién encargó la elaboración de un dosier para desnudar a Mario Conde? ¿Quién lo pagó? El Tribunal Supremo está investigando quién lo financió y el defenestrado Luis Roldán ha denunciado a Narcís Serra y al actual ministro de Defensa, Julián García Vargas, por encargarlo.

El miércoles 10 de mayo de ese convulso 1995, Manglano está preocupado. «Conde está trabajando a los magistrados», anota en su agenda. Y en otra entrada de ese mismo día muestra sus miedos: «Perote: cuidado con los papeles del Centro, hay que preparar un cambio de documentos».

En principio, Vargas —quien «está cabreado con Conde»— y Serra no van a ser citados a declarar, pero «el fiscal no acepta la resolución judicial». Además, el representante del Ministerio Público quería «un careo entre Roldán y J. Enrique», en referencia a José Enrique Serrano, entonces secretario general de la vicepresidencia del Gobierno. Finalmente, solo dos meses después de estas conversaciones, el Alto Tribunal da carpetazo al asunto. Así lo narra *El País* en su edición del 26 de julio de 1995:

> Las actuaciones del entonces presidente de Banesto, Mario Conde, podían suponer un grave riesgo para el sistema financiero y ello justifica que se encargara, en enero de 1992, el informe sobre las actividades del financiero y se pagara con cargo a los fondos reservados. Así lo deja sentado el Tribunal Supremo en el auto en el que se acuerda el archivo de la denuncia presentada por el exdirector general de la Guardia Civil Luis Roldán contra el exvicepresidente Narcís Serra y el exministro Julián García Vargas por el encargo del denominado informe Crillón.

Además, el Supremo avala «el empleo de fondos [reservados] para investigar las actividades del presidente de uno de los principales bancos de la nación, con objeto de conocer posibles irregularidades».

Conde ha perdido una mano, pero aún queda mucha partida. El tapete de esta partida mortal es España. Comienzan jugando al mus, pero puede terminar en la ruleta rusa. Los que atacan van de la mano. Y Mario Conde cuenta con un socio relevante: Javier de la Rosa.

De la Rosa entra en acción

Javier de la Rosa ha pasado unos días en la finca de Mario Conde en Sevilla y ambas familias se han dejado ver juntas en la Feria de Abril, escena que ha llegado a oídos del CESID. El financiero catalán acaba de enviar una carta al primer ministro de Kuwait con varias quejas, entre ellas los «problemas surgidos en Londres». Está enseñando los dientes. Llega a escribirle sobre «pagos que se hicieron a autoridades políticas de varios países».

Manglano toma cartas en el asunto. En una misiva remitida al embajador de Kuwait en España le pide una copia de la carta que De la Rosa ha remitido a las autoridades de su país. También se encarga de dar apoyo al viaje que va a hacer Manuel Prado a Londres para una reunión sobre este asunto el 22 de mayo. En el Centro hay una consigna: «Protección a Manolo Prado».

Ese mismo día Manglano se reúne con Antoni Asunción. Antes de abordar los asuntos relativos a De la Rosa, charlan sobre otras cuestiones importantes:

—El partido está mal, pero no creo que haya cambio de Gobierno —dice el exministro del Interior antes de abordar un asunto delicado—: Parece que Benegas puede ir a Santo Domingo, pero no es el momento. Y Belloch no debe saber lo que controlamos allí.

El exministro le está pidiendo al jefe del CESID que su sucesor no esté al tanto de los etarras controlados en la capital de la República Dominicana. Y le cuenta cómo la esposa de un antiguo alto cargo de Interior se acuesta con un subordinado y estrecho colaborador de su marido:

—Se la llevó a Suiza y Garzón los cazó.

Asunción también le informa a Manglano de la existencia de un «libro que los periodistas ingleses están escribiendo por encargo de KIO y en el que hay un capítulo sobre el rey». Apunta que el director de *ABC* tiene detalles al respecto. «Hablar con Anson», anota Manglano.

A pesar de las gestiones de Manglano, quien consigue la carta de De la Rosa a los kuwaitíes es Mario Conde. El banquero se la envía a

Adolfo Suárez y este al rey. El Estado ya la tiene. Datada en Barcelona el 27 de abril de 1995 y destinada al número 141 del madrileño paseo de la Castellana, el embajador —«His Excellency Abdei Razzak Abdelkader Alkandari»— solo es el intermediario; De la Rosa, que usa papel con su nombre en el membrete, pide al diplomático que haga llegar la misiva a «His Highness» [Su Alteza] Saad al Abdullah al Sabah, el primer ministro de Kuwait.

El documento comienza dudando de la información que el mandatario del emirato puede tener de las acciones de los abogados de Kuwait en Londres. De la Rosa se atreve a hacer una advertencia: le están pidiendo revelar una información, una serie de nombres y pagos, que «podrían provocar un serio conflicto diplomático entre su país y España, y que sin duda podría afectar a terceros países». El financiero español sostiene que «una parte importante» de las cantidades que le reclaman en Londres «fueron entregadas a varias figuras políticas del más alto nivel en mi país» con el conocimiento de los dirigentes de KIO. De la Rosa arguye que él no se quedó un solo dólar y que ha guardado silencio sobre el verdadero destino de los fondos y los distinguidos perceptores, pero que si los abogados de la familia real de Kuwait le siguen reclamando el dinero, no tendrá más remedio que «poner la información a disposición del tribunal».

El financiero catalán cuenta, según le revela Belloch a Manglano, con el apoyo de «los dos Albertos», Cortina y Alcocer, referentes empresariales de la capital y grandes inversores a través de la Corporación Financiera Alcor. Los Albertos son toda una institución en el mundo del dinero.

A Manglano se le acumulan los problemas. Mientras con una mano lidia con Mario Conde, con la otra tiene que amortiguar las embestidas de Javier de la Rosa. El empresario catalán está crecido. Jordi Pujol le ha dicho que ha tratado su problema con el rey y que este le transmite un mensaje a través del presidente catalán: «Está en vías de solución».

De la Rosa ve que el partido se le pone a favor y habla incluso de un «pacto» al que ha llegado con Juan Alberto Belloch «para que el rey renuncie en el hijo». Unas fotos comprometedoras del monarca que están en almoneda «pueden ser de Javier de la Rosa», escribe Manglano. ¿De la Rosa exige la dimisión del rey? ¿Por qué? ¿Qué revólver pone sobre la mesa para mentar semejante condición?

El chantaje de Bárbara Rey (I)

—Emilio, tengo que contarte algo. Estoy con Fernando Almansa, nos escucha. Verás, me llamó Bárbara Rey y me fui a almorzar con ella...

Son las ocho de la tarde del lunes 4 de julio de 1994 cuando suena el teléfono, y lo que el rey tiene que contarle al director del CESID no le va a gustar nada.

—Tuve algún gesto con ella —continúa don Juan Carlos—. Le toqué el pecho. Esto pasó el 22 de junio. Pues el 1 de julio, el viernes, llamó una persona a Zarzuela y dijo que tiene fotos. Pide 100.000 dólares.[93]

—Es un chantaje —replica Manglano entre la interrogación y la exclamación.

—Parece que es un guardiacivil. Ha enviado dos fotos en diapositivas. Se lo vamos a decir al presidente del Gobierno.

—Majestad, esperen un poco —aconseja Manglano.

El jefe de los espías se pone a trabajar. Tiene ante sí un incendio que hay que sofocar. Al alba se traslada al palacio de la Zarzuela, donde se entrevista «con los de la Casa», lo que le permite sacar unas «primeras conclusiones», según escribe en un cuaderno de color gris con anillas comprado en Estados Unidos, un *subject notebook wide ruled* de 10 ½ *inch* de alto por 8 de ancho y cien hojas.

El 7 de julio Manglano se reúne con el teniente coronel Guillermo Quintana-Lacaci Ramos, jefe de Seguridad de la Casa del Rey e hijo de uno de los militares que paró el 23-F, Guillermo Quintana Lacaci, al que ETA asesinó en 1984. Responsable de la seguridad del rey desde 1991 —antes era jefe adjunto—, el militar está acompañado por otro miembro de seguridad de la Casa:

—General, todo el asunto lo había montado Bárbara Rey —informa Quintana-Lacaci—. Hay una cinta grabada y solo se la enseñarán al rey.

La vedete llamó al jefe del Estado para verlo y ella misma se encargó de avisar a un fotógrafo. Tiene lógica. Ese mediodía Manglano acude a una comida importante, en la que tiene que apagar otros fuegos, y, por la tarde, va a la Zarzuela. Primero se reúne con el rey a solas:

---

93. Literalmente, en la agenda de Manglano consta «100.000 millones de $». Entendemos que «millones» es una errata al anotar, pues la cifra sería completamente desorbitada. En otro manuscrito Manglano cometió un error similar al dar cuenta de una cifra que pudimos cotejar.

—Emilio, hay que recuperar las fotos. Habrá que hacer pagos, ver la situación económica… Trátalo con Manolo Prado, por favor.

Luego se incorporan a la reunión Fernando Almansa, jefe de la Casa, y Quintana-Lacaci. Manglano no especifica quién dice exactamente qué, pero de la conversación que mantienen los cuatro personajes sale una hoja de ruta: «Recuperar fotos, que aclare sus necesidades. No cerrar trato. Buscar financiación. Planes de entrega. Que la Casa no aparezca. El rey no debe aparecer. El contacto con Manolo Prado».

Los acontecimientos se suceden rápido. A las 08:30 de la mañana del día siguiente, el rey llama al teléfono seguro que Manglano tiene en su domicilio:

—Ayer entregó todo el material. Manolo se ocupa de los aspectos económicos.

Manglano telefonea al jefe de seguridad de la Casa, que confirma lo avanzado por el rey. Después se comunica con Manolo Prado y quedan en verse a las 18:30 horas. El administrador de las cuentas privadas del rey debe informar al jefe de la inteligencia del Estado sobre el acuerdo alcanzado. Así lo hace a la hora pactada:

—Le he dado a Bárbara Rey 25 millones de pesetas. Le daré más, y, por otro lado, tenemos que ocuparnos de su contrato en Televisión Española. No le voy a decir al rey qué cantidad le he dado. ¿Qué te parece, Emilio?

—Me parece correcto, Manolo.

Abordado lo fundamental, ambos hombres tratan otros asuntos más o menos problemáticos:

—Cuando José Joaquín [Puig de la Bellacasa] se fue de la Zarzuela, Sabino me dijo que era una maniobra tuya, una maniobra de Manglano típica de los de inteligencia para después quitarlo a él, a Sabino, y ponerte tú de jefe de la Casa. Sabino está en contra de todos…

Por otro lado, Manolo Prado cuenta que «no está de acuerdo con Javier de la Rosa», un hombre que traerá grandes problemas, y que otro importante financiero, Juan Abelló, «apoya a Aznar». El motivo: «Tiene cojones y habla claro».

El jefe del CESID trabaja en el acuerdo con Bárbara Rey, que tiene la aprobación no solo de la jefatura del Estado, sino también del Gobierno. El 12 de julio Manglano envía a José Enrique Serrano, jefe de Gabinete de Felipe González, «la nota para contratar a B. en TVE». Apenas una semana después es el rey quien llama a Manglano para preguntarle, precisamente, por este contrato:

—Está en marcha, señor.

No cierran por vacaciones. El 8 de agosto telefonea el jefe de Gabinete de la Moncloa:

—El director de Televisión Española ha hablado con Bárbara Rey —informa José Enrique Serrano—. Fue a finales de julio y trataron las posibilidades que había, programas, etcétera. También habló con un representante suyo. Para finales de agosto se concretarán las cosas.

Nada más colgar, Manglano pide que le pongan con Zarzuela para contárselo al rey y que esté tranquilo. También informa a Manolo Prado, pues las gestiones con TVE se escapaban de los dominios de Zarzuela, puesto que pasaban directamente por el Gobierno. Y entre esos dos núcleos de poder, solo estaba a partes —casi— iguales Manglano.

8

Derribar al presidente

La cartera de los kuwaitíes

$\mathcal{M}$arzo de 1995. Los escándalos suscitados por las cintas del CESID y los papeles de los GAL, ambos con Mario Conde como muñidor, se entrecruzan con la nueva amenaza: Javier de la Rosa.

Los fondos que el empresario catalán intercambia entre financiadores y financiados lo han convertido en un tipo muy peligroso. Compra voluntades, siempre por encargo, y se queda una parte por sus servicios. Su especialidad, los maletines con destino a Convergencia Democrática de Cataluña y/o a Jordi Pujol, pero también *trabaja* con otros partidos. Y quizás mucho.

En estas fechas De la Rosa ya ha protagonizado uno de los grandes escándalos económico-financieros de los años 90. El 4 de junio de 1992 había presentado su dimisión como vicepresidente del Grupo Torras, filial española de la Kuwait Investment Office (KIO), uno de los fondos de inversión del pequeño y estratégico emirato del golfo Pérsico. Las empresas del Grupo Torras (Urbanor, Prima Inmobiliaria, Fesa-Enfersa...) van cayendo en suspensión de pagos como fichas de dominó, hasta la quiebra total del conglomerado el 5 de diciembre. Fue la mayor bancarrota vista en España hasta la fecha, con un pasivo de 243.000 millones de pesetas, casi 1500 millones de euros, una cantidad más que estratosférica en 1992.

Entre agosto de 1990 y febrero de 1991 se había librado la guerra del Golfo. La coalición internacional liderada por Estados Unidos evitó a cañonazos que Sadam Hussein se apropiara de Kuwait, de sus pozos petrolíferos y de una mucho más amplia salida al mar para Irak. Sadam perdió «la madre de todas las batallas» en la operación Tormenta del Desierto y los kuwaitíes respiraron aliviados. Su Gobierno puso al frente de KIO a Mahmout al Nouri. Él fue quien se encontró el agujero del Grupo Torras y quien se enfrentó a Javier de la Rosa, al que acusó de llevarse 100.000 millones de pesetas. Según los informes que maneja Manglano, la sensación que tenían los kuwaitíes es que «alguien les ha robado la cartera». El financiero catalán decía, en privado, que ese dinero se había usado para comprar voluntades políticas que apoyaran en España la guerra contra Sadam.

Que Kuwait pagó, y mucho, para que una coalición internacional acudiera en su rescate es un hecho.[94] El reto es averiguar cómo se repartió el dinero en España. Además, la familia real del pequeño emirato tiene la sensación de que los han engañado. Con el paso de los años, el empresario catalán acumulará un rosario de condenas por estafa y fraude e incluso entrará en prisión, pero eso será más adelante. En 1995, De la Rosa, como un jabalí acorralado por la rehala, cabecea con sus colmillos al viento. Puede abrir el vientre del primero que se acerque.

El director del CESID está pendiente de todo. El 16 de marzo recibe la visita del director de *ABC*, Luis María Anson. Cinco días después, se reúne con Narcís Serra y con Manuel Prado y Colón de Carvajal. Ambas citas, con un único asunto: cómo resolver el conflicto con los kuwaitíes.

En el pasado, De la Rosa entabló amistad con Manuel Prado, que había sido senador por designación real en la Legislatura Constituyente (1977-1979), y que también terminaría condenado en el caso Torras por un delito de apropiación indebida de 11,4 millones de euros que el financiero catalán envió a una cuenta suya en Suiza, la llamada operación Warbase; ingresó en prisión en 2004. De la Rosa afirmará ante la Corte de Londres, en uno de los procesos en los que él será condenado, que llegó a entregar 160 millones de dólares a Manolo Prado, de los que este reconoció cien por sus «asesorías». Entre las funciones de Manuel Prado estaba la de firmar contratos de suministro petrolífero a España con los países del golfo Pérsico.

94. El emirato reconoció haber pagado a sus aliados más de 25.000 millones de dólares de forma oficial. Bajo mesa, según distintas investigaciones, también se movieron fondos.

En este contexto, a tenor de los acontecimientos posteriores, la anotación que el 20 de febrero de 1995 hace Emilio Alonso Manglano es reveladora del alcance de la amenaza que supone De la Rosa. Titulada «M. Prado», dice así:

> Javier de la Rosa está largando.
> El rey tiene que abdicar.
> Manolo Prado tiene que ir a la cárcel.
> También irá contra Narcís y F. G.
> Urge hablar con el embajador de Kuwait.

Felipe González da la orden de que el encargado de charlar con el embajador de Kuwait sea su ministro de Asuntos Exteriores, Javier Solana. Así se lo cuenta ese mismo día el vicepresidente Serra a Manglano. Veinticuatro horas después, De la Rosa está intentando hablar con Manolo Prado a través de un intermediario. Efectivamente, el financiero catalán sigue «largando» en la misma línea: «Dice que el rey debe abdicar y que contará cosas de N. Serra y F. G.», pero Manolo Prado no accede a conversar con él. No solo eso, sino que «ha dicho que no lo quiere ver y que le pega dos tiros». De la Rosa insiste, Mario Conde hace de puente, pero Prado se niega en redondo.

Un coronel tranquiliza a De la Rosa diciéndole que la reunión entre Solana y el embajador de Kuwait se producirá pronto. Junto a esta anotación, Manglano escribe: «Confidencial —2000—». Las negociaciones con los kuwaitíes están en marcha y las amenazas del financiero no cesan: está dispuesto a contar su versión sobre el destino de los cientos de millones de pesetas que pasaron por sus manos y que se usaron para comprar voluntades y pagar favores. Ambos aspectos —la amenaza y la negociación con los diplomáticos del emirato— se tratan en una reunión que mantienen Manglano, Narcís Serra y Manolo Prado el 21 de marzo.

El 24 de abril Manglano envía al vicepresidente del Gobierno una serie de notas sobre el empresario. Con el fin de atemperarlo, se incorpora al rey a las gestiones. Ese mismo día don Juan Carlos hace una llamada a un importante político, Jordi Pujol, que encabeza un partido cuya financiación irregular pasaba por los maletines de Javier de la Rosa. El jefe del Estado llama a Manglano y le confirma que ya ha hablado con el presidente de la Generalitat, y que será este quien llame directamente al financiero catalán.

El 26 de abril el director del CESID acude a ver al rey: «De la Rosa - Pujol: nada de dinero del CESID». El monarca opina que «Manolo [Prado] debe estar en la negociación con los kuwaitíes».

Entretanto, Narcís Serra se ha hartado de De la Rosa. Hay que enviarle un mensaje claro: o se calla en lo que va diciendo por ahí sobre el rey o hablarán con el fiscal general del Estado. «El problema es quién se lo dice», escribe Manglano mientras estudian qué persona es la adecuada para mandarlo callar sin que la amenaza pueda empeorar las cosas. ¿Hasta qué punto puede realmente hacer temblar De la Rosa los cimientos del Estado? ¿Por qué se permite exigir nada más y nada menos que la abdicación del jefe del Estado?

Ra, el dios del Sol

Ra es una de las grandes deidades de la mitología egipcia. Dios del Sol y del origen de la vida, se representa como una figura humana con cabeza de halcón sobre la que reposa el disco solar de color rojo. Cada día, Ra navega en barca de oriente a occidente en un viaje que dura veinticuatro horas. Ancestro de los faraones, Ra trajo la luz al mundo. En la nomenclatura del CESID a mediados de los años 90, Ra es la forma de referirse a su director. El dios Sol es Emilio Alonso Manglano, dispuesto a averiguar qué pasa con los fondos de Kuwait y qué hay de cierto en las amenazas de Javier de la Rosa.

El 16 de enero de 1995 va a volver a actuar como el primero de los espías. En la sede del CESID, tres personas mantienen una conversación que será discretamente grabada y transcrita para su análisis. En la transcripción, que ocupa 29 páginas, figuran como Ra, Hombre 1 y Hombre 2. Desvelado quién es Ra, Hombre 1 corresponde a Juan José Folchi, abogado y asesor fiscal de Javier de la Rosa, del que al parecer ya no se fía, y Hombre 2 a Manolo Prado y Colón de Carvajal.

Ra quiere prender la luz en los fondos de inversión de Kuwait para saber dónde han ido a parar ingentes cantidades de dólares americanos. Juan José Folchi, se convertirá en el gran informante del escándalo más turbio con el que el jefe de los espías tenía que lidiar desde la Cuesta de las Perdices. Es Manolo Prado quien lo ha captado, por lo que le da unos consejos a Manglano mientras ambos esperan a Folchi:

—Bueno, a este lo que le tienes que dar es tranquilidad moral. Decirle «yo sé que tú eres un hombre, por tu origen, tu formación…».

Y que nunca vamos a decir que es él quien nos da... Nunca revelar su identidad, para que esté tranquilo. Vamos a hablar aquí de cosas que son confidenciales. Luego tiene que coger un avión, a las ocho y pico, o sea, que ¿a las siete tú tienes algún vehículo que lo pueda llevar al avión?

Manglano sabe llevar este tipo de conversaciones confidenciales, engatusando a sus interlocutores para sacarles la mayor información posible. Es su especialidad, de modo que se muestra bastante más tranquilo que Manolo Prado:

—Sí, hombre, sí, claro que sí. Que pase este señor.

Folchi, que aguarda en una sala anexa, aparece con un educado, incluso servil, «Muy buenas tardes, ¿da su permiso?». Hijo de un coronel y miembro del cuerpo de Abogados del Estado, viste traje y lleva unas grandes gafas. Nacido en Zaragoza en 1947, licenciado en Derecho por la Universidad de Barcelona y profesor de Derecho Civil en los 70, aprobó las oposiciones en 1974. Políglota —habla catalán, inglés, francés e italiano—, pidió la excedencia para entrar en política y luego surfear la ola del pelotazo, la de la *beautiful people* que se hizo millonaria en los 80. Acumularon dinero, pero también problemas por trabajar con y para tipos complicados. Además, Folchi tiene contactos políticos. Fue *conseller* de Economía y Finanzas con Josep Tarradellas, en representación de la UCD de Adolfo Suárez, Centristes de Catalunya. Y entre 1984 y 1988 fue diputado en el Parlament por Alianza Popular.

—Hola, ¿cómo estás? —responde Manglano—. ¿Quieres un vaso de agua o una copa?

—Un agua.

—¿Un agua? Aquí invitamos a casi todo —bromea el director del CESID—. ¿Tú, Manolo?

—Yo me tomaría un agua y un té.

—Perfecto —responde Manglano, al tiempo que llama a su asistente—. Palomino, ¿quiere avisar para que traigan agua y un té, con limón, azúcar y sacarina? Y yo quiero un café.

—¿Me puedo lavar las manos un minuto? —interrumpe Folchi, que parece nervioso.

—Sí, hombre, sí —aprueba el general.

Siguen saludándose, entre los circunloquios típicos de una conversación que revelará secretos de enorme trascendencia. No estaría bien visto arrancar con brusquedad. Folchi ha llegado a la sede del CESID derrotado.

—¿Qué hay? ¿Qué tal? —dice Manglano a un Folchi que ya tiene las manos limpias.

—Bien, mi general. Aguantando, que para eso vivimos…

—Hombre, hay que hacer algo más que aguantar…

—Eso sería lo ideal, pero no siempre se puede.

El militar trata de tranquilizar a quien necesita ganarse como informante. Folchi no solo es el abogado de De la Rosa, sino también su asesor fiscal. Lo sabe todo.

—Aquí estamos acostumbrados a vendavales y, además, como buen país del sur, enseguida surge el histerismo colectivo, la capacidad de autodestrucción —reflexiona el director del CESID mientras prende un pitillo.

—Me alegra que sea usted fumador.

—Sí sí. Además no solamente fumador, sino que defiendo el derecho a fumar. ¿Rubio o negro?

—Yo fumaré *light* de este —responde Folchi agradecido.

—Yo voy mucho a Estados Unidos y allí a los fumadores nos tratan como a delincuentes.

—Y vuelas de Estados Unidos hacia Asia, que hay veinte horas, y ni puedes fumar —interviene Manolo Prado.

El administrador de las finanzas del rey considera que ya está bien de darle a la función fática del lenguaje, que ha llegado la hora de abordar los motivos que los han traído a esta reunión:

—Mi general, Juan José Folchi es hijo de un buen compañero tuyo, como te adelanté. Se hizo abogado del Estado y fue *conseller* con el anterior presidente de la Generalitat. Nos encontramos en una empresa donde él ejercía como letrado y luego a través de un amigo común, Vilarrubí,[95] nos tratamos más, hasta que empezaron los desastres… Un buen día me enseñó una pequeña parte de un problema, en el que empezó a darse cuenta sobre el secreto profesional, y la moral que eso implica, y que había cosas que podía superar: encontrarse usado y manejado en algo que pudiera atentar contra intereses de las más altas instancias del Estado. Lo han puesto contra la espada y la pared, y la semana pasada me dijo que estaba dispuesto a que nos sentáramos y habláramos. Pero

---

95. Carles Vilarrubí, empresario íntimo de los Pujol que llegará a ser vicepresidente del F. C. Barcelona. Su esposa, Sol Daurella, presidenta de Coca-Cola European Partners, está considerada como la mujer más rica de España.

no me gustaría que el día de mañana se dijera que lo he traído aquí de las orejas, sino libre y voluntariamente. Le he dicho que contigo yo no tengo secretos y que tenemos que hablar, al pan pan y al vino vino.

—Sin duda —aprueba Manglano—. Esta introducción de Manolo encaja muy bien el tema. Lo primero que tengo que decir es que esta habitación es absolutamente discreta y que lo que aquí se dice queda entre nosotros. En lo que se refiere a lo que ha dicho Manolo sobre que esto puede afectar a intereses importantes del Estado, yo no tengo ningún escrúpulo en defenderlo y, además, es mi obligación. Voy a tomar notas, aparte de que nos veamos para aclarar alguna duda, o me des algún papel. Yo lo analizaré, lo pondré en marcha y esta conversación no ha existido, como es lógico, ¿eh?

—Muy bien, mi general. Yo vengo aquí absolutamente libre, todo lo libre que es un ser humano que se ve en una situación de sobrepresión. La explosión de la crisis me parece inevitable, y ahí es cuando yo puedo decidir vencer el secreto profesional y anteponer otras cosas para que esto acabe con un arreglo. Los señores de KIO consideran que alguien les ha robado la cartera y es posible que tengan buena parte de razón. También creo que los señores de KIO son, sin duda, la gente más especial y extraña que me he cruzado en mi vida y que deben tener una lógica racional que yo no acierto a comprender, y yo soy un cartesiano convencido. Con sus últimos movimientos, mucha gente estamos en el límite. Ellos siguen con la táctica de la apisonadora y trituradora, en la que inevitablemente una serie de cosas salen.

»Cuando por primera vez me informan de la necesidad de hacer unos pagos que tienen una dimensión política, sin más explicaciones, yo no estoy en posición de pedir muchas explicaciones. El señor De la Rosa tenía un aura de persona rica y bien relacionada con el poder, y el señor Al Sabah es un jeque árabe con todos los tics de un jeque árabe. Yo he estado alguna vez con él en su despacho, y sus subordinados no se sientan en su presencia y no contestan otra cosa que no sea «Yes sir, no sir». Por ello, ni me dieron explicaciones, ni las circunstancias, un Kuwait ocupado y con una incertidumbre absoluta, permitían pedir demasiadas explicaciones. Actué en términos estrictamente profesionales. Entonces me dijeron que me encargara de crear una estructura que permitiera canalizar trescientos millones de dólares que irían a través del Grupo Torras hacia unas determinadas cuentas. Me dijeron que eran pagos necesarios en el contexto de la situación de Kuwait.

—¿Eso quién se lo dijo? —interviene Manglano.

—Fundamentalmente el señor De la Rosa, pero lo chequeo, cruzo información, con bastante gente desde lo más alto hasta señores de medio pelo en KIO. Todo el mundo sabía que había que pagar 300 millones de dólares y nadie preguntaba mucho... Ni cómo, ni por qué ni para qué. El conocimiento que había en la institución era total, con motivaciones verdaderas o falsas, pero era total. Esto pasa en el verano de 1990, y mucho tiempo después, con Kuwait ya liberado, el señor De la Rosa me envía a Londres para reunirme con el señor Fahad al Sabah.

—Fahad al Sabah es primo del emir y presidente de KIO —contextualiza Manolo Prado mirando a Manglano.

—Me dice que lo que voy a hacer es muy confidencial y me exhibe una carta dirigida a un ministro de Kuwait y firmada por el señor Prado. Me dice que me limite simplemente a enseñar esta carta a Fahad al Sabah para recordarle esta operación sobre la que teníamos que dar explicaciones. Me voy a Londres, le enseño la carta y me pide una fotocopia. Le digo que no, que llame al señor De la Rosa. Lo llama y a los diez minutos de la conversación me pasa el teléfono y el señor De la Rosa me dice que sí, que le deje una fotocopia. Yo le devolví la carta al señor De la Rosa y le dije que también me quedaba una copia. Debo añadir, en honor a la verdad, que la carta me pareció convincente. Era la vida que el señor De la Rosa vivía en ese momento, relacionado con las instancias oficiales al más alto nivel. Hacía alarde de llamar, delante de ti, a quien usted quiera pensar. Presumía de unas relaciones óptimas en Barcelona y maravillosas y estupendas, y su amigo Prado, y el rey, y los partidos, y los sindicatos, y lo que usted quiera...

—¿Y Felipe y Solchaga? —inquiere Manolo Prado.

—Lo que usted quiera desde el señor Felipe González hacia abajo. Además, el señor De la Rosa padece de varias deformaciones personales y una muy típica es su incontinencia telefónica. Puede asistir a la reunión más importante de su vida, pero si lo llaman se pone y no hace salir a nadie.

El camarero del CESID interrumpe la reunión con el té, el café y las botellas de agua.

—¿Alcohol no queréis? —ofrece Manglano—. ¿No estáis en condiciones?

—Yo tomaré un agua —insiste Folchi.

Lo que va a narrar a continuación el asesor fiscal bien merecería un whisky de, al menos, quince años que acondicionara la garganta:

—El señor De la Rosa me explica que en un momento determinado el rey toma un préstamo de los saudíes que ayudó a consolidar la democracia en una determinada manera. Eran cien millones de dólares sin intereses a diez años. Ese préstamo ha vencido y no ha podido ser reparado. Él le ha explicado esto a sus amigos kuwaitíes poniéndolo en el contexto de las muchas ayudas que los kuwaitíes han recibido de España, que dicho sea de paso es el primer país del mundo occidental que desbloquea los activos kuwaitíes y permite su libre circulación con el apoyo del Banco de España, y no creo que se debiera a los caballerizos que íbamos al Banco de España a explicar los argumentos técnicos. En base a las muchas ayudas que habían recibido de España, los kuwaitíes habían aceptado hacerse cargo de esto. Esto ocurre en el año 1991, y en 1992 se produce el relevo en la dirección de KIO y después en la de Torras.

Folchi relata a Manglano la historia del préstamo que el propio rey había confesado años antes al director del CESID, pero ampliando información, por el tiempo transcurrido.

—Estamos hablando de 100 millones, pero son 300 —interrumpe el administrador del rey.

Manolo Prado, perfecto conocedor de las cuentas del jefe del Estado, acaba de poner sobre la mesa la enorme dimensión del problema vinculado al golfo Pérsico.

—Sí sí, por supuesto. Los otros 200 eran cosas parecidas a esta. Pero yo en 1992 veo que algo no va bien en el relevo, que las nuevas autoridades que llegan a KIO y a Torras lo hacen con enorme recelo. Y la persona que designan para hacerse cargo de las inversiones en España es un perfecto animal, un señor que no entiende absolutamente nada de lo que es una empresa. Quiere poner Explosivos Río Tinto en suspensión de pagos sin darse cuenta de que es una estupidez… Se comporta como si alguien les hubiera robado la cartera, pero todo se había hecho desde la antigua gestión de KIO en el Grupo Torras, en perfecta comunión, y recuerdo que ha habido pagos a sindicatos, recuerdo que ha habido pagos a partidos políticos y, como es natural, empiezo a circular señales de alarma. El señor De la Rosa me dice que no pasa absolutamente nada, que me vaya a Londres a hablar con los antiguos gestores de KIO y que ellos me explicarán. Voy a verlos y me repiten la misma historia, que aquí no ha pasado nada. Pero yo no lo veo y sigo enviando señales. Al presidente de Ebro, Manolo Guasch, y a un señor que aterrizó en Explosivos Río Tinto, Pepe, Pepe..., me vais a tener que ayudar.

—Pepe Recio —sale al paso Manolo Prado—, que es consejero del BBV y que fue consejero de Economía de la Junta de Andalucía.

—Sí sí. Yo hablo con el señor Guasch porque Javier de la Rosa me ha dicho siempre que él está enterado absolutamente de todo, y que además es la persona que él tenía para sus relaciones con el Gobierno.

Prado y Colón de Carvajal aporta un dato más sobre Guasch:

—Compañero de Solchaga.

—No le digo nada que sea violar secretos, no le enseño la carta, no le hablo del rey. Simplemente le recuerdo que aquí ha habido toda una serie de pagos que yo he entendido que podían estar justificados. Yo no sé si hubiera tomado la decisión de financiar a UGT o a Comisiones Obreras, pero es que no la tomé. Y a partir de que no la tomé, no entro a valorar quién la toma. Simplemente tomo nota. El señor Guasch me dice que hará lo que esté en su mano, pero me recomienda que hable con el señor Recio, porque es muy amigo del presidente [Felipe González] y es el mejor canal para hacerle llegar esta información.

»A través de un amigo catalán, José Piqué [el abogado de Pujol en Banca Catalana], le digo que tengo que ver al señor Recio, y me sienta a una mesa con él, algo muy parecido a lo que pasa hoy. Le explico que estos señores [los nuevos gestores de KIO] van a poner toda una serie de pleitos y si alguien no les da una explicación de lo que ha pasado aquí, esto va a salir por el sitio menos oportuno, los tribunales. Y que yo entiendo que el Gobierno debe sentarse con los señores de KIO y decirles que esto hay que conducirlo con un cierto orden. El señor Recio me escucha, pero me dice que la situación política está muy mal y que no está muy seguro de que pueda hacer nada. Estamos hablando de otoño de 1992, cuando aún no había ni querella criminal ni demanda civil.

Juan José Folchi explica a sus interlocutores que fue a Londres para hablar con los nuevos gestores de KIO, pero que no sirvió de «absolutamente nada». Su sensación era que no querían ver los «dos problemas»:

—El primero, que se ha canalizado dinero hacia partidos políticos y sindicatos, que, según reiteradas afirmaciones del señor De la Rosa, cubren todo el arco parlamentario menos Izquierda Unida. Y luego, esta historia de la Corona, que me preocupa muy en serio. Bueno, pues ponen una querella en Madrid y la demanda en Londres, que apunta directamente a averiguar dónde ha ido a parar toda una serie de pagos, algunos de los cuales tienen que ver con esta historia. Es entonces cuando hablo con el señor Prado y con muchos kuwaitíes, incluidos exministros de Finanzas...

—Yo me había marchado a finales del 92 del entorno de este hombre —dice Manuel Prado, refiriéndose a De la Rosa—. Él crea la rumorología de su presencia continua en Zarzuela y que había esto. Englobaba más a la Corona que al Gobierno, los partidos o los sindicatos, porque esto hace más daño.

Folchi está muy preocupado porque puede terminar en la cárcel, y no deja de preguntarse cómo los kuwaitíes se creen que ha robado 450 millones de dólares, que «no estamos hablando de veinte duros, joder, es imposible, el ministro de Hacienda de Kuwait tiene que dar órdenes para mover una cantidad así». Este sentimiento se entremezclaba con una honda desazón hacia Javier de la Rosa. Folchi está muy agradecido por el hecho de que lo eligiera entre 200 abogados para hacer grandes operaciones, fusiones, opas..., pero ahora «tengo que agradecerle también que haya arruinado mi matrimonio, mi vida y mi despacho».

Hablan de la carta supuestamente firmada por Prado, quien insiste:

—Fíjate, mi general, ¿te puedes creer que se puede hacer algo más burdo? Pero imagínate estas cartas, todo lo falso que se quiera, en un periódico. ¡La que se arma!

No es una carta, sino dos. De la Rosa colocó un membrete de la Zarzuela junto a una corona y envió a Kuwait dos cartas en nombre de Manuel Prado y Colón de Carvajal con las que pretendía justificar el destino de cuantiosos fondos. Una de las misivas, datada el 10 de octubre de 1990, simulaba que Prado se la entregó a De la Rosa para que este se la diera a Ali Khalifa al Sabah, ministro de Finanzas de Kuwait. Con ella se explicaría el destino de «los 129 millones de dólares de 1989 y los 300 millones de hace pocas semanas». Los «esfuerzos» del emirato han servido para «clarificar asuntos políticos delicados en conexión con Estados Unidos y el uso de sus bases para que los planes acordados pudieran llevarse a cabo», según la misiva.

El 17 de mayo de 1993, De la Rosa había enviado otra carta a Manuel Prado en la que dice que «jamás he conocido la existencia» de cartas como la citada, al tiempo que KIO España, bajo su responsabilidad, «jamás te ha abonado sumas dinerarias, ni en España ni en el extranjero, para atender pagos políticos a personalidades o instituciones». «De ello se debe hacer excepción, como es lógico, tanto las cantidades de cientos de millones de pesetas que tus sociedades adeudan a Grand Tibidabo (empresa que presido), como las operaciones con Sogenal y/o Libra Investments.» Una de cal y otra de arena. Que Prado había cobrado de De la Rosa grandes cantidades en concepto de «asesorías» era un hecho.

Folchi estaba dispuesto a «reparar» a los kuwaitíes entre tres y cinco millones de dólares, pero no 450, al tiempo que se queja de la falta de «sensibilidad» que tienen los nuevos gestores de KIO con los «problemas políticos». Es en ese momento cuando Manolo Prado pone nuevos y comprometedores nombres sobre el tapete:

—Porque ahí está comprometido el Txiki Benegas, está comprometido Suárez, está comprometido Rato. En este momento, con todo lo de los GAL, súmale eso. Hay cuentas que conoce Folchi, bancos, Suiza, transferencias..., y eso está documentado.

—Yo pienso que los kuwaitíes tienen que saber que aquí hay algo no grato para el conjunto del país.

Manolo Prado interrumpe a Folchi para que el general conozca un dato relativo a la empresa Acie, que De la Rosa controlaba a través de Folchi y que estaba siendo investigada por un juez:

—Se dice que aparecen cinco cheques que han ido a parar al niño de Jordi,[96] pero el niño de Jordi no ha visto un duro. Javier volvió de esa operación diciendo «le he metido 300 millones en este bolsillo», y ese dinero fue a parar al bolsillo del propio Javier, y se sabrá. Yo tengo el conocimiento de que Jordi recibió, eso lo sabemos todos, pero no de ahí. Lo que pasa en Acie es que es una sociedad de la que puede salir no el tema referido al rey, sino el referido al presidente del Gobierno y a Solchaga y tal. Ahí está retenido por lo visto el tinglado.

Folchi echa más leña al fuego. La grabadora de la sala arde:

—Si esa sociedad la investigan en profundidad, aparecerá el señor Sarasola y sus empresas sin duda, y hasta donde yo he oído, a través de esto están haciendo llegar dinero al presidente del Gobierno. Aparecerá el señor Julio Feo, y a través del señor Julio Feo, toda otra serie de sectores. Aparecerá otra empresa que tiene que ser cercana al señor Solchaga, y no sé si directa o indirectamente también al señor Julio Feo.

Folchi apunta al corazón del Gobierno. Enrique Sarasola Lerchundi es un empresario que se movía como pez en el agua entre la dirección

---

96. Jordi Pujol Ferrusola, primogénito del entonces presidente de la Generalitat.

del PSOE, amigo personal de Felipe González y hasta señalado como su presunto testaferro en el Caribe. Julio Feo es el jefe de Gabinete del presidente y Solchaga ha sido hasta hace solo dos años ministro de Economía y Hacienda. Caza mayor.

—Aparece uno de los sindicatos… —pone el cebo Manolo Prado.

—Sí sí, aparece desde luego un dinero que fue a parar a UGT. Y Sempere, el jefe de Gabinete que tenía Solchaga, se cruzaba 27 llamadas todos los días con el señor De la Rosa, en una dirección y en la otra. Hay áreas donde se puede hacer algo, en Fiscalía, que sigue instrucciones de un señor, está al dictado del señor ministro de Justicia. Si alguien quiere enfriar un poco la temperatura de los escándalos de este país, en este al menos está en su mano hacerlo.

—Sin duda —responde Manglano.

Folchi propone hablar con los kuwaitíes en el emirato y que el Gobierno los ayude con la suspensión de pagos de Torras, para que se dejen de pleitos. Interviene Prado:

—Como no les dan la cara, a ellos les importa tres puñetas que esto se vaya al garete. Esto de las cartas no es malo, pero si al fin y al cabo ahí no hay pagos de verdad al rey, pero sí hay pagos de verdad en los otros lados… Aquí puede estar todo el mundo en el lío.

—Menos Izquierda Unida, todos están… —da por hecho Manglano.

Tampoco. Folchi se lo explica cortándole la palabra:

—Sí, pero yo tengo que decir, en honor a la verdad que cuando oía esa frase de «menos Izquierda Unida» pensaba, joder, serás majadero… Tú no lo sabrás, pero la gente sabe que Comisiones Obreras es Izquierda Unida.

—Claro claro —asiente el general.

—Es lo mismo —apuntala Prado.

—Y a Comisiones Obreras se le hizo llegar dinero con ocasión de las elecciones sindicales, porque había comités muy activos de Comisiones Obreras en Explosivos Río Tinto, en Ebro y en no sé qué más. Y si le das a UGT, es darle a…

—Y al PP también, hemos comentado a veces… —pregunta Manglano mirando a Folchi.

—Sí, hombre, sí —se adelanta Prado.

—Sí, al PP en la persona de Rato —confirma Folchi.

—Y en la persona del señor Matutes, con lo que hace… —vuelve a poner un cebo Prado, para que Manglano lo escuche todo de la fuente original.

—Y en la persona de Abel Matutes han tenido negocios —confirma Folchi.

—El Grand Tibidabo [una de las empresas que manejaba De la Rosa] compró el 12 por ciento de la banca Matutes —aporta Manolo Prado.

—Claro. Eso lo hizo para hacerle un favor a Matutes. Lo compró a un precio fuera de mercado y luego no se podía vender. Perdió dinero. Y eso fue Matutes, pero claro, fue Matutes porque es comisario europeo y porque es del PP.

—Claro, hombre, claro —asiente Manglano.

—Nadie compra duros a seis pesetas —añade Folchi.

—Y luego Adolfo… —dice Prado, sacando un nuevo cartucho que puede estallar.

Folchi entra como un miura, sin titubeos:

—A Adolfo [Suárez] le compró la sede, un edificio. Luego le sacó de un problema y le hizo llegar dinero cuando ellos entraron en el Ayuntamiento de Madrid, por el tema de las licencias de obra para Torres KIO.

—Todo el mundo, todo el mundo, esto es todo el mundo —insiste Manolo Prado, que siempre deja fuera de la ecuación al rey—. La relación mercantil que tiene conmigo yo la acepto, la reconozco. El modo de invertir aquí y allá… Eran 2000 millones en el Hispano y 2500 en…, y entones él encontró la fórmula del rey, porque oyó una historia del crédito y con eso construyó que él era el salvador de la patria. Cuando me retiro de la relación con él, él explica a todo el mundo que estaba todo el día en la Zarzuela, y no ha estado más que dos veces en su vida.

—Bueno, entonces está el tema Kuwait —interrumpe Manglano, que está pensando en las posibles soluciones.

—El tema Kuwait, que ese lo resuelve todo.

—Que ese lo resuelve todo. ¿Luego quedará que este hombre, Javier, diga algo algún día? —pregunta el director del CESID.

Responde Folchi:

—Hay dos temas. Uno central y difícil, Kuwait. Otro más fácil, Acie. Y lo que pueda decir el señor De la Rosa, pero esto es más fácil de controlar, porque el señor De la Rosa dentro de un mes y medio estará acusado de haber cometido seis delitos, y punto. A partir de ese momento su valoración social es la que se hace de un señor con una determinada conducta.

La fructífera reunión tiene que concluir o Folchi perderá su vuelo. Le da a Manglano el número de teléfono directo de su despacho, que coge directamente él o, «si no estoy, mi secretaria».

—Dejo recado de parte de Ramón de Madrid, por ejemplo —le avisa Manglano para el caso de que responda la secretaria.

Folchi se había visto al menos con un agente del CESID en Barcelona pero, por el nivel de informante en el que se había convertido, desde esa tarde despacharía directamente con el jefe de todos los espías, el dios Ra.

—La imagen que tengo de De la Rosa es que es un perfecto fantasma —apostilla quien fuera su asesor fiscal antes de que lo lleven a Barajas—. Inventa todo el rato, hincha globos y los echa a volar… No crea usted que tenga ni vídeos, ni cintas ni comedias.

—Lo que pasa es que a mí me llega, eh, que en Convergencia están preocupados.

—El tema de Acie les tiene que preocupar porque han recibido dinero.

Con lo recabado en esta entrevista, al margen de otras fuentes, Emilio Alonso Manglano redacta tres breves notas internas mecanografiadas, fechadas con apenas un mes de diferencia y bajo el mismo título: «Asunto De la Rosa-KIO-Kuwait».

«Va a tronar el cielo»

La primera de las tres notas redactadas por Ra tras el encuentro con Folchi está fechada el 31 de enero de 1995. Se trata de un asunto «bien complejo», pues en las finanzas de los kuwaitíes no hay un agujero contable, sino un boquete de proporciones bíblicas: 530 millones de dólares estadounidenses.

> De esta cantidad se estima que unos 300 millones se los quedaron los responsables de KIO en Londres hasta el año 1992.[97] (El presidente de KIO era Fahad al Sabah.) El resto parece que fue a parar a Javier de la Rosa.

Bien, esto sitúa el agujero español en la nada desdeñable cifra de 230 millones de dólares de 1992.[98] ¿Dónde ha ido a parar semejante cantidad? ¿Se evaporaron los millones? No:

> Según reiteradas afirmaciones del señor De la Rosa (recogidas en el ámbito de sus colaboradores) se ha canalizado dinero a partidos políticos

---

97. Los directivos de Kio habían huido de la Justicia.
98. Más de 200 millones de euros de 2020 sin tener en cuenta la inflación.

españoles (que cubren todo el arco parlamentario, excepto IU) y sindicatos (parece que hay datos sobre cuentas en Suiza, etcétera, etcétera).

En el verano de 1992 se produjo el relevo en la dirección de KIO. Los nuevos gestores «llegan con enorme recelo al encontrarse una situación financiera poco clara». Y tanto. Estaban que fumaban en pipa. Para saber dónde fueron los pagos, los kuwaitíes interponen una querella —por lo tanto, criminal— en España, y una demanda —civil— en Londres.

España y Kuwait, como Estados, no quieren que este grave problema perjudique sus relaciones bilaterales. Madrid y el emirato están de acuerdo en «buscar una solución»: «El emir de Kuwait está en la mejor disposición para resolver el problema —anota Manglano—, de acuerdo con las autoridades políticas españolas». El embajador de Kuwait en Madrid había estado en su país durante las Navidades previas y había recibido el encargo de encontrar un arreglo.

El director del CESID resume el problema en un par de párrafos:

> Por un lado está el problema de KIO (suspensión de pagos, descubierto económico, etcétera), al que hay que encontrar una fórmula (crédito, explicaciones del Gobierno español, etcétera) que permita retirar la querella y el Gobierno de Kuwait pueda acreditar unas buenas razones ante su Congreso (como ya se ha señalado, el emir y los principales ministros están en la mejor disposición). Este es el tema central. Otro aspecto a considerar es que el señor De la Rosa falsificó unas cartas en las que figuraba Manolo Prado solicitando a las autoridades kuwaitíes una cantidad elevada de dólares US en nombre de S. M. el rey.

Y finaliza con una posible solución:

> Se considera totalmente necesario citar al actual embajador de Kuwait, quien tiene instrucciones del emir con el fin de encontrar una solución buena para ambas partes. El embajador Abdelkader Alkandari es un hombre de una gran categoría personal y profesional. Entiende el español, pero se expresa mejor en inglés.

Manglano anota los teléfonos tanto de la residencia como del despacho del embajador.

La segunda nota, redactada dos semanas después, el 14 de febrero de 1995, insiste en «la necesidad y la urgencia de hablar con el embajador de Kuwait», lo que revela que el encuentro aún no se ha celebrado. La víspera, De la Rosa ha salido de la cárcel y está hecho una hidra. Reúne en su casa a varios familiares y amigos, a los que les dice, vehemente, y según los servicios de información:

—Dentro de unos días va a tronar el cielo y van a tener que irse de España varios altos niveles institucionales... Van a dar con sus huesos en la cárcel Pujol, Macià Alavedra, Roca, Sarasola y Manolo Prado.

El financiero catalán cita los nombres de quienes tienen la llave de tres cajas: la de CiU (el *president* Pujol, el comisionista Alavedra y el abogado y padre de la Constitución Miquel Roca); la del PSOE (Sarasola ha sido identificado como uno de los conseguidores de financiación irregular del PSOE y muy cercano al presidente González), y la de la Casa del Rey (Prado era el administrador privado de don Juan Carlos). El poder en Madrid, el poder en Barcelona y el jefe del Estado. Ese es el nivel de su ira, tan fuera de control que uno de los asistentes, «N. de Mir», le comenta que «si seguía por ese camino no contaría con su apoyo».

La tercera nota de inteligencia se elabora el 1 de marzo. Esta deja constancia de que el 24 de enero, una semana antes de la primera nota, se había mantenido una entrevista con el embajador kuwaití de la que quizás Manglano no ha tenido conocimiento. Ahora sí está al tanto. Se constata que el mensaje de Madrid ha llegado al pequeño emirato del golfo Pérsico, donde han considerado que «el interés político debe primar por encima del interés económico». Los árabes proponen celebrar una reunión y ofrecen dos alternativas: el 23 de marzo en Londres o el 24 en Ginebra. Asistirían:

- El presidente de KIA (no de KIO, agrupa a varias empresas).
- Un enviado especial del emir.
- Dos asesores financieros.
- El embajador de Kuwait en España.
- Un representante del Gobierno español.
- El señor Prado y Colón de Carvajal.

El CESID considera «muy conveniente la aceptación de asistir», al tiempo que necesaria la presencia de Manolo Prado. De la Rosa no está invitado, lógicamente, pero se ha reunido con dos abogados, que no son ninguno de sus habituales, Folchi y Joan Piqué Vidal (otro que sabe mucho de la trastienda de CiU y, sobre todo, de Pujol), y parece que con algunos periodistas. Les repite el mantra: «Si tengo que declarar sobre el descubierto de los 530 millones de dólares, el rey tendrá que abdicar e irán a la cárcel Manolo Prado, Sarasola, Macià Alavedra, Roca y alguno más».

«Nota final —escribe Manglano—: Se reitera la conveniencia de que el ministro Javier Solana reciba cuanto antes al embajador de Kuwait en España.» Además de las tres notas, en el archivo del director del Centro también subsisten dos folios sueltos con unas líneas escritas en boli azul. Parecen ser las notas que tomó mientras charlaba con Folchi: «Necesidad de hacer unos pagos que tenían una dimensión política», empieza. El general Manglano transcribe algunas de las palabras literales de su informante, relativas a «crear una estructura» para canalizar los presuntos sobornos.

Estos hechos ocurrieron en el verano de 1990: «Todo el mundo sabía que había que pagar 300 millones de dólares», escribe seguido Manglano. ¿A quién había que pagar? «A grupos políticos (menos IU).» ¿Cómo? «A través de una sociedad» y mediante una «cuenta, banca en Suiza.» ¿Cantidades? «300 millones + 150 = 450.» Y ahora lo más delicado, dos columnas con nombres de políticos. La de la derecha solo tiene uno y subrayado: Jordi Pujol, que está bajo la inscripción «Acie», una sociedad que manejaba Javier de la Rosa a través del bufete de su abogado, Juan José Folchi. De hecho, en febrero de 2020, treinta años después, la Audiencia Nacional imputará a Jordi Pujol Ferrusola, primogénito del expresidente, por el cobro de comisiones de Grand Tibidabo, una de las empresas que quebró De la Rosa, a través de Acie. Los liquidadores de Tibidabo se querellaron.

En la columna de la izquierda hay más nombres, cuatro. En realidad, dos parejas de dos con una leve y lógica separación PSOE-PP. Por los socialistas, Solchaga y Sarasola; por los populares, Rato y Matutes.

Solchaga era ministro de Economía, y Sarasola ya ha aparecido con anterioridad. Por el ala derecha, Rodrigo Rato estaba llamado a ser vicepresidente económico del primer Gobierno del Partido Popular, en el que el empresario ibicenco del sector del turismo y banquero Abel Matutes ostentaría la cartera de Asuntos Exteriores.

Tras el surgimiento de los presuntos pagos a la oposición, son varias las cajas secretas: Gobierno / PSOE, CiU / Cataluña, PP, sindicatos y la que resta por desarrollar, la del palacio de la Zarzuela. Esta aparece en uno de dos folios manuscritos en los que se hace referencia a los préstamos de la Casa Real saudí al rey de España:

Deuda del rey: préstamo de 100 millones de dólares sin intereses a diez años (saudíes).

Préstamo vencido que no podía ser reparado. Los kuwaitíes se hacen cargo.

1992. Relevo en KIO.

100 - rey.

200 - ?

La suma es redonda: cien más doscientos, los trescientos citados.

Esta era la situación que se trata de arreglar y dejar amarrada con el emir kuwaití y con los nuevos gestores que habían llegado a la Kuwait Investments Office en 1992, tras el desfalco del fondo de inversión, que dejó un descubierto de 243.000 millones de pesetas, casi 1.500 millones de euros. Javier de la Rosa y Manuel Prado y Colón de Carvajal serán condenados por estafa y apropiación indebida. De la Rosa llega a tener un plan, pero no le va a funcionar. Él mismo lo relató y Manglano lo apunta:

He hablado con Belloch para quitar de en medio a Felipe y a Narcís, porque Belloch quiere ser presidente. Está intentando arreglar lo de Laos[99] y se ve como la figura mejor colocada. Yo he pedido y pienso pedir la renuncia del rey si no se me arreglan las cosas. Tengo papeles de que le he dado al rey en Suiza 17.000 millones de pesetas. A Jordi Pujol le he dado 2500 millones, y su enemigo es Roca. A Felipe González también le he dado mucho dinero, y al PP, a todos... Y a Godó[100] me lo voy a cargar. Le di cien millones de pesetas para cambiar el testamento.

El 13 de febrero de 1996 De la Rosa, como un gato panza arriba, escribe a los abogados de Baker & McKenzie, que llevan la demanda del Tribunal de Comercio de Londres: «En efecto, el Estado de Kuwait debería conocer ya el destino de todos los pagos, salvo algunos de cuantía reducida que corresponden a gastos administrativos».

99. Se refiere a la fuga de Luis Roldán.
100. Javier Godó, conde de Godó, editor de *La Vanguardia*.

De la Rosa afirma que preguntó al doctor Benbahani, un ejecutivo de KIO, «si conocía la operación relativa a los 300 millones de dólares de Pincinco», el fondo del que salieron las comisiones pagadas en España:

¿Están al corriente de que en octubre de 1992 tuve una entrevista, en compañía del señor Folchi, con el exministro de Economía, Sheikh [jeque] Ali Khalifa al Sabah, en el avión de mi propiedad? En esa reunión nosotros le explicamos con todo detalle los pagos hechos en nombre de KIO así como las consecuencias políticas que los mismos podían acarrear en España; no comprendo por qué Vds. (habiendo aceptado que les paga KIO - el Gobierno de Kuwait) nos solicitan información que ellos tienen ya.

Cita otros momentos en los que hablaron de estas operaciones. A continuación, explica los pagos:

Recibidos por Sheikh Fahad: 140 m US$
Recibidos por Khaled al Sabah: 21 m US$
Recibidos por Manuel de Prado: 160 m US$
Recibidos por Montex (KIO): 50 m US$
Vendedores de plaza Castilla: 33,4 m US$

Todos los pagos referidos se realizaron siguiendo instrucciones de miembros de la familia Al Sabah, que eran las máximas autoridades de KIO [...]. El *modus operandi* de la familia Al Sabah hacía imposible distinguir entre lo que pudiera pertenecer al Estado y lo que correspondía a la familia Al Sabah.

Javier de la Rosa pone algunos ejemplos:

En una noche de octubre de 1990 en la oficina de Sheikh Khaled al Sabah, se produjo una reunión con Sheikh Mubarak Mohamed al Sabah, hijo del emir de Kuwait, quien me pidió una comisión por el envío de explosivos fabricados por Ercros, una filial de GT, destinados al Ejército de Liberación de Kuwait. La comisión debía ser pagada a él y a su socio libanés, Abdal Rahman al Assir. Me negué a hacerlo; hay abundantes pruebas de este extremo.

Durante la ocupación de Kuwait [...], en una reunión con Sheik Fahad, Khaled al Sabah y sus asesores, se analizaban los medios para poner todo el patrimonio de KIO a nombre de un *trust*, cuyo beneficiario sería la familia Al Sabah. Tras analizar propuestas de emplear un *trust* en Jersey y en España (ofrecida por el ministro de Economía, señor Solchaga), se decidió por fin valerse de un *trust* en las islas Bahamas. Lo dicho hasta ahora deja claro que la familia Al Sabah manejaba los fondos del Estado como si fueran los suyos propios.

Desearía que ustedes preguntasen a la Casa Real del emir en Kuwait cuántas conversaciones relativas a estos asuntos han mantenido con la Casa Real española; esto serviría para aclarar algunas cuestiones.

Los más estrechos colaboradores del rey sospechan, si es que no lo saben con certeza, que el jefe del Estado tiene dinero fuera de España. Unos años atrás Manglano constató que el rey estaba descontento con Sabino Fernández Campo porque estaba hablando «demasiado». El 15 de agosto de 1990, con media España honrando a la Virgen en fiestas populares, Manglano almorzó con José Joaquín Puig de la Bellacasa, secretario general de la Casa del Rey, el segundo de Sabino. José Joaquín decidió hacer una confidencia al director del CESID sobre los «negocios en torno al rey», según anotó este:

—Sabino me dijo que iba a hablar contigo sobre una comisión de 800 millones de pesetas a Manolo Prado y que el rey tiene 5000 millones de pesetas en Suiza.

El origen de los GAL y el enfado de Calvo-Sotelo

«El CESID busca testigos falsos para atribuir a la UCD la creación de los GAL.» Es el titular de portada de *El Mundo* el 20 de febrero de 1995. La información, firmada por Jesús Cacho, asegura que el servicio de inteligencia está preparando maniobras de intoxicación para trasladar la responsabilidad de la guerra sucia contra ETA a los expresidentes del Gobierno, y atribuye la dirección de esta «operación política» a dos personas: Narcís Serra y Emilio Alonso Manglano. El encargado es, según el periódico, un hombre de confianza del director del CESID, Emilio Jambrina, que supuestamente ha reunido dos semanas antes a nueve antiguos miembros de los servicios especiales de la Guardia Civil para ofrecerles dinero y refugio en Sudamérica a cambio de que vinculen el origen de los GAL a las actividades del Batallón Vasco Español (BVE).

Con el Gobierno de González desayunándose casi cada mañana con un escándalo en la prensa, la información provoca un terremoto en la opinión pública y el enfado mayúsculo de los dos presidentes del Gobierno de la UCD: Suárez y Calvo-Sotelo. Mientras la oposición pide explicaciones a Manglano y al ministro Serra, el CESID no duda en calificarla de «absolutamente falsa» en una nota difundida a todas las agencias de prensa. En otra nota, esta interna y redactada dos semanas después, van más allá: «El relato acontecido en esa "fantasmagórica" reunión y la actuación que se atribuye en la misma al señor Jambrina resulta una pura falacia».

Es obvio que a Suárez y a Calvo-Sotelo no les sienta bien la información, pero Manglano descubre la magnitud de su disgusto gracias a un confidente que le envía una carta personal el 3 de marzo. Se trata de una persona de la embajada de España en Lisboa:

Estimado y respetado director:

En una conversación mantenida con el nuevo embajador de España en Lisboa, don Raúl Morodo, me dice lo siguiente:

Hace unos días estuvo con don Adolfo Suárez, al que encontró muy molesto con el Centro, de tal forma que se negó a contestar a una llamada telefónica suya relacionada con las últimas noticias que ha publicado la prensa, y que dan cuenta de los intentos del centro de relacionar a UCD con la creación de los GAL. Según el embajador, Adolfo Suárez le ha comentado que los hechos han sido los siguientes:

1. Una persona se ha presentado a Calvo-Sotelo como asistente a una reunión celebrada con un miembro del Centro en la que se trataría de buscar elementos que permitieran relacionar a la UCD con la guerra contra ETA.

2. El director del periódico *El Mundo* se presentó ante Adolfo Suárez con una grabación en la que se recogían afirmaciones que realizó el expresidente del Gobierno en una visita que en su día llevó a cabo a las instalaciones del Centro.

3. Tanto Adolfo Suárez como Calvo-Sotelo están convencidos de la responsabilidad del Centro en estos hechos.

Adolfo Suárez mostró a Raúl Morodo, rogándole que mantuviera el secreto, un escrito durísimo contra usted que había preparado Calvo-Sotelo y que quería hacer público con la firma de los dos expresidentes del Gobierno.

Adolfo Suárez no quiere firmar ese escrito ya que prefiere mantener una postura de neutralidad pues al parecer está haciendo de puente entre el PSOE y el PP y está tratando, a su vez, de frenar la iniciativa de Calvo-Sotelo. No obstante, no se puede descartar que finalmente sea publicado.

Le ruego que el tratamiento que dé a esta información no comprometa al embajador ante Adolfo Suárez, ni a mí ante aquel, ya que eso me permitirá, en su caso, enterarme de más cosas. Deseando que esta información pueda resultar de su interés, quedo a su disposición.

A tenor de la información que desvela este confidente, el origen del enfado es Calvo-Sotelo. Manglano lo descubre tres días después, cuando recibe una carta del segundo presidente de la democracia:

> Querido Emilio:
> Dicté una carta al director para que se publicara en *El País*. Cuando me la traen a la firma, prefiero enviártela a ti solo. Y, a lo mejor, también a Alberto Oliart.

Este encabezamiento de la misiva revela dos detalles: más allá del enfado por una acusación tan grave, hay un componente relacionado con que él era el presidente cuando Manglano fue nombrado director del CESID. Por eso valora la posibilidad de remitir la queja también al que fue el responsable directo del nombramiento: el exministro Oliart. En segundo término, Calvo-Sotelo oculta su intención de haber intentado sumar a Suárez para publicar el artículo y la negativa de este. Esta es la carta, dirigida aunque nunca enviada, al director de *El País*, Jesús Ceberio:

> Le agradecería que publicase esta breve glosa a su reportaje de ayer sobre E. Alonso Manglano. Me mueve a escribirle una frase del reportaje que me atribuye haber creído «a pies juntillas» una determinada información de prensa. Hombre, no. He aceptado tantos adjetivos que también acepto el de candoroso; pero ya soy mayor para creer «a pies juntillas» algunas cosas, lo mismo si me llegan envueltas en letra impresa o en voz de un director del CESID. No hubiera querido aludir a este incidente personal, pero ustedes lo han hecho y voy a puntualizarlo así:

En la madrugada del lunes 20 de febrero vi en un Vips la primera edición de *El Mundo* con ese titular a cinco columnas: «El CESID busca testigos falsos para intentar atribuir a la UCD la creación del GAL». Confieso mi sobresalto ante acusación tan grave, y esperé ingenuamente encontrar al llegar a casa llamadas insistentes de mi viejo amigo Emilio Alonso Manglano; hasta anticipé sus irritadas explicaciones, con toda la panoplia de palabras fuertes que tiene a su disposición su recio carácter militar. Pero no había tales llamadas. Ni tampoco al día siguiente.

Por la tarde del lunes llamé a S. M. el rey para interesarme por su venial accidente de esquí. En el curso de la conversación le dije a S. M. mi disgusto y mi sorpresa por no haber recibido explicación alguna por aquel tremendo titular de *El Mundo*. Tres minutos más tarde me llamó el general Manglano con un mentís protocolario y el anuncio de que el CESID iba a querellarse. Le respondo que recibo su explicación oficial, pero que la solidaridad del amigo queda pendiente; y que una u otra hubieran sido más eficaces veinte horas antes. Su excusa fue que había estado reunido todo el día.

A partir de entonces el diario se ratifica en su denuncia; aparecen otros cabos sueltos que, naturalmente, no creo tampoco a pies juntillas, y no se produce la querella del CESID. Sin embargo, me guardo mucho de decir; ciertos son los toros.

Estos son los hechos, y ahora resulta que su reportaje atribuye al general Manglano una gran amargura porque yo no le llamé cuando apareció la información de *El Mundo*. Por lo visto, cuando hay una presunta ofensa grave, es el ofendido quien está en la obligación de llamar al presunto ofensor, y no a la inversa. El mundo al revés. Sobre todo, si se añade la presunta obligación de respeto y de gratitud que tiene el presunto ofensor con el ofendido. Hay oficios que, inevitablemente, deforman la personalidad de quien los ejerce. Le saluda cordialmente,

LEOPOLDO CALVO-SOTELO

Manglano redacta y envía su respuesta el 9 de marzo:

Querido Leopoldo:

Recibo con tu carta del pasado 6 de marzo la que con esa misma fecha pensabas remitir al director de *El País* y que posteriormente renunciaste a enviarle. En relación con este asunto quiero exponer lo siguiente:

1. El Gobierno no me ha solicitado ningún trabajo ni ninguna investigación que tuviera como finalidad aportar «pruebas» de la implicación de los gobiernos de UCD en actividades ilegales contra el terrorismo de ETA.

2. El CESID, por su parte, no ha realizado ningún trabajo ni ninguna actividad que pretenda la misma finalidad señalada en el punto anterior.

3. Es de general conocimiento que las actividades violentas contra ETA durante esos años estuvieron a cargo de varios grupos como: comandos anti-ETA (ATE), Alianza Apostólica Anticomunista (Triple A), Batallón Vasco Español (BVE), etcétera. Se considera que todas las actividades de estos grupos pueden responder a diferentes orígenes:

    a) Acciones de elementos de ultraderecha radicalizados sin responder a un objetivo superior.

    b) Acciones de mercenarios contratados por empresarios, etcétera.

    c) Acciones planeadas por un grupo de gesto involucionista.

    d) Acciones de delincuencia común, ajustes de cuentas, etcétera.

   En ningún momento —ni entonces ni ahora— nadie ha imputado responsabilidad alguna en estas actividades a los gobiernos de UCD (tanto el presidido por Adolfo Suárez como el presidido por ti). Más bien dichos gobiernos se vieron afectados por esas actividades en la medida que representaban la tenaza, que en aquel momento actuaba sobre el proceso democrático, constituida por la involución y el terrorismo de ETA.

4. El día 20 de febrero el periódico *El Mundo* publicaba el artículo firmado por Jesús Cacho en el que se afirmaba «El CESID busca testigos falsos para atribuir a la UCD la creación de los GAL» (Se acompaña documentación). Esa misma mañana se difundió un desmentido a través de todas las agencias. Es verdad que no estimé que la noticia falsa pudiera afectarte de la forma que lo hizo (error mío). Es verdad que te llamé por teléfono tras avisarme S. M. el rey que estabas indignado. En mi conversación telefónica te desmentí la noticia —no creo que fuera de forma protocolaria—. Me reprochaste no haberte llamado esa mañana (ya he dicho que en eso tienes razón). Aquella misma tarde llamé a Adolfo Suárez

para hacerle el desmentido. También a la mañana siguiente hablé con Martín Villa.

5. En nuestra conversación te anuncié que se iba a presentar querella. El día 23 de febrero (es decir, el jueves de esa semana) el señor Jambrina, miembro de este Centro, presentó en los Juzgados de Instrucción de Madrid una querella contra el periodista Jesús Cacho y Unidad Editorial S. A. (empresa editora del periódico *El Mundo*).

6. En tu carta al director de *El País*, que no enviaste, mencionas que «se me atribuye una gran amargura porque no me llamaste cuando era yo el que debía haberlo hecho». Esa atribución que hace *El País* carece de fundamento y es falsa.

7. Creo que hay dos problemas: uno de forma y otro de fondo. El de forma es mi falta de diligencia (o sensibilidad) en llamarte el lunes por la mañana para darte las explicaciones que mereces ante la publicación del mencionado artículo. En esto reitero mis disculpas. Y si, como dices, te he ofendido (yo no lo creo), también estoy dispuesto a darte todas las explicaciones necesarias.

   El tema de fondo es la supuesta creencia que puedes tener sobre intenciones del Gobierno y actividades consiguientes del CESID para intentar implicar a los Gobiernos de UCD en la guerra sucia contra ETA. Esto es absolutamente falso y te lo digo de forma categórica y rotunda.

8. El día 27 de ese mismo mes, el periódico *El Mundo* publicó otro artículo en el que también se atribuía al CESID la intención de implicar al presidente Suárez en la guerra sucia a través de una grabación manipulada. He tratado a fondo este asunto con Adolfo Suárez, a quien he dado una serie de detalles sobre esta operación.

9. Soy consciente de que hay personas que siguen diciendo y comentando que el CESID está trabajando para implicar a los gobiernos de UCD en la guerra sucia contra ETA. También te reitero que esto es absolutamente falso (no quiero entrar aquí en consideraciones de tipo político, reflejo de la actual situación).

Termino esta carta. En ningún momento se ha quebrado dentro de mí el respeto, gratitud y amistad que te he profesado siempre y que te sigo profesando.

Un abrazo.

El intercambio epistolar es intenso. Calvo-Sotelo responde brevemente al día siguiente:

> Querido Emilio:
> Recibo tu carta y agradezco el tono de tus largas explicaciones. Algún día, mejor dentro de mucho tiempo, volveremos a hablar de todas estas cosas.
> Un abrazo

Como marca el estilo epistolar, las formas no se pierden nunca: las valoraciones se esconden en exquisitas fórmulas cargadas de ironía. El enfado con Calvo-Sotelo se ha reconducido, pero la relación entre ambos necesitará tiempo para recomponerse. ¿Y qué pasa con Adolfo Suárez? La conversación que mantuvo con el embajador Morodo desvela que no tiene intención de sumarse a su sucesor en la Moncloa. Aunque en un principio no quiso atender telefónicamente a Manglano, sí acabó haciéndolo, e incluso le recibió en su despacho.

La pregunta es: ¿hay algo de cierto en la información que publicó *El Mundo*?, ¿todo?, ¿nada? En una carta enviada por Manglano a Suárez el 31 de marzo aparece una de las claves:

> Querido Adolfo:
> En la larga e interesante conversación que mantuvimos en tu despacho el pasado día 8 de marzo, hablamos, entre otros asuntos, de un anónimo que habías recibido titulado «125-23-13», y del cual me entregaste una copia. He tardado en contestar porque en principio teníamos intención de identificar la autoría del mismo. Como esto no ha sido posible, te envío esta nota en la que se hacen las observaciones y precisiones que el citado anónimo merece.
> Ante este tipo de manipulaciones o difamaciones, por mi parte no puedo ofrecerte más que la rotundidad del desmentido, y este no tiene el carácter de un mero trámite, sino que comporta el testimonio de un acto de responsabilidad pleno y total, que asumo en conciencia.
> Quedo a tu disposición, un abrazo.

¿Qué dice el anónimo 125-23-13? ¿Quién está detrás? ¿Por qué se esconde?

El anónimo 125-23-13

El anónimo 125-23-13 que recibió Adolfo Suárez es un documento de dos folios sin sello alguno del que Emilio Alonso Manglano tiene conocimiento por el expresidente y del que guarda varias copias en su archivo. Es la explicación teórica, una especie de hoja de ruta, de ese supuesto grupo de testigos que estaba conformando el CESID para atribuir los GAL a la UCD: «Creación, objetivos, finalidad, composición, primeros trabajos, mayores riesgos de actividad del grupo y cuestiones importantes». Finaliza con una nota: «Se mantienen los contactos, y es posible que en un plazo no inferior a quince días se pueda facilitar más información». Es el paso previo a la información que publicó *El Mundo* el 20 de febrero, en la que se contaba una reunión para iniciar la constitución de los Grupos Antiterroristas de Liberación.

Cuando Suárez entrega el anónimo a Manglano, este se pone a trabajar para tratar de destapar al autor. Las pesquisas concluyen con un nuevo documento de dos folios en el que el CESID va desmontando el anónimo punto por punto y en el que se denuncia la «calaña y la categoría ruin de las personas que, por inconfesables intereses, o por simple odio y venganza, involucran al Centro con tan graves falsedades, confundiendo sistemáticamente a la opinión pública y encubriendo, con el más puro estilo mafioso, su falta del más mínimo sentido de la responsabilidad». Estas son las conclusiones:

El documento que se comenta es, en su totalidad, absolutamente falso. Pese a ello, su propósito difamatorio puede tener sus efectos en esta época en que son muy frecuentes los procesos de intoxicación que buscan un descrédito de personas e instituciones a través de rumores, filtraciones falsas, dosieres, etcétera, etcétera.

De alguna manera, esta imputación al CESID de intentar por diversos procedimientos implicar en la guerra sucia contra ETA a los Gobiernos de la UCD, ya ha conseguido irritar (o cuando menos molestar) a los expresidentes Suárez y Calvo-Sotelo.

Tampoco hay que descartar que el autor o autores de este anónimo (y de otras filtraciones falsas a los medios de comunicación social) pudieran estar relacionados con las actuaciones del Batallón Vasco Español (BVE). Al propagar estas «informaciones», tratarían de desacreditar cualquier referencia a las actuaciones del BVE, dado que se interpretarían como una «campaña» contra los Gobiernos de UCD alentada por el actual Gobierno para extender la «guerra sucia a ese periodo». Dado que el documento es anónimo, no se pueden iniciar acciones judiciales que constituirían la respuesta adecuada al carácter delictivo del mismo. Por todo ello, solo cabe realizar este desmentido de forma rotunda y clara.

Madrid, 30 de marzo de 1995

Con su orden habitual, Manglano guarda en su archivo las cartas recibidas y los borradores de las cartas enviadas. También las fotocopias de las informaciones periodísticas que considera relevantes. En este caso, todo ello agrupado en una carpetilla blanca titulada «Atribución GAL a UCD testigos falsos». En ella conviven dos documentos interesantes, uno sobre las actividades contra ETA anteriores a los GAL y otro con la valoración de los resultados de la lucha antiterrorista desde 1982 a 1994 (situación y balance).

El primero arranca considerando «difícil» conocer el número real de acciones contra ETA o su entorno anteriores a los GAL:

Se considera que se han efectuado unas 140 acciones en el País Vasco y Navarra y unas 40 en el País Vasco francés. Gran parte se atribuyen a organizaciones de extrema derecha en acciones no reivindicadas; otras fueron reivindicadas por grupos antiterroristas bajo multitud de siglas: los comandos anti-ETA (ATE), Grupos Armados Españoles (GAE), Acción Nacional Española (ANE), la Triple A y el Batallón Vasco Español (BVE). Como resultado de estas acciones se contabilizan un número aproximado de 40 muertos y 70 heridos.

Hasta la aparición del BVE, las actividades parecen más claramente vinculadas a los núcleos de extrema derecha, produciéndose iniciativas independientes. Con el BVE parece que confluyen las iniciativas. Desde 1979, aunque sigan reivindicando con siglas diferentes (ANE, GAE, AAA), parece que se trataba de los mismos activistas que utilizaban estos procedimientos para despistar la investigación policial. No obstante, de acuerdo con las detenciones efectuadas, existieron grupos diferentes que utilizaron las mismas siglas (comando Iturbide, Zabala y Medrano, grupo del sargento Montero, grupo de Cocoliso, grupo de FN [Fuerza Nueva] implicado en el caso de Yolanda González, mercenarios en el País Vasco francés).

El origen de la mayoría de las acciones es muy oscuro, no pudiéndose descartar que en algunos casos pudieran ser atribuidos a la delincuencia común, como el asesinato de un taxista en Oyarzun (23-05-78), el de Naparra (04-07-80) en Biarritz, en el que no aparece el cuerpo del delito, y el de Ángel Echániz en Ondárroa (30-08-80).

Las detenciones del BVE en 1981 solo afectaron al comando que actuaba sobre el Triángulo de la Muerte (eje Hernani-Rentería-Andoáin), por lo que el resto de actividades no se han podido atribuir a un grupo determinado.

[...] La actividad anterior a 1982 se produjo fundamentalmente en el País Vasco español, mientras que todas las acciones de los GAL se ejecutaron en el País Vasco francés. Asimismo, las primeras responden al impulso del rechazo social contra ETA más que a represalias por atentados de esta, característica general de las acciones de los GAL.

Hasta las primeras detenciones en 1983 de miembros del CNP [Cuerpo Nacional de Policía] relacionados con las actividades de los GAL, las implicaciones de miembros de las FSE [Fuerzas de Seguridad del Estado] fueron solo una especulación.

Los miembros de la FSE y FAS que de alguna manera se han visto implicados en la lucha ilegal contra ETA, antes de 1982, actuaban a título individual, impulsados por su ideología ultraderechista o por contribuir en los proyectos involucionistas de estos años. Su actividad fue fundamentalmente de información o enlace.

Por último, señalar que el número de atentados con víctimas en la época anterior a los GAL es superior a los atribuidos a estos grupos.

Dos años después, en 1984, el documento en poder de Manglano concluye los logros de la lucha contraterrorista:

1. Que la sociedad vasca de forma mayoritaria tome posición en contra del terrorismo, de sus autores y de quienes lo apoyan. Se ha producido un notable descenso del temor al mismo.

2. La unidad de acción política de todos los partidos en los aspectos básicos de la lucha contra ETA aun cuando persisten discrepancias, en algunos casos importantes, respecto a procedimientos.

3. Una legislación que, aunque perfectible, mantiene un razonable equilibrio entre las necesidades de la lucha contraterrorista y las libertades individuales.

4. El tratamiento penitenciario de los presos de ETA que ha propiciado en ellos posturas contra la violencia y ha disminuido su capacidad de realizar presiones que radicalicen más a ETA.

5. La mejora de las capacidades de los medios humanos, materiales, técnicos, así como de los procedimientos y coordinación de las FSE, de los servicios de inteligencia y de la Policía autónoma.

6. La cooperación activa de Francia, tanto policial como judicial, con importantes resultados pese a las dificultades que en algunos momentos hayan podido existir. Asimismo se ha logrado la cooperación de otros países europeos y americanos.

7. Mantener los principios básicos de la política contraterrorista compaginándolos con la flexibilidad precisa en los planteamientos.

Como consecuencia de ello:

1. El complejo de apoyo a ETA, en especial HB, acusa el rechazo social y se producen abandonos y voces discordantes. Asimismo se cuestiona por sus componentes la validez de la acción terrorista en el momento actual.

2. Se cuestiona de forma casi permanente el liderazgo absoluto que ETA ejerció sobre todo el complejo.

3. Ha disminuido notablemente la capacidad operativa de ETA, aunque conserve la suficiente para cometer atentados.

4. ETA ha perdido una gran parte de su credibilidad en el extranjero, ya no tienen bases seguras y es considerada como una organización criminal.

5. La sociedad vasca ya no tiene, en gran parte, miedo a oponerse a ETA, a la que no encuentra ninguna justificación. La violencia ya no es el condicionante casi único de la actividad política y ha perdido su condición de ser el problema más grave de la sociedad.

El análisis que arroja este documento es optimista y se centra en los éxitos alcanzados, no en el camino por recorrer. ETA tendrá que matar aún a muchos inocentes para que la ciudadanía salga a la calle libremente a manifestarse contra los terroristas y quienes los apoyan. Será en julio de 1997, después de que los terroristas secuestren y asesinen a sangre fría al concejal del PP Miguel Ángel Blanco. La sociedad española clamará contra ellos al grito de «ETA no, vascos sí». Entretanto, Emilio

Alonso Manglano aún tendrá que dar explicaciones ante nuevas informaciones periodísticas relacionadas con los GAL, pero en esta ocasión no en relación al actual presidente del Gobierno.

La dimisión

«El CESID lleva más de diez años espiando y grabando a políticos, empresarios y periodistas.» El 12 de junio de 1995 *El Mundo* abre su edición con un titular bomba. El diario que dirige Pedro J. Ramírez asevera que los servicios secretos cuentan con una cintateca que tiene registradas conversaciones privadas del rey con algunos de sus amigos, con los ministros Francisco Fernández Ordóñez y José Barrionuevo, con el presidente del Real Madrid, Ramón Mendoza, y el empresario José María Ruiz-Mateos, además de periodistas como Pedro J. Ramírez y Luis María Anson. Las grabaciones se realizaban a través del llamado Centro de Vigilancia del Espectro Radioeléctrico, que consistía en realizar barridos que captaban las señales de telefonía móvil. Tener un teléfono móvil en los años 80 solo estaba al alcance de gente relevante. Como mínimo, un empresario importante.

La información de *El Mundo*, firmada por los periodistas Antonio Rubio y Manuel Cerdán, es muy contundente y tiene consecuencias políticas de la máxima importancia: Emilio Alonso Manglano toma la decisión de dimitir, que formaliza el 15 de junio. Tras él lo hacen el ministro de Defensa, Julián García Vargas, y el vicepresidente del Gobierno, Narcís Serra. El escándalo es tal que el caso también llega a los tribunales.

La decisión de Manglano es, probablemente, la más difícil de su vida militar. Hasta el punto de que esa tarde y esa noche las pasa en su casa, junto a sus dos hijos y su hermana Amparo, que tratan de consolarlo entre lágrimas. Impotencia ante un escándalo que bebe de la traición de un subordinado de plena confianza.

El director del CESID no niega los hechos y asume su responsabilidad, pero realiza una serie de aclaraciones relevantes para que su figura no se vea manchada. En sus argumentos de defensa, Manglano siempre sostendrá que las prácticas que él autorizó estaban dentro de la legalidad de un Centro que «está al servicio del Estado y no de los partidos». Sus abundantes manuscritos sobre las escuchas pivotan sobre esa «licitud»: «La exploración del espacio radioeléctrico, que tiene carácter de dominio público y que es un bien administrado por el Estado, es fundamental para su seguridad y defensa». Así lo anota Manglano en unos folios sueltos en los que prepara su declaración ante el fiscal.

Los barridos, que entre 1982 y 1984 se hacían con un precario escáner y que luego se irían sofisticando, debían servir para la búsqueda de información relativa al terrorismo, actividades anticonstitucionales (movimientos involucionistas), la defensa nacional, inteligencia exterior, blanqueo de dinero, contrainteligencia y asuntos relativos a la «economía y tecnología». El militar defiende que el sistema no permite escuchas programadas, pincharle el teléfono a una persona determinada, sino que *caza* a quien en un determinado momento y en una zona concreta utiliza un teléfono móvil.

Manglano sostiene que hay un «vacío legal» en lo que se refiere a la exploración del espacio radioeléctrico —la telefonía móvil estaba en pañales— y que, por lo tanto, los barridos que realizaba el CESID «no constituyen una práctica delictiva». Para pinchar un teléfono fijo era necesaria la autorización de un juez, pero no estaba claro cuando se refería a señales de radio. ¿Dónde está el gran problema? En que algunas cintas se almacenaban y se transcribían: conversaciones del rey, de políticos o de empresarios que, en ocasiones, además, charlaban sobre asuntos personales que no figuraban entre las misiones legales del CESID. Si un político tenía amantes, no era cuestión de la seguridad nacional, salvo que ella fuera una espía de una potencia enemiga, que no era el caso. Adolfo Suárez, además de haber sido grabado durante su visita a instalaciones del CESID, volvió a ser *cazado* en 1987 mediante esta práctica de interceptación de telefonía móvil.

En relación con el almacenaje de las grabaciones, la defensa de Manglano pivota sobre un punto: «El director del CESID no conocía la conservación de estas grabaciones, que fueron archivadas sin su conocimiento». ¿Quién las archivó y las conocía? Juan Alberto Perote, el hombre que manejaba el gabinete de escuchas, quien, en lugar de destruir los audios sin interés operativo en la defensa del Estado —grabando encima o reutilizando las cintas, como era su obligación—, los conservó. Después se llevó la información del Centro, que acabó en la primera página de *El Mundo*.

Tras presentar la dimisión, el jefe del CESID realiza un análisis de la situación. Sus reflexiones por escrito figuran en un legajo de ocho folios mecanografiados bajo el título «Puntos delicados». En particular, le preocupan especialmente dos cintas y un tercer grupo de grabaciones:

- La cinta del rey. Una vez que fue detectada la comunicación se puso de inmediato en conocimiento del rey y se ordenó su destrucción. En este punto hay que incidir especialmente, pues resulta inasumible cualquier duda sobre la lealtad del Centro hacia Su Majestad.
- La cinta de Barrionuevo. Se reprendió a Perote por haberla grabado.
- Las cintas de Dianética. Hay bastantes (8) en un periodo de tiempo bastante limitado (noviembre de 1987 a marzo de 1988), lo cual va en contra de la teoría de la aleatoriedad. De todas formas, se puede encontrar alguna explicación.

Existe un segundo documento, un análisis sobre el material que Perote entregó a *El Mundo* para su publicación. Llama la atención este punto: «Hay que tener muy en cuenta que en algunos de los documentos reproducidos parcialmente, la parte eliminada es mucho más delicada que la reproducida, ya que se trata de la definición y siglas de las acciones propias del departamento que más se acercan a la ilegalidad y que incluso pueden ser netamente ilegales».

Emilio Alonso Manglano ha sido director de la inteligencia española durante algo más de catorce años. Su salida del cargo no es la que él esperaba. Una vez encontradas las causas, detectados los errores cometidos y asumida la responsabilidad con la dignidad exigible a su cargo, debe pensar en el futuro. Nadie en todo el Estado maneja su caudal de información, ni el rey ni el presidente del Gobierno. Nadie.

El relevo

Tras presentar su dimisión, el general Manglano, siempre leal a las instituciones, prepara su propio relevo. El nuevo ministro de Defensa es Gustavo Suárez Pertierra, que toma posesión el 30 de junio de 1995, tres semanas después de la publicación del caso de las escuchas. Manglano está dispuesto a hacer una sucesión ordenada, y para ello debe facilitar información sobre la estrategia de dos hombres, Mario Conde y Alberto Perote, que representan la principal amenaza al Estado. El 8 de julio Manglano se entrevista con el ministro: «Le voy poniendo al corriente de toda la trama Conde», anota Manglano, y también le ofrece varios datos sobre Perote, «pero no todos». Acuerdan «dar confianza a la gente del Centro» y quedan en que Manglano le preparará unas notas con lo que tiene que decir en el acto del relevo.

Al día siguiente el abogado de Mario Conde, Jesús Santaella, llama a Santiago Bastos, quien fuera subdirector del CESID con Manglano, y le pone al corriente de los planes del líder de la oposición, José María Aznar, cada vez más impaciente por mudarse a la Moncloa.

—Aznar ha decidido multiplicar el acoso a toda costa y con todas las posibilidades para conseguir la caída de Felipe González antes de diciembre. Pedro J. y el resto están dispuestos a ello —le dice Bastos a Manglano citando su conversación con Santaella—. Están ejerciendo una fuerte presión sobre Mario Conde para que proporcione elementos —añade Bastos refiriéndose a material contra González y su Gobierno que habría de publicar Pedro J. Ramírez.

José Barrionuevo tiene un informe que han elaborado, supuestamente, los abogados de Mario Conde. En las conclusiones de ese documento se acusa al CESID de «cierta participación en los GAL de la Guardia Civil», el llamado GAL Verde. El exministro del Interior, que solo es diputado en el Congreso, entrega el informe a Narcís Serra y este a Manglano. El vicepresidente del Gobierno también ha informado de ello al rey.

Según Jesús Santaella, que parece adoptar el papel de poli bueno, Mario Conde se muestra dubitativo: «Por el momento no es su voluntad (facilitar munición al tándem Aznar-Pedro J.), pero está muy presionado». El exbanquero ha pedido consejo a su abogado: «¿Qué hago, Jesús?», le dijo. Conde está tentado por el líder del Partido Popular, quien le ha hecho una promesa: «Después [es decir, cuando derroquen a Felipe y él sea el nuevo presidente del Gobierno] Aznar está dispuesto a ser muy generoso».

A las 14:00 horas, Santaella llama a Bastos y este a su exjefe:

—Alberto [Perote] ha leído los comentarios de Pertierra [declaraciones en prensa] y está como un miura. Yo no puedo controlarlo. O el ministro rectifica en 72 horas o dice que se atenga a las consecuencias.

—Como haga esta tontería, puede hundir el proceso de desactivación sin remedio —responde Manglano—. Por favor, Santiago, llámalo, solo te hará caso a ti.

Bastos llama a la cárcel, habla con Perote y pasa el parte. Manglano lo resume así en su agenda:

Alberto (Perote): está fuera de sí, amenazante, exasperado. Ni 72 horas. Anuncia nuevos pasos.

Bastos le transmite: (1) cómo está hoy cada persona de la Casa. (2) El vilipendio terrible de la persona del director. (3) Aborto del plan de desactivación. (4) Se le acusa de traidor por causa de lo que ha hecho y si hace más cosas, cada vez lo será más y con más razón. (5) Sus hijos. (6) Fiarse de Santaella, será lo mejor para él.

El director saliente del CESID anota también la respuesta que Perote le da a Bastos, una buena noticia para el general: «Tú eres mi amigo, solo tú me hablas sin querer hundirme. Haré lo que tú me digas. No acusaré al director en el tema de las escuchas».

En estas condiciones se llega al acto del relevo del mando al frente de la inteligencia española. Manglano prepara unas notas para el ministro con lo que tiene que decir. Pertierra las acepta de buen grado y le dice que las utilizará. El 11 de julio, en la toma de posesión de «los nuevos», el ministro de Defensa ofrece en el salón de actos palabras de confianza a todos los miembros del CESID y deja patente su amistad con el director saliente.

Aun así, el Gobierno quiere —o debe— mostrar, más bien escenificar, una ruptura con el pasado, y nombra a Félix Miranda Robredo nuevo director y a Jesús del Olmo Pastor, secretario general. El general Jesús del Olmo había informado a Manglano el 23 de marzo de que «en el PP hay mucha gente contra el Centro» porque, dicen, «trabajamos para el PSOE». Del Olmo enumeró entonces a los líderes de la derecha que, en privado, se manifiestan en ese sentido: Francisco Álvarez-Cascos, Federico Trillo, Santiago López Valdivielso, Julio Padilla y Rogelio Baón.

El mismo día de la toma de posesión, Manglano se reúne en su despacho con el ministro Pertierra. A tenor de la conversación, el sucesor de Manglano parece un hombre de paja. El ya exdirector del Centro hace entrega al ministro de la copia de un informe con las conclusiones del caso Conde. Pese a que el exbanquero y sus terminales mediáticas son una de las mayores amenazas que afronta el Gobierno, ambos interlocutores acuerdan lo siguiente: «Quedamos en que este tema no deben saberlo por ahora ni Miranda ni Del Olmo».

La confianza del Gobierno en los nuevos jefes de la inteligencia española no es excelsa. De facto, Manglano seguirá manejando los hilos de la información del Estado. Esos días, quienes él denomina «el grupo Conde», integrado por empresarios, políticos y periodistas, «aumenta presiones para activar el artículo 102 de la Constitución». La lectura de los tres puntos de este epígrafe de la Carta Magna despeja cualquier duda sobre el objetivo a batir por Mario Conde:

1. La responsabilidad criminal del presidente y los demás miembros del Gobierno será exigible, en su caso, ante la Sala de lo Penal del Tribunal Supremo.
2. Si la acusación fuere por traición o por cualquier delito contra la seguridad del Estado en el ejercicio de sus funciones, solo podrá ser planteada por iniciativa de la cuarta parte de los miembros del Congreso, y con la aprobación de la mayoría absoluta del mismo.
3. La prerrogativa real de gracia no será aplicable a ninguno de los supuestos del presente artículo.

El cerco contra Felipe se estrecha cada vez más: «El PP sabe que Conde tiene algo contundente y le presionan», anota Manglano, quien el 12 de julio recibe un chivatazo de «Sant.», en clara referencia a Jesús Santaella, abogado de Mario Conde:

—Emilio, mañana Mario cena con gente del PP.

—Incumpliendo lo dicho de todo… —replica Manglano.

—Mario tiene dudas. Tiene la tentación de entrar o no en temas concretos. Esto sería la publicación de los cuatro dosieres el lunes 17 y, al día siguiente, proponer el 102. Hay un grupo del PP que lo está considerando.

Tras la conversación, Manglano reflexiona: «La capacidad que tiene Santaella para evitar lo del lunes es relativa. Dice que si se publica el lunes, se marcha. Sigue insistiendo en la libertad condicional de Perote», el suministrador de papeles de Mario Conde. «Aznar está diseñando lo que puede ofrecerle Conde». La «vía Santaella» parece «controlada».

Ese mismo día Manglano habla con Narcís Serra dos veces, una por la mañana y otra durante la tarde. Llegan a la conclusión de que «no debemos ceder». Están negociando con el entorno de Perote en estos términos sobre los documentos que sustrajo del CESID:

«Tiene que haber un acta de entrega del material a un funcionario del CESID que levante acta [insiste]. Relación de documentos que se llevó. Garantía de que los entrega todos. Asume las responsabilidades penales. Acta de entrega. Para él [Narcís Serra], lo más positivo que hemos hecho es la denuncia contra Perote y las fotos de Perote y MC».

Por la noche, Manglano cena con Alberto Oliart, quien le transmite una buena noticia:

—Parece que el PP está dudando, en tanto en cuanto consideran las consecuencias futuras de acabar con Felipe por este procedimiento. Cada vez lo dudan más.

Ocho días después, el 20 de julio, Manglano recibe una llamada del rey:

—Emilio, no vayas a creer que no te estoy defendiendo, porque lo estoy haciendo —arranca don Juan Carlos—. Me preocupa el futuro del CESID. ¿Con el ministro Belloch Felipe está ciego? ¡Está destrozando la Policía y la Guardia Civil!

Antes de despedirse, el rey le transmite ánimos.

—Emilio, me voy a Palma. Dile a Narcís que venga a verme. Y tú no dejes de verme. Ánimo y mucha suerte.

Emilio Alonso Manglano prepara una breve carta para despedirse de sus colegas, los directores de los servicios de inteligencia de los países más importantes del mundo. Traducida a los respectivos idiomas, la misiva dice así:

Como consecuencia de una serie de hechos aparecidos en los medios de comunicación social que afectaban a determinadas actividades del CESID, consideré por mi parte la obligación de presentar mi dimisión, que el Gobierno aceptó. Se está pendiente del nombramiento de un nuevo responsable del CESID para que se produzca mi cese definitivo.

Por otra parte, quiero expresarle mi agradecimiento por las buenas relaciones y alto nivel de cooperación alcanzado por nuestros servicios durante estos años.

Con mis mejores deseos, reciba un cordial saludo.

Manglano ordena una hoja de difusión urgente en la que marca el nombre en clave del servicio de inteligencia extranjero cuyo líder debe recibir el comunicado: Tariq para Arabia Saudí, Canguro para Australia, Ambar para Francia, Gas y Topacio para las dos agencias de la Federación Rusa o Lluvia para México. Clasifica a los directores de los servicios secretos en cuatro conjuntos: países árabes, occidentales, iberoamericanos y Europa del Este. Ahí están el príncipe Turki al Faisal bin Abdulaziz, director del servicio saudí; John M. Deutch, director de la CIA; el libio Moussa Koussa; el alemán Konrad Porzner, o el general cubano Eduardo Delgado Rodríguez.

Manglano también envía una serie de cartas personales a destacados líderes internacionales con los que ha mantenido una relación cercana. Así, escribe al presidente palestino Yasir Arafat y al exembajador israelí en España y exministro de Asuntos Exteriores Shlomo ben Ami. También a Violeta Chamorro, entonces presidenta de Nicaragua, y a amigos como el belga Albert Raes. Completa la meticulosa tarea con distintos representantes de la OTAN, el Mediclub y el Club de Berna. Manglano guarda copia de todas las cartas enviadas, idénticas salvo el encabezamiento (Querido..., *Dear...*, *Cher ami...*) y todas firmadas a mano. Todos le responden cortésmente, con amables palabras de reconocimiento y gratitud, y Manglano guarda las cartas en otra carpeta. El listado es una buena representación del alcance que la figura de Manglano ha alcanzado en el espionaje internacional y del crecimiento que bajo su mando ha experimentado el CESID.

El Pte. y la X de los GAL

El año 1995 está siendo terrible, pero Emilio Alonso Manglano vive convencido de haber actuado con rectitud. El 26 de julio, seis semanas después de su dimisión, reflexiona por escrito. La primera idea es una convicción propia de quien no puede fiarse de casi nadie: «No aceptar ninguna cosa por verdadera que él no la conozca en forma evidente como tal». La segunda, en mayúsculas: «*Recte facti fecisse merces est*. Séneca, Ep. 81,19». Es una cita de las Epístolas de Séneca: «La recompensa de una buena acción es haberla hecho». A sus sesenta y nueve años, Manglano se resigna, acepta no recibir recompensa por sus buenas acciones, pero no duda de su comportamiento. Desde el punto de vista ético y moral está tranquilo.

Fuera ya del CESID, la vida sigue, y la larga sombra del chantaje al Estado sigue presente. Las negociaciones con Juan Alberto Perote para tratar de frenar su estrategia de acoso y derribo no se interrumpen. Por una parte, el agente del CESID «A. L.» (Antonio Lago) y «S. B.» (Santiago Bastos) le proponen «que firme un documento por el cual se hacen desaparecer varios documentos». Por otra, Manglano se reúne con un tal Bruno y con el general Jesús del Olmo, recién nombrado secretario general del CESID. El Centro está en el punto de mira del juez de la Audiencia Nacional Baltasar Garzón, por lo que ambos acuerdan mantener una «política de firmeza para evitar que el juez entre en el Centro». Si la derivada política del caso de las escuchas se neutralizó pagando un alto coste con tres dimisiones, la judicial es una nueva oportunidad de Garzón para arremeter contra el Gobierno de Felipe González. En el medio está el prestigio del Centro y la posibilidad de que el trabajo de Manglano durante más de catorce años para construir un sistema de inteligencia moderno se vea empañado por la mezcla de los errores y las deslealtades.

En lo referente a Perote se confirman las peores hipótesis. El hombre al que Manglano dio toda su confianza, hasta el punto de no supervisar su forma de proceder durante años, termina por cumplir su amenaza. Aunque le dijo a Bastos que «no acusaré al director en el tema de las escuchas», sí lo hará en los GAL. Perote decide abortar las negociaciones de «desactivación» y se tira al monte: implica directamente en la guerra sucia contra ETA tanto a Manglano como a Felipe González. Para ello, el «traidor» del CESID asegura ante el juez Baltasar Garzón que el presidente del Gobierno y el jefe del Centro estuvieron al tanto de los GAL. Perote se basa en un documento interno del año 1983 que hacía referencia al inicio de acciones violentas en el sur de Francia, y en el que Manglano había anotado a mano «Me lo quedo Pte. para el viernes». Según Perote, la abreviatura «Pte.» quería decir «presidente» y significaba que Manglano iba a despachar con Felipe González sobre la guerra sucia contra ETA. Esta acusación de Perote ante Garzón se convierte en la piedra angular de la identificación de Felipe González como la X de los GAL. A continuación, toda la estrategia del Partido Popular y de muchos medios de comunicación críticos con González comenzó a pivotar sobre esa abreviatura.

Ante tamaña acusación, el exdirector del CESID redacta en una máquina de escribir un comunicado para desmentir, en cinco puntos, a su otrora subordinado:

1. Es rotundamente falso cuanto se me atribuye en las declaraciones por el señor Perote.
2. Jamás he despachado con el presidente del Gobierno documentos internos del CESID.
3. Nunca he utilizado en documentos del CESID referencia alguna manuscrita al presidente del Gobierno mediante la fórmula «Pte.».
4. En el afán de implicar al presidente del Gobierno, el señor Perote transforma maliciosamente el sentido de la abreviatura «Pte. para el viernes», que utilizaba frecuentemente en mis notas de despa-

cho, para hacer que signifique «Presidente», cuando no significa sino «Pendiente» para los despachos que mantenía, precisamente, con el propio señor Perote.

5. Como quiera que estoy citado a declarar ante ese mismo juzgado, podré demostrar ante el juez la falsedad de las imputaciones que se me hacen y la adecuación a la legalidad de las actividades del CESID y de las mías propias.

Firmado: EMILIO ALONSO MANGLANO

En esta nota, el exjefe de los espías dice la verdad. En los cientos de documentos privados que Manglano redactó de su puño y letra desde su nombramiento, jamás se refirió al presidente del Gobierno como «Pte.». Esas siglas aparecen, sin excepción, como abreviatura de «pendiente», gestiones que dejaba por hacer. El presidente del Gobierno siempre fue «PG» y ocasionalmente «Pres.» y «FG», con disciplina militar, así como que el ministro de Defensa era, siempre, «MD». Las evidencias son abrumadoras y se cuentan por decenas. Hay un párrafo muy esclarecedor en este sentido, escrito por el director del CESID el 17 de mayo de 1983 —muchos años antes de que estallara esa controversia—, porque en él, entre las habituales abreviaturas que usaba Manglano, están las referidas al presidente y al adjetivo pendiente. Dice así, con estricta literalidad:

Despacho MD 17.5.83

Me entrega la copia carta de MAE al Pres. para que me ponga en contacto con el Sº francés para obtener informac. sobre el espionaje soviético en Francia. Pte. de preparar viaje a París.

Esto es: el ministro de Defensa (MD) le entrega una carta del ministro de Asuntos Exteriores (MAE) al presidente del Gobierno (Pres.) para que Manglano se ponga en contacto con el servicio (Sº) secreto francés, y queda pendiente (Pte.) de irse a París.

Si una cualidad caracteriza a Manglano es que es metódico. No deja identificaciones al albur de interpretaciones, y lo hace desde muchos años antes de tan siquiera intuir que Perote o cualquier otra persona pudieran atribuir «Pte.» al presidente. Si Felipe González estuvo o dejó de estar al tanto de las acciones de la guerra sucia, no fue por esa anotación de Emilio Alonso Manglano, que nada tiene que ver con el presidente del Gobierno.

Hay una evidencia más: en el punto 6 de las conclusiones al informe enviado por Mario Conde a Moncloa, comentado unas páginas atrás, se recoge la expresión «Pendiente para el viernes». Así escrito por el autor o autores del informe Perote / Conde, se refiere a la famosa anotación «Pte.», como figuraba en el original. Si la teoría del grupo de presión era que «Pte.» significaba 'presidente', es decir, que Manglano iba a despachar un asunto de los GAL con Felipe González, ¿cómo es posible que en el documento enviado a Moncloa ellos mismos sostuvieran que «Pte.» era 'pendiente' para verlo el viernes con Narcís Serra?

Por otro lado, entre los folios sueltos manuscritos que Manglano guarda, hay seis que están grapados y numerados, más uno que hace de portada con el título «Aclaraciones a los documentos», en los que analiza las acusaciones sobre la implicación del CESID en los GAL. En la referida al documento en el que figura el «Pte.», el jefe de los servicios de inteligencia español escribe: «Jamás despaché con el presidente del Gobierno sobre asuntos de terrorismo». Por otro lado, el Ministerio de Defensa envió al juez Garzón un escrito en el que sostenía que esa anotación, que estaba en la portada de un informe, no se correspondía al documento que hablaba de la guerra sucia, sino a otro diferente, por lo que podría haber sido manipulado por Perote.

El escrutinio de los documentos de Manglano desvela una única acción contra ETA que se tomaría en Francia y que fue reportada a Felipe González. En las notas no se dan más detalles, y solo sería ilegal si la hubieran llevado a cabo fuerzas españolas, suposición sobre la que no hay evidencia alguna. Habría actuado como intermediario el ministro de Defensa, Narcís Serra. La nota está en la agenda de 1988, página del 4 de enero:

Despacho.

Me llama el MD.

Asunto de interés para hablar con el PG. Acciones en el sur de Francia para capturar a la cúpula de ETA.

Le digo que vamos a emplearnos a fondo en este tema.

No hay más referencias escritas a este asunto. En noviembre de 2010

Felipe González confesó un episodio a Juan José Millás en *El País*[101] que guarda algún paralelismo con lo recogido en la agenda de Manglano: «Ya hace mucho que no estoy en el poder, pero te voy a decir una cosa que a lo mejor te sorprende. Todavía no sé siquiera si hice bien o hice mal, no te estoy planteando un problema moral, porque aún no tengo la seguridad. Tuve una sola oportunidad en mi vida de dar una orden para liquidar a toda la cúpula de ETA. Antes de la caída de Bidart, en 1992, querían estropear los Juegos Olímpicos, tener una proyección universal... No sé cuánto tiempo antes, quizás en 1990 o 1989, llegó hasta mí una información, que tenía que llegar hasta mí por las implicaciones que tenía. No se trataba de unas operaciones ordinarias de la lucha contra el terrorismo: nuestra gente había detectado —no digo quiénes— el lugar y el día de una reunión de la cúpula de ETA en el sur de Francia. De toda la dirección. Operación que llevaban siguiendo mucho tiempo. Se localiza lugar y día, pero la posibilidad que teníamos de detenerlos era cero, estaban fuera de nuestro territorio. Y la posibilidad de que la operación la hiciera Francia en aquel momento era muy escasa. Ahora habría sido más fácil. Aunque lo hubieran detectado nuestros servicios, si se reúne la cúpula de ETA en una localidad francesa, Francia les cae encima y los detiene a todos. En aquel momento no. En aquel momento solo cabía la posibilidad de volarlos a todos juntos en la casa en la que se iban a reunir. Ni te cuento las implicaciones que tenía actuar en territorio francés, no te explico toda la literatura, pero el hecho descarnado era: existe la posibilidad de volarlos a todos y descabezarlos. La decisión es sí o no. Lo simplifico, dije: no. Y añado a esto: todavía no sé si hice lo correcto». El expresidente habla de «1990 o 1989». El episodio relatado por Manglano es de enero de 1988. ¿Se refieren al mismo? La fecha es cercana, pero la acción no es exactamente la misma. ¿Hubo un intento de «capturar» a la cúpula y en otro momento se valoró «volarla por los aires»? No hay certezas.

En cualquier caso, en 1995 Manglano dice la verdad cuando niega por activa y por pasiva que la abreviatura «Pte.» significara 'presidente'.

Negociaciones con Conde, De la Rosa y Perote

El primer verano de Emilio Alonso Manglano como exdirector del CESID transcurre sin grandes sobresaltos, pero tras las vacaciones rea-

---

101. https://elpais.com/diario/2010/11/07/domingo/1289105554_850215.html

parecen las peores pesadillas para el Estado. El exjefe de los espías inicia una ronda con algunos de sus principales contactos, lo que le permite constatar que los ataques al Gobierno con el CESID como *sparring* siguen activos. Para los enemigos del felipismo, las informaciones sobre los excesos cometidos en el Centro —reales o falsos— no son más que una forma más de desgastar a su objetivo principal: Felipe González.

El curso político se inicia en España con un Gobierno contra las cuerdas, enormemente erosionado por los escándalos que han derivado en causas judiciales, con la corrupción y la guerra sucia como principales casos mediáticos. Además, la crisis económica sigue golpeando a toda una generación de españoles que lucha por hacerse un hueco en el mercado laboral. La agenda de Manglano vuelve a ser un buen medidor del estado de salud del Gobierno y de las intenciones de los partidarios de acabar con el felipismo, muy en especial por parte de tres hombres: Mario Conde, Javier de la Rosa y Juan Alberto Perote.

Así, el día 13 de septiembre de 1995 el exdirector del CESID se reúne con Manuel Prado y Colón de Carvajal, que le trae nuevas sobre el grupo de periodistas hostiles al Gobierno:

—Emilio, este verano se han reunido en casa de Lita Trujillo en Marbella, Heras, Sebastián, Pedro J. y Julián Lago.

«Todos desean que el PG vaya a la cárcel», anota el exjefe del CESID, subrayando la última palabra y a modo de conclusión del encuentro que acaba de mantener. El lugar de la reunión de ese grupo de periodistas es digno de una novela de espías. Lita, nacida Iris Lia Menshell en Tel Aviv (Israel) en 1933, nunca jamás desvelará su edad. Afincada con su familia en Nueva York, triunfó como actriz en los años 50 como Lita Milan. Era bellísima, morena, de enormes ojos oscuros y mirada seductora. En *El zurdo* (*The left handed gun*, 1958, Arthur Penn) besó apasionadamente al más guapo entre los galanes de Hollywood, Paul Newman. Su carrera artística se terminó antes de tiempo porque la retiró Rafael Leónidas Trujillo, *Ramfis*, el hijo del dictador dominicano de mismo nombre. Tras la muerte del Chivo Trujillo, ametrallado el 30 de mayo de 1961 en una emboscada, su vástago predilecto se hace con el poder y se pone al frente de la represión. Pronto termina exiliado en España, rodeado de lujos. Una de sus grandes pasiones, los coches deportivos, lo llevó a la tumba antes de tiempo, sin cumplir los cuarenta. El 17 de diciembre de 1969, día de niebla, pilotaba su Ferrari 330 GT azul camino de su exclusiva residencia de La Moraleja, en la zona norte de Madrid, cuando chocó frontalmente con el Jaguar de la duquesa de Albuquerque, Teresa Bertrán de Lis, que falleció en el acto. Ramfis Trujillo expiró poco después, el día de los Santos Inocentes. Recibió sepultura en el cementerio de La Almudena, pero años después la familia construyó un panteón en Mingorrubio y lo trasladó allí, al igual que hicieran con el dictador Trujillo, que reposaba hasta entonces en el monumental Père Lachaise de París. Cincuenta años después los acompañará en el mismo camposanto Francisco Franco, tras su exhumación del Valle de los Caídos.

Lita quedó viuda y con un inmenso patrimonio. Cuando el diario *ABC* dio cuenta del fallecimiento de su esposo, el martes 30 de diciembre (entonces el periódico no salía los lunes), se hizo eco de una información del *Daily Express* de Londres —rebotada por la Agencia Efe—, que situaba a Ramfis Trujillo como el sexto hombre más rico del mundo, con una fortuna calculada en «300 millones de libras esterlinas, 50.400 millones de pesetas». Entre las inversiones que había realizado en España —de más de cuatro millones de dólares de la época—, estaban una conservera en Navarra y una urbanización en Marbella.

Pues bien, en la Costa del Sol la viuda Lita Trujillo se convierte en anfitriona de parte del núcleo duro de los periodistas que ansían jugar a la caza mayor con Felipe, que están conspirando con el anhelo de verlo entre rejas. En esta cita aparece un nombre nuevo, Raúl Heras. Articulista de *El Mundo* desde su fundación, en 1990 publicó *El Clan. La historia secreta de la beautiful people,* un libro sobre los empresarios que habían dado grandes pelotazos a la sombra del felipismo: tiburones del socialismo caviar que integraron una corriente surgida en los 80 y cuyo padre espiritual había sido el sofisticado Miguel Boyer. Acomodados en una socialdemocracia de corte liberal, la izquierda «auténtica» no los veía con buenos ojos. Su ideología era, por encima de todo, el *business*. Frente a ellos, el guardián de las esencias, Alfonso Guerra, que en agosto de 1988 acudió a dar una charla en un curso de verano de la Universidad Complutense, donde dijo que el PSOE era «un partido obrero». Los estudiantes soltaron una carcajada general que dejó al político fuera de juego. Su foto fue portada de *Diario 16* el 6 de agosto.

Gracias a su encuentro con Prado, Manglano comprende que las camarillas contra el felipismo siguen activas. Es obvio que el más destacado de los integrantes de esa *beautiful people,* Mario Conde, le ha salido rana al Gobierno. Además, a su lado está otro miembro del club, Javier de la Rosa. La opción más real de Manglano para conocer los movimientos de Conde y De la Rosa sigue pasando por el asesor fiscal de este, Juan José Folchi, que le hace llegar un mensaje directo «para evitar intermediarios». Al parecer, Mario Conde está inquieto y se está quejando de que el pacto que tiene entre manos «no se ha cumplido otras veces»:

—Javier me ha dicho que está preocupado con Mario. Han estado juntos y Conde le ha contado que se ve asiduamente con personas que están en el CESID. Le han dicho que podrían filtrar papeles para evitar que se los pidan y tener que negarse. Va a tener una reunión el próximo fin de semana con tres o cuatro capitanes generales.

La prensa más crítica sigue acechando, y sus pesquisas siguen llegando a oídos de Manglano, que lejos del CESID no dispone de información de primera mano por lo que debe esforzarse por conseguir nuevos informadores y mantener a los viejos. Será crucial el viernes 6 de septiembre de 1995, día en el que Manglano está citado a declarar ante el juez Baltasar Garzón en el caso GAL, incluido un careo con su otrora subordinado Perote. Pese a lo trascendente de la cita, el exjefe del CESID no anota nada en su agenda relativo a la declaración, ni la víspera ni el mismo día.

La víspera, Luis Rodríguez Ramos, abogado de Manglano, recibe una llamada de Jesús Santaella. El letrado de Mario Conde lo amenaza: «Dile a tu cliente que mañana tiene una declaración de alto riesgo. O dice que Felipe González conocía los GAL o se va a prisión con Perote».[102] El catedrático de Derecho Penal se sorprende bastante, pese a que era «consciente de que existía una especie de conspiración en la que participaban el juez Garzón, Santaella, Perote, Mario Conde y el fiscal Rovira, que estaba de vacaciones». Rodríguez Ramos llama a Manglano, le informa y queda en que se pondrá en contacto con el fiscal jefe de la Audiencia Nacional, quien le confirma que Rovira no iría en representación del Ministerio Público, sino el otro fiscal del caso. Aun así, se preparan ante la posibilidad de que Garzón envíe a Manglano a la cárcel, preparando la logística necesaria, que es especial tratándose de un militar.

Finalmente, la declaración va bien y, tras dos horas y media ante Garzón, en las que niega las acusaciones de Perote, pasadas las diez de la noche Manglano se va a su casa sin medida cautelar alguna. «Alonso

102. Entrevista de los autores con Luis Rodríguez Ramos. (Jesús Santaella falleció en octubre de 2012.)

Manglano me dijo que el CESID no era partidario de los GAL, de matar a nadie, y la prueba era que Perote seguía vivo, porque esto pasa en Francia y Perote desaparece», rememora un cuarto de siglo después Rodríguez Ramos. Además, el militar «decía que los GAL les interferían, les dificultaban la tarea de los espías y los enlaces que tenían en el sur de Francia, en el CESID no eran partidarios de la guerra sucia». El penalista, con el conocimiento adquirido durante los años en los que representó al exdirector del CESID, sostiene que los presuntos conspiradores «fueron por el cauce de Manglano para llegar a implicar a Felipe González en los GAL porque por la vía normal, a través de Interior, sabían que no iba a funcionar, porque Barrionuevo no se iba a quebrar, no iba a señalar a Felipe». Rodríguez Ramos añade: «Con el tiempo Manglano me dijo que él podía haber dicho que Felipe estaba al tanto [de los GAL] y se habría convertido en un héroe nacional, pero no lo hizo porque no era verdad».

Poco más de una semana después, el 14 de septiembre lo llama Alberto Oliart para hacerle un par de advertencias sobre los ataques que se están pergeñando contra el Centro y contra el propio exdirector. El primero tiene que ver con el que tiempo después será un nuevo escándalo periodístico sobre el CESID:

—Martín Prieto ha dicho que los periodistas de *El Mundo* tenían el tema del pentotal y otros.

Oliart se refiere al columnista de *El Mundo* José Luis Martín Prieto, y «pentotal» es el nombre de un narcótico que algunos miembros de la seguridad del Estado querían usar para inyectárselo al número uno de ETA, Josu Ternera, en su guarida de Francia y traerlo a España. También serviría como una especie de suero de la verdad. Según publicará *El Mundo*, el CESID habría hecho pruebas utilizando a mendigos como cobayas humanas. Es la llamada operación Mengele. Un nuevo escándalo para el CESID.

El entonces juez de la Audiencia Nacional Baltasar Garzón investigó el asunto y llegó a imputar a Manglano y al coronel del CESID Manuel López Fernández, quien sucedió a Juan Alberto Perote como jefe de operaciones de la inteligencia del Estado. Esto ocurrió en mayo de 1998 —casi tres años después de esta conversación entre el exjefe del CESID y Alberto Oliart—. Se investigaba si las pruebas causaron la muerte de un mendigo y lesiones a dos drogadictos. En marzo de 2001 la Sección Tercera de la Sala de lo Penal de la Audiencia Nacional archivaría definitivamente el caso. Garzón había concluido el sumario unos meses antes, considerando que «no hay indicios suficientes para dirigir el procedimiento contra persona alguna». Para la Fiscalía —ya en etapa del Gobierno de Aznar—, que instó el archivo, no había más prueba que la testifical del polémico Perote, pero sus palabras no se pudieron corroborar.

La segunda advertencia de Oliart ese 14 de septiembre de 1995 desvela una conversación con el director de *ABC*:

—Anson dice que eres un patriota, pero que estás encubriendo al presidente del Gobierno, que ordenó que le hicieran escuchas a él y a Pedro J.

«Mal el asunto», anota Manglano, cuyo siguiente despacho es con Narcís Serra:

—Emilio, ayer hablé con Botín y quiere elecciones anticipadas.

El primer banquero de España también está cansado de felipismo. Pero lo más relevante del encuentro es un supuesto acuerdo para contentar a Mario Conde a cambio de que abandone la sempiterna amenaza de publicar nuevos documentos del CESID suministrados por Perote. Serra no sabe nada nuevo de forma oficial sobre la negociación con Conde, no le ha llegado ninguna petición «directa sobre el tema». Espera que le planteen el pago a Mario Conde, pero avisa de que «la contabilidad está bajo el control del Banco de España»:

—Cuando me lo pidan les diré que no, pero que me lo pidan —le dice Serra.

Después, a las 18:45 horas, Manglano se encarga de que se transmita un mensaje a Jesús Santaella, abogado de Conde: «Se ha tenido un contacto directo con el presidente de la entidad [en referencia a Emilio Botín]. Ni él ni sus colaboradores más directos han tenido noticia del tema. Solo rumores. Que hagan la propuesta directa por la vía adecuada. Se mantiene el trato de no filtrar documentos».

Al día siguiente, justo al mediodía del viernes 15 de septiembre, lo llama Juan José Folchi:

—De la Rosa acepta, pero Mario Conde dice que Botín escurre el bulto y que él no sabe si podrá contener a su gente la próxima semana.

—El miércoles —replica Manglano— se habló con el presidente del Santander y no sabía nada. Que se lo planteen... Se fue de viaje el miércoles por la noche. Estos temas no se resuelven en dos días. Seamos serios. Que contacten con él o con alguien de su entorno.

Manglano valora el asunto y anota en la agenda: «tema difícil».

Poco después recibe la llamada del rey. El monarca le pide que lo llame la semana que viene para verse en persona. A continuación, le informa de varios asuntos espinosos:

—Anson me dijo que Sabino le dijo a Pablo Sebastián que con certeza el acta fundacional de los GAL estaba en Zarzuela.

En este sentido, solo unos días después, el ministro Suárez Pertierra le dice a Manglano que esa acta «está en el balance de la AO [Agrupación Operativa] del 83». «Parece que Bastos y Antonio Lago se niegan a entregarla.» El ministro sostiene que «si le pregunta el juez, dirá que está», y le pregunta si puede convencer a Bastos y Lago. Por si fuera poco, el Senado aprueba la comisión de los GAL.

Retomando la llamada del rey del 15 de septiembre, don Juan Carlos también le confirma que Mario Conde se ha reunido con «los capitanes generales», como le contó Manuel Prado. Además, le confía un rumor que ha llegado a sus oídos: «Mario Conde ha dicho que va a por mí, a por el rey».

El 19 de septiembre *El País* publica: «Conde chantajea al Gobierno desde hace meses con material sustraído del CESID». El mismo día Manglano, disgustado, habla con María Peral, entonces redactora de Tribunales en *ABC*, periódico que ha publicado informaciones críticas con el exjefe del CESID: «No está de acuerdo con la línea de su periódico. No entiende por qué se meten conmigo si Anson es amigo mío».

En esas fechas Antoni Asunción, exministro del Interior, se ha reunido con el juez Garzón. Manglano recibe buenas noticias. Asunción lo ha defendido, y el magistrado le dijo que «no entraría en prisión». Entretanto, parece ser que *El Mundo* tiene información sobre actividades de los GAL en Navarra relacionadas con Roldán, quien había sido delegado del Gobierno en la Comunidad Foral antes de ponerse al frente de la Guardia Civil.

Mientras, Javier de la Rosa está dando guerra. Jordi Pujol ha llamado a Manolo Prado y le ha dicho que el financiero «está muy excitado». Ha pedido ayuda porque comparece ante el juez, y hay que ayudarlo «moral, política y jurídicamente». Pujol debe cuidar de Javier de la Rosa, pues entre las muchas actividades turbias del empresario catalán estaba la de recoger maletines para Convergencia. La financiación del partido de Pujol pasaba por él, pues era ese tipo de persona que necesitan algunos políticos para no mancharse las manos directamente. Su asesor, Folchi, le ha dicho a Manolo Prado que le envíe «504 millones de pesetas que le encargó a Pujol». Manglano tacha la palabra «encargó» y la sustituye por «da».

Además de con el entorno de Mario Conde y Javier de la Rosa, las negociaciones también se desarrollan directamente con el coronel Perote. Una persona, identificada como P. N., se entrevista con el hijo del oficial traidor, que ahora quiere difundir la imagen de que está separado del exbanquero. Al que fuera responsable de la Agrupación Operativa de Misiones Especiales (AOME) del CESID le preocupa su imagen ante las Fuerzas Armadas. Desde la cárcel está preparando varias querellas. Se encuentra bien, pero se queja de que nadie le echa una mano. Su hijo desvela al contacto de Manglano las intenciones del juez Garzón:

—Garzón le dijo a mi padre: «Le imputo a usted para así imputar a Manglano y llegar al presidente del Gobierno».[103] Felipe se sentará en el banquillo. Manglano despachaba con el presidente del Gobierno. Estamos preparando la bomba. Sacaremos el material cuando haya perdido los resortes del poder.

El exjefe del CESID anota que Jorge Argote, el abogado que Interior contrató para defender a los implicados en la guerra sucia, «cree que no tienen nada, es un farol», y que «Perote ha recibido presiones de IU y PNP[104] para que implique a la Guardia Civil».

En noviembre Manglano consigue una información relevante. El día 9 Folchi le entrega una copia de los documentos que De la Rosa ha presentado en un tribunal londinense. Respeta el anonimato de su fuente diciéndole que no la revelará y que él habría podido adquirirlos vía Kuwait. Manglano entrega estos documentos, así como copia de las cartas que se cruzaron De la Rosa y Manolo Prado, a José Enrique Serrano, a quien Mario Conde pretendía «asesinar». Al menos, eso es lo que transmite uno de los abogados penalistas más prestigiosos de la capital: «Según el abogado Horacio de la Oliva, MC amenaza con asesinar a J. Enrique Serrano, lo considera responsable de no haber aceptado el pacto».

Mario Conde sigue levantando cartas en la partida. Manglano anota: «MC amenaza con enviar a la Comisión GAL documentos de Perote.

---

103. Es la misma estrategia que seguiría el entonces titular del Juzgado Central de Instrucción número 5 de la Audiencia Nacional en el caso GAL, aunque no lograría su objetivo.

104. Puede haber una errata en el manuscrito y referirse al PNV.

Pide rectificación del Banco de España, una cantidad de dinero y se va a Argentina durante tres años».

El año 1995 acaba como empezó: con la espada de Damocles de Mario Conde pendiendo sobre el felipismo en general, y sobre el CESID en particular. El año 1996, sin embargo, comienza con algunos gestos de apoyo y cariño que Manglano agradece. El 20 de enero, sábado, acude a la boda de Carmen Oliart, invitado por el padre, su viejo amigo Alberto Oliart: «Muchas personas se acercan para apoyarme y saludarme». Entre ellos figura Leopoldo Calvo-Sotelo, quien le dirige unas cálidas palabras:

—Emilio, la amistad no tiene nada que ver con la política.

Ya en su escritorio, Manglano hace un buen balance de su presencia en la boda de Carmen: «En general, reconfortante. La familia de Oliart es de primera». Se ha comprometido a cenar más adelante con algún invitado. Necesita calor y cariño tras una etapa extraordinariamente dura y tensa. El militar también sufre, aunque no gusta de evidenciarlo ante los demás.

Los kuwaitíes dicen basta

El asueto se disipa en apenas cuarenta y ocho horas. El lunes 22 de enero de 1996 Manglano se reúne con Manolo Prado y con el importante abogado Ramón Hermosilla en su bufete. Los kuwaitíes han dicho basta. Toman la determinación de acabar con el que fuera su representante en España. Hay un «grupo que trabaja para la familia real kuwaití», cuyo emir, Yaber al Sabah, «tiene cáncer», para «llevarse por delante a Javier de la Rosa». Ese grupo lleva un tiempo trabajando, pues ya se ha hecho con la documentación que De la Rosa guardaba en un lugar indeterminado de la frontera entre Francia y Suiza. Los documentos, en inglés y español, son, nada más y nada menos, que la caja B del financiero catalán y el Grupo Torras: «Parece que están los pagos y lo que se quedó De la Rosa», anota Manglano. Según los kuwaitíes, los documentos son los originales y también hay cintas, grabaciones. Una bomba. Parece ser que la operación secreta de ese grupo había costado al Gobierno / Casa Real kuwaití tres millones de dólares.

Ahora llega la segunda parte, pues la familia real de Kuwait «duda sobre lo que pueden hacer con los papeles». Hay tres opciones: «Entregarlos a la Justicia suiza», dárselos «al Gobierno español» o «a usted directamente» [se entiende que a Manglano, tal y como se lo cuenta uno de sus interlocutores]. Acto seguido, una pregunta: ¿han pagado tres millones de dólares USA?

Quienes hicieron el trabajo de la frontera franco-suiza son unos tipos malos. Manglano atesora dos anónimos mecanografiados, enviados a Manolo Prado, en los que la única firma es un anagrama que encabeza las cartas. Se trata de una reinterpretación del escudo de armas de Kuwait, en el que el halcón y el escudo con la bandera del emirato que arropa con sus alas han sido plasmados mediante figuras geométricas. Es algo así como la cara B del régimen. El contenido es amenazante y guarda relación con el robo de los papeles de De la Rosa, como si detrás estuviera el mismo grupo. Vienen a decir al administrador del rey que se ponga del lado «correcto» en su pugna con su exsocio. Este es el contenido íntegro del primero, sin corregir las faltas de ortografía ni la sintaxis, pues forman parte del relato y de la amenaza:

Destenguido,

Ante todo nos tiene que *perdonas* nuestro mal *Espagnole*, pero es mejor que sea asi para *mejoe* entender lo que vamos a resumirle en unas cuantas palabras.

Hasta ahora todo lo que le pasó no es nada *delante* de lo que le está preparando una persona de la que conoce, pero mucho cuidado algunas de las cosas de las que se preparan son falsas *por* algunas son verdaderas, y no conviene *USD*[105] amigo Prado que sale a la luz.

Para que esto *vuelve* en un arma en su mano contra su peor enemigo, y demostrar con documentos, cintas de vídeos y grabaciones que *USD* es *victima* de un complot (tomando en cuenta que las verdades las vamos a *eleminar* nosotros) *USD* tiene que colaborar con nosotros.

No se *olvida* que cuando *termina* esta *colaboracion savra USD* que gracias a nosotros *USD* vuelve a tener una vida normal y corriente y cerrar los malos momentos que ha pasado.

Para que *USD* tenga en su poder los documentos, las cintas de vídeo, y las grabaciones es imprescindible su *discrecion* absoluta y total *colaboracion*.

---

105. Aunque USD son las siglas del dólar estadounidense (United States Dollar), en este caso quiere decir «usted». Como el resto de la carta, simplemente está mal escrito.

No importa *quin* somos pero *sí* importa lo que podemos aportar. Saludos.

Unas semanas después, el 24 de febrero, llegan nuevas de Kuwait. El primer ministro Al Sabah está disgustado y «dispuesto a contarlo todo». Manglano se pregunta si se lo contará al fiscal general del Estado español o a la prensa. Manolo Prado quiere ver los papeles robados a De la Rosa. Los kuwaitíes le han dicho que sí, que de acuerdo, y que «la semana que viene se los harán ver». Le han adelantado que él tendrá que darles dos nombres: el de la persona de la Justicia española y el del periódico al que entregarán los documentos.

González vuelve a las urnas

El exdirector del CESID desayuna con el exministro Antoni Asunción. Es el 16 de febrero de 1996 cuando un jefe de la inteligencia y un ministro del Interior dimisionarios —en gran medida por los errores, responsabilidades o canalladas de otros— abren sus cajas de Pandora y se ponen al día. El político valenciano comienza tranquilizando a su paisano, que teme por su futuro judicial, amenazado por el juez instructor Garzón y el magistrado convertido en superministro Belloch:

—Emilio, Garzón no tiene mala impresión de ti. De hecho, le caes bien —arranca Asunción—. Y los papeles de Perote no son pruebas documentales. Hay un tema relacionado contigo, lo de las armas, que no se usaron, así que estate tranquilo. Anoche estuve en una cena con una persona para hablar del asunto. Además está el tema de tu edad… Se hace mal en visitar a Garzón. Habría que negociar. Lo mismo con Móner.[106] Lo acorralaron psicológicamente. Belloch no tiene otro contacto en el Supremo que a través de la secretaria de Móner, Herminia. Por cierto, ¿Garzón te puede llamar?

—La verdad es que no lo sé.

—Ha enviado un par de mensajes. Él no se metería con el Estado.

El exministro del Interior también le habla de su dimisión:

—Lo hice por Roldán y por Garzón, aunque Belloch va por ahí con-

106. El magistrado Eduardo Móner fue instructor en el Supremo de los casos Crillón y GAL. En enero de 1996 ha procesado a Barrionuevo y Vera por el secuestro de Segundo Marey.

tando otra versión. Yo creo que Felipe dio luz verde a Belloch para echar a Garzón. Por otro lado, yo a Felipe le conté todo lo que ocurría en Interior, negociaciones, dinero, todo… El chalé de Corcuera. Y ahora se dice que Corcuera y Vera tienen cuentas en Andorra.

Antoni Asunción continúa con su apasionante relato. Emilio Alonso Manglano lo memoriza todo para transcribirlo a la mayor brevedad en su agenda —al margen de las notas que en ocasiones toma en uno o varios folios sueltos—, incluido lo relativo al vicepresidente:

—Narcís me engañó con el caso Paesa —dice el exministro—, pues él era el contacto para sacar dinero para el PSOE. Lo hizo con Siemens, con Filesa, en fin… Un juez suizo está investigando esto. Además, Roldán le contó cosas a Garzón, porque Roldán daba dinero para el PSOE, pero luego se lo quedó él.

Asunción alude a la multinacional Siemens, que pagó comisiones a cambio de obtener contratos de las obras del AVE, según la juez instructora. Los responsables en España terminaron absueltos en el Supremo por prescripción. Y a Filesa, una de las principales empresas pantalla del PSOE para blanquear las comisiones.

Roldán desapareció con unos 1600 millones de pesetas. Tanto el exdirector general de la Guardia Civil como los periodistas mejor conocedores de este episodio sostienen que le dio esa cantidad a Paesa cuando negoció su entrega, a condición de que el superespía se la devolviera tras su paso por la cárcel. Los fondos desaparecieron en un mar de testaferros, pero nunca el Gobierno ni la Justicia buscaron a Paesa para exigirle cuentas ni intentaron recuperar esa cantidad para el erario público, de donde había sido hurtada. Unos años antes, en 1990, Paesa estaba procesado como colaborador de los policías Amedo y Domínguez en el asesinato de Juan Carlos García Goena, atribuido a los GAL. Fugado de la Justicia, tenía inmunidad diplomática como representante de la excolonia portuguesa de Santo Tomé y Príncipe, algo solo a la altura de un espía de película. El 25 de julio de 1990 Narcís Serra llamó a Manglano:

—Emilio, el presidente me ha dicho que hable contigo para ver si encontráis una fórmula para demandar al Gobierno de Santo Tomé que revoque la inmunidad diplomática de Paesa. El Ministerio de Asuntos Exteriores ya lo ha solicitado a instancias de la Audiencia Nacional.

El 1 de octubre, el «asunto Paesa» ya está «ok». En diciembre se anuncia que el Gobierno del pequeño archipiélago africano le retira el pasaporte diplomático, pero Paesa nunca es detenido. Bien se le podría llamar como el título de una de las grandes películas de Alfred Hitchcock, *El hombre que sabía demasiado*. Después de estar reclamado por este sumario de los GAL, ayudar al Gobierno a detener a Roldán fue un gran y turbio trabajo. Si a eso sumamos que, según el propio Antoni Asunción, ambos habían sido recaudadores del Partido Socialista, el perfil del espía es muy peligroso para el Gobierno de Felipe González. De hecho, Belloch le contó al entonces jefe del CESID que «a los policías que fueron a Laos se les ha prohibido hablar».

En esa cita de febrero de 1996 con Manglano, Asunción está ofreciendo datos sobre algunas de las tramas más relevantes de la corrupción económica de su partido, incluido también el caso Urralburu, que terminaría en prisión por el cobro de comisiones millonarias a adjudicatarias de obras públicas:

—A mí Urralburu me ofreció cien millones de pesetas para las obras de las cárceles.

Asunción sangra por las heridas ante el desvanecimiento y la autodestrucción de su partido, una formación que lo ha tenido todo, que ha construido un país nuevo desde 1982, pero que se ha corrompido. La gangrena avanza sin que nadie pueda ya atajarla. Con estas palabras termina el desayuno junto a Manglano:

—Emilio, el partido está mal. Bono quiere ser presidente.

El mismo día Manglano recibe una llamada de su abogado, el prestigioso penalista Luis Rodríguez Ramos. Le avisa de los avances de la investigación del caso GAL, según anota: «La Policía ha dicho en un informe que es posible que el acta fundacional [de los GAL] se hiciera en esa fecha, en el 83. Ha hablado con él M. C. [Mario Conde] que está en la prisión militar de Alcalá. Me ha dicho que entre el primer y el segundo registro de la celda de Perote le quitaron papeles comprometedores».

El 20 de febrero Manglano se entrevista con el rey en Zarzuela, a las cinco de la tarde. El monarca le da una buena noticia respecto a Mario Conde:

—Me dijo que no creía tener más munición para chantajear.

El rey también le relata que «hay que cortar la relación entre Almansa [en ese momento jefe de la Casa del Rey] y Manolo Prado». Por otro lado, además de ponerlo al tanto sobre la marcha del CESID con Miranda y Del Olmo al frente, el jefe del Estado le confiesa una conversación con un José María Aznar que ya se ve en la Moncloa sin apenas temor a que se repita lo de las elecciones de 1993:

—Aznar asegura que me consultará los temas de Defensa. «No doy un paso sin lo que me diga Su Majestad», me ha llegado a decir.

A finales de febrero de 1996 ninguna de las operaciones orquestadas para derribar a Felipe González ha logrado su objetivo. Es más, el presidente del Gobierno vuelve a concurrir a las elecciones generales convocadas para el próximo 3 de marzo. Más de 32 millones de españoles están llamados a las urnas.

9

La irrupción del aznarismo

La inteligencia cambia de color

*E*l 3 de marzo de 1996 la derecha tumba por fin al Partido Socialista. «Aznar derrotó a González», publica *ABC* a toda página al día siguiente. *El País* hace otra lectura, ambas igual de certeras aunque distintas: «Aznar obtiene una mayoría insuficiente para gobernar en solitario». Efectivamente, José María Aznar termina con más de trece años de felipismo, pero lo hace sin mayoría absoluta: tendrá que pactar.

El resultado es el siguiente: PP, 156 escaños. PSOE, 141. Izquierda Unida, 21. CiU, 16. PNV, 5. Conclusión: Aznar debe sumar al menos el apoyo de dos partidos para alcanzar los 176 diputados necesarios para ser investido presidente del Gobierno. Aznar será el primer presidente liberal conservador de la democracia, gracias a que ha conseguido unir a la derecha. Ese ha sido su mérito.

Hace un año que Manglano ha abandonado el CESID y se ha recolocado como asesor del Ministerio de Defensa. El resultado electoral arroja nuevas dudas sobre su futuro, dado que el nuevo presidente hará un equipo a su medida. Mientras el Gobierno socialista sigue en funciones, Manglano mantiene una agenda intensa. En los encuentros que celebra durante los meses de marzo y abril se mezclan dos cuestiones que en el fondo son la misma: el traspaso de poderes. Por un lado, el ritual institucional que permita a Aznar dormir con su familia en el palacio de la Moncloa, y por otro la entrega al nuevo presidente de la información confidencial. A tenor de los escándalos de los últimos años del felipismo, esto último no es cuestión menor. ¿Qué pasará con los papeles que se guardan en algunos archivos y que esconden los secretos más inconfesables?

El miércoles, setenta y dos horas después de las elecciones, se ve con el ministro de Defensa en funciones, Gustavo Suárez Pertierra, identificado en su agenda como «G. S.». Manglano comienza explicando que pedirá «el cese cuando llegue un nuevo ministro». A continuación, hablan sobre las causas judiciales abiertas y los temas más delicados:

—No se le puede pedir al PSOE que se abstenga de la responsabilidad de investigar —dice el ministro—. El relevo lo hará bien. Y el rey tiene que saber, no todo, pero sí una parte de algunos temas para hacerle una indicación a Aznar.

Por otro lado, a Suárez Pertierra «le preocupa el futuro del Ministerio de Defensa». Félix Miranda, director del CESID, «se marcha», y Jesús del Olmo (secretario general) «creo que también».

Al día siguiente, Manglano conversa con Narcís Serra, que analiza los resultados electorales desde un prisma positivo:

—El triunfo del PSOE en Andalucía ha evitado la reacción de los guerristas, que querían que se fuera Chaves, y en Cataluña marcamos la referencia del socialismo moderado. En el conjunto de España, menos Madrid, ha fallado el PSOE, pero Felipe se ha ido con dignidad.

En cuanto al relevo, hablan sobre los temas más importantes: «Escuchas, Garzón, Móner». También los que afectan a don Juan Carlos. «Rey: temas de Defensa, M. Conde, De la Rosa». Y a continuación anota: «GAL». Por último, abordan el «estatus de expresidente» de Felipe González. Recuerdan lo difícil que resultó encajar a Adolfo Suárez en la normalidad institucional tras su salida de la Moncloa.

El domingo siguiente a las elecciones, el rey recibe a Manglano en la Zarzuela. Abordan el escenario que se abre con el primer cambio de presidente tras trece años ininterrumpidos de gobiernos socialistas:

—He visto a Aznar muy bien, quizás demasiado bien —arranca el rey—. Le he dicho a Felipe que tiene que actuar como profesor de Aznar, pero este aún no lo ha llamado —añade—. Y Felipe ha salido de las elecciones con mucha dignidad.

—Majestad —interviene Manglano—, Aznar tendría que conocer todos los temas: Conde, De la Rosa…

El exjefe del CESID recoge la conversación en la hoja de un cuaderno que luego arranca y guarda dentro de su agenda. Anota que el martes siguiente don Juan Carlos lo recibirá y «lo escuchará». Antes, el lunes, recibirá a Felipe, y después, a las 18:00, a Narcís Serra. Las notas de Manglano arrojan detalles sabrosos desvelados por el rey: «Felipe cree que hasta fines de abril no habrá Gobierno. Hay que decirle a Felipe que no se comprometan excesivamente antes de la sesión de investidura». Por otro lado, González le ha dicho al rey que «Aznar debería salir más en televisión, no solo en la prensa». Don Juan Carlos termina la audiencia trasladando su buena voluntad en el cambio de poderes:

—Estoy con el mejor ánimo para ayudar sin meterme excesivamente.

En esas semanas los contactos se suceden. Incluso se produce una imagen que abrirá los periódicos: González recibiendo a Aznar en la Moncloa y aconsejándole que no se precipite en las negociaciones con los partidos nacionalistas. Normalidad institucional.

El 26 de marzo el rey recibe de nuevo a Manglano y le habla sobre el futuro presidente del Gobierno:

—Muy bien con Aznar. Ya está acordado que hasta el 3 de abril no empezarán las consultas, después de Semana Santa. Izquierda Unida, PSOE y Aznar. No se hará la apertura oficial hasta que esté garantizada la investidura. Estamos conformes en eso. Aznar me llama para todo y me habla claro.

En paralelo a las negociaciones de investidura, contadas casi en directo por los medios de comunicación, se producen contactos a otro nivel en relación con la amenaza al Estado. El jueves 28 Suárez Pertierra le cuenta a Manglano que Alfredo Pérez Rubalcaba «habló algo con Rato sobre Conde». Lógico, pues Rodrigo Rato va a pilotar la política económica de España en cuanto Felipe entregue a Aznar las llaves de la Moncloa. Entretanto, el abogado Ramón Hermosilla informa a Manglano de que «Manolo Prado está muy decaído» y que hay una «ofensiva contra él» en la que participa, con varios financieros, Luis María Anson: el director de *ABC* «habla con De la Rosa y con Almansa». La situación económica del que fuera administrador del rey es «mala»: «Conde se meterá con él y De la Rosa está también contra él. Con Pujol pactan».

Al día siguiente Manglano se reúne con su buen confidente Antoni Asunción. Primero analizan el resultado de las elecciones: a pesar de las dificultades de Aznar para alcanzar un pacto de investidura, ambos dan por hecho que no hay alternativa al ganador en las urnas:

—Al PNV y a CiU les es más cómodo el pacto con Aznar que con Felipe. Como el PP no ha ganado por mayoría absoluta, puede estar más centrado. Si mantiene el Estado del bienestar puede consolidarse. Es decir, pensionistas y otra clientela, si ven que les mantienen los apoyos, no votarán al PSOE. El PP más centrado también puede consolidar el

Estado de las autonomías. En suma, el PP, sin mayoría absoluta, con los pactos con los nacionalistas, puede y debe hacer una política más centrada y consolidar su posición.

Tras exponer este análisis, que lo define como un hombre que antepone el normal funcionamiento del Estado a los intereses partidistas, Asunción se hace una pregunta: «¿Qué le queda al PSOE?».

El segundo punto de la cita es el juez Baltasar Garzón, instructor del sumario de los GAL. Buscan cómo ganárselo, y el político valenciano diseña su estrategia:

—La persona clave con Garzón es Araceli Manjón. Era con él la directora de la Delegación contra la Droga y la echaron. Está en la cátedra con Cobo del Rosal, que la trata mal. Ella quiere volver a la Audiencia Nacional. Es muy lista y es la persona que influye en Garzón. Hasta le hace los informes…

»Hay que evitar que Garzón haga cosas. Al final hay que pactar con él. Tiene la sartén por el mango, porque es el juez. Araceli tiene buena relación con *El Mundo*.

Avanzado el día, Manglano habla con el rey largo y tendido, por teléfono, pero resume la conversación en apenas unos apuntes sueltos. Quizás está cansado, porque no es nada habitual en él. La charla se prolonga durante una hora y media: «Apoyo a M. Prado», anota Manglano. También conversan sobre bancos («Ybarra y Botín») y, cómo no, de política («Gobierno y Aznar»). Pero hay una última cuestión muy relevante para Manglano: ¿Cómo le va a afectar a él el cambio de Gobierno? ¿Está el rey dispuesto a ayudarlo?: «Apoyo a mí: no me pueden dejar en la cuneta. Habla claro», escribe Manglano, satisfecho por el apoyo del monarca.

Ese domingo a las 18:00 horas, el jefe del Estado vuelve a llamarlo. Muy pocas personas reciben dos llamadas del rey de España con esa frecuencia.

—Ayer hablé mucho tiempo con Aznar. Me hizo muchas preguntas sobre la Transición y otros temas. Le dije que tiene habilidad para escuchar y no hablar, y también que, como un acto de responsabilidad, le quería hacer una petición: «Que hables con Emilio Alonso Manglano».

—¿Y qué respondió? —inquiere el militar.

—Se quedó dudando, y le dije: «Mira, como muestra de lealtad, honor, entrega y discreción, Manglano es especial. Habrá cometido errores, pero es así. Él te hablará de Mario Conde, Javier de la Rosa, Manolo Prado, las cloacas…». Dijo que conforme, pero en presencia de Ramón

Hermosilla, luego llamó a Felipe y se lo contó. También le dije: «José María, no lo nombres director del CESID, pero no lo dejes en la cuneta».

Para Manglano es especialmente relevante saber quién va a ser el nuevo ministro de Defensa, responsable del CESID y de sus papeles. En esos días vuelve a charlar con el saliente, Suárez Pertierra, que le cuenta que ha tenido un «buen encuentro con Rafael Arias-Salgado». «Posible futuro MD», anota Manglano en su agenda.

Se especula con que Felipe González ha presionado a través del rey para que Aznar no dé la llave del Ministerio de Defensa a Arias-Salgado, sino a un hombre continuista pese al cambio de Gobierno. Las agendas de Manglano indican que no ha sido así. El 29 de abril el exjefe del CESID recibe una llamada de don Juan Carlos, quien desea darle una primicia:

—Emilio, Aznar me ha dicho que le ha ofrecido la cartera de Defensa a Eduardo Serra. No se lo digas a nadie.

Eduardo Serra había sido subsecretario de Defensa con Alberto Oliart en el Gobierno de Calvo-Sotelo, Narcís Serra lo mantuvo y luego lo ascendió a secretario de Estado, cargo que ocupó entre 1984 y 1987. Un nombramiento, efectivamente, continuista, pero que se produjo a iniciativa de Aznar. Manglano no hace del todo caso al rey: «Le digo lo de Serra a Gustavo Suárez; le parece muy bien».

Las negociaciones de Aznar con CiU son intensas y sufren altibajos, pero se acaban cerrando con un gran acuerdo al que se incorpora también el PNV: el centro derecha al completo nombra nuevo presidente del Gobierno el 4 de mayo de 1996. Es un día histórico, como lo fue aquel en que la izquierda llegó al poder tras las elecciones de octubre de 1982.

Unos días antes de su investidura, Aznar cumple su palabra dada al rey: el martes 16 de abril, al mediodía, se reúne con Manglano y con el abogado Ramón Hermosilla de «testigo». El exjefe del CESID le informa de los desafíos que tiene el Estado. En sus agendas lo despacha en dos escuetos apuntes: «Expongo temas Mario Conde, Javier de la Rosa, Ruiz-Mateos, Guardia Civil». La respuesta del ganador de las elecciones es aún más escueta:

—Tomo buena nota.

Aznar en la Moncloa

Con Aznar ya «instruido» en los asuntos más delicados, amanece el día que la derecha lleva lustros persiguiendo con gran anhelo. El proceso de

Transición permitió que en solo siete años desde la muerte de Franco la izquierda volviera al poder en España. Hay quien sostiene que en ese momento se completó el cambio, pero lo cierto es que el ciclo se cierra en 1996, cuando la derecha gobierna por primera vez en la España pos-Franco.

Manglano abre su agenda a primera hora y escribe: «Esta mañana Aznar jura el cargo en la Zarzuela». El rey no duda en ponerse al teléfono, a las 11:15 horas, cuando su viejo amigo Emilio lo llama:

—El Gobierno bien. A Felipe le ha gustado —dice el jefe del Estado.

Don Juan Carlos revela que la víspera ha llamado al hombre que abandona la Moncloa:

—Felipe —le dijo el rey—, a lo mejor no me he portado bien contigo estos últimos días, pero quería agradecerte la relación durante estos años, la confianza y el afecto que tenemos.

El presidente en funciones le correspondió: esa confianza y ese afecto son «mutuos».

—Quiero que vengas a verme de vez en cuando para informarme de cosas que me interesen —le pide el rey—. También me gustaría invitarte a cenar con toda tu familia, con tu mujer y tus hijos.

Tras esta llamada, don Juan Carlos se reunió con el nuevo presidente durante una hora y media. También se lo contaría a Manglano al día siguiente:

—Aznar me habló del nuevo Gobierno. No acaba de convencerme la nueva ministra de Justicia. Es muy de derechas y, por lo visto, está liada con Andrés de la Oliva,[107] que era del Opus, y se ha sabido. En cuanto a Defensa, le dije que ha tenido un par de cojones nombrando a Serra. Hemos quedado en vernos todas las semanas, pero sin un día fijo.

El rey aprovecha para compartir un chascarrillo que le ha contado González ayer:

—Felipe me ha dicho que Ana Botella, al llegar a Moncloa, preguntó por la infraestructura de la señora del presidente ¡y que si tenía damas de honor! No tienen clase… Trillo me dijo que las mujeres mandan mucho, y Botella quiere asistir a la comida de después de la sesión de investidura y eso no es posible.

El rey también le confía a Manglano que le ha «chivado» a Aznar lo que dijo Margarita Robles: «Quiero ver a Galindo en la cárcel». Tras

107. Margarita Mariscal de Gante le encargó ese año a este prestigioso jurista y catedrático de Derecho Procesal de la Universidad Complutense los trabajos previos de la Ley 1/2000, de 7 de enero, de Enjuiciamiento Civil.

mencionar a De la Rosa, don Juan Carlos cuenta otro pasaje de su charla con el hombre que hoy toma posesión de la presidencia del Gobierno:

—¿Y qué dice Pedro J.? —preguntó el rey.

—Ayer me llamó —respondió Aznar—. Me dijo que todo fenomenal, los pactos, todo...

Manglano transcribe en su agenda el resto de los temas abordados con el rey, todos ellos vinculados a los difíciles equilibrios que exige la formación de un nuevo Gobierno; más aún cuando se trata del Ministerio del Interior, aunque no solo por ello. Son dos reflexiones llenas de contenido político. Para empezar, la opinión del nuevo vicepresidente primero del Gobierno sobre las primeras decisiones del titular de Interior: «Álvarez-Cascos le pone pegas a Oreja por el nombramiento de Valdivielso para director de la Guardia Civil». Para seguir, la impresión que causó al mismo Jaime Mayor Oreja la reunión con sus predecesores, los dos jueces que Felipe fichó para *limpiar:* «Salió preocupado de las conversaciones con Belloch y Margarita Robles.»

Como el dinosaurio de Monterroso, cuando España despertó tras la victoria de Aznar, el chantaje todavía estaba allí. Los escándalos del final del felipismo no se han evaporado por el mero hecho de que González haya adquirido el estatus de expresidente. Por eso, Manglano informa al rey sobre lo que «pienso exponerle» al respecto al nuevo ministro de Defensa, Eduardo Serra, entre ellos el papel de Manolo Prado, el administrador de don Juan Carlos, cuyas cuentas se hallan bajo investigación. Le hablará también, lógicamente, de los intentos de Mario Conde para que el rey interceda por él ante la Justicia. Al no conseguir su propósito, un intermediario de Mario Conde traslada a la Zarzuela un segundo mensaje: «Lo comprendo, pero entonces que le diga al nuevo PG que deje actuar a la Justicia». «El rey se lo dijo a Aznar», escribe Manglano tras escucharlo del jefe del Estado.

—Mario Conde también quiere que le llame por teléfono —informa el rey—, pero he dicho que no. He mandado un recado a García Castellón para ver cómo están las cosas, si había solución a este problema. El subdirector del Banco de España le dijo a Lasarte[108] que tenían que hacer buena la intervención de Banesto y que en el Banco Central Hispano había una situación similar o peor.

---

108. Enrique Lasarte, amigo de Mario Conde, fue consejero delegado de Banesto y presidente del Banco de Vitoria. Terminó en prisión, al igual que Conde, por la quiebra de Banesto.

El miércoles 8 de mayo Manglano, tal y como le ha avisado al rey, se ve con Eduardo Serra. Aunque ya sin mando oficial, el exdirector del CESID se ha mantenido en el entorno del Centro como asesor de Defensa, pero con el cambio de Gobierno su cese es ya inevitable. Son las cinco de la tarde y el nuevo ministro de Defensa le hace una propuesta al general:

—Puedes mantener una infraestructura para atender los temas judiciales. También temas de Estado, Perote, Mario Conde, asuntos del rey...

A continuación, el custodio de los secretos del Estado tras el 23-F y durante todo el felipismo informa al nuevo máximo responsable del CESID de lo que se va a encontrar en la Cuesta de las Perdices. Con las cartas sobre la mesa, Manglano habla muy claro:

—Dimisión sí, pero hay varias cuestiones. El rey quiere que me quede y se lo dijo a Aznar. Yo creo que debo quedarme una temporada, y no quiero crear problemas.

—Hablaré con Aznar y buscaremos una fórmula —replica Eduardo Serra, quien aún no tiene decidido quién será el nuevo director del CESID.

Este mes de mayo marcado el traspaso del felipismo al aznarismo es, entre bambalinas, de una intensidad bárbara, mucho más de lo que los españoles presencian en el cambio de Gobierno. El sábado 11 de mayo a las 19:00 horas suena el teléfono en casa de Manglano. Es don Juan Carlos, que acaba de llegar de Holanda. Hablan de la situación del exdirector del CESID, puesto que al día siguiente el rey va a recibir en audiencia a Eduardo Serra: «La fórmula la tiene que buscar él», dice el monarca, y añade:

—Mañana le diré que sus decisiones son suyas, no mías.

—Estará encantado de contar con el apoyo de Su Majestad —replica Manglano.

—He desmentido que su nombramiento fuera cosa mía —dice el rey.

El militar toma notas de la charla en una hoja cuadriculada que luego arranca del cuaderno e inserta en su agenda, en la página correspondiente. El jefe del Estado aprovecha para revelar a su amigo una confidencia:

—Le he dicho a Aznar que no entregue papeles del CESID. Me ha contestado que en el primer Consejo de Ministros dijo: «Estamos al servicio del rey y de España». La situación es buena, pero no solicito más de lo que puede hacer o decidir un rey...

Tras abordar algunos asuntos estrictamente militares que ha tratado con Aznar, el rey le cuenta a Manglano que el nuevo presidente ha dicho que «en el CESID habrá un militar dentro de treinta días». Efectivamente, será el general en la reserva Javier Calderón quien tomará las riendas de la inteligencia española, hasta que en 2001 Aznar confíe por primera vez esta responsabilidad a un civil, el diplomático Jorge Dezcallar.

—Le he dicho a Aznar que le dé el Collar de Isabel la Católica a Felipe, pero Trillo me ha hablado de darle el Toisón.

Felipe González recibió el Collar de Isabel la Católica en la edición de 1996.

Manglano hace balance

El martes 14 de mayo Manglano come de nuevo con Eduardo Serra. Este le cuenta que Aznar «le ofreció el Ministerio el 26 de abril» y le hace una promesa:

—Emilio, no entregaré papeles del CESID.

El cometido principal del almuerzo es concretar la situación en el Ministerio de Defensa del exdirector del CESID, de cuya dimisión se va a cumplir un año:

—Emilio, no conviene que sigas aquí, por el Gobierno. Dicen que estás dirigiendo el CESID en la sombra. Te podemos crear una infraestructura en otro lugar. ¿Estás de acuerdo?

—Sí, ministro.

—Yo me ocuparé.

También hallan momentos para charlar sobre las cosas del comer:

—Emilio, yo ganaba 150 millones de pesetas anuales. Ahora, como ministro, gano diez.

Y de la espina de Manglano…

—Perote tenía más cosas, pero le ha dicho a su hijo que las destruya.

El general aún está lejos de desconectarse del día a día de la inteligencia. Mantiene una agenda intensa, en parte porque ha sido su rutina durante demasiados años y en parte porque sigue gozando de la *auctoritas* que adquirió en la Cuesta de las Perdices.

Cuarenta y ocho horas después del almuerzo con Serra, Manglano conversa con el guardiacivil de Intxaurrondo y agente del CESID implicado en los GAL Pedro Gómez Nieto. Se queja de que en su nuevo destino «le han dado nivel 22 y todos tienen el 26». Así, el funcionario pierde

«20.000 pesetas al mes», alrededor del 10 por ciento del salario medio bruto de los españoles en 1996, que ronda las 200.000 «rubias». Investigado por su participación en la guerra sucia, el capitán de la Benemérita, «en la situación actual, no puede realizar muchos trabajos». Tras los lamentos iniciales, Gómez Nieto le hace dos importantes confidencias. La primera, según anota el que fuera su jefe, es esta: «Margarita Robles le dio a E. de Federico siete millones para pagar al Txofo Miguéliz y que declarara contra la Guardia Civil».

Como secretaria de Estado de Interior entre 1994 y 1996, Robles tenía acceso a los fondos reservados. Según la acusación del agente de los GAL Gómez Nieto, el principal testigo de cargo contra el GAL Verde, Pedro Luis Miguéliz, alias Txofo, no testificó gratis. Miguéliz era un contrabandista de tabaco que vivía en el barrio del Antiguo, en San Sebastián. Se convirtió en confidente de algunos guardias de Intxaurrondo después de que ETA matara a su jefe. Luego pasaría a ser testigo protegido contra los mismos agentes de la Benemérita para los que trabajó en la guerra sucia. Sin las declaraciones de Miguéliz en varios sumarios judiciales, entre ellos el de Lasa y Zabala, no se habría condenado a los integrantes del GAL de la Guardia Civil, que tuvo su epicentro en el famoso cuartel de San Sebastián. El Txofo habría recibido dinero como recompensa por su colaboración con la Justicia de manos del tal «E. de Federico», que sería, por el contexto, un agente de la Seguridad del Estado, y por orden de Margarita Robles, mano derecha de Juan Alberto Belloch. Gómez Nieto, uno de los acusados por el Txofo, hace la segunda confidencia a Manglano, que versa sobre quien fue su máximo jefe en la Guardia Civil:

—Roldán puede declarar que él habló con el rey de la guerra sucia.

Manglano habla con Narcís Serra; en sus notas no deja constancia de si fue en persona o por vía telefónica. Ya fuera del Gobierno, Serra trata de amortiguar las investigaciones judiciales sobre los GAL:

—Emilio, he hablado con Clemente Auger, que puede ser presidente del Consejo General del Poder Judicial. Me ha dicho que el auto de la Audiencia Provincial sobre las escuchas lo han hecho porque no admiten lecciones de la jueza. También me ha dicho que no entregue papeles del CESID y que hablará con Aranda para que todos los sumarios de los GAL en la Audiencia Nacional pasen al Supremo.

El vaticinio de Serra sobre Clemente Auger no se cumplió, pues este magistrado siguió presidiendo la Audiencia Nacional hasta 2001, cuando pasó al tribunal Supremo. En cuanto a Aranda, Serra se refiere a José Aranda, entonces fiscal jefe de la Audiencia Nacional.

El exvicepresidente también le dice a Manglano que «al rey hay que decirle que apoye a Galindo y el tema del Supremo», y que será él quien lo haga. Ambos dudan si decirle al rey «lo de Roldán», la amenaza de testificar para implicarlo en los GAL, aunque el general anota a continuación: «Se lo dijo Cardenal». Puede referirse a Jesús Cardenal, que sería nombrado un año después fiscal general del Estado. Serra también le transmite a su otrora subordinado las noticias sobre la gran china en el zapato que le han contado en Barcelona:

—Conde ha dicho que no tienen más papeles de Perote. Pagó a Roldán para que se llevara por delante a Felipe y a mí, y dijo que «el de arriba se va a enterar».

Un mes después del nombramiento del nuevo Gobierno, y cancelado su asesoramiento al Ministerio de Defensa, Emilio Alonso Manglano carece de responsabilidad alguna —directa o indirecta— en la seguridad del Estado. Es hora de hacer balance, y conviene empezar por el final.

El general de División se sienta en su escritorio, toma unos cuantos folios y redacta, a mano: «Reservado. Julio 1996». Escribe quince páginas que numera en el extremo superior derecho de cada una. El que fuera jefe de los espías extrae varias conclusiones sobre lo que denomina como un «intento de chantaje del Estado». Las plasma de su puño y letra, y habla de sí mismo en tercera persona, como si un narrador omnisciente tomara la palabra. Comienza valorando el informe que Mario Conde envió a Felipe González:

> A través de este documento parece clara la utilización de un material clasificado de un servicio de inteligencia, extraído en forma clandestina e ilegal, como instrumento de presión política para intentar aliviar o resolver presuntas irregularidades y actividades ilícitas de una entidad bancaria [...]. Este hecho estará presente a través de todo el proceso de conspiración durante 1995 y parte de 1996 en los escenarios político, judicial y mediático [...]. Una parte de este material será manipulado y deformado.

El relato de Manglano es concluyente, y empieza en 1991, cuando Perote robó documentos del CESID. Esos papeles, argumenta Manglano, tenían que servir para derribar a Narcís Serra, a quien Mario Conde responsabilizaba de la intervención de Banesto. Sin embargo, en mayo de 1995, Santaella, el letrado de Conde, no ha conseguido verse con el «P. González», pese a habérselo solicitado a Belloch. Sí logró una cita con el expresidente Adolfo Suárez, al que le habla de los documentos, «le enseña las conclusiones y le entrega el índice». También un mensaje: «La decisión de intervenir Banesto fue política y queremos una compensación. O ustedes nos ayudan con el tema Banesto, o publicamos esto».

Según escribe Manglano, a Suárez le invade el miedo, por lo que se muestra partidario de que Felipe González «reciba a Mario Conde y conozca sus pretensiones». Por otro lado, tanto Conde como Perote creen «equivocadamente» que el CESID abonó 60 millones de pesetas por el informe Crillón. «La noche antes de la declaración del director del CESID ante el juez Móner por este asunto», Mario Conde envía un mensaje a Manglano. Usa como correo al director de *ABC*, Luis María Anson, pero el jefe de los espías no se amilana y lo desmiente: «El CESID no ha abonado ninguna cantidad por ese supuesto informe». Este hecho «desbarata los propósitos de M. Conde». Es el 1 de junio de 1995, refleja Manglano, quien añade:

> Los días 12, 13 y 14, *El Mundo* publica todo el tema de las «escuchas» del CESID. No hace falta insistir en las consecuencias de esta publicación: dimisión del vicepresidente del Gobierno, del ministro de Defensa y del director del CESID. Se omiten valoraciones y comentarios sobre este tema.

El 17 de junio denuncia a Perote, quien es detenido e ingresa en una prisión militar. Seis días después, Felipe cede, aunque no del todo: recibe a Santaella, en vez de a Conde, en presencia de Belloch. «Las pretensiones de M. Conde siguen siendo las mismas, que Botín le dé un crédito, que arreglen los problemas con los jueces para que no vaya a la cárcel.» Respecto a lo que el propio Manglano define como «el famoso "Pte."», se muestra contundente: «El CESID nunca despachó asuntos de terrorismo con el presidente del Gobierno».

Santaella también exigía la puesta en libertad de Perote, su otro defendido, bajo amenaza de publicar más documentos. Defensa no cede y los recursos del letrado en los tribunales son tumbados uno tras otro. Manglano extrae sus conclusiones:

«Mario Conde, manejando documentación del CESID suministrada por Perote, ha realizado una permanente presión o intento de chantaje con el fin de resolver o condicionar su situación procesal».

También analiza el futuro, congratulado de que a Conde se le haya agotado la «munición», los papeles que sustrajo el coronel Perote. Por otro lado, «del rey se puede afirmar que no tiene nada consistente». Proteger al jefe del Estado era casi una obsesión de Manglano. Aunque manteniendo la compostura, sin histrionismos, con su serenidad de viejo militar, se muestra doliente por lo que ha vivido:

> Toda la trama de presión y chantaje ha ido proyectando sus efectos en el ámbito político, mediático y judicial por procedimientos absolutamente rechazables no solo en un Estado de derecho, sino en un país medianamente desarrollado. Es pronto para realizar un balance riguroso de los efectos producidos y de la necesidad de asumir la existencia de estas conductas que no tienen precedentes en la reciente historia de España. Al margen de consideraciones partidistas, siempre legítimas, se trata de un intento de agresión o chantaje al Estado y como tal hay que identificarlo.

El chantaje de Bárbara Rey (II)

Bárbara Rey necesita más. Según las anotaciones de Emilio Alonso Manglano, algo más de un año después del primer chantaje a don Juan Carlos, el 15 de septiembre de 1995 la vedete vuelve a llamar a la puerta. El rey acude de nuevo a Manglano:

—Emilio, Bárbara Rey ha vuelto a pedir ayuda, sabe cosas.

«Hablar con M. Prado», anota Manglano, que desde junio ya no es formalmente director del CESID. En la redacción del *ABC* de Sevilla se recibe una nota sobre la relación del rey con la actriz. Tras tener conocimiento de ese anónimo, el 24 de enero de 1996, Manglano se reúne con Manolo Prado en el despacho del abogado Ramón Hermosilla, encuentro en el que también participa Guillermo Quintana-Lacaci, jefe de Seguridad de la Casa del Rey. La convocatoria ha partido de Prado, pues la tarde anterior se ha reunido con la mujer. El resumen avanza sin freno por sinuosos senderos:

—Bárbara Rey está en mala situación económica. Su modista, que se llama Hortensia, es la inductora de todo. Unas personas la visitaron en televisión, a Bárbara, y le dijeron que iban, supuestamente, en nombre de Mario Conde y Javier de la Rosa. Tiene una documentación muy importante relacionada con el rey e hicieron una oferta. Le dijeron: «Te damos 4000 millones de pesetas[109] y residencia en el extranjero».

Sus interlocutores escucharon —se entiende que sin apenas pestañear— cómo los emisarios de Conde y De la Rosa querían comprar material sensible que afectaba al jefe del Estado, y no precisamente para destruirla. Continúa Manolo Prado:

—La periodista María Eugenia Yagüe fue a verla y le dijo que se pusiera de acuerdo con los emisarios. Bárbara Rey tiene varias cosas. Tiene una conversación telefónica grabada con el rey en la que este habla de Sabino, lo que supo a través de Pedro J. Aznar y Felipe tienen que sentarse... También tiene tres vídeos tomados en su casa. El primero en el comedor, el segundo en la cama y el tercero también en la cama. Se oye bien la conversación entre ambos.

Bárbara Rey tenía cámaras ocultas en su domicilio, una en el salón camuflada dentro del televisor, según fuentes próximas a la actriz.

—La asusté y le dije que hay que negociar con él, pero que el rey no tiene dinero. Me dijo que las cintas están bien guardadas y le leí la nota que circula por las redacciones. Quedamos en hablar.

—El riesgo es doble —valora Manglano—. Hay que controlar el material, que quizás esté en el extranjero.

El siguiente episodio se produce el 7 de febrero de 1997, por lo que estos asuntos ya conciernen al Gobierno de José María Aznar. A las 14:30 de la tarde, el rey recibe en la Zarzuela a Manglano. En su extensa conversación aparece Mario Conde. En el pulso que aún mantiene con el Estado, pese al cambio de Gobierno, al exbanquero le conviene hablar de Bárbara Rey. No en vano ambos están en lo que se puede considerar un chantaje al Estado, pero en este caso Conde está, paradójicamente, «en el lado del Estado». Llegados a este punto, cuando hablan de ella —o al menos cuando Manglano transcribe las conversaciones— comienza a evitar usar su nombre: para don Juan Carlos, Bárbara Rey pasa a ser la Pariente, quizás en alusión a que su apellido coincide con el título del jefe del Estado. El monarca le dice a Emilio Alonso Manglano:

—Antonio Lago estuvo con Manolo. El CESID ha estado en casa de la Pariente. Le han borrado una cinta. No saben si ella lo sabe. La

---

109. En el original está escrita esa cantidad, aunque de nuevo parece deberse a algún error de transcripción.

Pariente vio a Mario Conde y le dijo que no aceptaba el chantaje contra el Estado. La Pariente le contó las relaciones con Manolo Prado. Mario Conde nos envió una nota, a Zarzuela, diciendo lo que le había dicho la Pariente y preguntó qué tenía que hacer. Aznar dijo que se le respondiera que no hiciera nada. Le he dicho a Almansa que organice una cena con Mario y le exprese que le agradezco su actitud, y que mantenga el contacto. Esto no lo sabe Manolo Prado.

El rey también habla a su amigo de otra mujer de su entorno, Marta Gayá o, como anota el exjefe del CESID, «Marta (Mallorca)»:

—Poco a poco está habiendo un despegue, no nos vemos tanto. Ella se queja, cada vez voy menos allí.

Aunque es un hombre acostumbrado a esta intensidad, Manglano debe salir de la Zarzuela con la mente en ebullición. El tema de Bárbara Rey le preocupa. Aunque proteger al jefe del Estado ya no es su responsabilidad, el general Manglano ha visto a un rey vulnerable. Tanto es así que mantiene una reunión con Felipe González, muy poco habitual, el 17 de julio de 1997. El primer tema que trata con el expresidente del Gobierno es el «Asunto S. M.», es decir, de Su Majestad. Habla Felipe:

—La prensa sensata está controlada, aunque en los ambientes la relación se da por segura. También existe el apoyo de la élite, banqueros, empresarios…

Tras escuchar esto, Manglano anota: «Concretar fórmulas». Quiere seguir ayudando a su amigo el rey.

Un tiempo después, el 22 de septiembre, el teniente general Andrés Cassinello, que había dirigido los servicios de inteligencia en tiempos de Adolfo Suárez, le transmite a Manglano una información que ha recibido, a su vez, del exsecretario de Estado de Seguridad:

—Rafael Vera dice que Mario Conde tiene el vídeo de Bárbara Rey. Que se publicará en una revista alemana y después en *El Mundo*. Él, Vera, está dispuesto a hablar con Conde. El hijo periodista de Belloch, Santiago,[110] está siguiendo el asunto. Creo que Leal[111] es el que entró en casa de Bárbara Rey para llevarse el vídeo.

Por otro lado, según Cassinello, el exbanquero iba diciendo por ahí

110. Se refiere a Santiago Belloch, que es hermano de Juan Alberto Belloch, no su hijo.

111. Se entiende que Leal es un agente del CESID.

que tenía «datos» sobre un crédito del Banco Santander de 1500 millones de pesetas[112] que Botín había condonado al PP.

El 2 de octubre Manglano se entrevista con el rey en la Zarzuela. El encuentro se prolonga durante una hora y cuarto, entre las 13:00 y las 14:15 horas. El general ya no controla la información del Estado.

—Se ha llegado a un acuerdo —anuncia el rey—. Ella firmará un papel. Se le entregan 100 millones de pesetas de entrada y 50 al año, en porciones mensuales, durante diez años. Las aportaciones mensuales las pagará el CESID. Los 100 millones aún no se sabe.

El acuerdo asciende a 600 millones de pesetas de 1997, al margen de las entregas previas que hiciera Manolo Prado y Colón de Carvajal. El presidente del Gobierno, José María Aznar, ha sido informado de que el Estado compró el silencio, o cedió al chantaje, de Bárbara Rey, pero no oculta su malestar. El jefe del Ejecutivo debió mostrar gestos de desaprobación, a juzgar por cómo el rey relata la escena a Manglano:

—Me enfadé con Aznar. Le dije: «He cometido este error y estoy dispuesto a marcharme». Él estaba frío. Me dijo que antes no se había hecho nada en el Centro, pero lo corregí: ¡Estaba Perote! Creo que el vídeo está localizado. Me lo dijo Antonio Lago. Aznar también me dijo que no quiere saber nada de Manolo Prado.

Manglano analiza lo que escucha: nada más y nada menos que el rey de España ofreció su abdicación a Aznar por el asunto de los vídeos de la vedete, cuya negociación llevó el administrador del rey. El presidente, cuando aún estaba en la oposición, pero todos sabían que solo era cuestión de tiempo, le había dicho al rey que apoyaba a la Corona, «pero en mi grupo hay republicanos». El exjefe del CESID, con su habitual mirada a largo plazo, lejos de caer noqueado por lo que acaba de escuchar, piensa en el futuro y se hace una pregunta: de qué modo «se garantizan las entregas del dinero» a Bárbara Rey. Debe pensar que el asunto es lo bastante complejo como para no solucionarse con la firma de un recibo.

En la misma conversación entre el rey y el presidente del Gobierno ha habido otro desencuentro:

—A Aznar también le ha molestado lo del barco. Lo abonan empresarios mallorquines con créditos de los cuatro grandes bancos de España. Aunque dijo que lo apoyaría, Aznar no da ni un duro…

El Fortuna III, que ya ha aparecido en los manuscritos de Mangla-

---

112. Unos 9 millones de euros sin tener en cuenta la inflación.

no, no será botado hasta tres años después. En ese momento no había trascendido quién lo iba a pagar, motivo de la sorpresa del presidente del Gobierno. El rey, anota Manglano, «está cabreado» con Aznar. Todo mal con el presidente que sustituye a González.

—El Gobierno no hace nada con el tema de los GAL. Felipe está cabreado porque le imputan eso y la corrupción. Yo le tengo aprecio. No sé si llamarlo.

El cariño no se heredó, como la Moncloa: «La situación del rey con Aznar es distinta», anota Manglano.

Como es habitual, el rey le pregunta a Manglano por su situación personal y por su familia, y le habla de la propia:

—Mi yerno, el duque de Lugo, ¡es un gilipollas! Sin embargo, el novio de Cristina muy bien. Él y su familia. Y con el príncipe no hay nada de novias…

Estos comentarios se producen solo dos días antes de la boda de la infanta Cristina e Iñaki Urdangarín, que se iba a celebrar el 4 de octubre en la catedral de Barcelona. El rey explica algunos preparativos de la ceremonia que oficiará el cardenal Ricard Maria Carles i Gordó, más catalán que la butifarra:

—Ha habido que cambiar la homilía del arzobispo Carles. Hablaba de la identidad catalana… Luego los novios se irán de viaje a Nepal. Vivirán en Barcelona hasta la Olimpiada de Sídney.

También hablan sobre el futuro, y el rey confiesa que no tienen intención de morir con la corona puesta, algo implanteable en ese momento.

—Para el futuro hay que estudiar mi situación con el príncipe, porque no voy a esperar a ser viejo para marcharme. Necesitamos una fórmula apropiada para la utilidad de la monarquía. Yo espero que la monarquía del príncipe sea como la mía.

Y el jefe del Estado concluye esta audiencia comentando una nueva «deslealtad» de quien había sido su mano derecha:

—El director de *ABC* me ha comentado que Sabino le ha contado a Cándido[113] todos mis temas. La Paciente, la de Mallorca, la situación con la reina y más cosas. ¿Quién puede contener a Sabino? No creo que Narcís sea el adecuado —valora el rey tras surgir el nombre del exvicepresidente del Gobierno, quizás sugerido por Manglano.

113. El reconocido periodista Carlos Luis Álvarez, que firmaba con este seudónimo.

Al parecer, Sabino Fernández Campo sigue hablando demasiado. De hecho, el 21 de septiembre Manolo Prado y Colón de Carvajal informa a Manglano :

—Sabino está hablando con Carlos Herrera. Le ha dicho: «Si yo hablo, se cae el sistema».

Lo que le falta al sistema, que hable Sabino. El exjefe de la Casa del Rey pide reunirse con don Juan Carlos y que le haga una muestra de apoyo pública, pero este se niega a verlo.

Justo una semana después de ser recibido por el rey, Manglano almuerza con Guillermo Quintana-Lacaci. El jefe de Seguridad de la Casa del Rey confirma varios extremos, según las escuetas notas que toma el exdirector de los servicios secretos: «Tiene fotos y grabaciones de conversaciones. Negociar con ella = firma de un contrato chantaje. 100 millones, no el Gobierno», dice en referencia a la entrega inicial de la que aún no estaba claro de dónde saldría. Por su parte, Cassinello ha realizado algunas gestiones sobre el vídeo de Bárbara Rey con don Juan Carlos que, según Vera, Mario Conde ha conseguido:

—He hablado con Adolfo Suárez —relata el que fuera jefe de los servicios secretos durante la Transición—. Le he pedido que hable con Mario Conde. Este ha mandado un mensaje a Felipe González, que le dé apoyo en el juicio de Banesto.

Las notas de Manglano reconstruyen el minuto a minuto de un chantaje en toda regla que pone en jaque al Estado. Transcurrido un cuarto de siglo desde estas escenas, las cintas que Bárbara Rey grabó al rey de España no han sido difundidas.

El desencuentro del rey y Aznar

7 de febrero de 1997, palacio de la Zarzuela. El rey recibe a Manglano. En la audiencia aparece de nuevo el tema del control de los medios de comunicación, un asunto que ahora afronta el Gobierno del PP, ávido de contar con radios, televisiones y periódicos que soplen viento de cola. El encargado de conseguirlo es, lógicamente, Miguel Ángel Rodríguez, periodista, estrecho colaborador de Aznar, sombra en su ascenso desde Castilla y León a Madrid y portavoz del primer Gobierno de la derecha. Habla el rey:

—Miguel Ángel Rodríguez llamó a Antonio Asensio unos días antes de Navidad para ofrecerle 200 millones de dólares de Televisa.

Asensio le dijo que no. MAR[114] le contestó: «¿No sabes con quién estás hablando? Con el secretario de Estado de Comunicación del octavo país del mundo, con un presupuesto de no sé cuántos miles de millones...». Asensio lo mandó a tomar por culo. Luego Azcárraga[115] le dijo que había hecho bien en no aceptar el apoyo económico. Por lo visto, hay un fax.

En este encuentro en la Zarzuela, que arranca a las 14:30 horas, abordan hasta dieciséis cuestiones distintas. La más urgente es que el idilio inicial entre el rey y Aznar se ha disipado por completo sin cumplirse ni tan siquiera un año del cambio de Gobierno:

—Emilio, estoy muy preocupado por la situación política. Es la peor que he vivido después del 23-F. Aznar es un resentido y un chismoso. Él dice que no hay crispación y que todo está muy bien, y yo no me atrevo a hablarle de este asunto, porque tengo la sensación de que me tiene cogido por lo de la Pariente. Se lo conté, Emilio.

El jefe del Estado, que ha desvelado al del Ejecutivo una de sus debilidades, resalta la actitud autoritaria de Aznar:

—Hay ministros que están preocupados, pero no se atreven a decirle nada. Rato, Aguirre, Matutes y otros más... Aznar es el que manda, y el portavoz hace y dice lo que se le señala. Siente resentimiento contra Polanco, contra Asensio, contra el PSOE, contra Felipe González... Mira, Emilio, esta mañana ha estado aquí Adolfo Suárez, y también está muy preocupado, ¡pero no habla con él! Me ha dicho que hace unos días lo llamaron para que fuera a una finca a entrevistarse con Aznar y al final hablaron a solas ¡solo diez minutos!

El rey insiste en algo que parece molestarle especialmente del carácter de Aznar:

—Manuel Pizarro es amigo de Aznar, pero también cree que es un chismoso.

A lo largo de la audiencia se repiten algunos nombres mientras el rey lanza titulares de los que hacen parar las rotativas. Como las negociaciones entre Aznar y Pujol para cerrar el apoyo de CiU a la investidura.

—Pujol le dijo a Antonio Asensio: el Gobierno «me ha ofrecido to-

114. Manglano se refirió en esa ocasión a Miguel Ángel Rodríguez con el acrónimo que se haría famoso, pero desconocemos si el rey lo pronunció así o fue una simple economía de medios en las notas manuscritas.

115. El empresario mexicano Emilio Azcárraga, propietario del grupo Televisa.

das las transferencias que quiera» —dice el rey, citando la literalidad de las palabras del presidente de la Generalitat transmitidas por el editor catalán— «Incluso me ofrecieron unas que no podría asimilar», le contó Pujol.

No tiene un buen día el rey. También le preocupa la banca y unos «200.000 millones de Hacienda»: «Están preocupados los banqueros. Amusátegui es un inútil y Emilio Ybarra se escurre», dice el monarca antes de quejarse también del gerente de Patrimonio Nacional: «Mal, todo el mundo está descontento… Es amigo de Aznar, lo he recibido».

Antes de despedirse, Manglano enumera temas pendientes del CESID, los GAL e Ibercorp, entre otros. El rey insiste en que «la situación es mala»:

—Si Aznar y Felipe hablaran, podrían arreglarse muchas cosas. Hay gente del PP que está en contra de lo que hace Aznar… Y Polanco está hecho una fiera, y Pedro J. cenó con Aznar la Nochevieja pasada.

Los juicios del felipismo

Emilio Alonso Manglano fue el director de la inteligencia durante el felipismo. Es cierto que no lo nombró González, sino Calvo-Sotelo, pero desde la llegada del PSOE a la Moncloa la figura de Manglano fue cada vez más poderosa. Sin embargo, su relación con Felipe González no es ni de lejos tan cercana como la que mantiene con el rey, con el vicepresidente Narcís Serra o con los distintos ministros de Defensa.

El 17 julio de 1997 el general Manglano se ve con el expresidente Felipe González. A pesar de que este ya está alejado del primer plano de la política y ya se ha convertido en un jarrón chino, el asedio de los tribunales sigue abierto en varios frentes. El primer tema que abordan son los GAL: «Él habla con Vera (solo). Le he dicho que hablaré con él». En el tema de la guerra sucia, el expresidente del Gobierno no se fía ni de su sombra. Solo de Rafael Vera.

El siguiente asunto que tratan va creciendo en importancia mediática: Sogecable. El juez de la Audiencia Nacional Javier Gómez de Liaño, que ha enviado a la cárcel al general Rodríguez Galindo, ha admitido a trámite una denuncia por apropiación indebida del dinero de los decodificadores de Canal +, las fianzas del canal que había traído a los españoles el pago por visión de buen cine, toros, fútbol y porno, que tiene una extraordinaria audiencia incluso codificado. El magistrado ha imputado a la cúpula del Grupo Prisa: Jesús Polanco y Juan Luis Cebrián, y a todo el consejo de administración. Los acusa de haber usado las fianzas de los abonados para las necesidades de financiación de la empresa en vez de mantener los fondos inmovilizados. Es decir: el principal grupo de comunicación del felipismo está seriamente amenazado. Es *casus belli*.

En la charla con Manglano, González le hace un anuncio: «Puede haber una querella que lo haga saltar». Efectivamente, un año después Polanco se querellará contra Gómez de Liaño, que terminará apartado de la judicatura por prevaricación.

Manglano y González siguen charlando sobre otra causa judicial, el «proceso M. C.», es decir, Mario Conde. El expresidente mantiene influencias: «Se puede acceder al presidente de la Sala para el juicio. Pendiente», apunta Manglano. Antes de despedirse, el político hace una confesión y una declaración de intenciones: «Me cuesta abandonar las responsabilidades del poder. —Y añade—: Quiero aclarar el pasado».

Lo que no le dice a Manglano es algo que sí le ha contado Antoni Asunción, exministro y buen confidente. Según le contó el exministro, el expresidente del Gobierno tiene un plan en mente: vengarse de la derecha. Felipe González ha estado con «G. Sant.» y le había pedido «basura de la derecha», según ha relatado el propio G. Sant. al exministro del Interior.

Más temas de tribunales. Seis meses más tarde, el 1 de diciembre, comienza el juicio por el caso Banesto. Mario Conde ha enviado un mensaje a Felipe González para reclamar su apoyo. Andrés Cassinello ha hablado con Adolfo Suárez para que este charlara con Conde, que iba a por todas, según narra Manolo Prado:

—Pepe Navarro ha llegado a un acuerdo con Mario Conde para, al iniciar la vista oral del juicio, hacer un juicio paralelo en su programa, en *La Sonrisa del Pelícano*. Se lo he contado al rey y le he pedido que no diga nada hasta que pasen unos días. Además, Conde le ha dicho a Carlos Herrera que tiene preparadas dos bombas para antes del juicio. Una es sobre Adolfo Suárez. De la otra, solo sé que es sorprendente.

El exbanquero, que sigue frenético, también ha contado que dispone de información fehaciente sobre un crédito de 1500 millones de pesetas del Banco Santander al Partido Popular que Emilio «Botín ha perdonado».

El 7 de octubre Manglano se cita con Manolo Prado a las 10 de la mañana en el hotel Wellington. Hablan de la Pariente y de la mala relación del rey con Aznar. De ambos asuntos Manglano va a preparar «un papel». El administrador de las cuentas privadas del monarca ha oído un cotilleo preocupante:

—La madre de Juan Villalonga habló mal del rey en una cena. Contó que Sabino había dicho que no cejará en su empeño hasta que vea al rey en la cárcel.

La confidencia escandaliza a Manglano, que anota un signo de interrogación y otro de exclamación. La madre del compañero de pupitre de Aznar, el hombre al que el presidente del Gobierno había impulsado a la cima de Telefónica para que creara un imperio mediático afín al PP, chismorrea sobre un futuro de don Juan Carlos entre rejas. Carlos Aragonés, jefe de Gabinete de la Presidencia del Gobierno, también «habla mal» de don Juan Carlos. Manglano se hace una pregunta: «¿Aislamiento del rey?». El presidente del Gobierno se les ha atragantado. Manolo Prado le lanza un dardo:

—Pujol está hasta los cojones de Aznar.

Esa misma noche el rey llama al exdirector del CESID:

—Emilio, Felipe González está hablando demasiado.

—Yo me ocuparé, Majestad.

—Nicolás Redondo le ha dicho a Aznar que los sindicatos no pueden meterse con el Gobierno ¡porque lo está haciendo bien! Felipe me dijo en Barcelona: «Las cosas van mal».

Aznar está enterrando al felipismo y apartando al rey, que no tiene sintonía con el general en la reserva Javier Calderón, el hombre designado por el Gobierno para hacer una transición tranquila, ordenada, en el CESID. Además, el presidente prepara, con el dinero de Telefónica, su ofensiva mediática para contrarrestar al Grupo Prisa. El traspaso de poderes es ya un choque de trenes. Y los juzgados echan humo... Mientras, Emilio Alonso Manglano sigue abandonando poco a poco la primera línea.

La venganza contra Pedro J.

Emilio Alonso Manglano ha asumido un puesto en el Banco Santander, lejos del Gobierno, del Ministerio de Defensa y del CESID. Sin embargo, la sombra de los escándalos que tuvo que gestionar en sus últimos años al frente del espionaje es alargada. El final del felipismo fue una dura batalla, y los rescoldos aún están calientes.

Mediado octubre de 1997, el día 15, se consuma la última venganza del felipismo. Entra en escena el más célebre vídeo de cariz sexual. A Manglano le informa Rafael Vera, el exsecretario de Estado de Seguridad a quien la víctima de esa grabación siempre ha apuntado como principal responsable de la misma, aunque nunca será condenado por ello:

—Una guineana, negra, y su amigo, un antiguo empleado de Iberia, le sacaron un vídeo a Pedro J. en actitud sadomasoquista. El vídeo y una carta de la guineana se lo han ofrecido a Asensio, que llegó a negociar. Hablaron de 300 millones de pesetas: 180 de golpe y otros 120 en empleo. Asensio se quedó con una copia del vídeo y se lo dijo a Pedro J. De hecho, por eso se cerró la operación de Telefónica con Antena 3.

Según la información de la que dispone Vera, Antonio Asensio habría utilizado el asunto del vídeo para que Pedro J. y *El Mundo* movieran los hilos para beneficiar a Asensio en la venta de Antena 3 Televisión, entonces en manos del editor catalán, a Telefónica. Es la gran operación mediática de la época, el intento de Aznar de crear su propio conglomerado mediático. Se lo encargó a Juan Villalonga, entonces presidente de Telefónica y siempre señalado como el excompañero de pupitre de Aznar. El extraordinario grupo mediático con el que se hizo la compañía no es una operación conveniente en cuanto a criterios económicos, por lo que Telefónica terminará desprendiéndose de Antena 3, Onda Cero y el resto de medios para centrarse en su negocio, los móviles e Internet. Desde la Moncloa persiguen con ahínco que estos medios de comunicación se queden en manos presuntamente amigas, así que bendicen la venta al grupo Planeta, que años después será el accionista mayoritario del conglomerado Atresmedia.

Volviendo al vídeo de Pedro J., cuya existencia ha sido la comidilla de los mentideros político-económico-periodísticos durante el verano, Vera le da a Manglano información tan precisa que podría colocarlo al menos como cómplice de la maniobra contra el periodista riojano:

—Ahora se ha negociado con otra persona. Cien ejemplares del vídeo y la carta se remiten hoy a personalidades políticas, económicas… del país.

El vídeo es un ataque sin precedentes a una persona en España. Busca la muerte civil de Pedro J. Ramírez, el periodista que ha puesto contra las cuerdas al Gobierno de Felipe González. Las víctimas de su estrategia informativa lo tienen por un hombre sin principios, amoral, capaz de todo para conseguir sus objetivos. De ahí que algunos crucen todas las líneas para darle «su merecido».

El antiguo empleado de Iberia del que habla Vera es Chema, José María González Sánchez-Cantalejo, un tipo turbio al que se le cruzó una oportunidad que no quiso rechazar. Según el relato que Jesús Cacho hace en *El negocio de la libertad*, Chema llamó un día de finales de abril de ese año, 1997, a Rafael Navas —exdirector general del grupo Negocios, editor de *La Gaceta*, entre otros—, que trabajó en Iberia, antes de comenzar su carrera periodística. Le dijo que tenía un material muy sensible que afectaba a una persona muy importante y, tras varios circunloquios, se destapó. Era Pedro J. Ramírez, «que se había estado acostando con una chica de color» que «es mi novia y yo mismo lo he filmado metido en un armario».[116] Ante la pregunta: «¿Qué quieres hacer con eso», Chema dice: «Pues qué voy a querer, venderlo, sacar un dinero».

—Ese señor no está haciendo nada malo, es su vida privada, y el delito lo puedes estar cometiendo tú —replica Navas no sin razón.[117]

—¿A quién coño le importa que Pedro J. se lo monte con una negra? Pues a mucha gente —interviene Chema—. Porque es que no es acostarse, no es echar un polvo y listo, es que en ese vídeo se ven unas cosas muy fuertes.

Como Navas se mostraba incrédulo y le decía que podía ser un montaje, el exempleado de Iberia reconvertido en chantajista se presentó al día siguiente en su despacho con dos vídeos. Resulta que a Chema le encantaban dos cosas: el bingo y las chicas negras. Y en un bingo conoció a Exuperancia Rapú, una guineana con la que comenzó una relación sentimental. Esta le dijo que era amiga de Pedro J. Ramírez y, como Chema no la creía, lo llamó delante de él y se le puso al teléfono de *El Mundo*.

Exuperancia y Pedro J. se habían conocido en un programa de radio al que ella había acudido junto a un grupo musical de ritmos guineanos. Su nuevo novio vio pasar un tren que quiso coger sobre la marcha. En uno de los vídeos que mostró a Navas se le veía a él mismo taladrando la puerta de un armario. En el otro vídeo Chema ya estaba dentro del armario, en un apartamento de la calle Sor Ángela de la Cruz, muy

---

116. Un colaborador del CESID aseguró a los autores que en el armario no estaba José María González, «que ni cabía», sino un joven y menudo cámara *amateur* que había participado en algún rodaje pornográfico de muy bajo presupuesto.

117. Jesús Cacho, *El negocio de la libertad*, Madrid, Foca, 1999, p. 451.

cerca de la marisquería La Máquina y el Asador Donostiarra. Era el 7 de marzo de 1997. Cámara en mano, Chema filmó a través del agujero en la madera a su novia, Exuperancia, en la cama con un hombre identificado como Pedro J. Ramírez practicando sexo poco convencional.

El 15 de octubre de 1997 el material audiovisual llega a la redacción de *El Mundo*, entonces en la calle Pradillo. Lo llevó el catedrático Enrique Gimbernat, según el relato que hace Jesús Cacho. Pedro J. convocó en su despacho a su equipo de confianza, junto a Gimbernat y la abogada Cristina Peña, y le dio al *play*. «No eres tú, Pedro», decía el catedrático con voz trémula. Tanto Pedro J. como sus hombres estaban convencidos de que la producción audiovisual era obra del CESID, pero quien fuera director del mismo CESID se había enterado, según sus notas, ese mismo día por Rafael Vera.[118]

Vera no había sido la primera persona en ofrecer a Manglano detalles del polémico vídeo. Justo un mes y medio antes, el 1 de septiembre de ese 1997, a las 11 de la mañana, el exjefe del CESID se había entrevistado con Felipe González, quien le dijo:

—Asensio tenía un vídeo de Pedro J. practicando el sadomasoquismo. Ambos pactaron.

El expresidente del Gobierno sigue disponiendo de abundante y valiosa información, además de sus análisis. Lo pone de manifiesto en esta charla, en la que llega a dar la receta contra las acciones judiciales sobre la guerra sucia de su etapa al frente del Ejecutivo. Sobre Juan Carlos I:

—El rey está en contra de que los hoteleros de Palma compren el barco. Prefiere que lo compre Patrimonio. Está solo y mal aconsejado.

Sobre el Ejecutivo de Aznar:

—El Gobierno quiere tener todo el poder político, económico y mediático.

Sobre las causas judiciales por los GAL:

—Quiero proteger a Vera y a los generales, y en el juicio sobre HB no los condenarán, pero el de Segundo Marey está mal para los

---

118. La Audiencia Provincial de Madrid condenó en el año 2002 a seis personas por la grabación, venta y distribución del vídeo: José María González Sánchez-Cantalejo, Exuperancia Rapú, Ángel Patón, el abogado Emilio Rodríguez Menéndez, el exgobernador civil de Guipúzcoa José Ramón Goñi Tirapu y el exdirector del diario *Ya* José Javier Gómez Bleda por un delito contra la intimidad. El Tribunal Supremo ratificó las penas. Rafael Vera había sido absuelto. Chema pedía 500 millones de pesetas por la cinta. Llegó a cobrar de Goñi Tirapu 50 millones.

procesados. Además de las acciones judiciales, están las políticas y las mediáticas. Acciones del rey, acciones mías… Mi tesis es la siguiente: el PSOE terminó con los GAL, que habían empezado antes. Si se demuestra esto, puede mejorar la situación de los procesados. Tenemos que hacer un plan de medidas concretas. Por ejemplo, hay algunos fiscales a los que se les puede presionar vía Opus Dei, entre ellos Luzón y Santos.[119] Está Enrique Vadillo, magistrado del Supremo, y las recusaciones de Liaño y Garzón, que ahora están enfrentados. Hay que preparar planes y acciones.

Felipe González acaba de trazar la hoja de ruta. En la posterior conversación entre Vera y Manglano sobre el vídeo de Pedro J., el exsecretario de Estado de Seguridad le traslada una conversación con el expresidente del Gobierno:

—Emilio, Felipe me ha dicho que todo está ligado. Los GAL, los fondos reservados, Mario Conde… Todo. Hay que estudiarlo todo en su conjunto y buscar soluciones.

Vera habla con un tono pausado, sereno, ayudándose de las manos para remarcar sus palabras. Alto, elegante y peinado con coquetería, es un aparejador metido a político que se especializó en el área de seguridad y al que solo le restaban unos meses —julio de 1998— para que la Sala Segunda del Tribunal Supremo lo sentenciase a diez años de prisión y doce de inhabilitación absoluta por el secuestro del ciudadano hispanofrancés Segundo Marey a manos de los GAL. Su situación es, cuando menos, comprometida. Como servidor del Estado, como hombre que se ha manchado las manos en las cloacas, que se ha sumergido en el fango para que las calles estén más limpias, que se ha jugado la vida como uno de los objetivos de la banda terrorista ETA, el mismo Estado se ha ocupado de cubrirle el riñón. Pero a esas alturas es un personaje incómodo, acorralado judicial y socialmente.

La situación es muy comprometedora. Hace de ella un buen análisis el abogado Ramón Hermosilla, con quien se entrevista Emilio Alonso Manglano el 22 de octubre:

—Emilio, el próximo año habrá muchas personas en la cárcel: Filesa, Segundo Marey, Lasa y Zabala, etcétera, etcétera. La situación es muy grave.

«¿Qué se puede hacer? —se pregunta Manglano—. Coincidimos en

<hr />

119. José María Luzón, fiscal del caso Segundo Marey. Y Jesús Santos, fiscal de la Audiencia Nacional que llevó el caso Lasa y Zabala.

que Pujol es clave», anota a continuación. El hombre que permitía, junto al PNV, la gobernabilidad de España podía ser escuchado por José María Aznar. También hablan de la «negociación de la Pariente», ante la que el letrado se muestra «conforme con el proceso de financiación», aunque el asunto queda «Pte.» (pendiente).

El 19 de noviembre el interlocutor es Manolo Prado y Colón de Carvajal. Lo primero que hace Emilio Alonso Manglano es preguntarle por su salud, puesto que tiene cáncer: «Pte. de control químico», apunta. El exadministrador del rey está molesto porque el domingo anterior han hablado mal de él en un programa de Telecinco. De hecho, trasladó su queja a Santiago Ybarra, entonces accionista de referencia de la cadena. Entran en materia:

—La Pariente va diciendo que ha habido pacto con dinero por medio.

Según la conversación, la vedete no se conforma con haber chantajeado al jefe del Estado, sino que va ufanándose de ello. Y de unos vídeos objeto de extorsión, a otro fruto de una venganza. El diplomático desvela una conversación de Aznar con Juan Carlos I que es el reflejo de una época:

—Aznar le dijo al rey: «Se comenta por Madrid que Su Majestad se ha alegrado de la divulgación del vídeo de Pedro J.». El rey, muy cabreado, respondió: «Bajo tu responsabilidad te digo que desmientas eso». El fin de semana estaré con Su Majestad y el domingo te llamo —remacha Manolo Prado.

Al día siguiente, 20-N, Manglano conversa con quien fuera su estimado ministro de Defensa:

—Aznar está presionando a Emilio Ybarra[120] para el tema de Sogecable contra Polanco.

Narcís Serra le hace también una revelación sorprendente: «Mario Conde impuso a Fungairiño». El fiscal general del Estado designado por Aznar, Jesús Cardenal, había propuesto a Eduardo Fungairiño como fiscal jefe de la Audiencia Nacional pese a la desaprobación del Consejo Fiscal. De ser cierta la afirmación de Serra, Aznar estaría muy en deuda con Mario Conde, quien «puede estar negociando con el Gobierno». En otros de los frentes que tienen los socialistas abiertos, la financiación ilegal, Serra se está moviendo: «De Filesa he hablado esta noche con el

---

120. Presidente del BBVA y hermano del recién citado Santiago Ybarra, como accionista de Telecinco.

presidente del Tribunal Constitucional». ¿Y la guerra sucia? El expresidente está preocupado:

—Felipe no habla ni con Corcuera ni con Barrionuevo. De Vera se fía más o menos. De quien sí se fía es de mí. Está amargado. Quiere acciones contra Liaño y Pedro J., seguir actuando.

Manglano le expone a su otrora jefe el plan de actuación que tiene preparado para el año siguiente, 1998. Ya fuera de la estructura del Estado, le cuenta su situación económica. El presidente del Banco Santander, Emilio Botín, le ha contratado como asesor. Por último, conversan sobre Bárbara Rey:

—La tesis de Felipe sobre la Pariente es que Aznar negocia, sin pactar, con Mario Conde con la excusa del rey. Es una trampa.

Es momento de hablar directamente, y a fondo, con el expresidente del Gobierno.

Felipe se sincera

Felipe González y Emilio Alonso Manglano, de nuevo cara a cara. Lunes, 24 de noviembre de 1997, 10 de la mañana. Han pasado veinte meses desde las últimas elecciones y Felipe muestra su preocupación «por la situación en España» e incide en el temor a un desfile de exaltos cargos socialistas de los tribunales a la cárcel por las hipotéticas «condenas GAL, Filesa, etcétera». Ambos se preguntan «quién puede hacer algo». Ponen dos posibles nombres sobre la mesa: Jordi Pujol y el canciller alemán Helmut Kohl, jefe del Gobierno más poderoso de Europa. El exlíder del PSOE hace autocrítica sobre las acciones de su Gobierno, aunque limitada:

—Emilio, yo acepto responsabilidades políticas, pero no penales. Pensaré lo de llamar a Kohl.

En los asuntos judiciales, Felipe «no pide nada, solamente habla, situación del CGPJ», anota Manglano, y hace esta reflexión: «La sentencia a Filesa permitirá la sentencia condenatoria de HB». La charla se va alargando hasta tres horas sin que ninguno de los dos muestre prisa alguna. El expresidente reflexiona sobre las personas que han erosionado su buen nombre y, quizás, su legado. Primero saca a colación a su archienemigo, al periodista que lo puso contra las cuerdas y al que acusan de no respetar los principios deontológicos:

—Pedro J. Ramírez es un amoral. Esta tarde tendré documentación sobre aspectos de sus negocios.

Parece que la «basura» que había pedido —según desveló Asunción a Manglano— estaba empezando a llegar. Pese a esta rabia, quizás ira, Felipe intenta dar a Manglano una sensación de sosiego:

—Amargado no estoy, pero sí cabreado. Para evitar el fuego hace falta un cortafuegos. Ha habido una conspiración desde 1993. Ya se lo conté al rey… Lo de García-Trevijano era inadmisible.

También tiene epítetos contra otro de sus enemigos y, por ende, importante aliado del periodista riojano, el juez Javier Gómez de Liaño:

—Hay informes médicos sobre el mal estado mental de Liaño… Quiere llevar el caso Lasa-Zabala al Supremo para imputarme a mí.

González da bandazos sobre las cenizas del que fue su imperio, saltando de enemigo en enemigo:

—Mario Conde me ha mandado varios mensajes, pero no me he visto con él. Tiene algunas cosas, como los datos del crédito de 1500 millones de pesetas del Banco Santander al PP. Se venden por doce millones —asevera Felipe, dando a entender que alguien ha puesto en el mercado esa información contra el partido del Gobierno—. Con la excusa del rey, hay una negociación entre el PP y Conde.

A Felipe le preocupa el futuro de España y, específicamente, el de la Corona:

—¿Quién defiende la Monarquía? —se pregunta—. ¿Es popular? Yo no soy monárquico, pero tampoco republicano. No parece posible. El rey está solo, mira el asunto de Banesto…

—No hay más que ver lo de la Pariente —responde Manglano, apuntalando el razonamiento de González.

—España necesita cohesión social. Eso se hace a través de la fiscalidad y de los servicios —argumenta el expresidente, refiriéndose a los impuestos para costear el Estado del bienestar, antes de citar las autonomías como un «nuevo concepto de España»—. La política exterior y la de seguridad van mal. De hecho, no tenemos política exterior porque han borrado todo lo anterior… Abel Matutes ni se entera, no piensa ir a Europa… Le están pidiendo que intervenga en Bosnia y le pidieron que interviniera en Chipre y dijo que no. En cuanto a Cuba, Villalonga puede ir a negociar. Y en el terrorismo hay un pacto entre Ardanza y Aznar. El documento de Elkarri lo ha hecho Miguel Herrero de Miñón, pero no se debe invocar la Constitución —sostiene Felipe sobre el movimiento social que apuesta por una reinterpretación de la Carta Magna que diera más autogobierno al País Vasco a cambio del fin de

ETA—. Hay limitaciones de Bruselas a temas españoles, inversiones en el País Vasco.

Los meandros de esta charla que discurren desde el barro hasta la más alta política pasan también por Cataluña:

—Pujol no se fía de Aznar. Les ofrecieron demasiadas cosas —valora el expresidente, cimentando lo ya abordado sobre las dádivas del líder del PP para hacerse con el apoyo de CiU en el Congreso—. Me veré con Pujol el día 1 o el 2.

Su análisis dibuja una España o, mejor dicho, un Gobierno central, que se está debilitando, constreñido entre entidades supranacionales y subestatales:

—La mayoría de los diputados no tiene conciencia de que representan la soberanía nacional. Hay que revisar el concepto de Estado-nación, porque estamos ante una pérdida de soberanía por arriba, en Europa, y por abajo, en las autonomías. Hay que ver cuáles son las competencias intransferibles y cómo se consigue la cohesión social.

Otra de sus preocupaciones es la política mediática de Aznar:

—El PP quiere dominar los medios por encima de todo, y esto puede crear problemas. Luego está Álvarez-Cascos, que empuja a los jueces.

Tras la prolongada charla, Manglano marca una separación con un corto guion en el centro de su agenda, de la página siguiente a la de la cita, puesto que lo anotado no cabe en una sola. Antes de despedirse, González revela su opinión sobre las otras dos personas que, junto a él, formaron el trío de expresidentes de la democracia española:

—Suárez no se compromete. Leopoldo es tonto.

Las 19 puertas de Vera

Cuatro días después de esta extraordinaria cita, el 28 de noviembre de ese intenso 1997, Rafael Vera llama al exjefe de los servicios de inteligencia:

—Emilio, los del Banco Santander me acaban de decir que el lunes me rescinden el contrato. Esto va a producir un quebranto muy fuerte en mi familia. Ya sabes que la ayuda del Santander la tenía gracias a una gestión que hizo el rey con Botín...

A las 10 de la mañana del día siguiente, Manglano habla con el rey:

—Majestad, como sabe, Rafael Vera recibía una compensación económica del Banco Santander gracias a una gestión que hizo usted. Ahora le han avisado de que el próximo lunes le rescinden el contrato. Esto le representa un quebranto económico para su familia, especialmente teniendo en cuenta su situación de procesado... ¿Podría hacer Su Majestad una gestión con Emilio Botín?

—De acuerdo, Emilio —responde el rey—. Hablaré con Botín. El no ya lo tenemos.

A las 12 del mediodía, Manglano llama a Vera y le traslada que el rey intentará solucionarlo con el banquero.

Ya en diciembre, el día 15, Manglano mantiene una interesante charla con uno de sus habituales, Manolo Prado, quien le cuenta que ya ha entregado «más de cien millones de pesetas» y que ha tenido que vender un cuadro de Zurbarán, para paliar, se entiende, alguna de sus condenas, porque «no tengo ningún ingreso, pero tampoco quiero compensaciones». Entretanto, De la Rosa exige dinero a aquellos contra los que tiene munición. Así lo narra el diplomático:

—Javier de la Rosa habló con Xavier Trias[121] para decirle que él tenía unos cheques de pagos al diario *Avui* que se los había enseñado a Pedro J. Representa unos 300 o 600 millones en cheques de 50, pero Pujol no aceptó la amenaza ni la petición de dinero que le hizo. Pujol y Trias creen que Miquel Roca sí le ha dado dinero a De la Rosa.

No es la primera vez que De la Rosa pide fondos a Pujol, a quien en octubre de 1995, antes de comparecer ante un juez, le había reclamado más de 500 millones de pesetas. En la misma conversación Prado también habla del yate mallorquín:

—Le dije al rey que la Casa debía hacer una nota diciendo que lo del *Fortuna* no es un regalo, que el rey no acepta regalos, porque los empresarios van diciendo que le han comprado un barco... El príncipe estaba de acuerdo conmigo.

El diplomático —que «no se fía de Fernando Almansa», jefe de la Casa del Rey, porque «cree que tiene contratos con Mario Conde» a través de Enrique Lasarte— comparte algunas de las preocupaciones manifestadas por Felipe González respecto a la deriva que está tomando España en el inicio del aznarismo:

—Hay que buscar un grupo de personas que estén dispuestas a apoyar la Constitución. Las tres personas que influyen en Aznar son el

---

121. En ese momento, Trias es consejero de Presidencia de la Generalitat.

marido de Celia Villalobos,[122] Blesa, el de Caja Madrid, y Villalonga. El mejor de los tres es Blesa.

Igual que González, Prado también está seguro de que Mario Conde «está negociando con el PP». Y le pasa una información a Manglano sobre las empresas del ministro de Economía, cuyos manejos lo llevarán a prisión muchos años después:

—La empresa de los Rato está en suspensión de pagos. Quien está al frente del grupo es un primo de Javier de la Rosa que está casado con una hermana de Rato.

El año 1997 termina para Manglano con una conversación el 30 de diciembre con Antoni Asunción, en la que surge el nombre del exsecretario de Estado de Seguridad junto a datos inéditos sobre la malversación de fondos reservados:

—Emilio, Vera miente. Felipe, que, por cierto, está mal rodeado, me dijo que había que cargárselo. Está cogido por los tres o cuatro mil millones de pesetas de fondos reservados que le dio.

Tras varias condenas y una temporada en prisión, en marzo de 2007 Rafael Vera publicará su libro autobiográfico *Las 19 puertas*, tantas como había desde su celda hasta la calle. Se lo presentará Felipe González, que dejará un gran titular: «Rafa pagó una cacería que iba contra mí».

Las escuchas en la sede de HB

31 de marzo de 1998, sede de Herri Batasuna en la calle Ramiro de Maeztu, de Vitoria. Según la versión oficial, varios técnicos, entre ellos uno de Telefónica, trabajan en el cambio de la centralita cuando descubren unos sospechosos cables que derivan las comunicaciones del partido *abertzale* al piso de arriba. Esa vivienda había sido comprada por el CESID y desde ella obtuvo valiosa información contra ETA, pero incurriendo en un delito: el espionaje ilegal a un partido político. Hace casi tres años que Manglano ya no está al frente del Centro, pero las escuchas se habían iniciado en su etapa.

Los dirigentes de HB acuden al juzgado y denuncian la intervención

122. Pedro Arriola, casado con la entonces alcaldesa de Málaga, ha sido uno de los asesores más influyentes del PP desde la etapa de Aznar hasta la de Mariano Rajoy. Y el siguiente aludido es Miguel Blesa, presidente del consejo de administración de Caja Madrid desde 1996 a 2009, cuando lo sustituye Rodrigo Rato.

de sus comunicaciones. El exdirector del CESID se preocupa, y mucho, pues este asunto puede suponer una condena penal. Cuando aparecen los cables y los micros, hace casi dos años que José María Aznar es presidente del Gobierno, aunque el nuevo Ejecutivo sostiene que desconoce esta operativa. De hecho se ocupan, a través del diario *El Mundo*, de difundir que «el CESID espiaba a HB en Vitoria sin informar al actual Gobierno».[123] ¿Para qué serviría la información obtenida por los espías si no se la brindan al Gobierno, a las Fuerzas y Cuerpos de Seguridad del Estado? El CESID investiga e informa a quienes pueden detener comandos de ETA. En principio, los servicios de inteligencia funcionan así, pero el Gabinete de Aznar se desmarca y culpa al pasado.

Mientras la causa está en fase de instrucción, un informante relata a Manglano por qué los miembros de HB han descubierto los cables, una versión que difiere de la oficial: «Lo de las escuchas en HB Vitoria lo dedujo Arzalluz porque Aznar y Cascos hablaban mucho con él y le decían sobre la información que tenían de HB, que solo podía salir de la sede».

Según el confidente de Manglano, lo del descubrimiento fortuito por un cambio de centralita telefónica es el cuento que llevan al juez, pero la realidad es bien distinta. La información que llega a oídos del exdirector del CESID apunta a que fue Xabier Arzalluz, entonces presidente del PNV, quien alertó a HB. En 1996 la relación política y personal entre Arzalluz y Aznar era muy buena. Al parecer, Aznar y Cascos alardearon con él de la privilegiada información que tenían sobre la izquierda *abertzale*. El peneuvista ató cabos y le dio el soplo a Batasuna.

Terminada la instrucción, el exjefe del CESID se sienta en el banquillo de los acusados de la Audiencia Provincial de Vitoria. En abril de 2003 el tribunal lo condena junto a su sucesor, Javier Calderón, a tres años de prisión e inhabilitación de ocho años por un delito de interceptación ilegal de comunicaciones. También son condenados dos agentes del CESID. Tanto la Abogacía del Estado como la Fiscalía habían solicitado la absolución, pero la Audiencia de Vitoria entendió que los agentes que hacían las interceptaciones despacharon con los directores del CESID. El ministro de Defensa nombrado por Aznar, Eduardo Serra, había reconocido en la Comisión de Defensa del Congreso de los Diputados que el CESID contaba con una logística en Vitoria con la que «se ha obtenido

---

123. https://www.elmundo.es/elmundo/1998/abril/03/nacional/nacional.html

abundante información muy valiosa sobre las actividades del complejo de apoyo a ETA».[124] Es la prueba de cargo.

El disgusto que se lleva Manglano es mayúsculo. Tras el fallo y mientras se tramitan los recursos, hace lo posible por ganar la partida y no terminar entre rejas. Hay dos caminos, el del indulto y el de las instancias superiores. Es el momento de mover todos los contactos posibles, recabados y cultivados a lo largo de más de catorce años al frente de la inteligencia del Estado.

Manglano, aunque nombrado por la UCD, ha sido el jefe del CESID del PSOE. Punto negativo. En cualquier caso, lo han condenado por espiar al gran enemigo del Estado, el brazo político de ETA. Punto positivo. Eso trasciende a las siglas PSOE y PP, pero los recelos están ahí. Es más, según le contó el nuevo director del ya denominado Centro Nacional de inteligencia (CNI), Jorge Dezcallar, «Aznar creía que el CESID le había espiado (!!)».

Sobre la posibilidad del indulto, Manglano habla con Julián García Vargas el 11 de abril. El exministro de Defensa le cuenta que su actual homólogo, Federico Trillo, lo llamó para preguntarle si estaba de acuerdo con la concesión de la medida de gracia. García Vargas le dijo que sí, pero que Trillo no le concretó si iban a concederla.

Ya en febrero de 2004, con el recurso tramitándose en el Tribunal Supremo, Jorge Dezcallar da buenas nuevas a quien había ocupado su cargo:

—Emilio, tienes que estar tranquilo. He hablado con el presidente del Gobierno, y el asunto está controlado a través de dos jueces. Además, el rey ha hablado con el presidente del Tribunal Supremo, y García Vargas ha actuado.

La cosa tiene buena pinta, pero lo mejor estaba por llegar: una llamada de don Juan Carlos que se produce el 23 de marzo. Si alguien le debe algo a Manglano ese es, por encima de todos, el rey de España, al que ha protegido por todos los medios posibles durante tres lustros de su vida. La conversación denota que ya ha hablado con Francisco José Hernando, presidente del Supremo y del Consejo General del Poder Judicial, es decir, la primera autoridad judicial del Estado.

—Emilio, tengo muy buenas impresiones sobre el fallo del Tribunal Supremo. Os van a absolver. Solo condenarán al guardiacivil que hizo las escuchas.

124. https://elpais.com/diario/2003/04/05/espana/1049493616_850215.html

Dos días después Manglano recibe una llamada idéntica de Dezcallar:

—Hernando me ha dicho que tiene buenas impresiones sobre el fallo.

Hay más. Su abogado, el penalista Luis Rodríguez Ramos, ha hablado «con un magistrado del Supremo y le ha dicho que el fallo es positivo». Y más. Gustavo Suárez Pertierra, que se muestra muy seguro y preciso en una conversación que se produce el 1 de abril:

—Emilio, he estado con Javier Trueba. Absueltos los dos, Calderón y tú, y condenado el guardiacivil. Hay voto particular de Perfecto Andrés y la sentencia no se hará pública hasta la semana siguiente a Semana Santa.

Llega el 13 de abril, Domingo de Ramos. Los españoles llevan palmas y hojas de olivo a las iglesias para conmemorar la entrada triunfal de Jesús de Nazaret en Jerusalén, mientras Gustavo Suárez Pertierra llama a Manglano:

—Granados firmó ayer la sentencia. Os absuelven a ti y a Calderón. La argumentación de la sentencia deja fuera a los jefes, no os implica.

El 16 de abril, víspera del Jueves Santo, salta la noticia. El Tribunal Supremo notifica la sentencia absolutoria, redactada por el ponente «Excelentísimo Señor Don Carlos Granados Pérez», y con un voto particular en contra del magistrado Perfecto Andrés Ibáñez. El Alto Tribunal anula las condenas a Emilio Alonso Manglano y Javier Calderón por las escuchas en la sede de Herri Batasuna, así como la del agente del CESID Francisco Buján. La Sala de lo Penal mantiene la condena a Mario Cantero, guardiacivil adscrito al CESID.

La sentencia de la Audiencia de Álava consideró que, al ser el CESID una organización militar, muy jerarquizada, los de arriba debían estar al tanto de lo que hacían los de abajo. Por contra, el Supremo considera que eso es una conjetura que no quedó demostrada en el juicio. Cinco años después, Manglano respira aliviado, aunque no del todo: aún hay una causa judicial que lo lleva por el camino de la amargura y que pone en riesgo su carrera militar.

Las otras escuchas

El comienzo del siglo XXI es amargo para Emilio Alonso Manglano. Arrastra una condena, junto a Perote, por las escuchas al rey y a otras personalidades del ámbito político, económico y periodístico entre 1981 y 1991. A finales de 1999 Manglano ya había enviado una carta al jefe de la Casa del Rey que resume cómo vivía ese calvario. Lo que más le molestaba al general era que se dudara de su lealtad al rey Juan Carlos, quien, conviene recordarlo, había sido grabado mediante el sistema de barridos. Esta es la misiva:

Madrid, 25 de octubre de 1999

Excmo. Sr. Don Fernando Almansa y Moreno-Barreda
Vizconde del Castillo de Almansa
Jefe de la Casa de Su Majestad el rey
Palacio de la Zarzuela

El pasado viernes, día 22 de los corrientes, el señor Perote presentó ante los medios de comunicación la edición de un libro escrito por él (naturalmente que no lo he leído ni lo pienso leer, por razones obvias). En los comentarios que se hacían sobre el citado libro figuraba uno que decía: «Perote asegura que el CESID puso micrófonos en la Zarzuela en 1994» (por lo visto en el libro se aportan algunos detalles sobre este asunto).

Como en aquel año y hasta julio de 1995 seguí de director del CESID, he recordado que se envió personal especializado del mismo para hablar con el entonces coronel Quintana Lacaci y teniente coronel Barros. Tras las correspondientes comprobaciones y pruebas quedó demostrado que lo de los micrófonos era un montaje y una falsedad.

Durante estos años, a partir de la filtración de los documentos del Centro, por Perote y M. Conde, he vivido y sufrido una situación penosa. No solo por el peregrinaje por los juzgados, sino también por la serie de mentiras y calumnias que se han ido diciendo y publicando por determinados medios. Pero de todo lo que se ha dicho sobre el CESID y mi persona, lo que realmente más me ha irritado ha sido que «escuchábamos a S. M. el rey» (el tema de las escuchas ahora en el Tribunal Supremo tras el recurso planteado, y ahora lo de los micrófonos en la Zarzuela).

Yo no voy a presumir ni alardear de mi lealtad y de mi adhesión a S. M. el rey y a toda la familia real. Ni tampoco voy a enumerar mi apoyo y colaboración en asuntos públicos y privados a lo largo de muchos años. Lo hice por convicción y jamás declaré nada, ni pediré reconocimiento ni elogios especiales. También hay que resaltar que las personas del CESID a las que pedí colaboración en determinados asuntos relacionados con S. M. y la institución lo hicieron con total lealtad, entrega y reserva.

Estoy seguro de que [de] todo lo que aquí expreso tienes plena conciencia y si te he hecho este apretado resumen —en el marco de la confianza con que siempre hemos hablado—, es para llamar tu atención sobre este último asunto (el de los micrófonos), para que actúes según tu criterio.

Dos días después, Almansa responde, también por carta, documento que Manglano guardaría dentro de su sobre original. El vizconde no duda ni por un instante de la lealtad del exdirector del CESID al rey y a la Casa con ocasión de las «supuestas escuchas en la Zarzuela»:

Sé que se trató de un montaje y de una falsedad que en su día alguna revista atribuyó al CESID y que ahora recoge Perote. Para tu información te diré que no he recibido preguntas de ningún medio de comunicación al respecto, pero si ocurriera no dudaría en así afirmarlo.

Conozco desde hace tiempo, e incluso por razones familiares antes de estar en esta Casa, tu lealtad a S. M. el rey y a la familia real. Por ello, entiendo bien lo molesto que debes de sentirte cuando tratan de cuestionarlo con acusaciones que para nada corresponden con esa lealtad y adhesión que de siempre has ejercido con la Corona.

Recibe un fuerte abrazo,

El vizconde del Castillo de Almansa

Fruto de ese «peregrinaje en los juzgados» del que hablaba Manglano, la Audiencia Provincial de Madrid lo condena a seis meses de arresto y ocho de inhabilitación, y en marzo de 2001 el Tribunal Supremo ratifica la sentencia por las escuchas de la cinteca de Perote. Emilio Alonso Manglano está atemorizado no por la sentencia en sí, sino por lo que ella conllevaría una vez que fuera firme: la pérdida de su condición de militar. El deshonor de un soldado. El último partido se jugará en un edificio circular que se ubica, casualmente, en la misma calle que la residencia de Manglano, Domenico Scarlatti: la sede del Tribunal Constitucional.

El 2 de octubre de 2003 el exdirector del CESID aborda el asunto con la magistrada Margarita Robles, que tras su primer paso por la política ha recuperado su carrera judicial, y le marca el camino para solucionar su gran problema, según anota Manglano en un pequeño cuaderno color azul con un reloj pintado en la tapa:

—Emilio, habla con el rey para que hable con Jiménez de Parga y resuelva lo de las escuchas.

La presidencia del Tribunal Constitucional la ocupa, efectivamente, Manuel Jiménez de Parga. Once días después de la conversación con Margarita Robles, el 13 de octubre, Manglano escribe al rey de España. Redacta la carta a mano, para pasarla después a ordenador. Escribe fluido, sin tachón alguno:

Señor:

Como V. M. no ignora, la Audiencia Provincial de Madrid y, posteriormente, el Tribunal Supremo, me condenó junto con otros miembros del entonces CESID, por el «supuesto» de las escuchas ilegales. En mi caso, la condena es de seis meses de arresto y ocho años de inhabilitación absoluta. La Ley sobre Régimen de Personal de las FAS establece que la pena de inhabilitación absoluta dará lugar a la pérdida de la condición de militar.

Sin entrar en detalles, el CESID nunca espió a políticos, ni a empresarios, ni a periodistas ni a personalidades públicas de relevancia (se llegó a decir que espiamos a S. M...). No se practicaron escuchas telefónicas, sino exploraciones del espacio radioeléctrico, dentro del cual la telefonía móvil automática en aquellos años era una pequeña parte. Nunca se impartieron órdenes de escuchar a personas, pero es que era técnicamente imposible, porque con los equipos utilizados no se podían realizar escuchas programadas.

Tras la resolución del Tribunal Supremo, presentamos recurso ante el Tribunal Constitucional. En la hoja adjunta se detallan los datos del recurso mencionado, así como el resumen de los motivos y pretensiones.

El favor que le pido a V. M. es que si le parece oportuno trate este asunto con el Presidente del T. Constitucional, Manuel Jiménez de Parga, con el fin de conseguir una resolución positiva del citado recurso. Existen muchas razones para justificar esta petición. Si se aplicara la sentencia, perdería mi condición de militar. Creo en conciencia que no merezco esta tremenda sanción.

Gracias por su apoyo y atención. Con la lealtad y el afecto de siempre,

Emilio

Cinco meses después, el Tribunal Constitucional anula la sentencia de la Audiencia de Madrid que había ratificado el Tribunal Supremo. El órgano que vela por el respeto a la Constitución alega falta de imparcialidad y ordena repetir el juicio. El motivo es que la Sección 15 de la

Audiencia, que había dictado la sentencia, presidida por el ya mencionado Perfecto Andrés Ibáñez, era la misma que antes había ordenado a la jueza de instrucción levantar el sobreseimiento del caso. El relato por escrito que el exdirector del CESID hizo sobre el proceso apunta a que la sugerencia de Margarita Robles terminó dando beneficiosos frutos.

Transcurre el tiempo hasta el 27 de marzo de 2004, un día en el que Manglano recibe infinidad de llamadas de apoyo y felicitación. Anota todos los nombres. El juicio se va a repetir, pero todas las acusaciones han retirado los cargos contra el general y los cinco agentes antes condenados, por lo que la fase oral se celebrará con un único acusado en el banquillo, el coronel Juan Alberto Perote, que será condenado finalmente a cuatro meses y un día de arresto mayor. Manglano, ya como testigo y con su expediente judicial limpio, declara que las grabaciones aleatorias que hacía el gabinete de escuchas mediante barridos a los primeros teléfonos móviles que hubo en España, y que correspondían a gente importante debían ser borradas. El protocolo era reutilizar las cintas después de escucharlas, pero Perote decidió guardarlas y después utilizar la información con Mario Conde, quien la entregó al diario *El Mundo*.

El día que recibe la feliz noticia de su absolución, cuando está a punto de cumplir setenta y ocho años, la vida profesional de Manglano se va lentamente apagando y dando paso a la vida propia de una persona jubilada. Los años transcurren alejado de la primera línea hasta que a finales de 2012 le diagnostican un cáncer en fase terminal. El tratamiento de quimioterapia le permite sobrevivir nueve meses durante los que, a pesar del dolor y el sufrimiento, nunca se queja. Tampoco se lamenta por estar enfermo. Después de las primeras tres semanas de enfermedad, abandona el hospital en una silla de ruedas. Al salir, consigue encandilar al equipo de enfermeras que lo han atendido al dedicarles un discurso para agradecer su trato atento y profesional. Los últimos meses de su vida ingresa en una residencia, donde recibe visitas frecuentes de sus dos hijos desde el extranjero y visitas diarias de familiares y amigos. Como siempre, la preocupación de Manglano es por ellos y no por sí mismo. En distintas ocasiones, la residencia reclama a los hijos que limiten el número de visitantes, ya que a veces no caben en la habitación o toman prestadas sillas de otras salas de la residencia. Esos últimos meses de vida son para Manglano la oportunidad de reconectar con muchos amigos con los que ha perdido el contacto, en particular durante los duros años de lo que él llama su «calvario judicial». Tal vez por ello, en sus últimos días llega a afirmar que su enfermedad le ha «reconciliado con el mundo». Las horas previas a la madrugada en la que fallece las pasa con sus dos hijos y su hermana Amparo.

Es 8 de julio de 2013 y han pasado casi dieciocho años desde que dimitió del cargo más importante de su vida, pero en absoluto el único que ha permanecido en su memoria… y en su archivo personal. Su despacho es un minucioso repaso de su vida, un recordatorio de los pasos que, grandes y pequeños, personales y profesionales, lo han llevado a convertirse en una persona de gran trascendencia política y militar, con inmensa información, responsabilidad y *auctoritas*, y que, a pesar de todo, ha conseguido ser una persona querida. El archivo que Manglano organizó con las experiencias de toda una vida, sus análisis y reflexiones y los secretos de las personas más importantes de España solo se completa el día de su muerte. Junto a las agendas y dietarios, los cuadernos de notas, las cartas de amor, los recortes de prensa y las fotos, dos documentos completarán un archivo para la historia: un cuaderno que el CNI entrega a sus hijos con los obituarios publicados en todos los periódicos de España y muchos del extranjero y la recopilación de los centenares de mensajes de condolencia de personalidades de todo el mundo, principalmente del ámbito del espionaje. La talla de un director de inteligencia bien se puede medir por la categoría de los mensajes que recibe el día de su muerte. Quién le iba a decir al teniente coronel que un día de 1981 decidió asumir la dirección del CESID que, con el paso del tiempo y el buen hacer, se acabaría convirtiendo en el decano de los directores de la inteligencia europea.

Don Emilio y los guerreros de las sombras

Cuatro días después de su fallecimiento, el 12 de julio de 2013, el CNI rinde un caluroso homenaje al hombre que construyó la inteligencia española moderna desde sus cimientos. Sus hijos, Cristina y Santiago, se encargan de descubrir la placa con la que se rebautiza el Centro de Situación como Centro de Operaciones Teniente General Emilio Alonso Manglano. La escenografía es austera: el atril se sitúa delante de las banderas de España y de Europa, y bajo un pequeño retrato del homenajeado, una foto tipo carné, aséptica, en blanco y negro, ampliada y enmarcada. Tres personas cuidadosamente seleccionadas van a tomar la palabra para reconocer la enorme influencia que el legado de Manglano tiene, aún hoy, en el servicio de inteligencia español.

La primera es María Dolores Vilanova, la mujer que tres décadas antes representó el cambio que Manglano quiso aportar al espionaje español: mujer, civil y joven, toda una revolución. Elegida para representar a todos los miembros del Centro, nadie mejor que ella para rememorar quién fue Emilio Alonso Manglano y ponderar su labor al frente del Centro.

En un sentido discurso, Vilanova comienza dirigiéndose al homenajeado: «Tu autoridad, tu fuerza y tu saber, tu estilo de mando y tu dedicación, tu penetrante mirada, tus enfados y exabruptos, nivel de exigencia, tu impecable traje y tu paso firme [...]. Tus exámenes por sorpresa, el tono de tu voz, la forma de implicarte en los asuntos, tu vigor y tu fortaleza, tu capacidad de decisión y tu firmeza, tu prestigio y tu incansable servicio a España». A continuación, resalta su habilidad «para conseguir lo máximo con instrumentos y herramientas rudimentarias» en un CESID «familiar, discreto, algo misterioso, militar y casi clandestino», y señala tres claves de sus más de catorce años de mandato: «Abrió las puertas del Centro al exterior para que pudiera tutearse con sus homólogos extranjeros sin complejos», dio visibilidad al Centro con «los primeros pasos de acercamiento a la sociedad»; «formó un equipo humano variopinto, de distintas procedencias y capacidades, enriqueciendo su composición, combinando el verde caqui con nuevas tonalidades de colores vivos»; «y creyó, cuando casi nadie lo hacía, que las mujeres podíamos aplicar nuestro talento a esta compleja actividad, se comprometió con nuestra defensa, confió en nuestra actitud y nos exigió resultados cada día».

Agradecida y emocionada, Vilanova concluye su discurso reconociendo que Manglano fue el maestro que «nos enseñó a todos cómo hacer inteligencia y nos dotó de capacidades técnicas y tecnológicas», y agradeciéndole que diera la cara por ellos «cuando vinieron mal dadas», siempre gracias a su «buen hacer, empeño, perseverancia y valor». «No te fuiste del todo en el 95», afirma Vilanova para destacar la trascendencia de la figura de Manglano. «Tampoco podrás marcharte ahora», añade antes de cerrar su alocución con un deseo de futuro: «Cuando todos nos hayamos ido, parte del alma del Centro Nacional de Inteligencia seguirá perteneciéndote».

Tras el aplauso de los asistentes, sube al estrado Ignacio Prieto. Toma la palabra en nombre de los agentes jubilados que sirvieron a las órdenes de «el director» o «don Emilio», «un hombre que cumplió sobria y obstinadamente con su deber en aquellos momentos convulsos de la España de 1981». El relato de Prieto se detiene en explicar cómo Manglano, pese a la «demorada cita —de España— con la democracia», «metamorfoseó y afinó esa herramienta decisiva para los Estados modernos a la hora de apuntalar su soberanía, que es un eficaz servicio de inteligencia». Como el homenajeado, el agente gusta de citar a Séneca: «Ningún viento es favorable para aquel que no sabe adónde va, pero don Emilio sí lo sabía y muy bien, por ello se impuso como tarea hacer del CESID una institución capaz de proporcionar a la nueva España capacidades de defensa y actuación de las que había carecido en momentos críticos de su historia». A modo de anécdota, el agente jubilado relata también una conversación que mantuvo con su jefe en una larga espera antes de una «delicada entrevista con un dignatario extranjero»: «Me confió que los intelectuales explican el mundo, mientras que nosotros, los oficiales de inteligencia, pretendemos cambiarlo en beneficio de nuestro país», lo que resultó ser una «paráfrasis de un pensamiento de Marx».

«Talento, esfuerzo, tenacidad, visión de futuro, temperamento, astucia, arrojo, carisma y, cuando fue menester, una bravía destemplanza.» Estas son las cualidades que, a juicio de Prieto, convirtieron a Manglano en un «líder» cuya estela permanecerá en el futuro: «Los que servimos a sus órdenes no lo olvidaremos como ser humano y como jefe, e intentaremos que también los guerreros de la sombra que nos han relevado obtengan de su ejemplo la misma inspiración que acicateó nuestra labor».

El acto es un reconocimiento a toda una vida en las Fuerzas Armadas y en especial a los catorce años en que dirigió la inteligencia. Por eso, el cierre corresponde a la persona que en ese momento mejor representa ambas trayectorias: el director del Centro Nacional de Inteligencia, la institución heredera del CESID: el general Félix Sanz Roldán:

—Mi adiós consiste en deciros, en ordenaros, que no lo olvidéis.

El jefe del Servicio incide en la enormidad de la figura de Manglano para la inteligencia española, «porque este Centro es él, él lo creó, su huella está en todas partes, su voz rota de viejo soldado de Infantería irrumpe de forma casi cotidiana en nuestras vidas y nos manifiesta aún hoy que hemos errado o nos reconoce sin halago —matiza— que hemos tenido algún éxito en el cumplimiento de nuestra misión». Así, apela a seguir recordándolo, pues «un hombre no muere mientras se le recuerda», así como Douglas MacArthur dijo a los cadetes de West Point en su discurso de despedida: «Los viejos soldados no mueren, simplemente dejamos de verlos». El sentido homenaje termina con un ofrecimiento para el más allá: «Aquí nos tienes por si nos necesitas como testigo para dar crédito ante tu remunerador de que has luchado tus batallas. Eso si no dieran crédito suficiente las heridas y cicatrices contraídas en tu carrera».

Epílogo

El tercer hombre

*E*n 1981 el teniente coronel Manglano fue llamado por el Gobierno para desempeñar un papel que se presentaba trascendental en el proceso de consolidación de un Estado democrático construido a velocidad de vértigo y que se tambaleó con el golpe de Estado del 23-F. Solo tres meses después, como nuevo director de la inteligencia del Estado, Manglano recibió dos mandatos, uno para el corto y otro para el largo plazo: debía subyugar el involucionismo y el terrorismo, y debía ahormar un sistema de espionaje moderno y eficiente. En cuanto recibió la llamada del Estado, abandonó lo que estaba haciendo y se puso a trabajar. Con la perspectiva que ofrece el transcurso de cuarenta años, en 2021 se puede concluir que el balance de su labor fue un éxito, aunque eso no significa que fuera un camino fácil y carente de claroscuros. Lo que le sucedió a Manglano después de la llamada del Gobierno es historia de España; lo que le sucedió antes explica por qué el Gobierno se fijó en un hombre que jamás imaginó que se convertiría en la persona con más información del Estado. Información es poder, y en la España de Manglano solo el rey y el presidente del Gobierno tenían una influencia mayor que la suya. Emilio Alonso Manglano jamás imaginó que se convertiría en la tercera persona con mayor influencia del Estado.

Los hechos narrados en *El jefe de los espías* resumen la biografía de un hombre que falleció en Madrid en 2013, a los ochenta y seis años, después de una vida única. La diferencia con las vidas de sus coetáneos es que Emilio Alonso Manglano estuvo presente y en primera línea en episodios que han pasado a la historia de su país; la diferencia con las vidas de otros prohombres de la época es que la suya fue una participación decisiva, pero discreta. Los suyos son los ojos ausentes de quien no debe figurar. Entre bambalinas. Porque Manglano siempre se encontró cómodo en la sombra: en los años 60 y 70, desarrollando una actividad política clandestina en favor de la restauración de la monarquía y de la democratización de España; y en los 80 y 90, siendo el responsable de la inteligencia del Estado.

El jefe de los espías es una biografía que responde a un comportamiento constante a lo largo de la vida de Alonso Manglano. Desde su juventud hasta su muerte fue elaborando un archivo sobre su vida: las cartas de amor, la correspondencia con su familia, cada ascenso en el Ejército, todas las referencias a su persona en la prensa de la época, las conferencias que escuchó y las que pronunció..., cada uno de sus pasos, grandes y pequeños, quedó archivado en su despacho. El momento álgido de esa forma de proceder constante, metódica y minuciosa llegó cuando fue nombrado director del Centro Superior de Información de la Defensa: en ese momento el teniente coronel Manglano tomó la decisión de anotarlo todo. Cada día al frente de la inteligencia del Estado quedó recogido en sus agendas, cuadernos y clasificadores. Esos manuscritos guardan muchas de las claves de la política española en los años en los que se consolidó la democracia en España, los años posteriores a la Transición. Este archivo es la letra pequeña de la historia de España.

Hay muchos modos de narrar la historia. Siempre que se respeten los códigos de la investigación, todos son válidos, pero desde la perspectiva del lector no todos los estilos son igual de atractivos. La biografía es un género eminentemente histórico porque permite recorrer una época a través de la experiencia de una persona: el relato será más relevante cuanto mayor sea la talla de la persona biografiada, pero será más rico cuanto mayores sean los detalles inéditos revelados sobre su vida. La altura del libro resultante dependerá de la conjunción de ambos ejes.

Sobre este planteamiento, son especialmente relevantes las biografías que se apoyan en archivos personales, anotaciones en caliente o reflexiones sosegadas, pero en ambos casos auténticas, veraces, ciertas. Este es el caso de *El jefe de los espías*, un relato tan minucioso y relevante como su protagonista; tan apasionante como la etapa histórica que cubre: la segunda mitad del siglo XX español, con especial atención al felipismo.

La persona

Pero ¿quién fue realmente Emilio Alonso Manglano? Como punto de partida, conviene remarcar que en los primeros cincuenta años de su vida jamás imaginó que pasaría a la historia como el hombre que situó el espionaje español al máximo nivel mundial, como el padre de la inteligencia moderna nacional, como el guardián de los secretos del primer cuarto de siglo de la España democrática. No en vano, y como se desvela en *El jefe de los espías*, Emilio Alonso Manglano no tomó la decisión de apostar por la vida profesional —frente a la personal o la familiar— hasta pasados los treinta años. La llamada de la fe y el sufrimiento personal que para él supuso alejarse de su ciudad natal para lanzar su carrera militar fueron dos argumentos que retrasaron su despegue personal y profesional, a pesar de que en el ámbito castrense destacó desde el principio, y de que a punto estuvo de casarse con Carmen Díez de Rivera. ¿Estaba dispuesto Emilio a dar la espalda a la llamada de Dios y emprender una vida familiar? ¿Estaba dispuesto a dedicarse en cuerpo y alma al Ejército? La respuesta a ambas preguntas fue sí, pero antes hubo que sortear obstáculos que afectaban a lo más íntimo de su corazón.

Otra cuestión fue la cabeza. Hombre inquieto, tenaz, estudioso y políticamente comprometido, Manglano tuvo una formación conservadora y una mentalidad liberal, abierta y moderna.

Seguro de sí mismo, la gravedad de su voz dejaba traslucir un carácter fuerte, recio, arrollador. Siempre gustó de dar rienda suelta a sus inquietudes, actitud que con el tiempo esculpió a un militar intelectualmente destacado. Políticamente, durante el franquismo arriesgó jugando la baza del juanismo, lo que le permitió conocer a un joven Leopoldo Calvo-Sotelo y, cómo no, al príncipe Juan Carlos.

Revolución en el CESID

Con él al frente, el CESID vivió una auténtica revolución. Primero porque desde su llegada apostó por la profesionalización de la inteligencia. Segundo porque incorporó a civiles, a mujeres y a jóvenes. Tercero, porque centralizó un servicio desperdigado en un único edificio en las afueras de Madrid. Y cuarto, y más importante, porque situó a la inteligencia española al nivel de las más importantes del mundo, entablando relaciones de tú a tú con la CIA o los servicios británico, francés, israelí y soviético.

En conclusión: desde la fontanería del Estado, el CESID apuntaló el crecimiento de la imagen internacional de España, en estrecha relación con la figura clave de ese salto al escenario mundial: Juan Carlos I. Es más, la proyección de Manglano fue tal que propició tensiones entre la Zarzuela y la Moncloa sobre el papel que debía jugar el jefe de la inteligencia. Todos lo querían para sí, pero ¿a quién debía informar primero? La red de inteligencia española se expandió por España y por el mundo, de modo que también hubo celos con los Ministerios del Interior y de Asuntos Exteriores. El éxito siempre genera envidias.

El sentido del humor español, con esa autocrítica tan corrosiva, caricaturizó nuestra inteligencia con personajes como Mortadelo y Filemón o Anacleto, agente secreto. Si esa imagen había triunfado en el imaginario colectivo fue porque probablemente bebía de la realidad, pero lo cierto es que en los años 80 el CESID pasó de los tebeos a participar en los clubes de inteligencia más importantes del mundo, como el Club de Berna o el Medi. La cúspide fue el papel de Manglano como uno de los interlocutores de los aliados con Sadam en la guerra del Golfo —como le agradeció el presidente Bush por carta—, o la organización en España de la primera Cumbre de Paz entre israelíes y palestinos. En aquellos años, la figura del rey como referente de la España democrática y moderna era un puntal internacional, y Manglano fue un magnífico apoyo entre bambalinas. En realidad, su figura está más cerca de M, el jefe del MI6 en las películas de James Bond, que de los tebeos españoles.

El deber y lo correcto

No obstante, el jefe de la inteligencia de un Estado moderno también asiste a operaciones inconfesables, y el Estado español no es distinto. A partir de los años 90, Manglano fue testigo destacado de las estrategias del felipismo por ocultar sus errores y de la campaña de acoso lanzada por tierra mar y aire para derribar a un presidente del Gobierno que en aquel tiempo parecía eterno.

El jefe de los espías ofrece el relato completo de esa operación, y Manglano hace todo lo que está en su mano para proteger al Estado de una amenaza que alcanza al presidente del Gobierno y también al rey, y que por momentos parece capaz de derribarlos. Su papel es el de conseguir información y neutralizar ataques, aunque a veces eso le suscite dudas morales ante hechos protagonizados por terceros vinculados a la corrupción, a la poca ejemplaridad, al uso fraudulento de recursos públicos o, incluso, a la guerra sucia.

De profundas creencias religiosas, el hombre que fue Manglano siempre caminó sobre sólidas —y exigentes— convicciones morales. Hijo de un general, el militar que fue siempre cumplió su misión con talento, esfuerzo y disciplina. Así, la trayectoria que arrojó su vida ofrece una doble constante: hacer lo correcto y cumplir con el deber.

En la lucha que todo hombre libra contra sí mismo, el protagonista de esta biografía salió victorioso, pero no fue una contienda fácil. Ese permanente duelo entre el bien y el mal encontró en los ojos de Manglano un magnífico campo de batalla: no tanto por lo que hizo, sino por lo que vio y escuchó, y por lo que anotó. *El jefe de los espías* es el compendio de la información que manejó una persona que adquirió una influencia notable.

Desde su salida del CESID por la puerta de atrás en plena contienda política, Emilio Alonso Manglano fue poco a poco cayendo en el ostracismo. La soledad, incluso la ingratitud hacia esa labor leal y silenciosa para el Estado, fue especialmente dura en sus últimos años. Además de su hermana y sus hijos, su principal apoyo fue Antonio van de Walle. Él lo sacó de su pena y propició que recuperara las relaciones sociales.

Una cita resume a la perfección el sentimiento, y el pensamiento, de Emilio Alonso Manglano cuando miraba hacia atrás y observaba los contrastes de una vida entregada al servicio público. *Recte facti fecisse merces est* [La recompensa de una buena acción es haberla hecho]. La extrajo de sus lecturas de Séneca, y la anotó en sus agendas, las mismas que hoy sirven para que la historia conozca la verdad de lo que sucedió en España en los años en que se consolidó la democracia. Son una documentación inédita y relevante. Las actas de un hombre de Estado.

Currículum vítae

Excmo. Sr. teniente general del Cuerpo General de las Armas del Ejercito de Tierra, don Emilio Alonso Manglano.

1. Datos personales

1.1. Lugar y fecha de nacimiento: Valencia, 13 de abril de 1926

1.2. Nacionalidad: española

1.3. Empleo militar (grado)

Teniente general del Cuerpo General de las Armas del Ejército de Tierra (Reserva).

2. Formación militar

2.1. Empleos (grados) obtenidos

- Caballero cadete de Infantería (24-07-44).
- Caballero-alférez cadete de Infantería (15-07-46).
- Teniente de Infantería (15-12-48).
- Capitán de Infantería (30-11-57).
- Comandante de Infantería (04-01-70).
- Teniente coronel de Infantería (27-08-76).
- Coronel de Infantería (03-07-81).
- General de Brigada de Infantería (09-08-83. RD 2565/1983).
- General de División (30-04-85. RD 766/1985).
- Teniente general (10-01-87. RD 61/1987.

2.2. Diplomas

Militares

Entre otros:
- Título de paracaidista español.
- Título de paracaidista francés.
- Diploma de topógrafo militar.
- Diploma de Estado Mayor del Ejército de Tierra (n.º 1 de la promoción).
- Diploma de Estado Mayor del Ejército del Aire.
- Curso Básico de Mandos Superiores (calificación de sobresaliente).

Civiles

- Perfeccionamiento de Dirección de Empresas.

2.3. Destinos

- Tercio Duque de Alba, II de La Legión (1949-1952).
- Regimiento de la Guardia del Jefe del Estado (1952-1953).
- 1.ª Bandera Paracaidista del Ejército de Tierra (Fundación) (1953-1955).
- Escuela de Geodesia y Topografía (1955-1957).
- Agrupación de Banderas Paracaidistas (campaña de Ifni) (1957-1958).
- Escuela de Estado Mayor (Curso de Estado Mayor) (1958-1962).
- Estado Mayor de la División de Infantería II (1958-1962).
- Estado Mayor Central del Ejército (2.ª División) (1965-1974).
- Escuela de Estado Mayor E. Aire (Curso de E. M.) (1974-1976).
- Profesor de la Escuela de Estado Mayor (1972-1976).
- Alto Estado Mayor (1976-1978).
- Jefe de Estado Mayor de la Brigada Paracaidista (1978-1981).
- Director del Centro Superior de Información de la Defensa (1981-1995).

2.4. Comisiones servicios

- Fundador de las Unidades Paracaidistas del Ejército de Tierra.
- Campaña de Ifni-Sáhara en la Agrupación de Paracaidistas del Ejército de Tierra.
- Profesor de Táctica y Logística en la Escuela de Estado Mayor.
- Miembro delegación militar española en varias reuniones de Estados Mayores de Francia-España y Portugal-España.
  - Miembro de la Comisión *ad hoc* de Coordinación OTAN.

- Miembro de la delegación española en la Conferencia de Seguridad y Cooperación Europea (CSCE) (Belgrado y Madrid).
- En el ámbito paracaidista, ha participado en varias maniobras conjuntas con las Unidades Paracaidistas francesas (Iberia y Galia).
• Jefe del Estado Mayor Conjunto Combinado de FOCCODA, Ejercicio Crisex 79.
• Miembro de la comisión española en la XXII Conferencia de Estados Mayores Peninsulares.
• Cooperación, en el ámbito de los servicios de inteligencia, con homólogos extranjeros en aspectos relativos a inteligencia exterior, contrainteligencia, SIGINT, etcétera.

3. Trabajos y publicaciones

• Director, durante varios años, del curso «Problemas militares» y del curso «Política y sociedad» en la Universidad Internacional Menéndez Pelayo.
• Ponente en conferencias en diversos cursos impartidos en la Escuela de Guerra Naval, Escuela Superior del Ejército, Escuela de Estado Mayor, entre otras.
• Conferencia de clausura del curso «Poder y servicios de inteligencia» de los Cursos de Verano 1991, de la Universidad Complutense de Madrid, desarrollado en el Eurofórum de El Escorial.
• Conferencia «Hacia una monarquía para todos», en el curso «Los monárquicos en el régimen de Franco. Homenaje a don Juan» de los Cursos de Verano 1992, de la Universidad Complutense de Madrid, desarrollado en el Eurofórum de El Escorial.
• Publicaciones de diversos trabajos en revistas especializadas.

4. Distinciones honoríficas

4.1. Españolas

Militares

• Cruz Roja del Mérito Militar (guerra).
• Medalla de la campaña de lfni-Sáhara (guerra).
• Distintivo de excombatiente de las Fuerzas Armadas Españolas.
• Cuatro (4) Cruces Blancas del Mérito Militar.
• Dos (2) Cruces Blancas del Mérito Naval.

- Cruz Blanca del Mérito Aeronáutico.
- Gran Cruz del Mérito Militar.
- Gran Cruz de la Real y Militar Orden de San Hermenegildo.

Civiles

- Placa de la Real Maestranza de Valencia (Orden de Caballería).
- Encomienda de la Orden de Isabel la Católica.

4.2. Extranjeras

- Gran Cruz del Mérito con estrella, de la Orden del Mérito de la República Federal de Alemania.
- Gran Cruz del Mérito con estrella y banda de la Orden del Mérito de la República Federal de Alemania.
- Medalla del Mérito Militar de Portugal.
- Oficial de la Legión de Honor de la Orden Nacional de la Legión de Honor de la República Francesa.
- Legión de Mérito, grado de comandante en jefe, de los Estados Unidos de América.
- Gran Banda de 1.ª Orden del Uissan Alauí del Reino de Marruecos.
- Gran Cruz, placa de plata, de la Orden Civil José Cecilio del Valle, de la República de Honduras.

ÍNDICE ONOMÁSTICO

443

444

445